La España de Don Quijote
Un viaje al Siglo de Oro

Humanidades

Manuel Rivero Rodríguez

La España de Don Quijote

Un viaje al Siglo de Oro

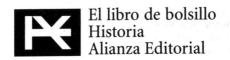

El libro de bolsillo
Historia
Alianza Editorial

Primera edición: 2005 (febrero)
Primera reimpresión: 2005 (abril)

Diseño de cubierta: Alianza Editorial
Ilustración de cubierta: Anónimo. *Vista de San Sabastián.*
Siglo XVII (fragmento). Monasterio de San Lorenzo del Escorial.
Madrid. Fotografía Oronoz.

© Manuel Rivero Rodríguez, 2005
© Alianza Editorial, S. A., Madrid, 2005
   Calle Juan Ignacio Luca de Tena, 15;
   28027 Madrid; teléfono 91 393 88 88
   www.alianzaeditorial.es
   ISBN: 84-206-5869-3
   Depósito legal: M. 16.221-2005
   Fotocomposición e impresión: EFCA, S. A.
   Parque Industrial «Las Monjas»
   28850 Torrejón de Ardoz (Madrid)
   Printed in Spain

A mis queridos hijos Jaime y Arturo.

No hay padre ni madre a quien sus hijos parezcan feos y en los que lo son del entendimiento corre más este engaño.

(Don Quijote, 2, 18)

Abreviaturas y siglas empleadas

ACA: Archivo de la Corona de Aragón.
BE: Biblioteca de El Escorial.
BNM: Biblioteca Nacional, Madrid.
IVDJ: Instituto de Valencia de Don Juan.

Obras de Cervantes (según los volúmenes correspondientes de la edición de la obra completa de Cervantes efectuada en Alianza Editorial por Florencio Sevilla y Antonio Rey).

EI: *La española inglesa.*
N: *La Numancia.*
PS: *Los trabajos de Persiles y Segismunda.*
Q1:   Primera parte del *Quijote.*
Q2:   Segunda parte del *Quijote.*

Prefacio

La mejor forma de comenzar un libro de historia ya está inventada. Fue el historiador holandés Johan Huizinga quien, para explicar el mundo de los pintores primitivos flamencos del siglo XV, previno a sus lectores para que se despojasen de su experiencia cotidiana y se preparasen a viajar a un lugar donde todo era distinto, a pesar de que les resultase aparentemente familiar: «Cuando el mundo era medio milenio más joven, tenían todos los sucesos formas externas mucho más pronunciadas que ahora». Los holandeses podían contemplar en sus iglesias y museos las pinturas de Van Eyck o Van der Weyden y las consideraban familiares y conocidas; las comprendían como lo hacían con los monumentos de sus ciudades, la historia viva que poblaba sus calles y plazas. Pero Huizinga ponía en guardia a sus contemporáneos respecto a esa falsa familiaridad, a ese conocimiento que se daba por descontado y que encubría una distancia abismal entre un holandés del siglo XV y otro del siglo XX, como si fueran extranjeros el uno para el otro. Ante el mismo objeto, un cuadro, la fábrica del

ayuntamiento, la decoración de una iglesia, sentían
emociones y adoptaban actitudes muy distintas, tanto
como las que adoptaría un turista en tierras exóticas
respecto a un nativo. La prevención respecto a la «falsa
familiaridad» de la que hablaba Huizinga en el ya lejano
1923 parece apropiada para contemplar el caso del *Quijote* y el tiempo en el que sucedieron sus aventuras. Recientemente, un dirigente político situaba la novela de
Cervantes en el «imaginario vital» de los españoles. Es
evidente. Aquí «todo el mundo tiene una determinada
imagen del Quijote», pero la afirmación debería corre-
girse señalando que para una gran mayoría le es igualmente desconocido: no son tantos los que han leído la
obra como los que saben un conjunto de lugares comunes, y es eso lo que hace que para todo el mundo sea familiar.

Este libro no es un estudio sobre el *Quijote,* como
tampoco la obra de Huizinga *El otoño de la Edad Media*
fue un estudio sobre los hermanos Van Eyck. Modesta-
mente nos conformaríamos con que contribuyese a entender mejor la España que fue escenario de las correrías
y aventuras del hidalgo manchego y su escudero, un país
cuyo suelo hoy pisamos, que nos resulta familiar pero
que hace cuatrocientos años era también un lugar extranjero. Quizá también sirva para sentir curiosidad
por el *Quijote* y afrontar su lectura lejos de la falsa familiaridad que lo agota y lo hace tan poco interesante, por
tomarse como cosa sabida y manoseada.

La mejor manera de aburrir consiste en querer con-
tarlo todo. Se echarán de menos temas y aspectos de la
vida cultural y social del tiempo del *Quijote* y no faltará
quien piense que sobran cosas o que no se han separado
con claridad los ámbitos con que los manuales presen-

tan y describen los hechos del pasado, distinguiendo lo político, lo cultural, lo económico y lo social. Pero esto no es un manual, y, siguiendo la metáfora del viaje, nos trasladamos a un lugar donde las cosas se hacían de otra manera. Lo que hoy contemplamos como cosas separadas entonces estaban impregnadas las unas en las otras y se contemplaba el mundo con otras categorías. Ocurre que, utilizando los descriptores contemporáneos, resulta muy difícil relacionar fenómenos que hace cuatrocientos años no estaban separados, como la medicina y la política, la teología y la economía…, por lo que se ha adoptado una técnica de exposición transversal. *La España de Don Quijote* está enmarcada por un espacio –la Monarquía Hispana– y un tiempo –el transcurrido entre 1556 y 1621– correspondiente a los reinados de Felipe II y Felipe III (poco más o menos al curso de la vida de Don Quijote, que rondaba los 50 años en 1605 y «falleció» en 1615). Entre la comprensión del país como sujeto histórico y la definición de la singularidad de su tiempo discurren cinco ámbitos que componen la cosmovisión de Cervantes y sus personajes: la relación con la autoridad, la vivencia religiosa, la supervivencia, la identidad y el lugar que se ocupa en el mundo. A esos ámbitos se corresponden los capítulos del libro que encierran en su disposición y enunciado un intento de aproximación distinto del habitual, no por capricho sino como resultado de mis propias convicciones y mi experiencia como investigador.

Debo añadir que los méritos de este libro, si los tuviera, seguramente no son míos. El capítulo segundo y una buena parte de la obra deben mucho al magisterio de Pepe Martínez Millán, el mejor especialista sobre el pe-

ríodo que abordamos. Diseminados por aquí y por allá
hay opiniones, ideas, hipótesis, conclusiones y datos no
siempre reflejados en la bibliografía, y los debates y
conversaciones con amigos y colegas han contribuido a
dar forma a mi propia comprensión de los problemas:
Henar Pizarro, Ignacio Ezquerra, Félix Labrador, Santiago Fernández Conti, Carlos de Carlos, Antonio Álvarez-Ossorio, Carlos Hernando, Vittorio Sciuti Russi,
Maria Antonieta Visceglia y un largo etcétera de compañeros de profesión se verán reconocidos en muchos
momentos del libro. Mabel, que con tanta paciencia
leyó los diversos borradores del manuscrito, no ha tenido una contribución menor. Por último, debo agradecer a Juan Pro la confianza depositada en este proyecto
y el apoyo recibido para llevarlo a buen término.

Ciudad Real, septiembre 2004.

Introducción: España contemplada en 1605

España y Don Quijote constituyen dos imágenes complementarias. La tradición nacionalista del siglo XX quiso que el hidalgo manchego y su autor representasen al genio español y fueran reconocidos como manifestación escogida de la nación, sus esencias y sus virtudes. Idealismo, nobleza, altruismo, generosidad... podrían ser características de lo español tal y como lo figuraron los autores de la generación del 98, Azorín, Unamuno, Ramiro de Maeztu... No obstante, en el pasado remoto, antes de que el dolor de España alterara los corazones noventayochistas, la asociación de ambas ideas y figuras no era habitual, y bien podía tomarse, más que como elogio, como vituperio. Fue la mala intención la que originariamente hermanó al «caballero de la triste figura» con la idea de España. En el siglo XVII Don Quijote fue para muchos franceses, ingleses, italianos, holandeses y alemanes una metáfora de las características negativas del español, mezcla de desatino, soberbia y falta de realismo. Es sabido que el *Quijote* tuvo una popularidad extraordinaria en su tiempo y que muy pronto fue tra-

ducido a las diversas lenguas europeas. En la cultura
popular del viejo continente la figura del hidalgo fraguó
como metáfora de la locura y de lo español. La arrogancia
militar era la característica más visible para los europeos,
y figuras como Rodomonte, Fier-à-bras o el capitán Matamoros de la *Commedia dell'arte* habían escenificado
la caricatura del tipo español, que más que mendaz era
soberbio, colérico y homicida. *Don Chisciotte, Don Gui-
chot, Don Quixote…* dieron un vuelco a esa imagen,
transformando la soberbia militar en el delirio de un
fantoche absurdo. Esta identificación se realizó en obras
de propaganda ilustradas por Abraham Bosse (1640),
Pieter van Mol (1640), François Ragot (1660) y otros di-
bujantes y grabadores anónimos que, principalmente en
Francia y Holanda, convirtieron al héroe cervantino en la
mejor sátira política antiespañola. Este empleo de la imagen del español nacía de las tensiones políticas y religiosas del siglo, de la rivalidad política y militar que la Monarquía Hispana mantuvo con el resto de las potencias
europeas. Con el tiempo, entrado el siglo XIX, esta afinidad no se deshizo, sino que cambió de sentido; de lo ri-
dículo y grotesco se pasó al héroe romántico capaz de
sobreponerse a la desgracia y las adversidades con dignidad y orgullo, también una metáfora de una España
que ya no era lo que fue y que comenzaba a ser pintores-
ca. En 1907 la revista londinense *The Burlington Maga-
zine for Connoiseurs,* en su número de diciembre, publicaba una nota crítica a la edición del *Quijote* realizada
en cuatro volúmenes por el editor Fisher Unwin utilizando la famosa traducción de Thomas Shelton y acompa-
ñada de 260 dibujos de Daniel Vierge; en dicha reseña
se encomiaba la labor del artista, que había sabido, en
una edición puramente británica, sacar a relucir la «ca-

racterística gravedad española» con precisión, delicadeza y brío, gracias a cuyo talento «podemos ver ese curioso fenómeno denominado realismo español» que «captura la atmósfera española de la historia». Un lector británico no precisaba más: los estereotipos estaban fijados y bastaba con emular esa imagen característica para felicitar al editor.

En 1605, cuando Cervantes entregó a la imprenta la primera parte de su obra, «España» daba nombre a una potencia temida y observada, que marcaba pautas y comportamientos, que provocaba rechazo y admiración. Vista desde fuera, España designaba un objeto preciso, un enemigo, una potencia militar... o un lugar admirable. Las cualidades de los españoles eran objeto de burla por el temor que inspiraban, e igualmente su cultura, sus costumbres, su forma de vestir, etc., eran seguidas con atención, como criterios que marcaban las tendencias de la moda, del buen gusto, la cortesía y los hábitos sociales. Ese interés se reflejaba en la proliferación de gramáticas, diccionarios y métodos de español que en Inglaterra tenían bastante aceptación incluso en tiempos de guerra entre ambas naciones. En los *Diálogos muy apacibles,* un manual para aprender y practicar conversación en español publicado en 1599 en Londres por John Minsheu como apéndice del diccionario español-inglés de Percivall, la crítica o la censura no sólo estaban ausentes sino que se incluía un elogio de España nada ambiguo ponderándola por su autosuficiencia: «sola entre todas las provincias del mundo, podría pasar sin comunicación con otra, por producir dentro de sí todas las cosas necesarias a la vida humana». Pero España daba nombre a un lugar más que a una comunidad, a un pequeño mundo, y así se refiere a ella Cervantes, como un lugar que añoran los cautivos en Berbería, «la dulce España», o, personificada en la tragedia *La Numancia*, como un espacio polimorfo, más desunido que unido, más diverso que homogéneo, de límites borrosos, pero identificable como una parte o nación de Europa desde los tiempos antiguos.

España, vista de cerca, se difuminaba en una multiplicidad de realidades inclasificables; la España que constituyó el marco de las andanzas de Don Quijote y su escudero era algo difícil de definir, dividida por fronteras y aduanas interiores, regida por leyes, fueros y constituciones particulares, incomunicadas entre sí muchas de sus regiones y provincias por las distancias u obstáculos naturales, sin un mercado nacional propiamente dicho, ni una moneda única, ni siquiera una nacionalidad o naturaleza común para todos sus habitantes. Sebastián de Covarrubias Orozco, autor del *Tesoro de la lengua castellana o española* (Luis Sánchez, Madrid, 1611), incluyó en su diccionario un enjundioso artículo dedicado a la voz «España». Su comprensión del país coincidía en líneas generales con la idea que hemos hallado en diversos textos cervantinos: una provincia particular de Occidente que adquirió consistencia bajo el dominio de los godos, porque antes de su llegada «España debió ser para las otras naciones lo que agora las Indias para nosotros». Celtas, iberos, cartagineses y romanos tomaron posesión del suelo, pero sólo los godos le confirieron personalidad cuando se unieron a los pobladores primigenios, aquellos que habían visto desfilar a muchas generaciones de colonizadores sin ser nunca sometidos:

Vizcaya, Asturias y Navarra y lo que llaman Cantabria, que, habiendo sido la primera población de España por Túbal, se ha conservado siempre sin haberse mezclado con las gentes advenedizas [...] Pues digo que este rincón amparó y recogió las reliquias de los godos, y poco a poco fueron retirando los moros hasta volverlos a echar de España.

Tal maridaje entre la savia hispana y la germana fue posible con la invasión árabe, catalizadora de la nación.

Conviene retener estos datos porque Covarrubias no añade más, no hay un relato de la historia más amplio, ni éste alcanza al tiempo en el que escribe, que es el tiempo del *Quijote,* justo entre las ediciones de la primera parte (1605) y la segunda (1615). La voz «España» se detiene y tiene su razón de ser en un doble movimiento de pérdida y restauración, dos acontecimientos que llenan y dan sentido al artículo: «por nuestros pecados, la ganaron los moros de África en tiempo del rey don Rodrigo» hasta que se los echó de España «después que tantos años que se habían apoderado de ella». Sacaba a relucir una idea popular, mesiánica y escatológica, ampliamente difundida.

En la literatura sobre santos patronos e imágenes de devoción de las localidades españolas es donde encontramos con más frecuencia el sentimiento de nación y el significado del doble proceso de la pérdida y restauración. Ahí aparece el contraste típicamente milenarista entre destrucción y regeneración que describe la Reconquista, como proceso de restauración de la Edad de Oro, de la «España Sagrada». Fray Diego de Jesús María en su *Historia de la imagen de nuestra señora del Prado de Ciudad Real* (Madrid, Imprenta Real, 1650) relataba la invasión de 711 como una inundación en la que España, sus antigüedades, reliquias y devociones queda-

ron sepultadas, anegadas, como si de un segundo diluvio universal se tratase. Después, a lo largo de los siglos
en que tuvo lugar la larga contienda contra los musulmanes, España fue emergiendo desde Covadonga y la
montaña de Asturias como un nuevo Ararat desde el
que Don Pelayo, al igual que Noé, inició su obra de restauración. Fray Diego visualizaba con gran plasticidad
esos momentos en los que, conforme «se retiraban las
aguas», afloraban tesoros, escrituras e imágenes que salían a la luz de un nuevo tiempo redentor. Expresaba la
creencia popular de que los antiguos pobladores de la península trataron de poner a salvo todo lo que fuera necesario para proveer la restauración futura, escondiendo
imágenes, objetos de culto y tesoros que no debían ser
mancillados por las manos de los infieles, como ocurre
con la leyenda de la imagen de la Virgen de Guadalupe
tal y como se representó en un auto sacramental atribuido a Cervantes (*La soberana virgen de Guadalupe y
sus milagros y grandezas de España,* 1605). La fuerza de
dicha creencia se manifestó no sólo en cuentos, leyendas o romances, sino en algo mucho más material como
fue la popularidad que alcanzaron en la segunda mitad
del siglo XVI unos librillos llamados *gacepas, gacetas* o
recetas que eran una especie de guías crípticas para hallar
tesoros preislámicos (que se hacían eco de las fantasías
del imaginario colectivo, de la mina fabulosa donde se
hallaba escondido el tesoro del rey Rodrigo y otras cosas por el estilo), siendo conocida la existencia de bus-
cadores «profesionales» de tesoros en Castilla la Nueva
y Andalucía.

Según cuenta la Biblia, Dios envió el diluvio para reformar la naturaleza humana y liberarla del pecado. La
invasión musulmana respondía a un propósito seme-

jante. Según la crónica pseudoisidoriana, serían los pecados del rey y del pueblo los que habrían de traer la tragedia. Covarrubias mismo la atribuyó a «nuestros pecados» y es tradición bien aireada en el romancero o en el drama *El último godo* de Lope de Vega. Cervantes, en el relato del cautivo, testimoniaba la presencia viva del mito en su tiempo:

llegamos a una cala que se hace al lado de un pequeño promontorio o cabo que de los moros es llamado el de la *Cava Rumía,* que en nuestra lengua quiere decir *la mala mujer cristiana,* y es tradición entre los moros que en aquel lugar está enterrada la Cava, por quien se perdió España (Q 1, 41).

Desde el siglo XIV se fraguó, junto con otros mitos como el de Santiago Matamoros, una percepción particular de esa pérdida que recoge o populariza el romancero, particularmente en el siglo XV, con el motivo de la historia del último rey godo, Don Rodrigo, y su muerte devorado por reptiles («ya me comen, ya me comen, por do mas pecado había», Q 2, 33). La *Crónica sarracina* de Pedro del Corral (1430) popularizó la historia de la seducción de la Cava, la hija del conde Don Julián, quien, para vengar su ultraje, abrió la puerta a los árabes, invitándolos a la invasión.

Desde una perspectiva popular, que compartían las élites dirigentes, se aceptó que la Reconquista era un período de expiación de los pecados y que su final traería un tiempo de plenitud. A partir de la difusión de una supuesta profecía de San Isidoro de Sevilla, esta noción de cierre del tiempo de la tribulación se enriqueció con la lectura hispánica de la vieja creencia en el emperador del fin de los tiempos (anunciada en los escritos de Gioacchino da Fiore o en la lectura de la profecía de

Daniel), aquel que restauraría la Edad de Oro y prepararía a la humanidad para la segunda venida del Mesías. Tal misión correspondería al soberano que restaurase España, el Murciélago, el Encubierto que derrotaría al Anticristo. Como mostró Alain Milhou, estas profecías constituyeron el escenario en el que se desenvolvió en 1492 la aventura de Cristóbal Colón y la interpretación del descubrimiento de América, a renglón seguido de la conquista de Granada. Expulsado el islam de España, las Indias (pues se creía que se trataba de Extremo Oriente) abrirían el camino hacia Jerusalén y daría comienzo una nueva edad. Lógicamente, el mito resurgía cada vez que España parecía reconstituida, y por eso a partir de 1580, cuando Felipe II incorporó Portugal a la Monarquía de España, el ciclo de la pérdida y la restauración recobró nueva actualidad.

En la primavera de 1590, una visionaria predicaba en Madrid «que las cosas de España van perdidas», anunciando el advenimiento de una nueva destrucción. No era ni la primera ni la última profecía que escuchaban los madrileños; dos años antes se produjo lo que Juan Blázquez denomina el «cenit visionario de 1588». La irrupción de profetas, predicadores y visionarios de toda laya en aquel año era la culminación de una suma de experiencias cuyo origen nacía de la incorporación de Portugal a la corona en 1580. En Lisboa tuvieron gran predicamento las visiones, éxtasis y arrebatos de la priora de la Anunciada, en Toledo los milagros de Juan de Dios, en Madrid los sueños proféticos de Lucrecia de León, del doctor Miguel de Piedrola o del alcalde de Corte Trijueque. Entonces se desató una «auténtica psicosis de sueños» que interesaban tanto a las clases populares como a las personas más encumbradas reverdeciendo la actualidad de la pérdida de España, hasta el punto de que algunos grupos comenzaron a prepararse para afrontar tal acontecimiento acondicionando cuevas (a lo largo del Tajo o en Asturias según los gustos), enterrando tesoros e imágenes. Fray Lucas de Allende creó una «Congregación de la Nueva Restauración», a la que perteneció entre otros el famoso arquitecto Juan de Herrera, artífice de El Escorial, que adquirió la cueva de Sopeña en las cercanías de Toledo. En dicha gruta, el arquitecto del rey acondicionó el refugio donde se ocultarían los futuros salvadores de la nación, lo proveyó de un buen número de imágenes y almacenó en sus estancias grandes cantidades de trigo y garbanzos. Esta cueva disponía de capilla, habitaciones acondicionadas para vivienda y almacenes. Disponía, asimismo, de las condiciones para hacer de ella el punto de partida de la segunda Reconquista, desde donde se efectuaría la postrera restauración de España y la apertura de la Edad de Oro que disfrutaría la humanidad con la segunda venida de Cristo.

No era la crisis o la decadencia de España lo que animaba el ambiente visionario que predicaba una nueva caída, sino la percepción de un momento extraordinario de apogeo. En él la Monarquía se hallaba en su cenit, y pocos momentos como aquél podían equipararse respecto al pasado lejano y aun al reciente. Portugal tuvo una trascendencia similar a la que en su día tuvo la conquista de Granada. O quizá más, pues marcaba la plenitud, tal como Cervantes pone en boca del río Duero (N, 1) refiriendo a España su futuro:

Será llamado, siendo suyo el mundo,
el segundo Filipo sin segundo.

Debajo de este imperio tan dichoso,
serán a una corona reducidos,
por bien universal y a tu reposo,
tus reinos, hasta entonces divididos.
El jirón lusitano, tan famoso,
que un tiempo se cortó de los vestidos
de la ilustre Castilla, ha de asirse
de nuevo, y a su antiguo ser venirse.

De modo que, aunque algunos historiadores han visto en los profetas que auguraban la pérdida de España una señal de la crisis, de la decadencia y del fatalismo con que los españoles percibían claras señales de ruina ya en el umbral de 1600, parece más consistente reflexionar sobre lo que ya Cervantes refiriera respecto al «antiguo ser venirse» y por tanto a una concepción cíclica del tiempo. Estas prevenciones ante la crisis nos hablan de la certidumbre en la sucesión de momentos opuestos, de un tiempo para reír y un tiempo para llorar, de uno de plenitud y otro de miseria que se suceden y alternan. También había otra lectura: era obvio que la Reconquista había concluido y se había restaurado la unión peninsular del viejo reino visigodo bajo el cetro de Felipe II, pero todavía estaba pendiente un paso más para proceder a una restauración completa que facilitase la llegada de la Edad de Oro, la purificación de la nación para que toda ella se hallase unida bajo una sola fe.

En el pasado, siempre que circularon profecías mesiánicas referidas al «Encubierto», la restauración o la destrucción de España, se produjeron pogromos, persecuciones y bautismos forzosos de las minorías étnico-religiosas peninsulares. Expulsados los judíos en 1492, a finales del siglo XVI los musulmanes representaban, a ojos de muchos, el obstáculo que impedía la plena restauración de la España Sagrada. Casi todos los especialistas coinciden al señalar que fue en 1580 cuando se reavivó con intensidad el debate en torno a la expulsión de los moriscos, pues parecía inconcebible la presencia de una minoría infiel en el lugar desde el que nacería la cristiandad triunfante (por otra parte, para quienes creían que era casi irremediable una segunda «inundación», los moriscos constituían una quinta columna que abriría las puertas a los invasores, como en el pasado hiciera el conde Don Julián). Por tal motivo, no es casual que en 1588 también se produjera otro suceso asombroso y extraordinario: el descubrimiento de los plomos del Sacromonte en Granada. Comenzaba una batalla de opinión en torno a la idea de España en la que entraban en juego falsificaciones, falsas profecías e incluso historiadores moriscos nacidos de la imaginación de eruditos y autores de ficción.

Partiendo de una idea compartida de la España Sagrada, que es enterrada y desenterrada sucesivamente, los falsificadores de los plomos hallados en el Sacromonte manipularon con gran efectividad una actitud que la imaginación popular daba por segura: que en el año 711 un gran número de personas ocultaron tesoros, imágenes, historias, objetos de devoción y culto para que no fueran mancillados o disfrutados por los conquistadores sarracenos. Los primeros hallazgos se produjeron al desmantelarse la torre Turpiana, un antiguo minarete de la mezquita nazarí, para construir la tercera nave de la catedral de Granada; al desescombrar, un obrero halló una caja de plomo en cuyo interior había una tela pintada que representaba a la Virgen María con vestiduras orientales, un trozo de hueso, un pergamino enrollado y arenilla azul y negra. El pergamino, escrito

en árabe, griego y latín, contenía noticias sobre San Ce-
cilio, un comentario a una profecía de San Juan Bautis-
ta firmado por Dionisio Areopagita y un relato que
aclaraba el significado de los objetos de la caja: la tela
era un paño en el que secó sus lágrimas la Virgen y el
hueso era una reliquia de San Esteban. Los textos insi-
nuaban que el aljamiado (la lengua propia de los moriscos) y el árabe estaban vinculados a la antigua lengua
de España.

Sería algo más tarde, en 1595, cuando comenzaron a
salir a la luz nuevos y sorprendentes hallazgos: una ta-
bla de plomo escrita en caracteres «hispano béticos»
datada en tiempo de Nerón y que era básicamente árabe. Entre el 21 de febrero y el 10 de abril aparecieron un
conjunto de tablillas e inscripciones que planteaban
una nueva lectura de la historia de España, una lectura
que transformaba a la minoría morisca colocándola en
el núcleo originario de la nación; los árabes aparecían
en el círculo íntimo del apóstol Santiago, el árabe se hablaba ya en la antigüedad ibérica como lengua primitiva; Granada y su «monte sacro» eran la verdadera sede
primada (y no Santiago de Compostela o Toledo) donde dio comienzo la evangelización y donde murieron
los primeros mártires, y otras muchas cosas que sería
largo contar.

Los plomos dignificaban a los árabes como primeros
cristianos de la península al tiempo que pretendían algo
más complicado: islamizar el cristianismo empleando
textos atribuidos a Santiago y a diversos mártires que
conciliaban el mensaje de Cristo y el de Mahoma. Los documentos eran aparentemente contradictorios: si por una
parte introducían aspectos muy heterodoxos, por otro
confirmaban y daban pábulo a las opiniones más con-

servadoras de la Iglesia hispana y a dos temas que preocupaban especialmente, la Inmaculada Concepción y la venida de Santiago a España, dos cuestiones en las que Roma no disimulaba su escepticismo y que eran defendidas con calor por los teólogos del rey. De ser ciertos, los hallazgos del Monte Santo trastocaban la comprensión social, religiosa y política de España, colocaban a ésta a la cabeza de la cristiandad, hacían de ella la provincia donde el catolicismo era más puro y, por añadidura, vinculaban esas excelencias al legado árabe (que quedaba de esta manera tan unido a la nación como la raigambre goda o cantábrica).

En palacio se acogió con interés y un entusiasmo contenido el hallazgo del Monte Santo. En julio de 1597 el rey encargó un relicario para poner en él una reliquia granadina, mientras que el príncipe examinó algunos documentos con el secretario Gassol y fray Martín de Villanueva. Esta astuta mezcla de historias antiguas alimentaba las bases ideológicas de la facción más poderosa de la Corte, defensora de un catolicismo de tradición española diferenciado del universalismo romano, al tiempo que devolvía a la minoría morisca su derecho a la existencia como parte fundamental de la sociedad. El arzobispo de Granada, Pedro de Castro, tomó con ardor la causa, aprendió árabe y fue acérrimo defensor de los moriscos; enfrente tuvo a la nunciatura, los jesuitas y en general a quienes querían o deseaban que la Monarquía se vinculase menos a lo hispánico y más a lo católico universal.

Aunque no se tiene noticia cierta de quién fue el autor de tan audaces falsificaciones, se cree que fue un grupo de sabios moriscos preocupados precisamente por el ambiente de xenofobia existente contra la mino-

ría. Es casi seguro que participaron un traductor de
árabe de la Inquisición, Alonso del Castillo, y otro oscuro intérprete morisco, Miguel de Luna. Queda claro
que, para los falsificadores, el tema de la pérdida de España constituía uno de los argumentos de peso esgrimidos contra la minoría. Los hallazgos, si se aceptaba su
veracidad, forzosamente habían de cambiar la interpretación del significado de la «caída», pues, siendo tam-
bien los árabes pobladores primitivos, no cabría hablar
de invasión sino de otra cosa. Luna añadió testimonios
complementarios a los «descubrimientos», «halló» unos
manuscritos árabes obra de un tal Abulcacim Tarif Abentarique, cuya importancia era tal que juzgó que debía
«traducirlos» y publicarlos con el título *La verdadera
historia del rey don Rodrigo, en la qual se trata la causa
principal de la pérdida de España y de la conquista que
de ella hizo Miramamolín Almanzor, rey que fue del
África y las Arabias. Compuesta por el sabio Alcayde
Abulcacim Tarif Abentarique de nación árabe y natural
de la Arabia Pétrea; nuevamente traduzida de la lengua
arábiga por Miguel de Luna, vezino de Granada, intérprete del Rey Don Phelippe nuestro señor* (Granada, René
Rabut, 1592). Luna, por medio de un supuesto historiador árabe, describía la pérdida de España como un negativo de lo que se reflejaba en el romancero y la tradición popular. El texto venía a decir que en realidad no
hubo pérdida sino restauración, destrucción de la tiranía, restablecimiento del imperio de la justicia. A pesar
de las innegables contradicciones que implicaba mantener el mito y subvertir su significado, nuestro autor no
se arredró, llevando a la imprenta un segundo texto:
*Historia de la pérdida de España y vida del Rey Iacob de
Almançor: en la cual el autor Tarif Abentarique prosigue*

la primera parte dando particular quenta de todos los sucessos de España, África y las Arabias hasta el rey don Fruela (Granada, Sebastián de Mena, 1600).

Mucho se tardó en determinar la falsedad de los documentos, los plomos fueron declarados falsos por una comisión de expertos celebrada en Roma en 1631, mientras que las «traducciones» de Miguel de Luna tuvieron bastante éxito. En 1646 vio la luz en Zaragoza nada menos que la cuarta edición de *La verdadera historia...* El Sacromonte y sus misterios dieron lugar a una intensísima polémica, a numerosos tratados en defensa de la autenticidad o denunciando su falsedad, a acaloradas discusiones en mentideros y corrillos, a agrias polémicas en los pasillos de palacio y en el seno de las corporaciones eclesiásticas. Y no se puede negar que todo aquel trajín que tenía suspensa a la opinión de los españoles de 1600 no le fuera totalmente ajeno a Miguel de Cervantes. Este despliegue de textos históricos fingidos, cajas de plomo desenterradas, historiadores moriscos... tiene un enorme sabor cervantino y no es imposible pensar en Cide Hamete Benenjeli, «sabio y atentado historiador» (Q 1, 27), autor de ficción de la historia de Don Quijote.

Cide Hamete Benenjeli es el remedo paródico de un recurso típico de los libros de caballerías: el fingirlos obra de sabios exóticos y misteriosos. Su figura evoca, en primer lugar, la costumbre de simular que los libros son traducciones de raros documentos hallados en extrañas y misteriosas circunstancias, e ironiza sobre la credulidad respecto al hallazgo de documentos de procedencia y lengua desconocidas, a los que se da crédito sin muchas comprobaciones:

tomé un cartapacio de los que el muchacho vendía, y vile con caracteres que conocí ser arábigos. Y puesto que, aunque los conocía, no los sabía leer, anduve mirando si parecía por allí algún morisco aljamiado que los leyese; y no fue muy dificultoso hallar intérprete semejante, pues, aunque le buscara de otra mejor y más antigua lengua, le hallara.

El manuscrito titulábase *Historia de Don Quijote de la Mancha, escrita por Cide Hamete Benengeli, historiador arábigo,* y en él se encontraba «la verdadera relación de la historia; que ninguna es mala como sea verdadera» (Q 1, 9).

El hallazgo en arábigo, que no en griego o latín, apunta a unas características familiares para el lector de su tiempo y tiene el eco de otros descubrimientos documentales semejantes:

Si a ésta [historia] se le puede poner alguna objeción cerca de su verdad, no podrá ser otra sino haber sido su autor arábigo, siendo muy propio de los de aquella nación ser mentirosos.

Y es al final de la obra, o mejor dicho de la primera parte, donde utiliza nuevamente este recurso para dar fin a la novela:

Ni de su fin y acabamiento pudo alcanzar cosa alguna, ni la alcanzara ni supiera si la buena suerte no le deparara un antiguo médico que tenía en su poder una caja de plomo, que, según él dijo, se había hallado en los cimientos derribados de una antigua ermita que se renovaba; en la cual caja se habían hallado unos pergaminos escritos con letras góticas, que contenían muchas de sus hazañas y daban noticia de la hermosura de Dulcinea del Toboso, de la figura de Rocinante, de la fidelidad de Sancho Panza y de la sepultura del mesmo Don Quijote con diferentes epitafios y elogios de su vida (Q 1, 52).

Quizá sea un guiño a los sucesos del Sacromonte, a los diferentes hallazgos de pergaminos, tablillas y objetos escritos en «alárabe», aljamiado, castellano, o un latín y griego deficientes, mostrándonos ahora con rechifla una increíble letra gótica que se ríe amablemente de las disputas de historiadores y eruditos. Quizá el propio Cervantes, cuando ya en tono serio reclamó en otra obra y en otro lugar «nuevos cristianos viejos» para repoblar las tierras abandonadas de los moriscos, no estuviese incurriendo en una sutilísima ironía (PS 3, 11).

Volviendo al significado de España, debe recordarse que desde San Isidoro los *Laudes Hispaniae* la habían descrito como una región mimada por la naturaleza, una provincia rica, con abundantes recursos minerales y una tierra prodigiosamente fértil. Era un lugar paradisíaco que representó para los godos lo que Canaán para los judíos. En la geografía mental de los contemporáneos de Don Quijote la representación del espacio y los lugares se producía como si fueran imaginarios. Muy pocas personas tenían el privilegio de conocer la diversidad de las naciones a través de su experiencia personal; para la gente común su nación comprendía un territorio imaginario que representaba lo conocido, lo familiar, mientras que lo que estaba fuera tenía cierto carácter fabuloso, de modo que situar la acción de una novela en Italia o en Castilla, como hizo Cervantes, daba el tono a una mayor o menor intensidad en la ficción, de lo totalmente imaginario o de lo cercano a la cotidianidad. En cualquier caso, la mayoría de los «españoles» de 1605 ni siquiera percibían España con unos contornos, accidentes y distintivos geográficos precisos, sino como una representación literaria y cualitativa. Era muy escaso el número de personas que podían disponer de una visión cartográfica del territorio (los mapas eran escasos y reservados al uso de eruditos); al nombrar los países o los lugares, éstos carecían de definición espacial, podían imaginarse como cercanos o lejanos pero nunca con las coordenadas geográficas con que nosotros los percibimos. Ni siquiera quienes tenían conocimientos geográficos podían precisar los límites físicos de la nación; en los mapas se buscaba la precisión en los accidentes geográficos, remitiendo a líneas deliberadamente imprecisas los límites políticos. No se pensaba en límites sino en confines, y las fronteras eran espacios vacíos en los que imperceptiblemente se desdibujaba una nación y se alcanzaba otra. Hay algunos testimonios cervantinos que reflejan esa idea borrosa del confín; valga como ejemplo la explicación del astuto Madrigal que en *La gran sultana* engaña al cadí convenciéndole de que puede enseñar a hablar a su elefante y, naturalmente, usa la astucia de darle cuatro lecciones de vizcaíno:

CADÍ: Paréceme lengua extraña. ¿Dónde se usa?
MADRIGAL: En Vizcaya.
CADÍ: ¿Y es Vizcaya?
MADRIGAL: Allá en la raya de Navarra, junto a España.

«Junto», que forma parte, pero al mismo tiempo está en los confines, en la raya, la frontera. España queda enunciada como un «nosotros» amplio, como una caja que encierra a gentes semejantes que la habitan. Era una simplificación de la realidad humana que distingue del «nosotros» una cierta variedad de «ellos». La «loa de las naciones» de Agustín de Rojas Villandrando, referida en su *Viaje entretenido* (Madrid, Imprenta Real,

1603), es un buen ejemplo de lo que decimos; en ella el autor distinguía «nuestra madre España» de las «naciones estranjeras», «gentes incógnitas y estrañas», entre las que figuraban babilonios, tártaros, sirios pero también franceses, alemanes, «ítalos», ingleses, irlandeses, «dinamarcos», noruegos… todos, en conjunto, envueltos en un halo de irrealidad semejante al de colosos, panonios, ialocuos y monicongos.

En otro orden, España, al ser una tierra sagrada contemplada como la mejor provincia de la cristiandad, era una cristiandad en pequeño. Del mismo modo, y en escala más reducida, sus partes podían ser un microcosmos suyo, y España se multiplicaba como un juego de espejos en las Españas. En los *Col.loquis de la insigne ciutat de Tortosa* (1557) Cristófor Despuig, al reivindicar que «aquesta provincia no sols és Espanya mas es la millor Espanya», venía a representar que Cataluña era a España lo que España era a la cristiandad. En todo caso la nación, como provincia más o menos extensa, era espacio, era –como señala Diego Catalán– objeto, y sólo un reducidísimo grupo de personas cultas podía imaginarla como sujeto o actor de la historia, cambiando la percepción popular de geografía mental en otra cosa más complicada y con alcance político. De la distancia entre ambas percepciones daba fe Covarrubias, quien ante esta segunda definición, mucho más compleja y sofisticada, prefería delegar en mejores plumas tan arduo cometido:

si en particular hubiera de tratar las cosas de España, hiciera un volumen entero. Muchos de los coronistas han tratado desta materia, y particularmente Esteban de Garibay […] con Florián de Ocampo, Ambrosio de Morales y los demás, a los cuales me remito.

Los autores a los que se remitiera el filólogo, Ocampo, Morales y Garibay, hurgaron en el pasado y en las antigüedades para ensalzar la dignidad de España como primera y más eminente provincia de la Cristiandad. El cronista real Ambrosio de Morales escribió la continuación de la crónica general de Florián de Ocampo *(La coronica general de España,* Juan Íñiguez de Lequerica, Alcalá de Henares, 1574). Sus trabajos deben sumarse a la proliferación de historias de España que se produjo tanto en el siglo XV como en el XVI, que fueron consecuencia y resultado de los cambios operados en la espiritualidad y la estructura de la Iglesia. El Gran Cisma de Occidente (1378-1417), en el que la Iglesia se dividió en la obediencia a tres papas, provocó una severa reestructuración de la Iglesia y abrió el camino de una amplia reforma espiritual y organizativa. Durante el Concilio de Constanza (1415-1418), la restauración de la unidad pasó por el reconocimiento de la diversidad interna de la cristiandad y la definición de cinco naciones en su seno, cinco iglesias dentro de la Iglesia que no correspondían exactamente a unidades políticas: Alemania, Italia, Francia, España e Inglaterra.

España como nación, explicaba en 1453 el canonista Sánchez de Arévalo, designaba un espacio de soberanía, de modo que, pese a estar su solar dividido entre los reyes de Castilla, Aragón, Portugal y Navarra, todos ellos, como reyes de España, no reconocían superior en lo temporal y actuaban como emperadores en sus respectivos reinos. Algo parecido afirmaba Alfonso de Santa María en torno a 1440 polemizando con franceses e ingleses en lo referente a la dignidad de la nación española, pues existía una línea de continuidad respecto a los reyes godos que confería a Hispania un carácter particular, de modo que la invasión musulmana del siglo VIII fue para los españoles lo que la caída del Imperio romano para el resto de los europeos. En palabras de aquel tiempo, España como nación constituía un imperio particular. Bajo Felipe II esta idea volvió a tener actualidad y diversos panegiristas al servicio de la corona trataron de llenar de contenido específico a la nación: Esteban de Garibay y Zamalloa, que (remontándose a Túbal y a los primitivos vascos) quería «aprovechar y servir a la república d'España» *(Los cuarenta libros del compendio historial de las Crónicas y universal historia de todos los reinos de España,* Amberes, 1571), Julián del Castillo, que mostró la línea de sucesión directa entre los reyes godos y los Austrias conformando la Monarquía de España *(Historia de los reyes godos... y la sucession dellos hasta el catholico Rey Philipe segundo,* Burgos, 1582), y Fernando Vázquez de Menchaca, capaz de definir qué significaba ser «rey de las Españas» («vicario, ministro y representante de Dios en la tierra») en sus *Controversias fundamentales* (1580?).

Como puede apreciarse, la nación tenía un componente político, pero nada parecido al que le confiere el nacionalismo puesto que no se derivaba de ello un unitarismo a ultranza ni un soberanismo intransigente. Ahora bien, el prestigio de la nación y su lugar dentro de la cristiandad tenían importancia para determinar el poder que ostentaban los monarcas hispanos. La valía de la nación fue uno de los argumentos esgrimidos por los soberanos de la Casa de Austria durante los siglos XVI y XVII para obtener el reconocimiento de la Santa Sede y que ésta sancionase su posición de superioridad sobre el conjunto de los soberanos católicos. De ahí que el desarrollo de una idea política de España sea el resultado de una producción memorialística destinada a justificar y proveer argumentos para alcanzar la precedencia de los embajadores españoles sobre los franceses en la Corte de Roma, precedencia que significaba un reconocimiento público de superioridad y de prerrogativas de gobierno eclesiástico y espiritual.

En 1562, cuando se produjo la primera discusión de precedencias entre el embajador español y el francés por su asiento en la asamblea del Concilio de Trento, el arzobispo de Salamanca comentó maliciosamente que: «hasta agora están los franceses tan recios en su preeminencia como si todavía fuesen cristianísimos». Mientras que la Monarquía de Francia se desvirtuaba y perdía su libertad (por el azote de la guerra civil y el crecimiento del protestantismo), la de España hacía lo contrario (se reafirmaba en la pureza de la ortodoxia) y su monarca lo hacía valer y le debía ser reconocido. Es decir, a la vez que España había alcanzado un estatus mayor, Francia había perdido el suyo, lo cual justificaba como poco la igualdad de las dos naciones.

Aunque parezca chocante, Francia era el modelo de nación. En el Concilio de Constanza sus reyes gozaron del reconocimiento de ser los primeros y su nación la hija predilecta de la Iglesia. Los soberanos españoles fueron a la zaga, fueron titulados «católicos» para equipararse a los «cristianísimos» franceses, San Fernando fue versión castiza de San Luis... La tratadística «nacional» puso sus ojos en dicho reino, y las aspiraciones para construir una Monarquía de España se miraban en el espejo de aquella Monarquía, que fue la primera nación que reclamó y vio reconocida su excepcionalidad. En definitiva, la emulación en las precedencias tenía que ver más con un deseo de reconocimiento y equiparación que con un deseo de competencia, la cual no escapaba a la fina e irónica mirada de los embajadores venecianos, como Badoero, que advirtieron un esquema imitativo de los formalismos de los soberanos franceses, de modo que si el rey de Francia firmaba *le Roy*, Felipe II hacía lo propio con el «artificio» *Yo el rey*, para subrayar su dignidad.

El reconocimiento de la eminencia de la «nación española» y de su soberano iba indisolublemente unido al de la legitimidad de la intervención de la corona en el gobierno de la «Iglesia nacional», y por ello en todo el pleito de las precedencias se ventilaba algo más que puntos de honor o cosas de vanidad[1]; se reclamaba una homologación que incluyese a Felipe II en el reducido grupo de los soberanos de naciones, aquellos que trataban «vis a vis» al Papa, prácticamente como papas en sus dominios. Diego Valdés así lo subrayó en su tratado sobre las precedencias, redactado para el rey prudente y cuyo manuscrito se conserva en la Biblioteca de El Escorial: negar la precedencia equivalía a no reconocer al «Rey de España superior en lo temporal y tener título de Emperador en [su] Reyno»[2].

La necesidad de ganar la batalla de la opinión llevó a potenciar e incentivar desde el poder a memorialistas, publicistas y escritores para que airearan públicamente el problema de las precedencias, aunque no siempre se tuviese una plena convicción de la utilidad de estas tormentas de papel, muy alejadas de la praxis política y que no eran del todo comprendidas por los políticos y ministros al servicio de la corona. El embajador Requesens, en abril de 1564, manifestó su hastío por estas discusiones en los salones de la Corte papal, poco interesantes para un hombre de acción al que disgustaban las tor-

mentas de palabras: «Como Vuestra Magestad sabe, todos los italianos son llenos de discursos y consecuencias». Pero Felipe II sí estaba interesado en la polémica
y bajo su atenta mirada autores como Vázquez de Menchaca, Diego de Valdés o Salazar de Mendoza trataron
de satisfacer con discursos sus alegatos ante la Curia.
Salazar de Mendoza tituló su tratado *Monarquía de España* por expreso deseo del rey, para asentar la denomi-
nación de «esta provincia de plena soberanía desde los
godos».

La competencia con Francia respondía tanto a una
cuestión de orgullo como de poder: Felipe II deseaba
gobernar sin obstáculos las conciencias de sus súbditos,
como presumía que hacían los soberanos franceses. Por
razones obvias la Curia se resistía a perder autoridad y
magisterio sobre los católicos españoles, y menudearon
las críticas a las pretensiones de la Corte española, siendo muy notables las del cardenal Acquaviva (a cuyo servicio estuvo Miguel de Cervantes como mayordomo de
cámara en 1569):

Ma chi non vede quanto errore sia il volere imitare in questo
la Francia? poiche si vede l'effetto che n'è uscito. Anzi bisogna
dire che pero questi Regni sono di migliore condizione della
Francia e degli altri, perche vi è estata più riguardata la giuris-
dittione spirituale [«¿Pero quién no se da cuenta del grave
error que comete quien en esto imita a Francia?, porque se ve
el resultado que ha salido. De modo que es necesario decir
que estos reinos son de mejor condición que Francia y los demás porque está más preservada la jurisdicción espiritual»][3].

La afirmación culta de la preeminencia española caló
en las capas populares. Resultaba natural leer en una
novela de 1605 cómo se prevenía a un español para que

no huyese de Argel en un navío francés porque esa nación no era de fiar: «¿No es mejor –replicó Zoraida–, esperar a que vengan bajeles de España, y irte con ellos, que no con los de Francia, que no son vuestros amigos?» (Q 1, 41). La desconfianza mutua, la animadversión pero también lo que tenían en común las dos naciones trató de exponerlo de manera razonada un médico aragonés residente en París, el doctor Carlos García, que publicó en 1616 *La oposición y conjunción de las dos grandes luminarias de la tierra o de la antipatía natural de franceses y españoles*. En esa oposición y conjunción había grandes dosis de envidia y de un buen conocimiento mutuo. El licenciado Márquez de la Torre, censor de la segunda parte del *Quijote* en 1615, recordaba lo bien informados que estaban el embajador francés y su séquito de la vida cultural española y su admiración por Cervantes «encareciendo la estimación en que, así en Francia como en los reinos sus confinantes, se tenían de sus obras». No parece que anduviese muy descaminado el censor, pues en la nación vecina se seguía con mucha atención lo que se hacía en España y obras publicadas aquí tenían allí gran aceptación y difusión. La *Historia de España* del padre Mariana fue quemada por el verdugo en París por justificar el asesinato de Enrique III y por denunciar la falta de compromiso de la corona francesa con la ortodoxia católica; las historias de España no eran bien recibidas por las autoridades francesas, y no tardó en fructificar una literatura antiespañola fogueada no sólo en la polémica sobre la excelencia de cada nación, sino en la injerencia de las armas españolas en el curso de las guerras civiles francesas. El *Antiespagnol* de Arnauld (1590) marcaría el camino de una sólida panfletística mal comprendida después como leyenda negra.

La polémica sobre la superioridad de la nación podía seguirse con cierta comodidad en París y Madrid, y no faltaban entretenidas réplicas y contrarréplicas. En 1602, Jérome Gignon publicó su opúsculo *De l'excellence des Rois et du Royaume de France* replicando a la *Excelencia de la Monarquía y Reino de España*, que publicara en 1597 el doctor Gregorio López Madera en Valladolid. Dicho doctor era un excéntrico erudito granadino, tan obsesionado por la «excelencia» de la nación que trató de demostrar que el español era lengua más antigua que el latín. López Madera fue un furibundo defensor de la autenticidad de los hallazgos del Sacromonte puesto que reforzaban los argumentos tocantes a la antigüedad de la cristianización de Hispania, la predicación de Santiago, la Inmaculada Concepción, etc. Autor en 1595 de un *Discurso sobre las láminas, reliquias y libros que se han descubierto en la ciudad de Granada* y una *Historia y discurso de la certidumbre de las reliquias, láminas y prophecia descubiertas en el Monte Santo y yglesias de Granada desde 1580 hasta 1598* (Granada, Sebastián de Mena, 1601), aunó su defensa de la causa de los plomos con la preeminencia española en el seno de la cristiandad. Paradójicamente fue un enemigo implacable de la minoría morisca, lo cual indica que los famosos plomos sirvieron tanto para ayudar como para condenar a la minoría.

López Madera representaba en sus escritos sobre España una síntesis de las visiones culta y popular, pero en ningún caso podríamos decir de él que fuera un «nacionalista»; la expulsión de los musulmanes que tanto deseaba tenía por objeto evitar la segunda caída, mientras que al glosar las «excelencias» de la nación cabe la sospecha de que buscaba llamar la atención, de hacerse

notar para obtener oficios y mercedes, aprovechando el
interés del rey por todo argumento que reforzara su superioridad en la cristiandad católica.

Probablemente no deberíamos tomar demasiado en
serio a todos estos panegiristas de la nación. Algún historiador lo ha hecho, creyendo que el cacareo de todos
estos laudatores de España tenía una plasmación real en
la política de Felipe II y Felipe III. Sin embargo, desde el
momento en que ninguno de ellos tomó para sí el título
de rey de España, ni lo empleó para presentarse, dirigirse o dar órdenes a sus súbditos, entendemos que ser rey
de España tenía un valor más bien metafórico, vacío de
contenido real, muy diferente de la realidad de ser rey
de Castilla para los castellanos, de Aragón para los aragoneses, duque de Milán para los lombardos, señor de
Vizcaya para los vizcaínos... No se era español por naturaleza ni se disponía de vínculo jurídico alguno con el
rey «de España» (quien en pura ciencia jurídica no existía). Cuando en 1575 Lope de Aguirre y los marañones
quisieron crear su propio reino en la cuenca del río
Amazonas y jurar fidelidad al rey que habían elegido de
entre ellos, advirtieron que «para hacer esto era menester que se desnaturasen de los reinos de España y negas-
sen el vasallaje que debían al rey Don Felipe [II]». No se
desnaturalizaban de España, sino de los reinos de los
que eran oriundos para no cumplir con la obediencia
debida a su «soberano natural». Ser natural de un reino
significaba disfrutar de derechos y obligaciones vedados
al extranjero. En 1583 las Cortes de Navarra declararon
extranjeros a los habitantes de la merindad de Ultrapuer-
tos o Allenpuerto por considerarse tierra desamparada
por la corona y propiamente sometida al rey de Francia.
Tal decisión dio lugar a pleitos y litigios sólo resueltos

cuando en 1660 la corona española cedió formalmente a la francesa dicho territorio. Hasta entonces la merindad fue una tierra de nadie cuyos habitantes pleitearon tenazmente para que les fuera reconocida su existencia dado que la declaración de extranjería les reducía a la inexistencia jurídica y a la inhabilitación para toda clase de oficios, beneficios u honores, como expuso puntualmente su abogado Martín de Vizcay *(Derecho de naturaleza que los naturales de la merindad de San Juan del Pie del Puerto tienen en los reinos de la corona de Castilla,* Zaragoza, 1621). Existía en Castilla, Aragón, Sicilia y cualquier territorio o dominio de los reyes de España una copiosa legislación que reservaba oficios, beneficios, rentas, cargos y honores para sus naturales, excluyendo a los que no lo fueran. Dichas reglamentaciones estaban dirigidas sobre todo a impedir que otros súbditos del soberano pudiesen disfrutar de los bienes de un territorio, de modo que los castellanos eran extranjeros en Aragón y los aragoneses en Castilla, y así ocurría con todos los territorios tomados de uno en uno. Sólo la generalización de la naturaleza habría dado a España un contenido jurídico, político y administrativo. Pero eso no se hizo.

Se puede pensar que España era un calificativo cuyo contenido político sólo se tomaba en valor en relación con los poderes universales de la cristiandad, para sustraer autoridad al papado, pero eso no significa que hubiera una pretensión de hacer de ella alma de un Estado y mucho menos que hubiera unanimidad en torno a esto. Son muchos los autores, muchas las ideas y las interpretaciones, y no es lo mismo citar autores que esperaban una recompensa de palacio o que directamente trabajaban a sueldo del rey que otros más independientes de la corona pero dependientes de otras corporaciones no menos poderosas a las que servían con celo y dedicación. Así la *Historia de España* del jesuita Juan de Mariana retrataba la nación en términos no disonantes con el universalismo de la Curia romana. El punto de vista jesuítico, católico, apostólico y romano, daba lugar a una historia de olor conocido pero distinto sabor: resultado de la Reconquista surgió «una nueva y santa España […] refugio en este tiempo, amparo y columna de la religión católica». Mariana informaba de cómo la fidelidad y el servicio a Dios y al magisterio de la Iglesia habían preservado la conservación de los tronos y los estados, y, por tanto, censuraba sin paliativos las aspiraciones de gobierno espiritual de los soberanos. Mariana concebía su historia como complemento indispensable a su tratado *De Rege et regis institutio* ('Del Rey y de la institución real'), y su objetivo era moderar y atemperar el poder del rey, deslizando una crítica muy aguda respecto a la situación de 1600 al declararla parecida a «cuando toda España fue vencida y subjetada por los moros». La restauración gótica, la vuelta al reino de Don Rodrigo podía interpretarse como el regreso a la tiranía y, con ella, a la causa de la perdición. Estos interrogantes quedaban en el aire, eran observaciones nada inocentes, que creaban cierto desasosiego por «pensar en la tempestad mientras dura aún la mudanza».

Muerto Cervantes, durante el reinado de Felipe IV (1621-1665), hubo una aproximación a la creación de un perfil identitario asociado a España. Esto ocurrió en el curso de la polémica sobre el patronazgo de Santiago y Santa Teresa. El 24 de octubre de 1617, las Cortes de Castilla, celebradas en Madrid, declararon a Santa Teresa patrona de España, siendo confirmado dicho recono-

cimiento por el papa Urbano VIII. La decisión acercaba
a la Iglesia española al universalismo romano y la aleja-
ba del esencialismo hispánico. Dicha decisión no era
inocente y desató una intensa polémica en la que salió
victoriosa la causa santiaguista. En la disputa intervino
Francisco de Quevedo, con entusiasmado ardor antite-
resiano, dando pie a una literatura que recuperaba el
mito de la restauración de la España Sagrada. Quevedo
ya había hecho su aportación particular a la idea de España terciando en la polémica de la preeminencia, refu-
tando la «vulgar ignorancia» de los extranjeros renuen-
tes a reconocer la reputación nacional en su *España
defendida* (1609). El *Memorial por el patronato de Santiago* (1627) y *Su espada por Santiago* (1628) recuperaban el mito de la Reconquista vinculando la existencia
nacional a Santiago («[él] solo dio el suelo a esta Iglesia
de España»), que le confirió una unidad mística como
«único patrón de España». Patronato y nación eran disposiciones que estaban fuera del alcance y la voluntad
humana, eran obra de Dios:

Ni se ha visto otra vez en el mundo pedir patronato de las naciones a tribunal alguno, Rey o República, por haber sido esse
repartimiento de la disposición de Christo.

Coincidió el triunfo de Santiago con un oscuro proyecto del valido del rey, que planteó materializar la nación como realidad jurídica. El gran memorial del conde-duque de Olivares, probablemente redactado en
1625, se planteó de forma seria la manera de trascender
la multiplicidad de reinos y de naturalezas en una sola
unidad:

Tenga Vuestra Majestad por el negocio más importante de su Monarquía, el hacerse Rey de España; quiero decir, Señor, que no se contente Vuestra Majestad con ser Rey de Portugal, de Aragón, de Valencia, Conde de Barcelona, sino que trabaje y piense con consejo mudado y secreto, por reducir estos reinos de que se compone España, al estilo y leyes de Castilla sin ninguna diferencia, que si V. M. lo alcanza, será el príncipe más poderoso del mundo.

De aplicar estas ideas, se habrían tenido que dinamitar los cimientos sobre los que se edificaba la Monarquía, que significaba tomar decisiones despóticas que habrían de ignorar leyes, tradiciones y costumbres para crear un mundo nuevo. Como especulación típicamente arbitrista el conde-duque dejó ahí su gran memorial, quizá como ejercicio para imaginar las cosas de manera distinta de como estaban dadas.

Para que pudiera pensarse la nación como depositaria de la lealtad, la identidad, la conciencia, la cultura, la lengua y los valores, tenía que pensarse el Estado, y eso sólo sería posible después de que se consolidase toda una tradición jurídica y filosófica en los siglos XVII y XVIII. En la España de Don Quijote podía hacerse todo sin saber qué era la nación; muy pocos la concebían de manera abstracta, y los que sí lo hacían sabían de su inutilidad en la vida cotidiana, en la vida política de municipios y reinos, en los intercambios económicos… La nación era materia especulativa, sin proyección real, era apellido, adorno, timbre de valía y poco más. Se desconocía el servicio a la patria, la independencia y soberanía nacionales, el himno y el culto a la bandera. Se vivía sin ellos, pero sí se vivía con otros problemas no peores que las conciencias nacionales.

1. Rey y reino

El cuerpo de la república

En el siglo XVI, los médicos constituían una profesión que se hallaba a medio camino entre las artes manuales y la especulación intelectual. En las universidades, los estudios de medicina eran abstractos y doctrinarios. Después de dos o tres años escuchando lecciones del *Canon* de Avicena, del *Arte* de Hipócrates y de Galeno, se alcanzaba el grado de bachiller en medicina sin haber tenido ningún conocimiento práctico, sólo la memorización y exposición de textos de los autores antiguos. Se alcanzaba la licenciatura tras explicar durante tres años esos mismos cursos, examinarse durante un día entero ante un tribunal sobre dichas materias y, finalmente, pronunciar una lección magistral escogida del *Canon* o del *Arte* en una ceremonia celebrada ante las autoridades académicas. A mediados del siglo algunas universidades introdujeron cátedras de cirugía, y en éstas se explicaba la anatomía (en ocasiones también se proveyeron cátedras de esta materia), que enseñaba el

conocimiento del cuerpo a través de la disección de ca-
dáveres. Esta última enseñanza estuvo siempre envuelta
en la polémica con teólogos y autoridades eclesiásticas
que censuraban el empleo de los muertos para estos
menesteres, de modo que la disección no siempre fue
posible y no siempre se realizaba con rigor. No obstante, era la única enseñanza académica que permitía a los
futuros médicos establecer una correspondencia entre
el saber abstracto de las autoridades y la realidad material del cuerpo humano. Gracias a la anatomía, el médico se hallaba cercano a la realidad física, aunque, todo
hay que decirlo, no de manera directa.

La medicina era ante todo un saber especulativo, no
muy diferente de la filosofía, la teología, la física o las
matemáticas, y esta dignidad como conocimiento superior se mantuvo empleando intermediarios que ejecutaban el contacto con la realidad material. Las disecciones
no las efectuaba el catedrático, sino cirujanos-barberos
que abrían el cadáver ante los alumnos siguiendo sus
indicaciones. Era raro el contacto material con los enfermos; los físicos –como entonces se llamaba a los médicos– no solían ensuciarse las manos tocando los cuerpos;
las operaciones, sangrías y todo tipo de intervenciones
o tratamientos solían ejecutarlas cirujanos-barberos,
practicantes y sangradores. A esta última categoría pertenecía Rodrigo Cervantes (padre de Miguel de Cervantes), quien, debido a su sordera de nacimiento, no
pudo ser médico pero sí cirujano, para lo cual sólo bastaba examinarse de la *Gramática* de Nebrija, la *Práctica
de Cirujía* de Juan Vigo y *De las cuatro enfermedades* de
Lobera de Ávila. Igualmente, los remedios que prescri-
bían los médicos solían confeccionarlos los boticarios,
siguiendo sus indicaciones. Este distanciamiento res-

pecto a los pacientes provocó la desconfianza popular
hacia la profesión, como figura en el refrán, recogido
por Gonzalo Correas, «los yerros del médico la tierra
los cubre» *(Vocabulario de refranes)* y en alguna que
otra certera observación de Cervantes:

hay físicos que, con matar al enfermo que curan, quieren ser
pagados de su trabajo, que no es otro sino firmar alguna ce-
dulilla de algunas medicinas, que no las hace él, sino el boti-
cario (Q 2, 71).

Los médicos gozaron de una reputación semejante a la
de los abogados, profesionales obsesionados por cobrar
sus minutas y de cuya eficacia cabía siempre desconfiar.

Vicente Espinel satirizó la figura del médico ignoran-
te a través de uno de los amos del escudero Marcos de
Obregón, el doctor Sagredo, que se jactaba de no leer ni
conocer más literatura científica que sus espadas:

estos son mis Galenos y mis Avicenas. [...]
   –Luego vuesa merced –dije yo– más aprendió a matar que
a sanar.
   –Yo aprendí –respondió él– lo que los demás médicos.

Esta mala fama y las notorias deficiencias en la formación de los médicos intentó remediarlas Felipe III
por medio de una real provisión fechada a 10 de abril
de 1617 que, si bien ignoraba totalmente el aprendizaje
experimental, se preocupaba de que quienes se licencia-
sen en medicina supiesen qué son las fiebres, las sangrías, pulsos, orinas, purgas, pronósticos, aforismos,
enfermedades y accidentes.

No parece que las reales órdenes mejorasen mucho el
prestigio y la eficacia de la profesión. Antes y después

de 1617, el conocimiento teórico del cuerpo, de la salud
y de la enfermedad procedía casi literalmente de los autores de la antigüedad clásica, Hipócrates y Galeno
principalmente, que comprendían el cuerpo humano
regido fisiológicamente por tres conjuntos distintos: órganos, fluidos y espíritus. Se correspondía esta divisoria a una relación jerárquica de funciones y oficios: la
primera sería la nutrición, la segunda el movimiento y
la tercera la función nerviosa e imaginativa. Dicha tría-
da se correspondía con el orden de la creación, con las
sucesivas divisiones tripartitas en que se componía toda
realidad, desde la Santísima Trinidad hasta los reinos
en que se dividía la naturaleza. Se tratase de lo que se
tratase, existía siempre una correlación entre el cosmos
y cada microcosmos, de modo que no faltaron quienes
como Pedro de Guevara *(Breve y sumaria declaración
de la Arte general,* Madrid, 1594) creyeron posible compendiar todo el conocimiento, «reducir todo a arte», siguiendo unos preceptos básicos que permitirían hallar
modelos válidos de aplicación universal… El hombre
era el punto de partida, construido a imagen y semejanza de Dios; cualquier obra que pretendiera alcanzar la
perfección debía regirse por las reglas de la armonía
universal implícitas en la composición de su cuerpo. Seguía un tópico humanista ya señalado en el *Diálogo de
la dignidad del hombre* (Alcalá de Henares, 1546), de
Fernán Pérez de Oliva:

cuando uvo de criarse el hombre refiere que dixo Dios: *haga-
mos el hombre a nuestra imagen y semejanza* […] porque la
imagen es la esencia y la semejanza es del poder y del oficio:
que así como Dios tiene en su poderío la fábrica del mundo,
y con su mando la goviera, así el ánima del hombre tiene
el cuerpo sujeto y según su voluntad lo mueve y lo gobierna; el

cual es otra imagen verdadera de aqueste mundo a Dios sub-
jecto.

La medicina hipocrática tenía debilidad por la clasificación como método de análisis. Esto era debido a que su
objeto consistía en armonizar la naturaleza con la tera-
péutica, y, además, siempre tenía presente la correlación entre salud y constitución política o, para ser más
claro, las consecuencias que para el orden político tenía
la comprensión de la naturaleza, el ideal de «república
bien compuesta». Esto dificultó, entre otras muchas cosas, el desarrollo de la teoría de la circulación de la sangre, pero debe entenderse que entonces la comprensión
del cuerpo iba íntimamente unida a la comprensión de
la sociedad y del orden del mundo. En 1553, cuando
Miguel Servet expuso su teoría de la circulación de la
sangre, habló como médico pero sobre todo como reformador y teólogo, y su análisis no fue dirigido a mayor
gloria de la ciencia sino a confirmar sus teorías antitrinitarias, unas teorías peligrosas para el orden político y
social, consideradas disolventes tanto en el ámbito católico como en el protestante (por lo que fue condenado a
muerte y ejecutado en la calvinista Ginebra). Casi un siglo después, William Harvey volvió a preguntarse sobre
la circulación de la sangre, y no lo hizo desde la observación empírica. Partió de Aristóteles y del movimiento
circular de los cuerpos celestes; en su trabajo, la experimentación ocupó un lugar subsidiario para reforzar un
ejercicio de pura especulación aristotélica:

comencé a calibrar si no habría un movimiento como si dijé-
ramos circular del mismo modo que Aristóteles dice que el
aire y la lluvia emulan el movimiento circular de los cuerpos
superiores.

Desde esa reflexión llegó en 1628 a las conclusiones que le dieron la fama:

el corazón es el sol del microcosmos [...] cual príncipe en sus dominios en cuyas manos descansa la más alta y principal autoridad, gobierna sobre todo.

Como sabemos, la obra del científico británico estuvo muy vinculada a su devoción a Carlos I de Inglaterra y al proyecto absolutista de los Estuardo. En la católica España, sin embargo, fue más común una visión descentralizada del cuerpo: en vez de comprenderse toda autoridad reunida y reducida a la potestad absoluta de uno solo, se entendía que el poder o la autoridad se hallaban distribuidos en distintos centros y que a cada órgano, fluido o espíritu le correspondía una función u oficio. No fueron pocos, ni raros, los médicos que mezclaron su ciencia con la política y la teología: Jerónimo de Merola (*República universal sacada del cuerpo humano*, Barcelona, 1587), Cristóbal Pérez de Herrera (*Curación del cuerpo de la República...* Madrid, 1610), Pedro de Mercado (*Diálogos de Philosophía natural y moral*, Granada, 1558), Martín González de Cellorigo (*Memorial. De la política necessaria y util restauración a la república de España...*, Valladolid 1600), Sancho de Moncada (*Restauración política de España*, 1619), Dionisio Daza Chacón o Francisco Vallés (*De his quae scripta sunt physice in libris sacris situe de sacra philosophia*, Burgos, 1587), algunos más conocidos hoy como arbitristas, politólogos, filósofos o economistas que como médicos... Pero no era nada anormal: la medicina procuraba con su saber el conocimiento de la constitución orgánica del cuerpo, la función competente a cada parte, e intervenía para remedar o mantener la armonía

que procuraba el correcto funcionamiento del todo; la
medicina era al hombre lo que la política a la república
(la sociedad). En ambos saberes se tenía como referencia constante el cosmos, y era la mímesis (la imitación)
la regla constante de cómo actuar para que el cuerpo o la
sociedad funcionasen correctamente. En un pasaje de
fácil comprensión para sus lectores contemporáneos,
Don Quijote recordaba a Sancho el aforismo latino
quando caput dolet caetera membra dolent

cuando la cabeza duele, todos los miembros duelen; y así,
siendo yo tu amo y señor, soy tu cabeza, y tú mi parte, pues
eres mi criado; y, por esta razón, el mal que a mí me toca, a ti
te ha de doler, y a mí el tuyo (Q 2, 2).

Amo y escudero formaban sociedad y, en este breve
pasaje, el lector se topaba con un indisimulado sarcasmo respecto a las doctrinas corporativas de la sociedad,
y traía a colación la inveterada costumbre de legitimar
todo orden por su semejanza con la naturaleza.

El conocimiento se formaba en el marco de la semejanza, considerada como una categoría fundamental del
saber. Se admitía de antemano y como norma general
de análisis de la realidad la existencia de un sistema global de correspondencia en el que las cosas se encontraban ordenadas siguiendo un orden, que era discernible
por la relación del macrocosmos y el microcosmos. El
razonamiento mediante símiles *(similibus ad similia)*
no sólo formó parte del conocimiento en general, sino
que también se interiorizó en la relación de los individuos con el medio social y con el discurso del poder. Así,
desde San Agustín, la sociedad terrena fue concebida
como el reflejo de la sociedad perfecta que era la divina,

esquematizada metafóricamente en el cuerpo humano como correspondencia de la imagen de la divinidad.

El juego de las semejanzas, de la identidad de macrocosmos y microcosmos y la noción del mundo como una representación metafórica del orden creado por Dios condujeron a la concepción corporativa de la sociedad y a la armonía de la desigualdad. La Iglesia, desde el siglo XII y a través de la obra de Otón de Freising y Hugo de San Víctor, fue descrita como cuerpo de Cristo, vivificada por un solo espíritu y unida por la fe: *Ecclesia sancta corpus est Christi, uno spiritu vivificata, et unita fide una, et sanctificata* ('La Santa Iglesia es el cuerpo de Cristo, por un espíritu vivificada, unida en una sola fe y santificada'). Sobre este principio se construyó la teocracia pontificia, en la que el Papa, como vicario de Cristo, encarnaba la cabeza que regulaba y coordinaba los órganos de la Iglesia constituidos por los fieles. La imagen de la Iglesia como cuerpo místico significaba que, como cuerpo universal, nunca moría, era eterna, pues su cabeza –Cristo– también lo era y su vicario mantenía su continuidad visible.

Esta representación de la sociedad perfecta que era la Iglesia, por comparación y por semejanza, se trasladó a la sociedad política: el *corpus mysticum* ('cuerpo místico') tenía su correspondencia en el *corpus politicum* ('cuerpo político'): el rey era representado como cabeza, y los súbditos, como miembros. La realidad política y social que imperó en la España de los siglos XVI y XVII se fundó sobre la idea de que la armonía social residía en la desigualdad funcional. El infante Don Juan Manuel dejó constancia de ello en su *Libro de los estados,* una especie de cosmogonía sobre las categorías y jerarquías del mundo y del universo en el siglo XV: «Todos los esta-

mentos del mundo [...] se encierran en tres, al uno llaman defensores, et al otro oradores, et al otro labradores».
Una definición casi igual a la que ofrecía Juan Benito de
Guardiola en su *Tratado de nobleza y de los títulos y di-
tados que oi dia tienen los varones claros y grandes de España* (Madrid, 1591) en la que se exponían las «tres
suertes de estado que hay en el mundo»: el de los que
«devotamente oran y tienden sus espíritus a Dios nuestro señor», otro el de los «defensores de la Fe y Iglesia
Católica, reinos y repúblicas cristianas» y por último «el
tercer estado es los plebeyos, labradores y personas que
viven de tratos lícitos y oficios, que con el favor divino y
sus industrias y trabajos, sustentan y proveen a todos
los estados de las cosas necesarias».

Como ocurría en el cuerpo humano, los órganos con
funciones *(officium)* diferentes y autónomas contribuían,
cada uno, al funcionamiento del conjunto como organismo. La enfermedad procedía del desajuste o el desequilibrio de la máquina del cuerpo, como explicara
Cristóbal Pérez de Herrera al rey Felipe III:

el hígado de este cuerpo, que en el humano es la parte que envía por las venas mantenimiento a todo él, a que en la república parece que corresponden los labradores, ganaderos, oficiales y trabajadores, y aun los tratantes y mercaderes
ordinarios y otros que la sirven y la fomentan, está tan res-
friado, opilado, y de tan mala complexión, que engendra
poca sangre y de mala calidad [...] que se enflaquece todo y
hace notable falta por tener la cabeza precisa necesidad de ser
servida y socorrida, como la parte principal de este cuerpo,
adonde residen las potencias y sentidos que le gobiernan y
miran por él, que no sin propiedad es Vuestra Majestad y su
real casa y familia, Ministros y consejeros.

Esta descripción nos devuelve al pasaje de *Don Quijote* citado más arriba y que afecta a la pequeña república formada por el hidalgo lunático y su escudero: «el mal que a mí me toca, a ti te ha de doler, y a mí el tuyo» (Q 2, 2).

Pedro de Valencia, en su *Discurso contra la ociosidad* (1618), destacaba que sólo la «sana proporción de las tres partes del pueblo» podía mantener el bienestar general, pues la disminución o depauperación de una de ellas llevaría a la catástrofe. Su obra era un alegato contra la «ociosidad», y en ella censuraba las ansias de mejora social y de estatus que llevaban a muchos mercaderes, hombres de negocios y campesinos ricos a abandonar las tareas productivas para vivir noblemente. El monarca, a semejanza de la cabeza, representaba la unidad del cuerpo y debía procurar mantener la armonía de sus miembros, que cada uno hiciera su función y aportase correctamente su contribución al bien general, para lo cual bastaba con garantizar el estatuto de cada uno (fuero, constitución, derecho, privilegio, libertad...) e impedir desajustes como el que se denunciaba en el *Discurso,* siendo obligación del soberano vigilar que cada uno estuviera en el lugar que le correspondía.

Por otra parte, esta concepción corporativa de la sociedad permitió el desarrollo de un principio asociativo en el que los órganos, los estamentos, poseían el poder político, de modo que el buen gobierno debía ajustarse a la idea de que «lo que a todos concierne por todos debe ser aprobado» tal y como rezaba el viejo lema constitucional aragonés, pero no en un sentido democrático, pues cada parte participaba en conformidad a lo que le tocaba. Significa, en definitiva, que el poder no se concebía concentrado en una sola instancia, monopolizado en la forma en que se encuentra hoy en el Es-

tado, sino que se hallaba disperso. Cada órgano, como
en el cuerpo humano, tenía su propia función *(officium)*. Además, cada uno era un microcosmos en sí
mismo, cada gremio, orden religiosa, cofradía, diócesis,
ciudad, reino, universidad... El regimiento de la ciudad, recordaba Jerónimo de Merola, debía seguir la máxima de Platón *civitas bene instituta similis est fabrica
corporis humani:* «la ciudad bien puesta e instituida es
semejante a la fábrica del cuerpo humano» (prólogo a
República universal sacada del cuerpo humano, Barcelona, 1587)... El gremio, con su división tripartita en
maestros, oficiales y aprendices, con la reglamentación
estricta de los deberes y obligaciones de cada uno, con
sus leyes y magistrados, constituía una sociedad en pequeño, autónoma dentro del conjunto (por constituir
un oficio) y a la vez complementaria con el resto de la
sociedad, con los otros oficios, con el municipio. Del
mismo modo, la universidad era calificada como *acade-
mica republica* o *Republica scholar,* y constituía también
otro microcosmos particular. Las universidades eran
corporaciones articuladas en torno a «estudios generales» que disponían del derecho de conceder títulos aca-
démicos. Universidad tenía, por encima del significado
que hoy le otorgamos como centro de estudios, el de comunidad con fuero propio, como recordara Cristóbal
de Villalón en su diálogo *El scholastico,* dedicado al
análisis y elogio de esta institución.

Ese mosaico de ordenamientos particulares y autónomos no siempre se ensamblaba de forma armónica;
de ahí la necesidad del estudio y conocimiento del derecho, de lo que era común a todos los ordenamientos.
Cristobal de Villalón, en su análisis de los estudios universitarios, consideró que, de todos, ése era el más im-

portante. La justicia era la actividad humana que más se asemejaba a la potestad divina, pues su cometido en la tierra era equivalente al de aquélla en el cielo: «corregir y castigar los malos oprimiendo los vicios y premiar los buenos con galardón». El derecho estaba hermanado con la teología, porque el conocimiento de la ley era ciencia que escrutaba los arcanos que regían la sociedad mientras que el de Dios desentrañaba los fundamentos que regían el mundo *(El scholastico)*. Sin embargo, al no existir un código que contuviese la ley ni un Estado que monopolizara el ejercicio de la justicia, lo que caracterizaba al «orden jurídico» era el particularismo.

Dentro de una misma unidad política, ya se tratase del reino de Castilla, el de Valencia o el de Navarra, concurrían una pluralidad de ordenamientos que convivían, cada uno con un ámbito propio, fueros, privilegios y ordenanzas de ciudades, iglesias, señoríos, órdenes militares... que muchas veces entraban en colisión armonizándose no tanto por una noción abstracta de «derecho común» como por hallar un espacio de integración en los «hombres del derecho», un conjunto de especialistas formados en las universidades, con mentalidad jurídica uniforme que conformaban una categoría homogeneizadora fundada sobre su experiencia y su contexto social y familiar. Era el «cuarto estado» advertido por Michel de Montaigne en una descripción que podría trasladarse perfectamente a la realidad española:

¿Hay cosa más extraña que ver a una nación en la que por legítima costumbre se vende la función de juzgar y se pagan los juicios con dinero contante y sonante, y en la que legítimamente se niega la justicia al que no tiene con qué pagarla, y tanto crédito tiene esta mercancía como para que se cree una sociedad, un cuarto estado de gentes que manejan los procesos, para unirlo a los tres tradicionales de Iglesia, nobleza y pueblo? El cual estado, teniendo la función de las leyes y autoridad soberana sobre bienes y vidas, forma un cuerpo aparte.

Ya en 1558, el médico Pedro de Mercado, en el séptimo de sus *Diálogos,* abordaba monográficamente el tema de los estados incluyendo a los letrados como uno de ellos, y es que en España, y cabría decir que en el conjunto de los territorios de la Monarquía Hispana (muy particularmente en Nápoles, Sicilia y Milán), es comprobable la persistencia de generaciones de familias de juristas que conformaron una singular «nobleza de las letras».

Así pues, la sociedad, si bien parecía estratificada en los tres órdenes típicos del feudalismo, mostraba en realidad una composición mucho más compleja, con forma de mosaico cuyas teselas se engarzaban para ofrecer una composición de conjunto. Más allá de los libros y los tratados, la sociedad aparecía representada en toda su diversidad en las fiestas, ritos y ceremonias públicas. Últimamente, los historiadores han encontrado una clave explicativa para la sociedad en la valoración y análisis de estos acontecimientos, como representación cartográfica de la jerarquía social. El ceremonial radiografiaba, valga el símil, la jerarquía del poder y la composición de la comunidad mostrando su estructura, haciendo visible su articulación interna. Antes de que Felipe III efectuase su entrada en Barcelona el 14 de mayo de 1599, las autoridades de la ciudad planificaron con sumo cuidado el recibimiento que iban a ofrecer al soberano: sus embajadores salieron al encuentro del séquito real para informarle puntualmente de todos los detalles y concordar sus preparativos con lo que creyesen conveniente los maestros de ceremonias de la casa real. No se improvisó nada, nada quedó al azar, todo se planificó según el precedente de otras visitas reales, particularmente las de 1564 y 1585. Como en tantas otras ciudades que visitaron los monarcas, la *Ordinatio y forma de la serimonia y festa feta per la ciutat de Barcelona per raho de la nova entrada del Catholic et molt alt senyor don Felip Rey y senyor nostre*[1] expresaba el ensamblaje del orden natural entre rey y reino siguiendo *lo orde antich:* el soberano representaba la cabeza del cuerpo político de la Monarquía, de Cataluña y también de la ciudad de Barcelona. Esas tres realidades que se referían las unas a las otras como otros tantos microcosmos debían quedar debidamente representadas tanto en el itinerario del rey y su séquito como en los lugares donde sería recibido por las distintas autoridades, los arcos de triunfo, las representaciones alegóricas y los diversos agasajos de que sería objeto.

Al entrar el rey y su séquito por la puerta de San Antonio, fueron recibidos con salvas de artillería desde los baluartes y la muralla. Allí le esperaban los *consellers* y, detrás de ellos, una nutrida representación de la ciudad que habría de llevar los bordones del palio y el cordón que separa al cortejo del público. La distribución de los sujetos establecía una correspondencia jerárquica del orden social, como puede apreciarse en este esquema de la distribución de los que habían de portar el palio real:

PARTE DERECHA	PARTE IZQUIERDA
Dr. Pere Benet, *conseller en Cap*	Mo. Pere Ferreres, *ciuteda antich*
Ciutedans	*Mercaders*
Mo. Federich Pol, *militar*	Mo. Bartolomeu Sala, *consol*
Mo. Jaume Alos Colom, *militar*	Miquel Puig Janer
Mr. Hieronim Sivaller, *ciuteda*	Montserrat Llevaneres
Mo. Franch. Vilano, *ciuteda*	Jaume Morillo
Mo. Pere Costa, *ciuteda*	Perot Antich
Mestre Vicens Castello,	Pau Ferrer
Consol ciuteda	
Artistes	*Menestrals*
Joan Sala, *notari de Barcelona*	Janot Ferrer, *paraire*
Nadal Castello	Magi Ferrer, *paraire*
Pere Pau Segui, *notari real*	Joan Font, *calsater*
Jaume Magarola, *apotechari*	Bartholomeus Castello, *baster*
Miquel Miro, *cirurgia*	Jaume Leopart, *boter*

Cada estamento se hallaba situado en un plano espacial en el que se representaba su lugar en la sociedad, y
lo mismo ocurría con cada individuo dentro de su grupo, perfectamente identificado en su función y rango.
Al abrirse las puertas, un *molt gentil artifici* hizo emerger
ante todos a un muchacho vestido de ninfa, que representaba a la ciudad. Recitó unos versos de bienvenida
en latín y, al concluir su parlamento, entregó las llaves
de la ciudad al rey; éste, a su vez, las dio al *conseller en
cap,* que besó las manos del monarca mientras le cogía
del brazo derecho *a Vista de totom*. Daba así comienzo
a un recorrido simbólico por Barcelona, en el que cada
calle escogida para transitar y cada parada enfatizaban
la vinculación del rey con cada uno de los estamentos y
corporaciones urbanas, finalizando con el encuentro
entre soberano y república. Tras cruzar un arco de
triunfo en la *dressana,* el cortejo concluía su periplo
ante un catafalco erigido en la plaza de San Francisco,

junto a una cruz y sobre los evangelios, donde se desarrolla el acto más solemne, aquel en que «jura lo dit Senyor Rey de tenir y observar tots los usos, costums, constitucions e totes e sengles coses en aquesta ciutat per sos antecessors Reys otorgades y concedides de tenir y observar». Después de renovado el pacto entre la ciudad y su señor natural, desfilaron ante el rey y su séquito todas las corporaciones por riguroso orden de precedencia: *paraires, fusters, blanquers, ortolans, traginers, barquers, descarregadors, pescadors, camisers* y un largo etcétera tras los cuales desfilan los *consellers*. Concluida la fiesta ciudadana, se abre el momento de la fiesta del principado, que debía efectuarse en tiempo y forma netamente diferenciados. Unos días después, el sábado 22, tuvo lugar la solemne ceremonia de juramento del rey y homenaje de los estamentos eclesiástico, militar y real de Cataluña. En esta ocasión el palacio real constituyó el centro ceremonial en el cual se desenvolvieron los actos del juramento de Felipe III ante los

eclesiastichs, barons, nobles y militars y al ciutats viles y llocs reals de aquest Principat de Cathalunya y Comptats de Rosselló y Cerdanya tots privillegis y libertats, usos y constitucions y altres drets segons que los altres predecessors rey de Arago y comptes de Barcelona acostumat prestar.

Es evidente que, en circunstancias como las entradas reales y los actos públicos de juramento de toma de posesión del trono, la representación plena de la sociedad tenía lugar necesariamente en el momento en el que se renovaba y rememoraba el pacto rey-reino, el acto constitutivo de la comunidad política. No obstante, en fiestas y celebraciones de un signo no tan marcadamente político (en el sentido en el que hoy entendemos la sociedad) no faltaba ocasión para desplegar en el espacio público una representación tanto o más importante que aquélla. El Corpus Christi es buen ejemplo de ello, como recordara el Inca Garcilaso de la Vega, pues constituía la gran ocasión, la fiesta más importante, el día principal del año, aquel en el que toda la sociedad se hacía visible en las calles y podía contemplarse el colorido espectáculo de su diversidad (*Historia del Perú. Segunda parte de los comentarios reales,* libro VIII, capítulo 1). En su Cuzco natal españoles e indios festejaban la eucaristía fundiendo sus tradiciones respectivas. Por una parte los 80 vecinos españoles de la ciudad que eran señores de vasallos, es decir, que tenían repartimiento de indios, acudían seguidos por sus séquitos particulares de indígenas, que vestían sus libreas y colores y portaban cirios e imágenes en andas, remedando a las cofradías de sus lugares de origen en España. Al mismo tiempo, los caciques acudían rodeados por sus parentelas, vasallos y criados portando las galas y ornamentos propios de las fiestas mayores de los incas, en las que cada nación se agrupaba en torno al blasón de su linaje. Garcilaso describía un ritual que en el siglo XVII quedó formalizado en torno a una solemne procesión encabezada por el corregidor, como representante del rey; tras él, a la derecha, el cabildo municipal con los vecinos españoles, en otro grupo los nobles incas y a la izquierda el cabildo eclesiástico seguido de las órdenes religiosas; en medio, el obispo, que portaba la custodia con la sagrada forma. Así, la alta jerarquía social, secular y eclesiástica, indígena y española, quedaba asimilada a la manifestación de Dios, fuente de toda autoridad. Detrás iba el pueblo, las cofradías o

confraternidades de los barrios de la ciudad, vinculadas
a oficios y tradiciones corporativas, las más principales
cerca de los notables, las más bajas, lejos. La calle se convertía en espacio escénico, la procesión-cortejo discurría entre banderas, arquitecturas efímeras, tapices, col-
gaduras, representaciones, mascaradas... Al igual que
en Toledo, en Sevilla, Barcelona, Messina, ciudad de
México... la fiesta del Corpus era al mismo tiempo la
fiesta del orden y de la identidad, representaba la relación
entre la majestad divina y la sociedad, un microcosmos
que toma carta de naturaleza como representación del
macrocosmos. La jerarquía como manifestación del orden y la disposición de las corporaciones como suma de
los órganos que conformaban el cuerpo político, en el
que todos participaban conforme a su función dentro
del conjunto haciendo visible su contribución al bien
común, a la buena marcha de la comunidad: danzas, representaciones, arcos, engalanamiento de calles, monumentos efímeros... todos competían y se emulaban en
el brillo fastuoso de la fiesta. El cortejo exhibía el poder
tal y como estaba constituido, ilustraba un orden cuyas
partes se articulaban jerárquicamente de manera que la
autoridad circulaba desde las partes altas (las más cer-
canas a Dios, a la custodia), pasando por las medianas,
hasta llegar a las «partecillas de poco tono puestas baxo
la disciplina de aquéllas» (las más alejadas de la custodia), como decía Merola.

El derecho a participar en un acto público y el lugar
que debía ocuparse en él eran acontecimientos de singular trascendencia para sujetos y comunidades. El
protocolo seguido en las manifestaciones públicas con
motivo de fiestas, ceremonias y solemnidades reflejaba
la importancia atribuida y reconocida a territorios, es-

tados, oficios o materias que representaban a una o varias corporaciones. Había fiestas que incidían más en el protagonismo de un estamento y resaltaban su función social: las corridas de toros, los juegos de cañas y los torneos subrayaban la función guerrera de la nobleza, para el lucimiento de los «defensores» mediante imágenes simbólicas de la guerra. De la misma manera, durante la Cuaresma y la Semana Santa los diversos oficios y rituales enfatizaban la función social del clero y el Carnaval o los mayos cedían el protagonismo al tercer estado, los «laboratores». Nos encontramos ante una sociedad espectáculo, que gustaba de representarse y mostrarse. Para muchos historiadores se trata de un aspecto negativo, el arte de aparentar, el dispendio improductivo de adornos y arte efímero, la ostentación, el gasto suntuario en carrozas, libreas, joyas, vestidos… Sin embargo cabe señalar que esas celebraciones públicas, ritualizadas y representadas cíclicamente, reforzaban la memoria de la comunidad, fijaban el orden y hacían asimilable la jerarquía social y sus diferencias de manera suave, interiorizada, con una aceptación y sumisión inconscientes, como se asumen con naturalidad las reglas de un juego, siendo mucho más eficaces para el mantenimiento de la disciplina social y el poder que ordenanzas, decretos y leyes.

Muestra del poder de integración de la fiesta lo tenemos en las *Relaciones,* crónicas impresas que dan cuenta de ellas, muchas veces con grabados e ilustraciones. Costeadas por las autoridades, guardaban la memoria de los fastos, constituían un recuerdo y servían de referencia para conocer el orden y consignar su norma. Por tal motivo, dichos textos eran manipulados para ofrecer una imagen ideal, ausente de conflicto y cuyo resultado

fuese siempre positivo, tanto que a veces fueron objeto
de la burla y la sátira como documentos mentirosos; recuérdese sin ir más lejos a Quevedo y su sarcasmo respecto a las deslucidas cañas celebradas en Madrid en
1623. Esto obliga a aproximarse a las *Relaciones* con alguna que otra precaución: la primera es que reflejan un
estado ideal, estático y sin conflicto, y la segunda, que
no se ajustan a la realidad sino a los convencionalismos
de la propia representación. La relación de la entrada de
Felipe II en Toledo, escrita por Alvar Gómez de Castro,
fue entregada al rey para que introdujese las enmiendas
que creyera oportunas antes de entregarla a la imprenta.
Enmiendas, adiciones, correcciones y cambios genera-
dos por una censura previa trataban de ocultar tensiones y conflictos que subyacían a la aparentemente feliz
armonía corporativa. Por otra parte, para mantener la
tradición, los municipios, instituciones civiles y eclesiásticas, la Corte misma disponía de libros de ceremonias, cuadernos de honras y relatos de diversa naturaleza (como los diarios de los maestros de ceremonias)
para preservar el protocolo, precedencias y jerarquía de
las representaciones públicas. En un sentido literal podemos considerar estos textos como manuales de instrucciones del orden, y a través de ellos se puede acceder
a la sutil composición del teatro público, a los valores
de referencia para determinar lo que es superior e inferior, a los problemas de protocolo como ecuaciones en
las que ha de despejarse con claridad la sustancia del estatus reservado a cada uno.

De todo esto también cabe extraer otra deducción:
los síntomas de enfermedad en el cuerpo de la república
se hacían visibles en rituales y ceremonias, siendo expresión de los conflictos existentes. En 1589 el marqués

de Cortes, Don Martín de Córdoba, virrey de Navarra, hizo su entrada en Pamplona de noche porque la ciudad no aceptaba que los jueces de comptos (oficiales del séquito y servicio vicerregio) precedieran a los regidores en las ceremonias cívicas. La amenaza de sedición por culpa de la disputa de precedencia se sentía con tal intensidad que el marqués procuró evitar los actos públicos con el fin de no verse envuelto en polémicas e incidentes que menoscabasen su dignidad. Pero no podía estar siempre ausente, y menos en la fiesta mayor de la ciudad y del reino, por lo que la chispa del conflicto acabó saltando durante las celebraciones de San Fermín en 1592. Cuando cl virrey y su séquito abandonaban su tribuna, después de que saliese el último toro, se soltó uno más, alterando la compostura con que las autoridades reales pretendían abandonar la fiesta. Fue la pérdida de decoro y dignidad lo que provocó que el virrey reaccionara de muy mal talante a la broma, ordenando prisión para los diez regidores de la ciudad, que fueron recluidos en las casas del ayuntamiento por una noche. Cabe señalar que la salida indecorosa de las autoridades virreinales constituyó algo más que una humillación (que la hubo, pues el marqués de Cortes quedó muy herido en su amor propio por la «mucha risa y desvergüenza» de los pamplonicas), porque la pérdida del «respeto» al virrey se vinculó con la misma pérdida de la obediencia, con un conato de rebelión. En realidad el incidente se remitía a un problema más profundo: en Navarra el orden era imperfecto y adoleció siempre de una composición insatisfactoria debido al problema de la legitimidad dinástica (fue incorporado por conquista en 1512) y a su unión con Castilla, que unos deseaban *accesoria* (lo cual convertía al reino en una provincia) o

aeque principalis (en pie de igualdad como reino asociado). El ceremonial reflejaba necesariamente una de
esas dos opciones, y naturalmente definirlo en la forma
que pretendía el virrey o el concejo era materia de controversia y polémica.

Debe advertirse, ya para concluir, que cada cambio
en el ceremonial, cada modificación protocolaria, cada
mutación en la precedencia o el saludo, o los honores
rendidos y debidos, significaban, asimismo, un cambio
de estatus, una pequeña revolución en la composición
del tejido social. Por tal motivo, las peleas, riñas y polémicas por precedencias y saludos estaban a la orden del
día, colapsando e impidiendo en muchas ocasiones la
celebración normal de fiestas, ceremonias y ritos. La feroz rivalidad existente entre las autoridades civiles e inquisitoriales en Sevilla obligó a aplazar en varias semanas la celebración de las exequias de Felipe II ante el
famoso túmulo celebrado por Cervantes en un soneto
que el autor consideró entre lo mejor, si no lo mejor, de
su obra poética. Francisco Ayala, en un breve ensayo
sobre este poema, observaba la relación entre el túmulo
y la nada, el distanciamiento irónico entre la colosali-
dad de la arquitectura efímera y la humanidad del va-
lentón que lo contempla, una distancia equivalente a la
realidad idealizada de la *Descripción del túmulo y relación de las exequias que hizo la ciudad de Sevilla en la
muerte de Felipe II* escrita por el cronista hispalense
Francisco Gerónimo Collado en el año de gracia de
1599, que poco tenía que ver con el deslucido e indeco-
roso espectáculo de las trifulcas protocolarias de las autoridades sevillanas.

Buen gobierno

El sistema corporativo, a pesar de responder a un modelo de orden, no garantizaba por sí mismo la «paz social». La ausencia de una definición clara de los deberes y derechos de cada estamento estuvo en la raíz de muchos de los conflictos sociales y políticos que atravesaron los reinos ibéricos en el siglo XV y comienzos del XVI, lo cual redundó en el desarrollo del principio monárquico. Describir el proceso de consolidación de las monarquías ibéricas a lo largo del siglo XV es describir cómo la búsqueda de la estabilidad social, política y económica activó una serie de mecanismos mentales y de comportamiento para ir transformando el orden funcional corporativo en un sistema estático, rígidamente jerarquizado.

La incorporación de la teología-política al lenguaje del poder permitió la aparición de la idea de la inmortalidad de la realeza, que empezó a perfilarse en documentos tales como la disertación del obispo de Tarragona en 1412 ante Fernando de Antequera cuyo tema fue *Rex in eternum vive* ('el rey vive eternamente') en el que la preservación inmortal de la cabeza se correspondía a la misma inmortalidad del cuerpo. Dios se convertía en la referencia política por excelencia, prototipo al que se asimilaba el monarca, constituyendo el modelo de relación entre él y la sociedad, como hizo Alfonso X el Sabio al definir el poder del rey como vicario de Dios, «bien assí como el Emperador en su imperio» *(Partidas,* II, título 2, ley V). Lo cual no puede decirse que fuera una imposición unilateral de la corona, pues en las Cortes castellanas celebradas en Olmedo en 1445 se establecía:

Que ninguno non sea osado de tocar en su rrey e prínçipe commo aquel que es ungido de Dios nin aun de retraer nin dezir del ningunt mal nin aun lo pensar en su espíritu, mas que aquel sea tenido como vicario de Dios e onrrado commo por esçelente e que ningunt non sea osado de le rresistir, por que los que al rrey resisten son vistos querer resistir a la ordenança de Dios.

La reunión de cabeza y miembros, de rey y súbditos, formaba una corporación inmortal, en la que ambas partes perduraban en el tiempo mediante la renovación sucesiva de los individuos, manifestaciones físicas o materiales de un oficio. El estatus migraba por el conducto del linaje, de padres a hijos. En el caso de la realeza, su *officium* quedaba entretejido a la dinastía, inmortal, eterna y por la cual El Rey nunca muere (mueren los reyes, Felipe II, Felipe III, etc.).

En el siglo XVI la sacralización del poder dio consistencia a una interpretación muy rígida de la llamada *doctrina paulina:* «Sométase toda persona a las autoridades superiores; porque no hay autoridad sino de parte de Dios, y las que hay, por Dios han sido establecidas» (San Pablo, *Romanos* 12, 13). La transferencia de lo divino al monarca supuso una radical transformación de las relaciones entre los individuos y el poder real. Como consecuencia de esta exaltación del soberano, debido al carácter sublime o «más elevado» que se le otorgaba, se perfiló también la figura del súbdito. La sacralización del rey permitió distinguir una sujeción que no nacía de un contrato material sino inmaterial, distinguiéndose al súbdito natural del vasallo; mientras que el vasallo estaba ligado a su señor por un acto voluntario, un contrato de persona a persona (el servicio y el homenaje que su investidura le imponía), el súbdito

natural se hallaba sujeto sin contar con su voluntad. El
simple hecho de nacer en el seno de la «corporación»
obligaba a mantener la lealtad de por vida al «señor natural», pues del mismo modo que los fieles quedaban
sujetos a la Iglesia por medio del bautismo, también
quedaban por él sometidos a los superiores queridos
por Dios para gobernarles; de ahí la impronta indeleble
del nacimiento como vínculo de sujeción.

Una novedad introducida por Carlos V en 1519 marcó
definitivamente ese cambio al establecer el título de «Majestad» como fórmula para dirigirse al soberano. «Majestad» era título reservado a Dios, reconocía una dignidad
superior a la comunidad, externa a ella. Marcaba una
relación con la sociedad equivalente a la de Dios con la
creación. Dicho cambio se materializó sobre todo en la
reforma del ceremonial cortesano y la introducción de
la etiqueta borgoñona en 1548. Simbólicamente deshizo
la imagen arbitral del rey para vincularla a jefatura, es
decir, a un mando que no le confería la sociedad sino
que procedía de Dios. De este modo, los reyes de la
Casa de Austria, soberanos por la gracia de Dios, fun-
damentaron su autoridad como intermediarios entre
Dios y sus súbditos, repartiendo entre ellos su gracia,
ejerciendo en su nombre el castigo de los malvados y el
premio de los buenos y justos. Todo ello quedó refleja-
do en el nuevo ceremonial que, con su compleja reglamentación del servicio del rey, de los honores de la casa
real y de las atenciones dadas a los cortesanos, ofrecía a
las élites políticas honores, oficios, bienes y rentas a través de la multitud de nuevos servicios que el monarca
demandaba. A cambio de lealtad y servicio, el soberano
beneficiaba a sus súbditos con los bienes que poseía
para dar y repartir.

La nueva concepción de la superioridad real afectaba sobre todo a la expresión justiciera de la realeza, al símil con la divinidad que premia a los buenos y castiga a los malos en el juicio celebrado ante el trono celestial. La jurisdicción, la ejecución de la ley, la administración de la justicia son las funciones supremas que se arrogaba el soberano, cuyo ideal de buen gobierno consistía básicamente en saber castigar y premiar. Éste es, por ejemplo, el hilo conductor de los consejos sobre el buen gobierno que dio Don Quijote a Sancho –que es uno de los episodios más conocidos y comentados de la novela– dado que ilustra perfectamente lo que señalamos más arriba. Todo el discurso gira en torno a la *equidad,* un tema central de la literatura áulica de espejos de príncipes y cortesanos que, a juicio de Martín de Riquer, puede tener como fuente una serie de obras bastante populares en aquel entonces, como la traducción española de *El Galateo* de Giovanni della Casa (1585), *El perfecto regidor* de Juan de Castilla y Aguayo (1586), *El Galateo Español* de Gracián Dantisco (1593) u otros tratados del mismo signo, que abordan la materia del gobernante y el buen gobierno desde un punto de vista moral. Los sabios consejos se refieren casi exclusivamente a la administración de justicia: compasión, búsqueda de la verdad, equidad y misericordia. La conclusión del razonamiento resume el sentido de la justicia del gobernante:

Al culpado que cayere debajo de tu juridición considérale hombre miserable, sujeto a las condiciones de la depravada naturaleza nuestra, y en todo cuanto fuere de tu parte, sin hacer agravio a la contraria, muestrátele piadoso y clemente, porque aunque los atributos de Dios todos son iguales, más resplandece y campea a nuestro ver el de la misericordia que el de la justicia (Q 2, 42).

Aquí no hay crítica ni sarcasmo: los consejos dados a Sancho Panza recogían los lugares comunes que solían aparecer en instrucciones y ordenanzas para gobernadores, corregidores y otros oficiales de gobierno. La instrucción que el virrey de Sicilia, Don Diego Enríquez de Guzmán, dio a uno de sus gobernadores provinciales seguía un discurso parecido:

procurar exercer tan desinteressada y verdadera Justicia que todos, sin excepción ni accepción de personas, gozen el fructo que la buena administración della produce [...] ni [os] divirtais un punto del camino real de la Justicia haziendola assí a los ricos como a los pobres, a los forasteros como a los naturales y de la misma manera a qualquier stado o genero de gente, tratando a todas las personas que están de baxo de vuestro gobierno con el amor, blandura y término que tan buenos y fieles vassallos merecen, acordandoos que para este efecto estais en esse lugar (borrador sin fecha, tal vez redactado en 1590, BNM Ms. 3827, 137).

Al igual que en los razonamientos de Don Quijote, se exponen unas ideas convencionales. Sin embargo, la visión que plantea Cervantes sobre el óptimo gobierno se aplicaba a un estado ideal, y eso tenía una intención. Barataria era «una ínsula hecha y derecha, redonda y bien proporcionada y sobremanera fértil y abundosa, donde si vos os sabeis dar maña, podéis con las riquezas de la tierra granjear las del cielo»; su forma tenía el sabor de *Utopía*, la *Nueva Atlántida* o *La ciudad del sol*, pero con una disposición que subrayaba su perfección ideal. Como territorio utópico requería un modelo de gobierno excelso. La reflexión del duque, al conceder el oficio, concuerda con el debate entonces existente sobre el buen gobierno, encargando a Sancho un atuendo que fuera «parte de letrado y parte de capitán» porque «en la ínsula que os doy tanto son menester las armas como las letras y las letras como las armas» (Q 2, 42).

Cervantes introducía su tradicional defensa de la virtud militar y su superioridad sobre otras virtudes, reconociendo, al mismo tiempo, el valor complementario de las letras, de la ciencia jurídica. Un gobierno basado exclusivamente en la aplicación de la ley era imperfecto; la justicia debía ejercerse con piedad y clemencia, es decir, debía actuar atenta al sentido común –garantizando lo que a cada uno le correspondía singularmente–, y no de manera impersonal. Esta aclaración era pertinente cuando se quería despejar la tentación de un gobierno judicialista, tecnocrático diríamos hoy, obsesionado por la aplicación estricta de las normas, riguroso e inflexible. Coincidía con la famosa reflexión con que Diego Hurtado de Mendoza abría su *Guerra de Granada* obra en la que, al analizar las causas del levantamiento de los moriscos el día de Navidad de 1568, apuntó como origen el desequilibrio entre gobierno judicial y gobierno político:

La mayor parte [de los jueces eran] ambiciosos de oficios ajenos y profesión que no es suya, especialmente la militar; persuadidos del ser de su facultad que, según dicen, es noticia de cosas divinas y humanas, y ciencia de lo que es justo e injusto; y por esto amigos en particular de traer por todo, como superiores, su autoridad, y apurarla a veces hasta grandes inconvenientes, y raíces de los que ahora se han visto. Porque en la profesión de la guerra se ofrecen casos, que a los que no tienen práctica de ella parecen negligencias; y si los procuran emendar, cáese en imposibilidades y lazos, que no se pueden desenvolver; aunque en ausencia se juzgan diferentemente.

La revuelta de los musulmanes nunca habría tenido lugar si la nobleza, que formaba el nivel superior de la sociedad, hubiera dispuesto de la práctica del gobierno y los letrados se hubiesen quedado en sus tribunales juzgando las causas que les llegaban. Los jueces no habían sido educados para gobernar, eran incapaces de ver más allá de la estricta aplicación de la justicia y no disponían de formación para evaluar «la calidad de los tiempos, manera de las gentes, diversidad de ocasiones». Su conocimiento de las cosas era libresco, y carecían de experiencia y flexibilidad para actuar o tomar decisiones que «requerían templanza, o dilación».

Mendoza criticaba muy duramente el espejismo legalista introducido por el cardenal Diego de Espinosa durante su privanza (1566-1572), la idea de que el gobierno podía ser inmune a la corrupción, a la manipulación de los hombres, si se limitaba a una mera técnica de aplicación de normas y leyes, sin dependencias ni intereses que intoxicaran la pureza y la justicia de las decisiones. Sobre este espejismo reflexionaron también algunos observadores extranjeros que alcanzaron conclusiones parecidas a las del noble poeta granadino. El embajador veneciano Lorenzo Priuli escribía en 1576:

Hombres de toga larga, doctores y prelados, la mayoría nacidos de baja condición, y de esta calidad de hombres se sirve el rey por dos respectos: uno por tener en su consejo hombres totalmente dependientes de él, y que ellos conociendo su grandeza le sirvan con mayor fe y amor; el otro, porque las personas nobles y los grandes señores son poco aptos para este servicio, no estando criados en el honorable estudio de las letras. Pero esto, además de dejar insatisfechos a los caballeros y a los grandes señores, que así no participan, tampoco

1. REY Y REINO

produce el buen efecto que el rey desea, porque en estos doctores, que principalmente se aplican al estudio con fines de
ganancias, no se puede encontrar el deseo por el bien público
que sería necesario, y como gente nacida bajamente, no sa-
biendo usar moderadamente de la autoridad, ejercen sus cargos con gran arrogancia y soberbia, pareciéndole que pueden
adquirir crédito de ser muy justos ante Su Majestad cuando
caen en la crueldad, de lo cual está muy descontenta la gente
noble y principal, y si la bondad del rey y su buena justicia no
consolase y pusiese freno a cada uno, habría peligro de que
sucediese algún mal.

La educación universitaria era un coto cerrado de los
eclesiásticos. Los letrados, o mejor dicho, los clérigos
juristas –como el mismo cardenal Espinosa– formados
en las facultades de derecho, constituyeron el semillero
de la administración y gobierno de la Iglesia y no tardaron en copar los puestos de la administración real. Su
experiencia de gobierno partía por tanto de la concepción canónica del poder, y las libertades (fueros de las
ciudades, constituciones de los reinos, privilegios de los
grandes, etc.) constituían referentes legales pero no políticos, porque el poder no era una invención humana sino
un don divino, que fundaba y constituía la comunidad.
Quien ejerciese cualquier clase de autoridad ignorando
dicho precepto incurría en tiranía y era legítimo alzarse
en su contra, pues era tiránico todo gobierno constituido contra derecho o en ausencia de derecho. Así, la autoridad legítima gobernaba de acuerdo con la ley de
Dios y con principios legales y morales fijados a partir
de ella. Lo contrario de la tiranía era la justicia, no la libertad, porque el buen gobierno era el que aplicando la
jurisdicción (*juris dictio:* 'el que interpreta la ley') hacía
reinar la justicia.

Los canonistas, es decir, los expertos en derecho eclesiástico, formados en las universidades, subrayaron el contraste fundamental existente entre tiranía y justicia en la calidad del consejo del rey; el soberano asesorado por jurisconsultos para tomar decisiones ejercía un buen gobierno. El mal gobernante era el que actuaba sólo o desconociendo la justicia por actuar sin consejo. Esta doctrina se plasmó a finales del siglo XV y principios del XVI con la presencia más o menos permanente de consejos de jurisconsultos en el séquito de los reyes. Estos consejos tenían el carácter de comisiones de expertos que sólo actuaban cuando se les requería, carecían de iniciativa, no disponían de ninguna ejecutividad, pues ésta sólo estaba reservada al rey, que simplemente les pedía su opinión cuando lo creía pertinente. Estas comisiones, que a veces disponían de una ordenanza que regulaba su composición y horario de trabajo, tenían un carácter intermitente y muy borroso, dado que se reunían sólo cuando lo demandaba el soberano. El principal de todos los consejos era el de Estado, que consistía en la reunión del soberano con los más importantes de sus súbditos para tratar las materias relativas al conjunto de sus posesiones, su conservación, defensa y seguridad (de ahí que se desgajase un subgrupo que formó el Consejo de Guerra); en segundo lugar se hallaba el Consejo de Inquisición, que regía una red de tribunales especializados en la preservación de la ortodoxia religiosa, formado mayoritariamente por juristas eclesiásticos. Asimismo, existían otros consejos que actuaban como tribunales supremos de los territorios, como eran el de Castilla, Aragón, Italia, Indias, Portugal y Flandes (los cuales abordaremos en el capítulo 3), y otros de carácter temático que administraban ciertas prerrogativas reales (Cámara de Castilla, Hacienda, Cruzada y Órdenes Militares). Pero, como señalamos más arriba, cuando Felipe II tomó posesión de todos sus estados en 1556, la *polisinodia* ('gobierno por consejos') aún estaba por constituirse, pues hasta entonces persistió la idea de que el Consejo formaba una unidad y que la diversidad de organismos no respondía tanto a una especialización del trabajo como a comisiones que se dedicaban a tareas que el rey les encomendaba hasta nueva orden. Tal sería el caso del Consejo de Aragón, creado en 1495, en el que el rey daba orden al vicecanciller, los regentes y el protonotario de la Cancillería de Aragón para que se juntasen con el tesorero general de la corona a resolver asuntos de justicia remitidos en última apelación al soberano desde Cataluña, Aragón, Valencia, Mallorca y Cerdeña.

Bajo Felipe II se operó un cambio muy importante en la concepción de los consejos. Desde 1565 el hombre de confianza del rey, el cardenal Espinosa, diseñó un ambicioso plan de reforma para construir sobre ese conjunto de comisiones con límites y funciones borrosas un sistema más coherente y especializado. Percibió los consejos como la columna vertebral de la Monarquía: dotados de competencias precisas y con atribuciones de cierta entidad para actuar de oficio, habrían de administrar la ley y ejercer por delegación parte de la jurisdicción del soberano. Los consejos se constituirían como un sistema de gestión de la administración real basado en la rigurosa aplicación de leyes y normas, quedando fuera del ámbito de los juristas el Consejo de Estado (diplomacia y política exterior) y Guerra (dirección estratégica y militar). Más que la poderosa personalidad del cardenal, lo que sedujo al soberano fue la materialización de un proyecto que satisfaría sus convicciones más íntimas. Le parecía un buen medio para cohesionar y dotar de unidad a la Monarquía, dado que este gobierno de los jueces se sustentaba en el integrismo religioso (confesionalismo) y la reforma de la sociedad siguiendo los preceptos establecidos por la Iglesia en el Concilio de Trento. Por tal motivo, Espinosa fue nombrado inquisidor general. Desde la responsabilidad de dicho cargo implementó el desarrollo de una reforma religiosa concebida para que la desarrollaran juristas, no teólogos, porque su objetivo era hacer que prevaleciera la ley de Dios, la ley común y superior a todos. Por último, su proyecto incluía una visión novedosa de la función de los jueces, pues, al vincular delito y pecado, transformaba la visión tradicional de la justicia como actividad mediadora entre partes para hacerla mera ejecutora de preceptos legales. Ésta es la falta de flexibilidad cuyas consecuencias trágicas denunciara Hurtado de Mendoza.

Las crisis de Granada y los Países Bajos en 1568 fueron el preludio de una convulsión sin precedentes en un reinado que hasta entonces había discurrido pacíficamente. En septiembre de 1572 Espinosa cayó en desgracia y falleció poco después. Su cese no fue consecuencia del fracaso del proyecto, sino de haber abusado de la confianza del rey, incurriendo en notorias corruptelas. Con toda probabilidad, Felipe II siguió creyendo que en el fondo la idea era buena, aunque su mayor inconveniente no era la clamorosa corrupción existente en los consejos (que hacía dudar de la capacidad de los letrados para asumir responsabilidades), sino la decidida oposición de los súbditos. El profundo rechazo expresado por los grupos dirigentes de lugares tan alejados entre sí como Nápoles, Perú, Cataluña o los Países Bajos obligó a pensar en una reforma con un perfil más bajo, que atemperara el excesivo judicialismo espinosista y reequilibrara *jurisdictio* y *gubernaculum,* esto es, que restableciera la complementariedad de las armas y las letras, entre justicia y política, definiendo dos ámbitos separados.

El nuevo modelo fue desarrollado por hombres vinculados a Espinosa, singularmente el secretario Mateo Vázquez, que diseñaron una estructura que separaba la administración del gobierno propiamente dicho. Los consejos de letrados conformaron un ámbito ordinario en el que se ejercían competencias (jurisdicción) asignadas en instrucciones y ordenanzas. Constituían un ámbito inferior que se subordinaba a otro superior, que elaboraba la política general y en el que, con el rey, se tomaban decisiones de amplio calado. La expresión de este apartado privado del soberano fue la Junta de Noche de 1584, en la que tomaron asiento Don Juan de Zúñiga, que llevaba el orden del día y los temas a tratar, el conde de Chinchón, que supervisaba los asuntos de Italia y la corona de Aragón, Juan de Idiáquez, que hacía lo propio respecto a los Países Bajos, asuntos militares y diplomáticos, Don Cristóbal de Moura, encargado de Hacienda, Portugal y Castilla, mientras que el secretario real Mateo Vázquez actuaba como archisecretario y consejero. Fue la primera de las juntas que funcionaron como gabinete especial del monarca, y no es difícil advertir que el valimiento del duque de Lerma, Don Francisco de Sandoval y Rojas, no fue sino un desarrollo de este sistema, el paso de un asesoramiento colegiado a otro unipersonal. Entre 1598 y 1621 los validos (primero el duque de Lerma y luego el de Uceda) reorganizaron las relaciones de poder asumiendo el gobierno con el respaldo y la cooperación de las grandes casas nobiliarias. La nobleza pasó de casta o estamento a élite de poder y la lucha política en el siglo XVII quedó confinada a la rivalidad de las grandes casas por acaparar poder e influencia a la cabeza de la Monarquía.

Estas reformas del final del reinado, atentas al buen gobierno y al necesario equilibrio entre armas y letras, en el que las primeras eran superiores a las segundas, nos obligan a detenernos en el mal gobierno, su valoración y la forma en que el soberano debía comportarse para evitarlo. En primer lugar, los efectos del mal gobierno remitían directamente a la necesaria vigilancia de los oficiales que actuaban en nombre del soberano. Es decir, mal gobernante era aquel que desconocía lo que hacían sus subordinados, era incapaz de disciplinarlos y toleraba que tiranizasen a los súbditos abusando de la autoridad que les había otorgado. Lope de Vega, en *Fuenteovejuna,* advertía de que el mal gobierno del maestre de la orden de Calatrava no radicaba en la complicidad con el perverso comendador que tiranizaba al pueblo, sino en haber actuado sin consejo, con interés particular, confiando sus vasallos a una persona inapropiada y a la que no puso límites. El comendador actuó con «sobrada tiranía» e «insufrible rigor» por desconocimiento de su señor, el maestre, cuya obligación era estar atento a sus oficiales y corregirlos. En 1598 Baltasar Álamos de Barrientos advertía a Felipe III sobre la necesidad de este control sobre los subordinados:

Y si alguna cosa [ha de salir] de la mano y voluntad de los reyes, [ha de ser] la moderación del rigor y aspereza de los jueces y consejeros, y el remedio y satisfacción de sus agravios; y para esto sólo han de saber las causas de la justicia y ver las sentencias; que los jueces en fin como hombres, alguna vez puede ser que se dejen llevar de los afectos a que todos los hombres viven sujetos. En fin, Vuestra Majestad en la justicia no ha de ser más que celador de ella, y desagraviador de los excesos de sus ministros, y dispensador absoluto de las mercedes, gracias y benignidad real, si bien para éstas es necesario el medio y ayuda de sus consejeros, a quien más fácilmente acuden los menores a significar sus méritos y necesidades, y que mejor y con más claridad se pueden informar de ellos y de su verdad, no siendo posible que Vuestra Majestad los conozca a todos y lo sepa todo.

Si en algo debía perseverar el rey y si en algo se cifraba el buen gobierno era en vigilar, corregir y estar atento a lo que hacían sus oficiales, aquellos que por delegación representaban su autoridad. Debía someterlos a inspecciones y debía también exigirles responsabilidades por medio de visitas, pesquisas y residencias. Los jueces de residencia, visitadores y pesquisidores eran nombrados por el rey o los señores de vasallos en un ámbito independiente al de los tribunales ordinarios de justicia, dado que era una comisión que sólo evaluaba responsabilidades y formulaba cargos respecto al cumplimiento de las obligaciones encomendadas. Era el señor o el rey quien sancionaba (siguiendo las recomendaciones de los jueces inspectores) y a quien solamente cabía dirigir la apelación. Se trataba, en definitiva, de un asunto personal entre el señor y sus servidores.

La diferencia entre visita, residencia o pesquisa se derivaba de un matiz semántico. Parece que la pesquisa y la residencia respondían a la existencia de una causa justificada para ponerla en marcha. La primera consistía en una investigación nacida de denuncias recibidas, mientras que la segunda era un procedimiento rutinario efectuado al concluirse el mandato de un oficial. La visita, en cambio, era una comisión dedicada a indagar sin que precediese un motivo aparente que, a diferencia de los otros procedimientos, constituyó un instrumento de inspección relativamente novedoso a mediados del siglo XVI. Tomado del ámbito eclesiástico para aplicarlo a la administración real, tenía una finalidad *moral* y *ejemplar;* de ahí que se tratase de una operación de limpieza que recurría a un expediente extraordinario y nada convencional para tranquilizar la conciencia del gobernante. Es decir, la puesta en marcha de la visita no tenía más motivo que dar cumplimiento de la obligación inherente a un soberano que sólo reconoce a Dios en lo temporal y cuya labor debe ajustarse a su designio. Así se lo explicaba Felipe II a Don Gaspar de Quiroga cuando le ordenó dar comienzo a la visita del reino de Nápoles el 19 de abril de 1558:

Siendo tan grande la obligación que los príncipes tenemos a saber de la manera y con el orden y concierto que los tribunales, consejos y jurados de sus reinos y señoríos son regidos y gobernados y queriendo nos cumplir en esta parte con el deber de buen príncipe y por lo que toca al descargo de nuestra consciencia inquirir y saber de la manera que los officiales de Nuestro Reino se han havido y han en la buena y recta governación y administración de sus cargos.y oficios (BNM. Ms. 988, 63).

La visita identificaba la relación del rey y sus servidores de la misma manera que la Iglesia con sus ministros, de modo que no sólo se dirigía a inquirir y exigir responsabilidades, sino que también implicaba «reforma» («volver a dar forma a una cosa que se había estragado y mudado de su ser y condición»). Así, de la propia responsabilidad del monarca, obligado (en comunión con Dios) por medio de su conciencia, nacía la necesidad de vigilar y procurar «la buena y recta governación y administración» de cargos y oficios. Por eso mismo, el visitador recibía un mandato directo del soberano, poseía «vices et voces regias» y ejecutaba su inspección sin rendir cuentas a nadie más que a él. Esto último caracterizó las visitas como «juicios absolutos», ilimitados, independientes y sin restricciones. No cabía el amparo ante ninguna instancia judicial porque era el rey el que procedía con sus servidores.

El sistema no tardó en revelar defectos insalvables. Un publicista siciliano, Scipione di Castro, advirtió en 1577 que la excepcionalidad del procedimiento era síntoma inequívoco de caída en desgracia. Cuando el rey autorizaba un proceso de estas características denotaba «tener en para poco» a sus oficiales, y lo mejor que podían hacer éstos era renunciar a sus cargos antes de padecer males mayores. Las visitas, como pesquisa extraordinaria, tenían una lectura que iba más allá de la de un procedimiento administrativo de inspección y corrección, encubrían represalias, caídas en desgracia y ajustes de cuentas en la Corte. Eran *vendettas* disfrazadas con ropajes honorables, como denunció el secretario real Antonio Pérez en 1579. Las visitas muy bien podían servir como indicadores de la lucha de partidos en la Corte, de los cambios en la privanza, de las represalias y del desalojo de un grupo de los cargos y oficios que constituían sus recursos de poder. Pérez sentenciaba: «el poder, o el enojo, o el enfado o la adulación son los jueces».

Como conclusión de todo lo que hemos expuesto en estas líneas sobre el buen gobierno, cabe detenerse en la reflexión que sobre esta materia expresó Miguel de Cervantes en su novela *El amante liberal*. El relato desarrolla su trama en el «virreinato» otomano de Chipre. La elección del lugar y del momento (justo cuando concluye la conquista turca de la isla) sirve para resaltar la caracterización del Imperio otomano como encarnación del mal. Sus instituciones eran como un negativo del ideal, que era la Monarquía Hispana: el bajá era el contrario del virrey; Chipre, reverso de Sicilia; la esclavitud de los súbditos otomanos, contraria a la libertad de los de su majestad católica, y, claro está, los mecanismos de inspección y vigilancia de los oficiales eran una residencia o visita vuelta del revés:

[Al bajá] le premian o le castigan, según la relación de su residencia; puesto que si biene culpado, con dineros rescata y excusa el castigo; si no viene culpado y no le premian, como sucede de ordinario, con dádivas y presentes alcanza el cargo que más se le antoja, porque no se dan allí los cargos y oficios por merecimientos, sino por dineros; todo se vende y todo se compra; los proveedores de los cargos roban a los proveídos en ellos y los desuellan; de este oficio comprado sale la sustancia para comprar otro que más ganancia promete; todo va como digo, todo este imperio es violento, señal que prometía no ser durable.

En breves trazos, Cervantes daba cuenta de lo que caracterizaba al mal gobierno: la compraventa de los oficios y los servicios. Allí, donde imperaba el mal, no se premiaba ni se castigaba conforme al «merecimiento»: quienes disfrutaban y quienes dispensaban cargos y oficios se obligaban mutuamente, su vínculo era puramente transaccional, usurario, en el mejor de los casos simple comercio, con un sentido puro de ganancia económica. De este modo su dictamen era ejemplar («este imperio es violento»), pues, ausente la justicia (dar lo que en derecho pertenece a cada uno), priman las relaciones de fuerza. Ausente el «amor» en el servicio, desaparecía la piedad, la equidad y todo rasgo de virtud, haciendo del gobierno y las instituciones una farsa, una parodia o caricatura de ellas, como se apreciaba en las «residencias turcas».

Mal gobierno significaba siempre ausencia de justicia. Si examinamos los alegatos y las denuncias que instaban la puesta en marcha de procedimientos de inspección y fiscalización judicial de los oficiales reales en la segunda mitad del siglo XVI, observamos que en casi todos ellos se pedía tal recurso para restablecer el buen gobierno, perturbado por el mercadeo al que es sometida la gestión de la jurisdicción real. La denuncia más corriente era que se comerciaba y vendía la gracia y la justicia del rey. En la década de 1580 una junta de teólogos dictaminó que la venta de oficios de la corona sólo era lícita si proveía a personas que lo merecieran. La censura implícita en el dictamen llevó a no reglamentar esta materia, y hubo de esperarse a 1600 para que Felipe III se atreviera a dar pasos decididos para convertir en norma la venta de oficios. Sería excesivo pensar que Cervantes hiciera esta reflexión como una crítica a acontecimientos concretos, pero no cabe duda de que su sensibilidad se corresponde muy estrechamente con la de quienes asistían con él a las tertulias celebradas en la casa del secretario real Mateo Vázquez en los primeros años de la década de 1580, de aquellos que defendían el empleo de las visitas como un instrumento inherente a la renovación moral que debía acompañar a la reforma del gobierno.

Sin embargo, las visitas no eran ninguna panacea. Eran largas y laboriosas, se tardaba décadas en emitir sentencias y aplicar castigos, por lo que su utilidad fue puesta en duda con mucha frecuencia. El 30 de noviembre de 1583 el cardenal Granvela escribió una nota de protesta al rey, señalándole lo difícil que resultaba a los consejeros del Consejo de Italia trabajar con normalidad cuando llevaban sufriendo ya varios años de inspección. Los oficiales y ministros de los consejos acusaban una sensación agobiante, la de sentir que sus actos y sus personas estaban siempre expuestos a un continuo escrutinio. Al rey le gustaba que lo creyesen. De vez en cuando, emborronaba los márgenes de despachos y consultas con comentarios sobre debilidades, vicios o detalles que alimentaban esta fábula:

y por que es entendido que algunas veces juega demonstradamente advierta el cardenal Granvela que no se ha de jugar sino atender a su oficio sin perder solo el tiempo con él, y que se tendrá cuidado de saber si lo hace así (3 de diciembre de 1586).

Dichas notas contribuían a hacer verosímil la opinión de que el rey lo sabía todo, de que nada quedaba fuera de su mirada vigilante; con eso bastaba, cumplía su obligación.

La administración de la gracia

A partir del siglo XII, los libros de caballerías y la lírica de los cancioneros nos informan de la irrupción en Occidente de un sistema de normas y valores, un arquetipo que fue depurándose en los ideales caballeresco y cortés. El amor cortés y la caballería fueron algo más que trasuntos literarios, pues enfatizaron en el imaginario colectivo la noción de «servicio de amor», principio moral ligado a la virtud. El amor, don gratuito y desinteresado, se sujetaba a unas normas, la liberalidad, que implicaban su concesión sin espera de recompensa, don gratuito que sólo el afecto dirige. Éste era también el principio básico del buen gobierno y al que debían atenerse gobernantes y gobernados para conservar el bienestar y la paz social. Porque amor es lealtad, y el orden se sustenta sobre una *moral de servicio.* Servir, obedecer a otro y hacer su voluntad era virtud cuando se hacía libremente. Covarrubias recogió entre las acepciones de servidor la de «el amigo que da gusto». Amor, amistad y servicio comprendían los valores nucleares de aquel mundo presidido por la economía del don, por la vinculación de las personas a través de las obligaciones que se establecen en el triplete popularizado por el antropólogo francés Marcel Mauss en su *Ensayo sobre el don:* «dar, recibir, restituir».

No es capricho de antropólogos. La solidez de los vínculos de intercambio de dones no es patrimonio exclusivo de las sociedades polinésicas; forma parte de un concepto universal ya advertido por los jusnaturalistas del siglo XVII al poner el acento en la sacralidad de los intercambios como la semilla en la que fructifica el orden social. En España, esta valoración del intercambio estuvo muy vinculada al estoicismo, marco moral y fundamento intelectual de una forma de concebir la buena sociedad en términos de cambio de beneficios entre los miembros de la comunidad, alentando el reparto de bienes y favores y su disfrute en común: «Las gracias de palabra por beneficios recibidos en quien puede dar obras, no es señal de agradecidos» (Antonio Pérez, *Aforismos a las cartas españolas*). «Dar, recibir, restituir» eran preceptos no ajenos a la cosmovisión estoica, sino parte integrante de ella; preceptos que se hallaban en el núcleo del buen gobierno y en la concepción del soberano como distribuidor de dones para afianzar lealtades. Quevedo lo expresó, en un parlamento puesto en boca del mismísimo Séneca, en términos que admiten pocos comentarios:

En recibir lo que me dio [el soberano] no fui codicioso, sino obediente. Quiere el príncipe en honras y haciendas mostrarse magnánimo, generoso y agradecido con un privado. Contradecir al príncipe tales demostraciones es desamor y atención a la utilidad propia; pues rehusarlas es querer que el acto de virtud sea el suyo, y preferir la admiración de la modestia y templanza del criado a la esclarecida generosidad del príncipe. Recibir el valido lo que el príncipe le da es querer que se vea su grandeza antes que la virtud y humildad propia, y dar luz a la virtud del príncipe es el más reconocido vasallaje que pueda darle un vasallo (*El entretenido, la dueña y el soplón*, 1628).

La cultura de la gracia empapaba la cultura política y establecía el otro ámbito del buen gobierno, era el complemento necesario de la justicia. En el diccionario de Covarrubias se entendía por «gracia» «el gobierno de la persona real y de su reyno». En un sentido teológico, «gracia» era «un don gratuito de Dios que eleva sobrenaturalmente la criatura racional en orden a la bienaventuranza eterna». El rey, como el propio Dios, era *fuente de toda gracia* que fluía y se redistribuía por instancias intermedias, como una fuente en la que el agua mana y va cayendo sucesivamente por los arcaduces hasta llegar a la parte más baja del estanque para, al final, regresar a su origen para nuevamente fluir. El favor es correspondido, la gracia retorna en fidelidad y gratitud, porque a través de ella se establece la triple obligación: «dar, recibir y restituir».

La distribución de la gracia se producía en la tierra a imagen y semejanza del gobierno celestial. De la misma manera que los fieles pedían a los santos que intercediesen por ellos y éstos repartían dones por delegación (cumpliendo la función descrita en el catecismo de Trento: ser «medianeros» entre Dios y el hombre), así ocurría con los hombres cuando hacían solicitudes al soberano. Si los santos, según el padre Ripalda, debían «guardar a los hombres y traer y llevar a Dios recados suyos», los privados y validos del rey, presentes ante la majestad soberana, intercedían en favor de quienes acudían a ellos. La comparación entre la Corte celestial y la Corte real era frecuente, y se hacían paralelismos fácilmente comprensibles para el público, como el aforismo del secretario real Antonio Pérez:

> Los privados se deberían considerar como las Imágenes de devoción. Que ganan más crédito con la muleta del cojo que sanó, que con los dones y arreos del concurso de los sanos.

Como ocurría en la Corte celestial, la cercanía a la majestad determinaba una mayor capacidad de protección. La señal más inequívoca del poder de un cortesano era el contacto asiduo y personal con el rey. Aquel que rebasaba el espacio público y participaba de la intimidad, juegos, vida familiar, complicidad y amistad del soberano se convertía en «privado» (por rebasar el espacio público para entrar en el privado) o «valido» (por

valer más y tener toda la confianza del rey). Pero a diferencia del cielo, en la tierra la Corte fue un espacio de
tensión y violencia contenida. Carlos V y Felipe II pro-
curaron disponer de varios privados y no confiarse enteramente a uno solo (salvo en momentos circunstan-
ciales, como fue la privanza de Espinosa) porque su
poder se aseguraba sobre el equilibrio de fuerzas, ani-
mando a los súbditos con poder a rivalizar y competir
para servirles «porque no hay merced que el príncipe
haga a su privado que no sea una lanza que atraviese el
corazón del envidioso» (EI).

La rivalidad existente entre los cortesanos para acaparar la atención de sus protectores y eliminar a la competencia creó un ambiente de ansiedad en el que todos
eran actores que representaban un papel. Para disimu-
lar que no se poseía, para simular que se tenía, para saber quién tenía poder, quién lo fingía... el cortesano
debía adiestrarse en el conocimiento de la naturaleza
humana para distinguir realidad y apariencia. La supervivencia y el éxito en la Corte se cifraban en la «inteligencia» es decir, en la capacidad de observación y la habilidad para penetrar en las intenciones ocultas que se
escondían tras los actos del resto de los individuos que
concurrían en el espacio cortesano. Esto implicaba varias actitudes, la vigilancia y la disimulación, pero también, como denunciaban los moralistas y la literatura de
«desengaño de Corte», una inevitable interpretación
paranoica de la realidad y del entorno, un ambiente
moral que consumía a los individuos en la ansiedad
provocada por la competencia despiadada y el capricho
del gobernante, cuyo ánimo y pensamientos se escapaban a la mayoría y sobre el que cabía la acusación de
comportarse caprichosamente, sin razón y sin objeto:

Fabio, las esperanzas cortesanas
prisiones son do el ambicioso muere
y donde al más activo nacen canas

(Andrés Fernández de Andrada,
Epístola moral a Fabio, 1612).

Dentro de esta tradicion cabría situar los capítulos 30 a 57 de la segunda parte del *Quijote,* cuando el hidalgo manchego y su escudero residen en la Corte de unos duques en Aragón donde entran en contacto con la sociedad cortesana, la etiqueta palaciega, el lujo y el poder. Arbitrariedad, injusticia e imperfección del gobierno constituyen el saldo de la experiencia de los dos personajes en semejante ambiente.

En la Corte todos los gestos y conductas eran formulados como un código para leer el poder e influencia que cada uno poseía. Como ocurría con la similitud entre la realidad social y la representación de la sociedad, la cercanía o lejanía respecto al soberano en ceremonias, fiestas y actos públicos era la mejor vara de medir el poder de cada cortesano, más que los cargos, títulos u oficios desempeñados. Se era lo que se representaba. En 1565 el embajador francés advirtió que el cardenal Espinosa había sido encumbrado hasta las responsabilidades más altas cuando el rey ordenó a sus privados, el duque de Alba y el príncipe de Eboli, que se reconciliasen y se declarasen públicamente amistad en una extraña ceremonia presidida por el cardenal que, asiendo a ambos por los brazos, arropó el abrazo que sellaba el fin de la rivalidad entre quienes, hasta ese momento, fueron los hombres más poderosos de la Monarquía.

Para los cortesanos, la voluntad inescrutable del rey constituía la fortuna, el azar caprichoso que debía ser vencido por la virtud, por las estrategias necesarias para no estar desprevenido y manipular al propio rey si fuere preciso. Lo más importante era controlar los canales y fuentes de información, las vías de acceso al monarca. Don Francisco de Sandoval y Rojas, duque de Lerma y valido de Felipe III entre 1598 y 1618, situó alrededor del rey a un conjunto de parientes y leales que consolidaron su posición dominante, siendo de particular importancia los oficios de la casa real, aquellos que por su naturaleza se ejercían en la asistencia personal al rey; él mismo obtuvo los cargos de sumiller de corps y caballerizo mayor y logró situar en este ámbito a su hermano, hijo, cuñados y yernos.

Técnicamente existía una separación entre el ámbito privado, la casa real, y el público, la Corte. En palacio, esta distinción se percibía en la especialización de las estancias de la planta inferior, reservadas a uso público (reuniones de los consejos, audiencias, recepciones, actos y ceremonias diversas), y la superior, donde se hallaban los dormitorios, retretes, corredores y estancias de recreo. Casa era la familia, el servicio y la residencia del rey, y Corte, su séquito, oficiales y consejeros, pero ambos espacios eran indiscernibles, porque el espacio doméstico se prolongaba en lo público y este último se embebía en lo doméstico. Esta domesticación del gobierno, es decir, esta prolongación del espacio familiar en el ejercicio del poder sobre los reinos, constituyó el rasgo más reseñable de la técnica administrativa empleada en la consolidación de las monarquías europeas.

La Corte era un lugar de encuentro entre gobernantes y gobernados. Era un espacio en el que el rey marcaba las reglas del juego, se constituía en único referente del poder y del prestigio social. Allí recibía a súbditos y extranjeros en audiencia, se celebraban ceremonias que fijaban el estatus de súbditos, vasallos e incluso de otros soberanos según el honor rendido a sus embajadores, se celebraba consejo, etcétera; pero la Corte era un espacio de representación donde se hacía público el resultado de un estado continuo de negociación que se desarrollaba fuera de los ojos del público, en la Casa, y por eso mismo los cargos y oficios de la Corte no eran nada si no estaban acompañados de responsabilidades en ella. Ser consejero de Estado y caballerizo mayor, como señalamos en el caso de Lerma, permitía circular en los dos ámbitos indicados, lo mismo que le ocurría al duque de Alba, cuyo cargo de mayordomo mayor daba por sentada su posición superior en la Corte por prolongación de su estatus de *maior domus,* el responsable de la Casa.

La Casa era el lugar donde ejercía su autoridad el *patriarcha* o cabeza de familia sobre sus parientes, servidores y criados. De modo que fue actuando en calidad de «cabezas de familia» como los reyes de la Casa de Austria articularon su autoridad sobre los órganos políticos o corporaciones de los reinos, anexionando y ampliando sobre los miembros de las élites políticas y sociales su autoridad patriarcal, integrándolos como parientes, servidores o criados. Así ocurre en 1592, cuando Felipe II decidió ampliar el número de servidores de su Casa de Aragón para fortalecer unos vínculos descuidados y que, a juicio de algunos consejeros, habían propiciado la revuelta aragonesa de 1591. La reintegración de miembros de la nobleza y las oligarquías municipales de Zaragoza o Teruel en el servicio doméstico, la mayoría como continos, se valoró en 1609 como un elemento fundamental en la pacificación del reino y en el restablecimiento de la confianza mutua entre el soberano y sus súbditos. Así, desde los altos oficios palatinos hasta los puestos más humildes, la Casa se convertía en microcosmos de la sociedad política de los reinos (una función complementada por las casas y cortes virreinales como espacios delegados de la Casa y Corte reales). La Monarquía, de esta manera, podía contemplarse como una gran familia en la que el rey ejercía como padre de sus súbditos con poder.

Pero esto es una simplificación excesiva que olvida que la Casa del rey no corresponde exactamente a la familia del rey; hay casas de la reina, del príncipe heredero, de los infantes, y algunos miembros de la casa real que también se superponen o participan de la Casa y Corte del rey. Don Juan de Austria reclamó infructuosamente el título de alteza real con el fin de poder disponer de casa propia conforme a dicha dignidad, pues su servicio era bastante modesto y su capacidad remuneradora e influencia políticas se hallaban excesivamente limitadas. Cada casa era un centro de relaciones, y muchas veces eran lugares que vehiculaban movimientos de oposición política y articulaban alternativas a los grupos políticos dominantes. La casa de la reina Margarita fue el núcleo de la oposición al duque de Lerma, una oposición dirigida por mujeres y a través de relaciones femeninas (conventos, salones...), pero también por hombres, alentados por el favor de la reina y por encontrar su lealtad remunerada con premios y honores. Las casas reales se concatenaban con las casas de la nobleza, y un espacio muy interesante y muy importante de la vida política circulaba en un ámbito formado por la sociabilidad de las mujeres. Girolamo Conestaggio (*Dell'unione del regno di Portogallo alla corona di Castiglia,* Génova, 1585) relató la anexión de Portugal como una larga cadena de intrigas desarrolladas fuera del ámbito público, destacando un mar de fondo mayoritariamente contrario a la unión de las dos coronas. Esa corriente de opinión circuló y tomó cuerpo entre las mujeres nobles portuguesas y no debía echarse en saco roto su testimonio por articular una red de oposición bastante sólida y eficaz, tanto como para ser considerada como prueba manifiesta de la posición adversa de las élites portuguesas. Al igual que en Lisboa, las casas señoriales establecidas en los palacios erigidos en Madrid constituían nodos de una extensa red de poder en la que circulaba el poder cortesano; visitas, tertulias, fiestas y otros encuentros creaban un ambiente de socialización específico que hacía que el concepto «Corte» abarcara al conjunto de la ciudad. «Sólo Madrid es Corte» era mote y definición de un espacio urbano en el que se representaba el teatro de la Monarquía.

La «economía de la gracia» se desarrollaba en red. Desde el rey, la reina, el príncipe heredero, los infantes y otros miembros de la familia real, los validos, privados o favoritos, y los confesores reales se tejía una red de relaciones de patronazgo y clientelismo que transformaban el ejercicio del poder en una vasta trama de intermediaciones e intercambios. El poder circulaba por un circuito de «redes políticas» formadas por la superposición y el solapamiento de intercambios personales de protección y favores a cambio de lealtad y servicios. La lealtad y obligación entre individuos se solían expresar de forma vaga, con términos tales como maestro, benefactor, hechura, criatura, etcétera, cuya durabilidad dependía de la mutua confianza, de las expectativas puestas en la relación, que se rompía si alguna de las partes no lo consideraba provechoso. Este último aspecto es subrayado generalmente en la literatura del Siglo de Oro como exponente de la durabilidad de las cosas y la mutación de los tiempos.

Algunos grandes y pequeños cortesanos disponían de cuadernos o inventarios en los que llevaban la contabilidad de su protección. Se conservan algunos, como el del cardenal Espinosa, interesantísimo testimonio en el que anotaba meticulosamente las personas a las que otorgaba favores, quiénes se los solicitaban y qué puestos vacantes o rentas tenía disponibles. Es interesante observar que la mayoría de los beneficiarios directos recibían sus mercedes para satisfacer a terceros que actuaban como intermediarios. Así, al anotar a una persona, como el licenciado Antonio Barba, escribía a su lado el nombre de quien lo recomendaba, Don Luis de Requesens. La obligación de dar, recibir, restituir tenía de esta manera una construcción más compleja, dado que se hacía beneficiario directo de una merced a un tercero, consolidando lazos entre dos patronos por medio de criaturas y hechuras compartidas.

Normalmente un «oficial», la persona que ejercía un oficio en la administración de justicia o en el gobierno, no era llamado a ocupar su cargo por su capacidad, aptitud o cualificación objetiva para desempeñarlo, sino por los servicios o la lealtad demostrada a un patrono que le favorecía de manera directa o en cobro de servicios prestados a otros cortesanos. Sin embargo, el premio y la confianza de un patrono a su cliente se hallaban siempre atemperados por el merecimiento, por la proporcionalidad entre servicio y gratificación. De ahí la sorpresa de Don Quijote ante la noticia del nombramiento de Sancho como gobernador de la ínsula Barataria:

tú, antes de tiempo, contra la ley del razonable discurso, te
vees premiado de tus deseos. [...] Todo esto digo, ¡oh Sancho!, para que no atribuyas a tus merecimientos la merced re-
cebida, sino que des gracias al cielo (Q 2, 42).

Don Quijote, pese a su locura, advierte un desatino,
una decisión que si no era capricho debía encerrar un
oscuro designio y que, para el lector, es una burla manifiesta. La historia encerraba una moraleja tópica en la
literatura del Siglo de Oro: el tema de la recompensa ab-
surda y desproporcionada que acaba mal para quien la
recibe. Certeramente, Márquez Villanueva advierte otra
enseñanza, muy cervantina, y es que todos sus personajes, cuando vuelven la espalda a su condición, cuando
violentan su naturaleza, acaban mal y reciben un severo
correctivo. El orden estamental era el único posible,
pues era conforme a la naturaleza. Este equilibrio entre
el servicio y el premio se hallaba constreñido a la noción de que el rey o el señor de vasallos debían administrar la gracia y la justicia conforme al estado de cada
uno, como expusiera el propio Don Quijote en el conocido como «discurso de las armas y las letras» y que in-
cluye una breve reflexión sobre esta materia:

Así que, aunque es mayor el trabajo del soldado, es mucho
menor el premio. Pero a esto se puede responder que es más
fácil premiar a dos mil letrados que a treinta soldados, porque a aquéllos se premian con darles oficios, que por fuerza
se han de dar a los de su profesión, y a éstos no se pueden
premiar sino con la mesma hacienda del señor a quien sirven
(Q1, 38).

La Corte de papel

La imagen de Felipe II como «rey papelero» ha tenido
una singular fortuna, tanta que la inmensa producción
de documentos de gobierno durante su reinado bien
podría calificarse como «Monarquía escrita en papel».
El cronista Luis Cabrera de Córdoba fue el primero en
destacar este rasgo del rey prudente que actuaba siempre –a su juicio– «considerando la importancia de lo
que son papeles, y como quien por medio de ellos me-
neaba el mundo desde su real asiento». Esta observación se utilizó posteriormente para destacar la personalidad distante, hermética, tímida y solitaria de un rey al
que le disgustaba el contacto personal y gustaba vivir
recluido en El Escorial, contrapuesto a su padre, Carlos V, un soberano carnal, viajero, accesible, que se tocaba, que habitaba entre los suyos, que usaba la palabra
antes que el escrito. No obstante, la singularidad del
Rey Prudente se desdibuja si observamos los cambios
en el uso social y político de la escritura, de la creación
de depósitos documentales y archivos, en cuyo caso el
monarca español no es tan atípico ni se diferencia de los
titulares de las casas reales y señoriales de su tiempo,
siendo al cabo contemporáneo de monarcas y señores
«papeleros».

La «importancia de lo que son papeles» no se quedaba en la necesidad de conservar escrituras que garantizasen la propiedad del patrimonio o la memoria del linaje; se conservaba no sólo aquello que legitimaba y
aseguraba la posesión de un acervo honorífico y material, sino también algo que en apariencia sólo pertenecía al ámbito privado: las correspondencias o epistola-
rios, tanto las cartas que se recibían como la copia de las

que se enviaban. Véase como ejemplo la instrucción dada por el secretario real Mateo Vázquez a su secretario personal, Baltasar de Céspedes:

convendrá que hagáis un estante a manera de escritorio, con los repartimientos que pareciere necesarios, para tener en ellos las cartas y papeles, que será de esta forma: En dandoos la carta, la doblareis en cuatro y pondreis en la parte mas desocupada: *de fulano para M.V. Muy Señor; recibida en tal parte con día, mes y año;* y donde se respondiere se pondrá abajo: *respondida;* también con mes y año; y a quien se da la respuesta y por qué via va encaminada; podría alguna vez ser provechoso. Cuando se hubiere acabado el mes, juntará todas las cartas que en él se hubieren recibido y hará de ellas un legajo con su cubierta; y atado muy aseadamente pondrá mes y año en la dicha cubierta; y el legajo en el estante; porque con esta claridad y distinción de meses y años será siempre fácil hallar lo que se buscare. Los demás papeles que no fuesen cartas, doblará e intitulará como está dicho, repartiéndolos por legajos y poniendo en las cubiertas una memoria de todos los papeles que hay en cada uno, porque así se hallará el que fuere menester con mucha brevedad. Tendrá un libro en que copiará todas las cartas que escribiera, cuya copia sea necesaria para algun fin tenerla siempre. Tendreis una memoria de todas las personas con quienes tengo correspondencia, de las cortesías y títulos que los suelo poner; de manera que teniendo esta nómina no sea necesario preguntarme nada [dada en Colmenar de Oreja el 11 de enero de 1584, IVDJ. Envío 54, t. 3º, fols. 3-4].

Estas instrucciones recogen el sentir de una amplia tratadística que sobre el oficio de secretario se desarrolla a partir del primer cuarto del siglo XVI. El secretario era según Sansovino (1564) una especie de ángel de la guarda que, encargado de la correspondencia epistolar, tenía la responsabilidad del ser de su señor en el mun-

do. Otro tratadista italiano, Capaccio (1589), lo explicaba de manera clara: «la correspondencia hace las cosas
lejanas parecer presentes, facilita los negocios, concilia
los tiempos, establece la memoria y a aquel lugar donde
la carta llega reduce el mundo».

La conservación de la correspondencia es un indicio
de la nueva dimensión que adquiere la escritura en este
tiempo, intrínsecamente unida a técnicas de control, integración y construcción del espacio político cortesano
que rebasa las limitaciones físicas del palacio o los aposentos reales. Cabría hablar de una «Corte de papel» en
el sentido de que el medio escrito, sobre todo las series
de correspondencias, enmarca el espacio político y determina el lugar que ocupan sus participantes, dibuja
los contornos de una minoría extensa e interconectada
que ocupa la cúspide del poder. Esta «clase», «grupo» o
simplemente «élite» se componía sobre un entramado
de individuos intercomunicados que se percibían a sí
mismos como compañeros del soberano, el cual los empleaba en su servicio, los gratificaba, mediaba en sus
conflictos y tutelaba sus intereses. La escritura, por medio de recomendaciones, solicitudes, protestas de amistad, comunicación de noticias, saludos, cartas, avisos...
era el hilo con el que se tejía una parte sustancial de dicha red.

La lectura de los catálogos e índices de la correspondencia de personajes como Marco Antonio Colonna,
Mateo Vázquez, Andrea Doria o el cardenal Granvela
determina el *Who is Who* de la Corte Hispánica; asimismo ayuda a situar correctamente los perfiles de lo que
constituye el centro y la periferia de la Monarquía, no
en términos geográficos –como suele comprenderse–,
sino de mayor o menor integración en esa red, en su

participación en la vida de ese grupo que constituye el núcleo de la vida política. Los índices de corresponsales y correspondencias son un mapa de un fragmento de la red, un fragmento en el que el autor de la correspondencia se sitúa en el centro y se mide con su entorno, cartografiando la dimensión política y social en la que se desenvuelve.

Como señaló McLuhan, la cultura del manuscrito es conversacional, estableciendo una relación física entre emisor y receptor, de una intimidad que convierte la lectura en un acto único y de particular emoción. El trasiego constante de cartas mantiene vivos los lazos interpersonales, aunque muchas veces las noticias o saludos intercambiados parezcan fútiles o carentes de interés, casi como si procedieran a un ritual de entrelazamiento. Como dicho espacio es inmaterial, todos sus actores articulan políticas de presencia ya enviando cartas de manera constante y rutinaria (ofreciéndose, solidarizándose, acompañando simbólicamente...), ya intercambiando avisos y confidencias. La lógica de la lucha política cortesana, basada en la observación, el disimulo y el aprovechamiento de la ocasión, determina tanto los corresponsales como el archivo de las cartas. Como muy bien ha señalado Nicoletta Bazzano, resulta muy difícil adjudicar filias y fobias de un cortesano a través de su correspondencia, pues la memoria archivada por un alto personaje es –y eso es notorio– una manipulación, un artificio. Dejar tras de sí una huella de honorabilidad, lealtad y fidelidad es relativamente sencillo porque la destrucción de documentos comprometedores era una práctica habitual; pero esa celosa preservación de una identidad o imagen adornada o falsificada tenía agujeros y lugares que escapaban al propio control, singularmente los depósitos de correspondencia de sus corresponsales. Nunca se tiene certeza absoluta respecto a si las cartas que se debían destruir fueron efectivamente destruidas: a veces negligencias o descuidos las hacen caer en manos de personas que no son de confianza, e incluso se recurre al engaño y la mala fe, como los falsos amigos que reenviaban cartas confidenciales a los enemigos (lo hacía Marco Antonio Colonna mandando la correspondencia de Antonio Pérez a su encarnizado enemigo, Mateo Vázquez). En 1604, el cronista real Antonio de Herrera y Tordesillas negoció con la familia Farnesio un donativo a cambio de su silencio para no incluir en su crónica del reinado de Felipe II algunos detalles poco honorables que había encontrado en cartas que deberían haberse destruido. La posibilidad de que pudiera encontrarse una sorpresa desagradable de esta naturaleza hizo que Felipe II no dudara en «secuestrar» los archivos de sus ministros, en quemar los papeles de Luis de Requesens en 1576, en incautar y expurgar los pertenecientes a Don Juan de Austria en 1578 y en intentar hacer lo propio con los de Alessandro Farnese en 1594.

Al mismo tiempo, desde el escritorio el soberano podía disciplinar y jerarquizar el mundo alrededor de su persona. Esto lo descubrió Felipe II cuando promulgó la Pragmática de las Cortesías en 1586, un documento dirigido a sus ministros, secretarios y consejeros sobre la forma en que debían encabezarse las cartas y dirigirse a cada persona; los tratamientos implicaban jerarquía y también soberanía. El papa Sixto V protestó indignado: el rey de España no podía legislar en materia eclesiástica, carecía de autoridad para determinar cómo debía tratar a cardenales, obispos y prelados. Del mismo modo, el dux de Génova se negó a admitir la correspondencia en la que el rey se le dirigía como «Nos, por la Gracia de Dios, rey de Castilla etc.» porque él representaba a una república libre, que no reconocía superior en lo temporal, y admitir semejante fórmula era aceptar que Felipe II era medianero entre Dios y la República, lo que equivalía a renunciar a su soberanía. Así, sobre el membrete de los sobres podía construirse el orden del mundo y podían generarse tormentas y conflictos de papel.

El papel acercaba y simplificaba el mundo y daba una extraña sensación de control y dominio; todo podía aparecer ante los ojos del soberano: los chismes que circulaban en el palacio virreinal de México, las penurias de la guarnición de Orán, la buena nueva del nacimiento de un príncipe Habsburgo, las corruptelas de un oscuro oficial en la aduana de Nápoles, los éxitos de un corregidor castellano, la delicada situación del campo de operaciones en Flandes, el sórdido ambiente de la Corte francesa, las intrigas en Roma... Un suceso periférico, en virtud de la correspondencia cruzada entre unos y otros, se situaba realmente en el centro mismo del escenario del teatro político, de forma tan tangible que parecía que el suceso hubiera tenido lugar en los aposentos del palacio real de Madrid. El empleo de la correspondencia permitía gobernar sin moverse de una mesa de trabajo, del despacho. Facilitó la sedentarización de la Corte, pues el rey ya no necesitaba viajar continuamente por sus estados para estar en contacto con sus súbditos. A partir de 1579, el correo con Italia dejó de ser intermitente para convertirse en un servicio regular de la Corte, un instrumento imprescindible y cuyo elevado gasto no se escatima. La experiencia del ordinario de Italia llevó a que en 1600 existiera un servicio de correo regular con todos los centros de la Monarquía, que era gestionado por la firma genovesa Tassis, correos mayores de Su Majestad.

Indudablemente, la rápida progresión del uso social y político de la escritura estuvo emparentado con el desarrollo de lo que algunos autores no han dudado en denominar la «revolución educativa» del siglo XVI. La capacidad de firmar se considera un índice razonable para aventurar una cifra aproximada de la progresión de la cultura escrita entre los españoles del siglo XVI. *Grosso modo,* en las ciudades de Castilla se pasa de un 30% de personas que disponen de esta habilidad en 1540 a cerca de un 50% en 1590. Saber firmar no significa saber leer y escribir, pero debe tenerse en cuenta que el analfabetismo no es un valor absoluto, que existen grados, como en lo relativo a la alfabetización. La semialfabetización era una situación corriente entre ambos polos, pero parece que en la segunda mitad del siglo XVI hubo una demanda masiva de educación y amplios segmentos de la población antes marginados de la cultura escrita hicieron considerables esfuerzos para invertir parte de su renta en la alfabetización de sus hijos.

Se aprendía a leer y escribir en escuelas municipales, parroquiales o de órdenes religiosas, por maestros contratados en las casas de los señores o por aquellos, ambulantes o no, que se establecían en las ciudades e impartían nociones de gramática y aritmética a cambio de unas monedas. Sabemos del incremento de la demanda en instrucción por la gran cantidad de denuncias que recibían las autoridades respecto a la falta de conocimientos de muchos de estos maestros autónomos. Hay casos denunciados en Burgos, Valladolid y Madrid. En noviembre de 1617 el cabildo de México tuvo que poner remedio a la proliferación de escuelas que, sin ninguna garantía, se estaban abriendo en la ciudad. Preocupaba a los regidores que muchos de estos maestros recién instalados fuesen analfabetos y estafasen a los incautos vecinos, por lo que resolvieron prohibir la compraventa de ejercicios de caligrafía para atajar este problema:

hay muchos que no saben escribir y compran muestras y papeles de curiosidad a otros y, dando a entender que son suyos, engañan a los padres, y fuera desto enseñan a sus discípulos con materias y guiones agenos, de que se consigue mayor daño a ellos y a los que se les encomiendan, supuesto a que quien no lo sabe hacer menos lo puede enseñar, y es mucho daño de los hijos de la república.

Así, el incremento de las escuelas de primeras letras fue advertido por las autoridades que se preocuparon por vigilar que en ellas se diera una instrucción adecuada. También la Iglesia se interesó por el problema puesto que los maestros, además de rudimentos de caligrafía, ortografía y cálculo, enseñaban oraciones y preceptos básicos de la doctrina católica, por lo que desde el sínodo de Salamanca de 1604 se vigiló el cumplimiento del requisito de disponer de permiso eclesiástico para dar clase en cada lugar, expedido por los párrocos, en el que se recordaba la prohibición de utilizar libros deshonestos o de caballerías para enseñar a leer.

Parece que en esta progresión de la alfabetización tuvo mucho que ver la confesionalización, con la difusión de catecismos, breviarios y libros de oración. La imprenta pudo contribuir a la normalización de la cultura escrita y a una mayor difusión y circulación de los libros, pero es innegable que con el desarrollo de la

«Corte de papel», de una sociedad que se sustentaba por la memoria conservada en registros, actas, documentos, cédulas, cartas e informes, el conocimiento de la escritura era una habilidad necesaria para todo aquel que aspirase a un futuro mejor, a su ascenso social o el de sus hijos.

Como ha señalado Antonio Viñao, el *Quijote* bien pudiera representar los dos extremos de la cultura de su tiempo: de la oralidad primaria del mundo rural y de la alfabetización de los varones de las clases altas. Sancho, sujeto oral cuyo conocimiento y comprensión del mundo nacen de dichos, refranes y romances, consumidor de una literatura escuchada y memorizada, era el extremo contrario a Don Quijote, de saber y conocimiento libresco, lector empedernido y hombre de la cultura escrita. Entre medias, gran parte de la población se adscribía a una «oralidad segunda», parcialmente en contacto con lo escrito, que ponía en entredicho los valores transmitidos por la oralidad primaria (como supersticiones o manifestaciones de rusticidad) pero que no por eso estaba exenta de prejuicios y errores. Es más, esta oralidad segunda semianalfabeta o funcionalmente analfabeta situaba la escritura en un lugar cercano a la autoridad, a la verdad incuestionable y a un lugar de excelencia que Cervantes sabe retratar con acierto en la discusión entre el cura y un ventero en el capítulo 32 de la primera parte del *Quijote*. Explica cómo en una venta había algunos libros y cómo éstos eran empleados:

cuando es tiempo de la siega, se recogen aquí, las fiestas, muchos segadores, y siempre hay algunos que saben leer, el cual coge uno de estos libros en las manos, y rodeámonos dél más de treinta, y estámosle escuchando con tanto gusto que nos quita mil canas.

El solaz, no obstante, resulta no ser el único sentido de estas lecturas; también lo era el acceso al conocimiento, de modo que cuando el cura trata de separar lo que es historia, *magister vitae* o conocimiento útil de las historias, fruslerías sin valor, se encuentra una acalorada contestación:

¡Bueno es que quiera darme vuestra merced a entender que todo aquello que estos buenos libros dicen sea disparates y mentiras, estando impreso con licencia del Consejo Real, como si ellos fueran gente que habían de dejar imprimir tanta mentira junta y tantas batallas y tantos encantamientos que quitan el juicio!

El texto ejemplifica cómo esta oralidad segunda está intermediada por la autoridad, nace de la actitud de sumisión al magisterio de las autoridades y conforma el telón de fondo de la sustitución de los narradores orales, «mentirosos», por lecturas públicas que cumplían una función equivalente pero que encierran la verdad a ojos del público al sancionarlas el permiso de los censores. La Iglesia, al negar a los incultos el acceso libre al conocimiento, fue definiendo como saber imperfecto o superstición el ámbito del conocimiento puramente oral. El saber de la tradición no escrita, la filosofía vulgar que defendía Juan de Mal Lara y que era la manifestación más pura de la cultura popular, quedaba subsumida al dirigismo cultural de las élites, a la aceptación de nuevos códigos y valores transmitidos por los libros y desde los libros (de ahí el papel crucial de la censura para evitar la circulación de ideas perniciosas).

La construcción del orden social estuvo estrechamente ligada al desarrollo de la escritura. La sociedad fue toman-

do forma y disciplinándose por escrito, porque la memoria y la clasificación de todos los aspectos de la vida al
quedar constancia de ellos de manera fehaciente, sirvieron para situar, comprobar y verificar que cada cosa y
cada sujeto se hallaban en el lugar que legítimamente
les correspondía. La creación de archivos impulsó la
creación de una sociedad ordenada y disciplinada. Este
orden, sin embargo, no debe confundirse con Estado;
de hecho, las iniciativas más importantes en la discipli-
nación de la sociedad discurrieron al margen de los poderes públicos y tuvieron lugar como episodios inherentes a la Reforma religiosa. En el Concilio de Trento
se confirió un papel tutelar a las parroquias que en muchos aspectos rebasaba la simple cura de almas. El Concilio decretó la obligación de los párrocos de registrar
los bautizos, matrimonios y defunciones de sus feligreses. Las actas parroquiales, poco más o menos sistema-
tizadas a partir de 1570, se convirtieron en la memoria
de cada comunidad, pero también fueron un instrumento de orden y control sobre ellas. El registro implicaba clasificación y legitimidad, y lo que estaba fuera
quedaba arrojado a la exclusión, a lo marginal e ilegítimo. Este espíritu clasificatorio acabó por determinar
como desorden lo que constituyó la base del orden antiguo o pretridentino, un orden oral, fundado en la palabra, que después de 1563 estaba siendo reemplazado
por uno nuevo, escritural y disciplinario. Así lo podemos ver en el matrimonio, tradicionalmente fundado
sobre palabras intercambiadas entre los esposos en presencia de un sacerdote, con promesas vinculantes de futura vida en común solemnemente pronunciadas, y basado en gestos simbólicos como el beso, el intercambio
de dones y cogerse de las manos. Después de Trento, la

firma de los testigos sobre el contrato ya firmado por los contrayentes, su custodia y registro en el archivo parroquial son actos imprescindibles para dar validez a una unión que, de no quedar registrada, carecerá de reconocimiento legal, por no decir de existencia. Asimismo la unión no podrá celebrarse si no existe una autorización por escrito de las autoridades eclesiásticas (cuyo dictamen es fruto de las informaciones recogidas sobre los contrayentes). El papel determinará la diferencia entre uniones legítimas e ilegítimas. La Iglesia por tanto no se limitaba a tomar nota y guardar memoria de la unión de los contrayentes, sino que intervenía en un espacio que hasta entonces había sido un asunto que sólo concernía a las familias y los esposos.

Frente a la omnipresencia de lo escrito, también debe constatarse que junto a su sacralización hallamos testimonios de su empleo para alterar su función clasificatoria y disciplinaria. En la España del Siglo de Oro se mentía por escrito, cotidianamente y con mucha desenvoltura. No hace falta ir muy lejos para darse cuenta de esta subversión minimalista del orden disciplinario: la familia de Miguel de Cervantes abunda en ejemplos. En 1552 su abuela, Leonor de Torreblanca, escribió una falsa relación de propiedades y una certificación fraudulenta sobre la edad de su hija María para evitar que le embargasen los bienes por impago de deudas, y tuvo éxito, pese a que se echaba de ver que su hija ya no era menor de edad y que los enseres embargados no eran suyos. En 1577 su madre, Leonor de Cortinas, solicitó al Consejo de Cruzada una ayuda para rescatarle a él y a su hermano, presos en Argel, y alegaba hallarse desamparada y viuda pese a que Rodrigo Cervantes, su marido, padre de sus hijos y cabeza de familia, estaba vivo y bien vivo, ejerciendo su oficio de cirujano, lo cual no fue obstáculo para percibir un donativo de 60 ducados. En 1607 su hermana Magdalena Cervantes profesó en la orden terciaria de San Francisco firmando como viuda del general Álvaro Mendaño (cuando nunca estuvo casada ni existió el tal militar). El mismo Miguel firmó en 1587 una declaración como natural de Córdoba no siéndolo.

Es constatable que la utilización del documento escrito como fe de autenticidad tenía una doble faz: si por una parte registraba el orden, por otra podía sancionar la legitimidad de determinadas situaciones por el hecho mismo de registrarlas. Al figurar en un documento como viuda, la hermana del escritor establecía un precedente que más adelante podría justificar una pensión. Miguel de Cervantes también iba creando rastros escriturales que imperceptiblemente fueran borrando su origen alcalaíno (es una de las razones que se esgrimen para aventurar su procedencia judía). La desenvoltura con que la madre y la abuela mintieron por escrito marca distancias con la presunción del poder omnipotente de los registros; el mundo podía parecer controlado desde las escribanías de los juzgados y las parroquias, pero la realidad es que jueces, párrocos y consejeros reales carecían de capacidad para poder verificar las cosas, y estas mujeres nos demuestran que esto era sabido por la gente común, que lo utilizaba en su provecho. Para desmentir que se trataba de un «defectillo familiar», como algún crítico ha subrayado, nos remitimos al testimonio mismo de los consejos reales y las continuas advertencias de consejeros, secretarios y escribanos respecto a las mentiras y falsedades contenidas en memoriales de servicios, solicitudes de pensiones y otros asuntos. En 1598, Felipe II, muy cercano ya a la muerte, advirtió un cierto descontrol en la provisión de plazas de continos de la corona de Aragón; demasiadas cédulas firmadas en poco tiempo levantaron las sospechas del monarca moribundo que con mano temblorosa escribió a su Consejo: «avíseseme con particular relación de la horden que ay en estas plaças de continos de Aragón y la calidad y cantidad de las unas y las otras y si ay numero cierto dellas y quantos ay ahora». Teniendo en cuenta que la única obligación de los continos era residir en la casa real y que si no lo hacían perdían sus pensiones, resulta chocante que no se supiese ni cuántos ni quiénes eran. Todavía en 1610 seguía sin saberse, como se desprende de varias consultas del duque de Lerma sobre el particular. Si esto ocurría en casa, podemos imaginar qué ocurría en otros lugares y sectores de la administración.

2. Intolerancia

El país sin Renacimiento o la anticipación de la Reforma

España ha sido considerada durante mucho tiempo un «enigma histórico», en el sentido de que propios y extraños han querido dotarla de un carácter excéntrico respecto a la evolución normal de Occidente. La anomalía española fue uno de los problemas principales que ocupó el pensamiento de nuestros historiadores e intelectuales de finales del siglo XIX y de buena parte del XX (Ganivet, Unamuno, Ortega y Gasset, Américo Castro) y de un puñado de eruditos y estudiosos extranjeros (Wantoch, Morf, Klemperer, Überweg). Al abordar la singularidad hispana se planteó la discusión de si había habido Renacimiento en España e incluso si España había alcanzado la modernidad. El atraso secular, el casticismo o el aislamiento ensimismado del país se cifraron en una evolución peculiar, en un desvío de la línea de progreso seguida por Francia, Italia, Inglaterra o Alemania, porque se había pasado casi sin transición de la Edad Media a la Contrarreforma, creándose el tópico

Spanien, das Land ohne Renaissance ('España, el país sin Renacimiento'). La discusión cobró mayor virulencia en la polémica sobre la «ciencia española» entre los krausistas y Menéndez Pelayo, y volvería a tener actualidad en las décadas de 1950 y 1960, motivada por los exiliados de la guerra civil que trataban de explicar «lo español» describiendo desde sus orígenes la genealogía de las dos Españas (representada en la famosa polémica entre Américo Castro y Sánchez Albornoz), la que pudo ser y la que fue, sucumbiendo a la fuerza de una de ellas, fanática e intolerante, la posibilidad de otras Españas, la de las tres culturas, la erasmista, la plural, la liberal, la republicana, etc.

«Lo español» se ha distinguido artificialmente como un caso singular, tanto por la pluma de los nacionalistas españoles como por la de los folcloristas europeos. A todos les complacía asignar al país un carácter anómalo en Europa, por lo que se comprenderá la sorpresa con que muchos eruditos y personas informadas acogieron hace algo más de cien años las investigaciones del historiador alemán Wilhelm Maurenbrecher que aseguraba que España había sido inmune a Lutero y al protestantismo debido a que sus ideas ya estaban implantadas en el país. Lejos de ser impermeable a la modernidad y a los cambios impulsados por el Renacimiento y la Reforma, España había sido precursora. Maurenbrecher advertía la existencia de una «prerreforma española» que precedía a las de Lutero, Calvino o Zwinglio, de modo que la espiritualidad protestante apenas tuvo adeptos en las coronas de Castilla y Aragón por el simple motivo de que la Reforma por la que suspiraba casi toda Europa aquí ya se había efectuado. Esta renovación de la espiritualidad y de la estructura eclesiástica española

comenzó en el siglo XV y concluyó en la segunda mitad
del siglo XVI, estando sus orígenes intelectuales en el llamado movimiento de la observancia.

El trauma sufrido durante la espantosa crisis del siglo XIV hizo que la mayoría de los europeos demanda-
sen una fe que más que conocimiento proporcionase
consuelo, que fuera motivo de esperanza. Se necesitaba
una espiritualidad cercana al hombre, capaz de mitigar
su angustia ante la muerte y la incertidumbre de la vida
eterna. Se hablaba también de Reforma, *re formatio*
('volver a la forma inicial'), porque existía una opinión
muy extendida sobre que la Iglesia era incapaz de satisfacer las necesidades espirituales de los creyentes al haberse separado del primitivo mensaje evangélico, al haberse
institucionalizado alejándose hasta hacerse irreconoci-
ble respecto a la Iglesia de los apóstoles. Al mismo
tiempo, el mensaje de la Iglesia se hizo extraño para
una mayoría que no entendía las sutilezas de una teología especulativa que no enseñaba a vivir sino a discutir
y razonar. Fue en las órdenes religiosas donde con más
intensidad afloró esta demanda; los «espirituales», cada
vez más numerosos, exigían la separación entre fe y razón, entre el intelecto y el espíritu, siendo llamados ob-
servantes los monjes que propugnaban este ideario,
pues creían que la sinceridad y sencillez de vida que re-
clamaban se hallaba en el estricto cumplimiento u observancia de la regla primitiva de cada orden, desvir-
tuada por el paso del tiempo y los abusos. Así, el ansia
de renovación provocará una fractura interna de las órdenes entre «claustrales» o «conventuales» y «observan-
tes» o «reformados», es decir, entre quienes querían y
quienes rechazaban la reforma. Fue una división ética
pero también partidaria, puesto que los debates inter-

nos de franciscanos, dominicos, agustinos, benedictinos y jerónimos calaron hondo en las élites políticas y gobernantes, adquiriendo rasgos de verdadero fenómeno social con ramificaciones e implicaciones que iban mucho más allá de los muros de los conventos. Obsérvese que la literatura espiritual tuvo una extraordinaria difusión en la sociedad seglar, y por tal motivo fue traducida a lengua romance para satisfacer su demanda y propagación, teniendo un gran éxito obras como el *Exercitatorio de la vida espiritual* de García Jiménez de Cisneros –dada a la imprenta en 1500– o la *Vida de Cristo,* de Francesc Eiximienis (1496). Esta literatura enfatizaba una religiosidad caracterizada por la preponderancia de lo emotivo sobre lo racional, la preferencia por el aislamiento (recogimiento) y el realce de la actitud individual, subjetiva. Esta espiritualidad, común a seglares y clérigos, gustaba del conocimiento directo del Evangelio y de la oración mental y cultivaba la interioridad más radical. Ponderaba la «santa simplicidad», y detestaba la teología verbosista por considerar que fomentaba la vanidad y no la devoción, valorando «llorar en la celda» por encima del estudio de la teología en las universidades, pues la teoría sin obras era como cuerpo sin alma.

El principal cometido de oraciones, prácticas y devociones era fundamentalmente el conocimiento humilde de uno mismo. No obstante, de este objetivo se pasará pronto a la técnica de la «aniquilación», cuando se dé prioridad a una penitencia destinada a «tener siempre los corazones abajados», humillados, como señalaba un famoso predicador de mediados del siglo XVI. La penitencia externa afectaba a la comida y al sueño, complementada con prácticas de abstinencia, mortificación

corporal, silencio, aislamiento o clausura rigurosa, etc.
Todo lo cual derivó en diversas líneas reformadoras diferenciadas por el peso que diese a uno u otro aspecto,
pues el movimiento de la espiritualidad, como señaló
Melquíades de Andrés, no se desarrolló de forma uniforme sino a través de vías. Vía, en la literatura de la reforma, es camino, proceso, sendero, y es aceptado el
término en el sentido de «corriente»; así, por ejemplo,
en 1524 los franciscanos reunidos en Toledo llaman a
los alumbrados «vía espiritual escandalosa y recién inventada». Las vías o corrientes más reseñables en el siglo XVI español serían la tradicional, la de la oración
mental metódica, la del recogimiento, la erasmista y la
jesuítica. Fuera de la ortodoxia católica estaría la de los
alumbrados o dejados.

En un plano distinto, las diferentes órdenes religiosas
representan, cada una, una o varias modalidades. Fijé-
monos tan sólo en un detalle, como es el de la actitud
ante los milagros o los sucesos extraordinarios; el ámbito
franciscano ve arrobos, éxtasis, revelaciones y transposi-
ciones sin desconfianza, como algo casi perteneciente a
la vida espiritual normal; por el contrario, los dominicos se mostraban prudentes, si no desconfiados, ante
estos fenómenos. Hubo distintas actitudes ante la oración mental metódica, la pobreza, la escolástica, la vida
en común, etcétera, que para Menéndez Pelayo correspondían a diversas «religiones», como también se llamaba a las órdenes religiosas, por lo que clasificó las
distintas corrientes según la regla y tradiciones de cada
una, distinguiendo tres grupos: ontologistas o intelec-
tualistas (dominicos), psicologistas o afectivos (franciscanos) y eclécticos o escuela española (jerónimos, benedictinos).

Pero es una reducción muy simple que no atiende a la complejidad de las observancias y su desarrollo en cada religión. En un extremo tendríamos la reforma dominica, más teológica, jerarquizada y rígida, basada en el rigorismo y en el empleo de la coacción si fuere necesario, mientras que en el lado opuesto, pasando por vías intermedias como la de los benedictinos o los jerónimos, tendríamos la de los franciscanos, caracterizada por su atomización, su desjerarquización, su carácter místico a través de las casas de recogimiento (desiertos espirituales) y el mosaico de diversas tendencias en su seno. No obstante, no es posible hacerlo todo reducible a una catalogación por órdenes religiosas, resulta más operativo hacerlo desde una visión de tendencias en el conjunto. En el siglo XVI, la consolidación de la observancia como norma de vida de los religiosos fue perfilando dos maneras diferentes de entenderla y aplicarla. Dos perspectivas que, con el tiempo, se harían irreconciliables: ascéticos y místicos. La ascética acentuó la nota en la teología del conocimiento, seguía valorando positivamente a Santo Tomás y prefería una espiritualidad sometida a la razón, mientras que la mística enfatizó el valor del amor y el corazón (afectivismo) de la fe y de la comunicación directa con Dios por medio de la oración mental. Al entrar en el siglo XVI el contraste entre estas corrientes marcaría el ulterior desarrollo espiritual, pero también cultural e intelectual, de la España del *Quijote*.

Estas tendencias surgieron y se desarrollaron a lo largo del siglo XV con el telón de fondo de la más grave crisis organizativa y de autoridad que sufriera la Iglesia en su historia: el Gran Cisma de Occidente y el conciliarismo. Dichos acontecimientos colocaron la Reforma ecle-

siástica entre las prioridades que se marcaron los soberanos europeos en sus programas de gobierno, pero
debe advertirse que los poderes políticos no eran simples manipuladores de la vida espiritual; su intervención en esa materia nacía de una demanda social cada
vez más acuciante: si las autoridades eclesiásticas eran
incapaces de volver al orden, tendría que ser el pueblo
cristiano el que asumiera esa responsabilidad. Para los
hombres de los siglos XV y XVI la Iglesia se hallaba ensi-
mismada y la comunidad de fieles exigía una renovación
radical, de la cabeza a los pies *(in capite et in membris)*,
el desorden y corrupción de la Curia hacían impensable
que Roma liderase el cambio, y en el Concilio de Constanza quedó meridianamente claro que ésta sólo podría
desarrollarse por naciones (una idea de la que ni el mismo Lutero se separó: su mensaje lo dirigió siempre a la
nación alemana). Los concordatos permitieron compartir tareas mediante acuerdo entre el Papa y los soberanos seculares y la Iglesia universal se compartimentó
en iglesias singulares en una estructura cada vez más
descentralizada, corporativa, como correspondía a la
cosmovisión bajomedieval o altomoderna de la comunidad como cuerpo y que se remitía a San Pablo, que
contemplaba la Iglesia como «cuerpo entero, trabado y
unido por todos sus ligamentos, según la actividad propia de cada miembro». La Reforma, para llegar a la cabeza, bien podía comenzar *in membris* por las órdenes
religiosas, reinos, cabildos, parroquias, cofradías, congregaciones, obispados o naciones.

En 1492, la conquista de Granada se sumó a la unión
dinástica de las coronas de Castilla y Aragón para dar el
espaldarazo a los reyes Fernando e Isabel en el liderazgo
de la nación española. El título de Reyes Católicos que

inmediatamente les concedieron los papas para ellos y
sus descendientes rememoraba el ostentado por San
Hermenegildo y remitía al viejo reino católico de los vi-
sigodos, a la Hispania Cristiana anterior a la Reconquista. Lógicamente, en ese ambiente de restauración
de la España Sagrada tuvo lugar la Reforma, dirigida y
desarrollada principalmente por el episcopado español
que, asociado a la corona, se afirmó en su aspiración
nacional de autonomía respecto a Roma.

De este modo, a las puertas del siglo XVI, se produjo
el gran salto cualitativo y cuantitativo de la Reforma española, un momento decisivo calificado como la «generación cisneriana» (1500-1530) y en el que entran en
contacto la espiritualidad de la observancia, el humanismo italiano, la *devotio moderna* y el erasmismo, dando lugar a uno de los momentos más interesantes de la
vida intelectual y espiritual de España. Después, fruto
de la experiencia de estos años, entre 1530 y 1570, el humanismo irá cediendo paso a un catolicismo integral e
intransigente, que impregnará todos los aspectos de la
vida política y civil. *Grosso modo,* ambas etapas, ideológica y culturalmente, corresponden a la pugna por hacer prevalecer como norma una de las vías espirituales
nacidas de la observancia. Las vías espirituales, no lo
olvidemos, eran actitudes vitales cuya práctica y conocimiento llevaban aparejados una comprensión del
hombre y del mundo particulares, lo cual, como es obvio, incidía en todos los aspectos de la vida.

En principio, la necesidad o el ansia de reforma eran
tan fuertes que pocos repararon en el hecho de que reforma y vuelta a los orígenes tenía significados distintos, lecturas que muchas veces eran incompatibles. El
desorden, la hipocresía, la inmoralidad, la ignorancia,

el abuso de poder, el absentismo eran males que todos coincidían en erradicar. La jerarquía eclesiástica, como parte de los reinos, como uno de los tres estados que constituían la comunidad política, estaba empeñada en restaurar su poder y su credibilidad después de la crisis cismática, y su preocupación era devolver a los clérigos el prestigio y la preeminencia social que como guías espirituales les correspondía ejercer. En torno a 1500, el episcopado, ya fuertemente comprometido en el reformismo, siguiendo el ejemplo del arzobispo Diego Anaya, que fundó en 1401 el Colegio de San Bartolomé de Salamanca, promovió la fundación de nuevos colegios y centros universitarios, como el Colegio de Santa Cruz de Valladolid, creado por el cardenal Mendoza (1484), el Colegio de Santiago el Zebedeo o de Cuenca en Salamanca por Ramírez de Villaseca (1500), el de San Ildefonso en Alcalá de Henares por Cisneros (1499-1502), el de Santo Tomás de Sevilla por Deza (1507), el Colegio del Arzobispo fundado por Santiago Alonso de Fonseca en Salamanca (1521) y el Colegio de San Salvador o de Oviedo por el obispo Diego de Muros, también en Salamanca (1524). Con el tiempo, los seis centros principales, los cuatro de Salamanca, el de Valladolid y el de Alcalá, recibieron el nombre de «colegios mayores» por ser los institutos educativos de mayor prestigio y porque sus colegiales coparon las plazas de las audiencias, los tribunales del Santo Oficio, los consejos reales y las altas dignidades eclesiásticas. Quedó claro que era la educación el punto fuerte de la recuperación del liderazgo social e intelectual de la Iglesia. Pero más que un empeño corporativo fue una suma de iniciativas particulares. Es decir, los altos personajes que dirigían la política –como consejeros de los reyes– y la reforma eclesiástica

–como dignidades de la Iglesia– se preocuparon por forjar nuevas generaciones de eclesiásticos bien preparados y con una excelente formación especializada, capacitados para desarrollar la Reforma y acabar con los males de la Iglesia. El cambio se haría por medio de una mejor educación del clero, un clero que habría de educar, a su vez, al pueblo. No obstante, en los programas de los nuevos centros aparecieron diversas formas de entender los problemas, distintas prioridades. Quienes daban prioridad al orden y la disciplina como elementos fundamentales para alcanzar la virtud no defendían exactamente lo mismo que quienes se la daban a la experiencia, el conocimiento de la fe y la vivencia personal. No tardó en comprenderse que muchas observancias y reformas eran, además de incompatibles entre sí, incompatibles con la comprensión del orden social y político existente.

Cuenta una anécdota que, paseando por las salas de El Escorial, Felipe II mostró a unos visitantes un retrato de Fernando el Católico por el que sentía gran aprecio, no por la calidad de la pintura, que no era buena, sino porque «a éste se lo debemos todo». A nuestro juicio esa observación, relativa a la constitución de los cimientos de la Monarquía, podía evocar la forma de resolver la Reforma española, la paz civil garantizada por la intransigencia religiosa y la especial vinculación que, en lo sucesivo, existirá entre la corona y el altar. Fernando el Católico comprendió la trascendencia de aquellas aparentemente inocuas discusiones de sacristía e hizo que la Reforma española fuera una reforma oficial y orientada, dirigida por la corona y que centró su actividad en tres aspectos: la reforma del clero (secular y regular), la reforma intelectual y finalmente su aplicación en el pueblo. Aquello que integraba a la sociedad, que daba identidad a los individuos, que los hacía leales y obedientes era la fe y, como constató en una audiencia que tuvo con él el humanista florentino Guicciardini, comprendía perfectamente el valor de la religión como instrumento de poder. La reina Isabel, sin embargo, no compartía el punto de vista de su marido; sus confesores y consejeros espirituales veían la religión como un fin en sí mismo, no como un *instrumentum regni,* una simple herramienta de poder con el que dominar a los sujetos por medio de las conciencias.

El desarrollo de los nuevos centros universitarios no se sustrajo a las visiones enfrentadas de los personajes y proyectos políticos de los consejeros de los reyes. Por el contrario, estos vínculos explican la especial virulencia que adquirirían las disputas intelectuales en los claustros universitarios españoles de los siglos XV y XVI y que están ligados a la herencia intelectual dejada por dos personajes clave para el desarrollo de la reforma española, dos eclesiásticos con puntos de vista muy diferentes con respecto al rumbo que debía seguir el proceso reformista: el arzobispo Diego de Deza y el cardenal Francisco de Cisneros.

Diego de Deza, que murió poco después de la guerra de las comunidades, era confesor de Fernando el Católico. Denunció la política «condescendiente» con la heterodoxia que apreciaba en el entorno de la reina y marcó las directrices intransigentes del partido aragonés. A su juicio, para mantener la pureza del cuerpo social y los valores de la verdadera religión debían tomarse medidas drásticas de exclusión de las personas o grupos inasimilables. Judíos y musulmanes debían ser forzados a elegir entre la conversión o el exilio (como él mismo *erradicar cuerpos extraños* 125

hizo en 1500 con la minoría morisca residente en su diócesis, Palencia). Así, la Reforma era algo más que una reflexión espiritual, era un movimiento activo que debía usar la fuerza si era preciso para erradicar los cuerpos extraños, los órganos enfermos del cuerpo social, eliminando aquello cuyo ejemplo fuera perturbador o no se ajustase a la unidad y disciplina requeridas en una sociedad virtuosa. Consciente de la necesidad de contar con cuadros bien preparados para semejante empresa, empleó sus bienes en la fundación del Colegio de Santo Tomás de Sevilla, que en 1517 obtuvo licencia para expedir títulos universitarios y que no tardó en convertirse en cantera de prelados, juristas e inquisidores. Lo curioso de su iniciativa es que creó el colegio con la intención de hacerlo paralelo y antagonista de Alcalá, para contrarrestar la influencia y las enseñanzas impartidas en la universidad fundada por Cisneros.

El cardenal Francisco de Cisneros fundó en 1499 la Universidad de Alcalá de Henares, que comenzó a funcionar en 1502. Este centro simbolizaba y compendiaba su compromiso con la espiritualidad afectiva, corriente que protegió e impulsó decididamente en la reforma de su orden, la franciscana, y que profesó a lo largo de su vida, gustando relacionarse con místicos y recogidos de otras órdenes, algunos en los límites de la ortodoxia, como la madre Marta de Jesús, la famosa beata de Piedrahíta.

La espiritualidad de Alcalá estaba íntimamente conectada con las vías de la «imitación de Cristo», la *devotio moderna* y el humanismo del norte de Europa e Italia. Cisneros estaba hondamente preocupado por la ausencia de libros espirituales semejantes a los que él más admiraba y gustaba en España, por lo que se encar-

gó personalmente de que la imprenta de su universidad
sirviese para la propagación de dichas obras. Se impri-
mieron muchas traducciones al castellano y, de forma
programada, hizo editar la *Vida de Santa Catalina de
Siena* (1511), del reformador dominico Raimundo de
Capua, el *Viola Animae* del cartujo Petrus Dortland, la
vida y obras de Santa Adela de Foligno, Santa Matilde,
San Juan Clímaco, Hugo de Balma, etc. Señala Américo
Castro que la tendencia a traducir las escrituras y los libros de piedad «para el conocimiento de todos» es la
señal que marca un nuevo rumbo en la piedad y cuya
culminación será la traducción de la Biblia efectuada
por Lutero, fomentando una espiritualidad individual,
de exaltación íntima en busca de la mística unión con
Dios. Así, Castro observaba que las traducciones encar-
gadas por el cardenal y su gran proyecto, la *Biblia Políglota Complutense* (una edición crítica de las Sagradas
Escrituras en varias lenguas realizada por un prestigio-
so equipo de filólogos encabezado por Elio Antonio de
Nebrija), servían para reforzar la posición del hombre
como medida de todas las cosas y afirmar en España la
cosmovisión individualista que se afianzaba en Europa
por medio del Renacimiento y del humanismo.

Alcalá se distinguió por las novedades introducidas
en el estudio de la teología. Se optó por enseñar a la par
las tres vías teológicas más acreditadas: tomismo, esco-
tismo y nominalismo, dando entrada a esta última en el
ámbito académico. La incorporación del sistema nomi-
nalista en el mundo académico hispano, que no había
sido admitido oficialmente antes, fue visto con recelo
en Salamanca y agriamente criticado desde Santo Tomás de Sevilla. Como autor nominal, Cisneros sentía
predilección por Gabriel Biel (muerto en 1494), escolás-

tico, asceta, predicador y liturgista alemán, fundador de
la Universidad de Tubinga cuyo *Sentenciario* fue escogido como libro de texto en Alcalá. Su mensaje se resumía
en la idea de que Dios no podía ser conocido por la razón, sólo por la fe. El *Sentenciario* fue fundamental en
la formación de grandes predicadores y divulgadores
de la espiritualidad alcalaína, como Francisco Ortiz,
Juan de Ávila y Francisco de Osuna, pero fue también el
texto en el cual cursó teología Martín Lutero. Más allá
de la coincidencia, resulta que místicos y luteranos be-
bieron de las mismas fuentes, y ello explica parte del
fondo común de las reformas española y protestante
que advirtiera Maurenbrecher a finales del siglo XIX.
Quizá sea exagerado, o una conclusión precipitada de
algún historiador llevado por el fervor ecuménico, pero
no podemos soslayar unos puntos de contacto que también percibieron los hombres del siglo XVI. Lutero se había educado bajo inquietudes religiosas idénticas a las
que profesaban algunos reformadores españoles, y tal
vez por ello el luteranismo no arraigó en España, porque el desarrollo radical de la corriente afectiva de la
mística había ocupado su lugar; alumbrados y dejados,
aunque próximos al monje alemán por provenir de una
cultura común, nada tenían que ver con el protestantismo y es más que dudoso que conocieran la obra del re-
belde agustino.

La corriente fideísta y afectiva, patrocinada por Cisneros, fue conocida vulgarmente como «vía del recogimiento», aludiendo a las casas de retiro, de soledad, de
oración o recolectorios con que los franciscanos de la
observancia llevaban una vida más austera, recogida y
religiosa. Su espiritualidad se extendió al pueblo a través de grandes frailes predicadores como Francisco Or-

tiz o Francisco Osuna, cuyo magisterio fue decisivo
para Teresa de Jesús, Juan de Ávila, Francisco de Borja,
Juan de la Cruz... y la espiritualidad de la Compañía de
Jesús. La vía del recogimiento condujo hacia la mística
española, pero también dio lugar, por el subjetivismo
que propugnaba, al desarrollo de corrientes y tendencias heterodoxas, como el alumbradismo y el dejadismo. Cabe señalar a este respecto que cuando a Francisco Ortiz se le reprochó en 1523 que su predicación era
causa de herejías, comentó que «no es nuevo en la Iglesia haber nacido las herejías del mal entendimiento de
las verdaderas palabras».

El alumbradismo nació como una derivación errónea
del misticismo, desarrollada por individuos carentes de
una formación teológica básica, que no entendían los
planos más altos de la vía del recogimiento ni sus fórmulas más breves y características, en las que, por
ejemplo, se llevaba hasta el paroxismo la técnica de la
aniquilación lanzándose al dejamiento del amor de
Dios. Tal herejía nunca fue muy consistente, y los alumbrados fueron grupos episódicos y aislados de muy escasa penetración social, aunque a partir de 1550 en muchos momentos se afirmó desde instancias oficiales que
del misticismo al alumbradismo o al luteranismo había
una distancia muy corta y que era muy fácil traspasar.
Lo llamativo de estas acusaciones es que los teólogos
del Santo Oficio de la Inquisición sabían perfectamente
que el alumbradismo o dejadismo era recogimiento mal
entendido por personas legas y desorientadas, y los inquisidores, salvo excepciones intencionadas, sabían distinguir una cosa de otra y sabían cuándo había herejía
consciente y cuándo no. De hecho, en el Índice de 1559,
el inquisidor general Valdés decidió incluir en la lista de

libros prohibidos un buen número de libros de devoción en romance para desarraigar estas desviaciones,
un propósito del que se burló fray Luis de Granada, di-
vertido por ver al Santo Oficio ocupado en perseguir
cosas «de contemplación para mujeres de carpinteros»,
pero que tenía una mayor trascendencia, como nos recuerda Santa Teresa de Jesús en el libro de su vida:
«cuando se quitaron muchos libros de romance que no
se leyesen yo sentí mucho, porque algunos me daba recreación leerlos, y yo no podía ya por dejarlos en latín»
(cap. xxvi). Esta recreación que favorecía pensar y reco-
gerse quedó vedada, cancelada. Toda forma de introspec-
ción personal fue considerada sospechosa; los pintores
dejaron de representar a los santos en actitud medita-
bunda, dueños de su experiencia espiritual, para ser
mostrados con la boca abierta, ejercitando la oración
vocal; la penitencia y la mortificación de la ascesis debían exhibirse de manera clara. Fue entonces cuando un
confesor pidió a Teresa que no contase sus experiencias
místicas ni siquiera en el confesionario, «que callase y
no diese parte a nadie, porque mejor era ya estas cosas
callarlas». Como se ve, la antítesis de todo aquello que
Cisneros quiso llevar a cabo.

Ahora bien, cuando intencionadamente se ponía bajo
sospecha al misticismo y la vía del recogimiento es porque en la Reforma española la vía ascética se perfilaba
no como otra opinión, sino como alternativa para comprender al mundo y al hombre. Recogimiento y nominalismo estaban tan íntimamente conectados que se vieron
arrastrados el uno con el otro en la caída, cuando se hicieron sospechosos de una inconveniente proximidad al
luteranismo. Las circunstancias políticas castellanas en
la posguerra de las comunidades y las dificultades sur-

gidas en el imperio por causa de las doctrinas luteranas, hicieron que de alguna manera los nuevos ostentadores del poder unieran todo en un solo bloque. Entonces se desarrolló un feroz proceso de revisión anticisneriana, cuya primera señal fue el encuentro de Burgos, entre Nebrija, Deza y los dominicos, que acusaron al equipo de la *Políglota* de tergiversar las Sagradas Escrituras. Sobre el gran proyecto cisneriano se cernió la sombra de la sospecha, su olor a heterodoxia hizo que aquel prodigio filológico y tipográfico pasara desapercibido, que no se difundiera como merecía y que sobre ella se corriera un tupido velo. La Universidad de Alcalá sufrió un veto silencioso, y a diferencia de otras universidades, no sería en el futuro semillero de servidores de la corona. Por último, no produjo ningún asombro leer en el Índice de libros prohibidos de 1559 los títulos de un buen número de las obras traducidas por orden del cardenal para reconfortar la vida espiritual de los castellanos: Rickert, Taulero, Herph..., aquellas que echaron de menos muchos lectores inquietos, como Teresa de Jesús.

El afectivismo de los recogidos se fue identificando con el fideísmo protestante, arreciando las críticas que hicieron a toda manifestación mística sospechosa de luteranismo o con sabor a herejía. En 1540, Santa Teresa se hallaba complacida porque su padre había comprendido el valor de la oración mental; sin embargo, a los pocos años el temor a la persecución hizo presa en ella:

creció de suerte este miedo, que me hizo buscar con diligencia personas espirituales con quien tratar, que ya tenía noticia de algunos, porque habían venido aquí [a Avila en 1554] los de la Compañía de Jesús, a quien yo, sin conocer a ninguno, era muy aficionada de sólo saber el modo que llevaban de vida y de oración (*Vida,* cap. XXIII).

En 1557 conoció a Francisco de Borja y fue quien le dio seguridad respecto a sus arrebatos místicos y sus proyectos: «siempre me ayudaba y daba avisos en lo que podía».

Sin embargo, pese a la prudencia y el temor a la persecución, la vía recogida tenía fuerte arraigo y episódicamente constituyó la ideología dominante en la Corte. Hubo un momento efímero entre 1525-1530, cuando la hostilidad del papa Clemente VII a Carlos V no dejó otra posibilidad que la de dar voz a quienes propugnaban una Reforma en profundidad de la cristiandad. Entonces, triunfaron las ideas religiosas de la *devotio moderna* en la Corte, gozaron de crédito los continuadores del espíritu cisneriano y humanista como Alfonso de Valdés (cuyo hermano Juan, educado en los mismos principios, caería en la senda de la heterodoxia). Las guerras de religión y el Concilio de Trento determinaron, a la postre, una definición oficial de la espiritualidad, formalista e intransigente en sus ideas y creencias, que resultaba más fácil de controlar que la «recogida», cuyos límites borrosos respecto a la heterodoxia la hacían sospechosa; la corriente rigorista acabaría imponiendo sus criterios, de modo que la espiritualidad hispánica, definida como ecléctica por Menéndez Pelayo, resultaría un híbrido que oscilará de uno a otro extremo según las coyunturas. Cuando Felipe II subió al trono en 1556 las guerras de religión asolaban Europa; pudo verlo en primera persona en Inglaterra y llegó al convencimiento personal de que las disputas religiosas constituían la principal amenaza contra la paz civil, por la simple razón de que se disgregaba la solidaridad básica de la comunidad política, creaba identidades, patrias, lealtades separadas. La alteración de religión significaba mudanza y alteración de Estado. El inquisidor Fernando de Valdés, digno epígono de Deza, pudo convencer sin dificultad al monarca de que una religiosidad nacida en los principios del recogimiento no era la más adecuada para practicar en aquellos momentos de fractura político-religiosa; era precisa una espiritualidad externa, visible, ejemplar y pública, que pudiera ser contemplada y controlada, y ahí encajaba la ascética, con sus mortificaciones, penitencias y oración verbal, audible y comprensible, una espiritualidad exhibicionista, cuyo fin es el ejemplo y la disciplina. La mística, recatada, individualista, intimista y centrada en la oración mental, la reflexión y el examen de conciencia, no era fácilmente controlable y además era sospechosa de albergar desviaciones. A este fin, la Inquisición se mostró como una institución apropiada para vigilar a aquellos disidentes que no asumían la ideología propugnada por la Monarquía. Desde la segunda mitad del siglo XVI, el mayor número de procesados por el Santo Oficio no fueron los judeoconversos, objetivo por el que se había fundado dicho organismo, sino todos aquellos que expresaban ideas no conformes con la ortodoxia impuesta, lo que en terminología inquisitorial se denominaba «delitos de proposiciones». Las actitudes de espiritualidad individual quedaron circunscritas al propio individuo, marginadas del espacio público por el temor a ser mal interpretadas bajo la siempre amenazadora presencia de la Inquisición. Por ello, la famosa recomendación del padre Juan de Ávila, recogida por los místicos –Santa Teresa entre otros– («Lo que en su corazón pase con Dios, cállelo con grande aviso, como debe callar la mujer casada lo que con su marido pasa»), además de pudor espiritual, bien podría reflejar un estado de ánimo que se estaba extendiendo en la España del *Quijote*. El espíritu crítico fue suprimido por la mansedumbre, la sumisión a la autoridad, y no deja de ser llamativo que una personalidad tan fuerte como Santa Teresa de Jesús escribiera en el prólogo al libro de las fundaciones toda una apología a la obediencia:

> Por experiencia he visto, dejando lo que en muchas partes he leído, el gran bien que es para un alma no salir de la obediencia [...] no queriendo tener otro parecer que el de su confesor.

Cuando escribió esas líneas corría el año 1573, aquel en el que fueron interrogados y molestados por la Inquisición los biblistas de las universidades, quizá los únicos individuos que aún discutían y opinaban sobre las Sagradas Escrituras como en los viejos tiempos; en lo sucesivo aquellos catedráticos, fray Luis de León, Cantalapiedra y Gudiel, se expresarían con menos desenvoltura.

La reclusión del individuo en sí mismo, la renuncia, la obediencia y la sumisión a la autoridad superior permitieron adaptar el recogimiento y la mística a los nuevos tiempos que corrían. Cervantes, admirador y devoto de Santa Teresa, escribió una canción que apareció publicada en el *Compendio de las fiestas celebradas en España con motivo de la beatificación de la madre Teresa de Jesús* compilado en 1615 por fray Diego de San José; la pieza se titulaba *Los éxtasis de la beata madre de Jesús* y ponderaba éxtasis, arrobos y experiencias místicas «admirables y sobrehumanamente nuevos» gracias a que

> el visorrey de Dios nos da certeza
> que sin enigma y sin espejo miras
> de Dios la incomparable hermosura.

Desechada la experiencia personal, la propia opinión, sólo era admirable aquello que certificaba la autoridad del Papa, el virrey de Dios. La línea de la Reforma desde Fernando el Católico hasta Felipe III nos conduce así, casi sin sobresaltos ni discontinuidades, a la Contrarreforma. Con ello, creemos pertinente concluir casi como comenzamos, citando a Marcel Bataillon: «Reforma y Contrarreforma son dos movimientos solidarios, a menudo difíciles de discernir».

Limpieza de sangre

La reforma afectó a algo más que la espiritualidad, afectó al conjunto de los individuos imponiéndoles modelos de conducta, devoción, prácticas sociales, creencias, sexualidad, hábitos, identidad... porque buscaba crear una comunidad virtuosa, ordenada y pacífica. De ahí que el hogar y la familia fueran objeto de una especial atención, subrayándose la obediencia de niños y sirvientes al cabeza de familia, al tiempo que padres y madres eran adoctrinados sobre sus obligaciones respecto a niños y servidumbre doméstica en lo referente a la educación religiosa y secular, sobre la obediencia y la «buena conducta». Todo ello, reforma del curato e intensificación de la predicación y catequización de los fieles, perseguía el establecimiento de un orden jerárquico en la transmisión de la ideología: el alto clero reformado vigilaba, orientaba y dirigía la reforma del curato, y los prelados que colaboraban con la corona en la Reforma escribieron o inspiraron catecismos y vigilaron la cristianización del pueblo. Ya en 1487, el cardenal Mendoza instruyó a los párrocos de su diócesis de Sevilla en la idea de que la

misión competente a las autoridades eclesiásticas consistía en

la forma que deve tener el cristiano desde el día que nace, así
en el sacramento del bautismo, como en todos los sacramen-
tos que debe recebir, e del uso que debe usar e crear, como
fiel cristiano en todos los días e tiempo de su vida e al tiempo
de su muerte [...] E otrosy de lo que los curas e clérigos deven
doctrinar a los feligreses, e los feligreses deven mostrar e
guardar a sus fijos.

En tiempo de Cervantes esta función se daba ya por
supuesta; el magisterio ejercido por los sacerdotes como
educadores y correctores de la virtud colectiva surge
como con descuido en boca de Sancho Panza:

he oído decir al cura de nuestro pueblo que no es de personas
cristianas ni discretas mirar en estas niñerías y aun vuesa
merced me lo dijo los días pasados, dándome a entender que
eran tontos todos aquellos cristianos que miraban en agüeros
(Q2, 73).

La reforma espiritual tenía como objeto último la reforma del pueblo. Para alcanzar una sociedad armónica, conformada según lo dispuesto y querido por Dios,
se operaba en dos planos complementarios, *Reformatio
doctrinae* y *Reformatio moram;* la educación del pueblo
en el conocimiento de los rudimentos de la fe y de la
moral se hallaba en un mismo proceso de identificación
colectiva bajo creencias y valores compartidos. Cabe
decir que entre rigoristas y recogidos había diferencias
en los medios pero no en los objetivos. La exigencia de
un cristianismo purificado, al enfatizar las virtudes del
hombre interior y propugnar el cultivo de la virtud per-

sonal, llevaba a la universalización de la perfección cristiana, a su extensión sin distinciones a todos los bautizados. La incorporación del fiel a la Iglesia a través del bautismo correspondía a un juramento indisoluble de fidelidad y pertenencia a la comunidad, que se trasladaba al poder político en virtud de la teoría paulina del poder: todos los hombres por igual son fieles, de la misma manera que son súbditos, formando una comunidad orgánica.

De esta idea de unidad religiosa y política era fácil deducir dos formas de acometerla, bien a través de la integración (ya fuera coactiva o por persuasión), bien a través de la expulsión o exclusión del cuerpo social de las minorías disidentes o diferentes (física o jurídica). No obstante, todos convenían en una cosa: la unidad espiritual de los súbditos era indispensable para el mantenimiento de la paz pública y de la integración social. Américo Castro percibió ahí, en la armonía estamental, la muerte de las tres culturas como posibilidad de una España diferente. Aunque, en realidad, esa posibilidad de convivencia nunca se dio ni pudo darse. Los pogromos y las furiosas persecuciones de finales del siglo XIV y principios del XV provocaron conversiones masivas de judíos. Los judíos vivían en las ciudades y se dedicaban a profesiones liberales, la banca y el comercio, y a los soberanos y a un sector importante de las élites sociales y políticas no les pareció mal que esta ola de violencia redundase en su integración. La pragmática de expulsión de los judíos en 1492 perseguía, precisamente, favorecer este proceso, pues se creía que con esta medida los convertidos al cristianismo, los llamados «conversos» o «cristianos nuevos», perdían totalmente el contacto con su vieja fe y se impedía el proselitismo que desde las juderías trataba de recuperar a quienes por miedo o conveniencia habían abandonado la ley de sus mayores. Sin embargo parece que tal medida era innecesaria, pues la judería española estaba en franca decadencia, imposibilitada para influir en una gran masa de conversos perfectamente adaptados e integrados en la sociedad cristiana.

El abultadísimo número de conversiones hizo que el problema judío se convirtiese en problema converso. En el siglo XV, bajo el pretexto de que la mayoría de las conversiones eran insinceras, fruto de la coacción, se dictaron medidas excluyentes que marginasen a los «nuevos convertidos» exigiendo certificados de limpieza de sangre para ejercer determinados oficios o ser miembro de algunas congregaciones e instituciones. Los casos más antiguos pueden datarse en torno a 1414 o 1418, pero debe destacarse (y es importante) que esta medida no tuvo una aplicación universal, pues fue establecida separada e individualmente en cabildos, municipios, cofradías y órdenes religiosas sin un orden cronológico y organizativo de signo generalista. Todavía hay que esperar al año 1550 para que se introduzcan en el cabildo de la catedral de Toledo. Asimismo, lo singular y disperso de la medida es buena muestra de las dudas y reticencias que causaba. Alonso Díaz de Montalvo, a instancias de Juan II de Castilla, dictaminó sobre la materia demostrando que los estatutos de limpieza de sangre eran heréticos, por pretender separar y distinguir dos clases de cristianos (lo cual era imposible al profesar todos una sola fe, recibir un mismo bautismo y pertenecer a una sola Iglesia), pero también dos clases de súbditos, e invocaba a las Sagradas Escrituras: «Vosotros habéis dispersado mi rebaño, lo habéis descarriado y no habéis cuidado de él» (Jeremías XXIII, 2). Similares razonamientos los encontramos en otros especialistas en derecho y teología, como Fernán Díaz de Toledo, Lope de Barrientos, Alonso de Cartagena o fray Hernando de Talavera, que compartían esa interpretación. Si la infidelidad confesional era fuente de deslealtad al soberano, pues quien se rebela contra Dios se rebela contra el poder temporal, lo sensato era buscar la unidad religiosa, y no tendría sentido la predicación y la conversión de los judíos al cristianismo si ello no acababa con su exclusión.

A pesar de los dictámenes de los juristas, la presión social se incrementó de manera intensa, y a las matanzas de judíos siguieron las de conversos. El historiador israelí Benzion Netanyahu piensa que estos sucesos, junto a una realidad cada vez más restrictiva para los cristianos nuevos, ejemplifican la existencia de un antisemitismo netamente racista en la sociedad española, algo en lo que incidía Américo Castro al definir aquélla como una sociedad de castas en la que los individuos quedaron marcados por el estigma de la sangre, desde su nacimiento. Los estatutos de limpieza exigían certificar cuatro generaciones limpias de sangre judía o mora, los famosos cuatro costados que borraban la huella del origen impuro. Asimismo, observamos que el progreso y el desarrollo de los estatutos de limpieza de sangre vinieron de la mano de la Reforma, en la orden de los Jerónimos en 1495, en las universidades de Valladolid, Salamanca, e incluso Alcalá de Henares (1519) y en las sedes episcopales de Córdoba y Sevilla, y su culminación fue su inclusión en los estatutos del cabildo catedralicio de Toledo, promovidos por el cardenal Silíceo en 1550. Quizá el espíritu de la Reforma católica o la posterior Contrarreforma pesó bastante en la difusión de esta medida, pero tampoco hallamos una explicación muy convincente desde una perspectiva puramente espiritual o confesional. Hay que tomar en consideración los alegatos sobre la igualdad de los cristianos en una sociedad fundada sobre la desigualdad o el hecho mismo de que cada estatuto de limpieza sólo es comprensible en el contexto en que se produce, bajo unas circunstancias políticas muy concretas, normalmente de lucha por el poder. Claramente es el caso del cardenal Silíceo, que utilizó este medio para doblegar la oposición de un cabildo reticente a su programa y sus proyectos pastorales. Parece como si su empleo fuera puesto en funcionamiento sólo para conquistar el poder o arrebatárselo a alguien. Sólo en esos momentos específicos que circundan el establecimiento de los estatutos, cabe añadir, también, hallamos una relativa eficacia en su aplicación. Un caso claro lo tenemos en la pragmática de Carlos V dictada en 1523 prohibiendo a los judíos, musulmanes, cristianos nuevos o sus descendientes que viajaran a América o la poblaran. A tal fin, los pasajeros de Indias se sometían al rutinario examen de su linaje y, una vez certificada su limpieza, podían embarcar. Pero la cifra de procesados y condenados por practicar el judaísmo en América testimonia que los cristianos nuevos viajaban a las Indias. Muy sonado fue el caso de Luis Carvajal, gobernador de Nuevo León, y su familia, procesados en 1590 por el tribunal de México, que puso en evidencia la laxitud con que se practicaba la exclusión. Mateo Alemán o fray Bernardino de Sahagún son dos casos muy notables de conversos establecidos en América, y no parece que tuvieran problemas para instalarse allí. Los conversos o, mejor dicho, el común de la población sorteaba los estatutos como un engorro, un requisito o formalidad que, a veces, resultaba complicado cubrir. Salvo casos específicos, como el de los chuetas mallorquines, los cristianos nuevos no vivían como una casta, como comunidad apartada y marginada; la exclusión era puntual y relativa a casos concretos.

La Reforma (o las reformas) modeló una sociedad que oscilaba sobre dos principios contradictorios: la igualdad de los hombres como cristianos y súbditos y la armonía social fundada sobre la desigualdad jurídica de los hombres. Cada individuo vivía en función del lugar que le había tocado en suerte por nacimiento. El linaje determinaba el estatus, la tradición consolidaba las normas, el tiempo asentaba la fama y el honor consistía en la lectura que el entorno hacía de la posición que cumplía a cada uno desempeñar en la sociedad. En un mundo en que lo novedoso se ponía en entredicho, por carecer de la aceptación que confiere la experiencia y la confianza de lo conocido, «cristiano nuevo» era una categoría asignada en un medio social obsesionado por el orden y la clasificación. Fueron más visibles los cristianos nuevos de origen judío, por constituir una minoría urbana acomodada que se integró, por su riqueza y por sus estudios, a la cabeza de la sociedad, que los de origen musulmán, que, en su gran mayoría agricultores, al integrarse por abajo no causaron los mismos resquemores. Del mismo modo, frente a la mayoritaria asimilación de los judeoconversos, los moriscos fueron en su gran mayoría irreductibles e inasimilables por hallarse en los márgenes y apartados en comunidades rurales y porque la falta de contactos e intercambios con la mayoría cristiana no creó las condiciones necesarias para su integración.

En el siglo XV los estatutos se emplearon como certificados de identidad y lealtad y funcionaba el prejuicio de la falsa conversión de los judíos corroborado por algunos procesos sonados. Entrados los siglos XVI y XVII ya no se cuestionaba la sinceridad de los cristianos nuevos de origen judío (si exceptuamos a los marranos portugueses) y la «sangre infecta» importaba como punto de honor y de estatus social, porque el marco cultural en el que semejantes disposiciones tenían lugar respondía a una mentalidad que había construido su identidad sobre la fe y el antisemitismo; no en vano Cervantes puso en boca de Sancho el compendio de la identidad individual y colectiva de los españoles de su tiempo: «creo firme y verdaderamente en Dios y en todo aquello que tiene y cree la santa Iglesia Católica Romana, y el ser enemigo mortal, como lo soy, de los judíos» (Q2, 8). En 1608 Baltasar Porreño escribió una *Defensa del estatuto de limpieza que tiene la Santa Iglesia de Toledo,* que defendía estas medidas para marginar a la raza deicida. Convertidos o no, los judíos seguían siendo judíos y «hasta el fin del mundo pagarán la pena con su largo cautiverio, con las afrentas que cada día padecen y con ver a sus hijos y descendientes echados de los oficios honrosos». La imagen abstracta del judío correspondía a la abyección, a la degradación de la naturaleza humana, tal y como testimonian algunos ejemplos recogidos por el profesor Jesús Bavo, como el de un informe redactado por un secretario de un tribunal de distrito en 1585: «no se contentan los judíos con degollar y desollar a un cristiano, sino que en su sangre se bañan y lavan las manos, chupándose los dedos y lamiéndose los labios». Cosas parecidas pueden cotejarse en la literatura, y motejar de judío, como hacía Quevedo, era un insulto grave. Cer-

vantes realizó una de sus más logradas sátiras a costa de
estos prejuicios en *El retablo de las maravillas,* un entremés que versa sobre una burla ideada por dos pícaros
que se fingen empresarios de comedias y que, debido a
la prohibición de representaciones teatrales de 1598, llevan por los pueblos un curioso artefacto, un retablo
vivo, que podrá contemplarse previo pago de media do-
cena de ducados; pero, advierten,

ninguno puede ver las cosas que en él se muestran que tenga
alguna raza de confeso, o no sea habido o procreado de sus
padres de legítimo matrimonio; y el que fuere contagiado des-
tas dos tan usadas enfermedades despídase de ver las cosas ja-
más vistas ni oídas en mi retablo.

Siguiendo un recurso equivalente al de *El traje nuevo
del emperador,* la fama, la vergüenza y el miedo obnubi-
lan la razón, y los jocosos apartes de los personajes in-
sisten sobre este rasgo de comicidad: «todos ven lo que
yo no veo; pero al fin habré de decir que lo veo, por la
negra honrilla».

La comicidad roza el absurdo de unos personajes res-
petables, que se tienen por tales y descubren no serlo
por una falta sobre la que carecen de control. El tipo
ideal o modélico de respetabilidad lo constituía el de los
padres de la hermosa Dorotea:

gente llana, sin mezcla de alguna raza mal sonante y, como
suele decirse, cristianos viejos ranciosos; pero tan ricos, que
su riqueza y magnífico trato les va poco a poco adquiriendo
nombre de hidalgos, y aun de caballeros (Q1, 28).

Sancho hace uso frecuente de esa condición para
mostrarse cumplidor de su palabra: «los que tienen so-

bre el alma cuatro dedos de enjundia de cristianos viejos», sumándose a un prototipo de hombre cabal y leal (Q2, 4). Pero, como puso de manifiesto Cervantes en su entremés, nadie podía estar seguro de ser lo que creía ser, y aquellos dichosos cuatro dedos de enjundia remitían a un pasado que se perdía en la desmemoria.

Los miedos de los espectadores del retablo eran miedos reales. En 1599 fray Agustín de Salucio envió un memorial a las Cortes de Castilla para pedir la abolición de los estatutos de limpieza de sangre, que, a su juicio, sólo servían para manchar el honor de familias «de cuya cristiandad no se duda poco ni mucho» y porque al remontarse a los rebisabuelos, dieciséis para cada individuo, raro era no encontrar a algún familiar manchado con algo. Como los espectadores del retablo, la mayoría de la gente se tenía por honrada: «hay sin número que ninguna cosa saben contra sí y de cuerdos no quieren que se escarbe en su linaje». Pero las opiniones críticas no calaban en una opinión mayoritaria antisemita que veía en ellas una protección sanitaria contra una fantástica infiltración judía, de modo que la introducción de los estatutos en instituciones y organizaciones de todo género siguió progresando. La Compañía de Jesús, símbolo del rechazo a este mecanismo de exclusión, acabó por incluirlos el 23 de diciembre de 1593 cuando la Congregación General decretó que ningún cristiano nuevo podría ser admitido en la orden. En 1616 el arzobispado de Tuy pleiteaba sin éxito para introducirlos en su cabildo.

La condición de los descendientes de conversos en Castilla era de integración y asimilación, como relata Cervantes en el episodio de las bodas de Camacho:

aunque algunos curiosos que tienen de memoria los linajes de
todo el mundo quieren decir que el de la hermosa Quiteria se
aventaja al de Camacho; pero ya no se mira en eso, que las riquezas son poderosas de soldar muchas quiebras (Q2, 19).

Precisamente porque ya no se miraba eso, un gran
número de intelectuales, ministros, prelados y gente de
toda naturaleza y condición abogó por la supresión de
las certificaciones de linaje. A finales del siglo XVI ser
cristiano nuevo, descendiente de conversos, era, en la
mayoría de los casos, una condición inconsciente que
sólo se descubría hurgando en los archivos o con la desagradable sorpresa de recibir una respuesta negativa a
una solicitud de un oficio o una capa de una orden militar. Santa Teresa desconocía su condición de cristiana
nueva, como también la desconocía la Inquisición, que
nunca tuvo eso en cuenta en los interrogatorios e informaciones que abrió sobre ella. Se sospecha que Cervantes pudo ser de linaje converso; si se confirmase, eso no
añadiría nada sobre su obra y su trayectoria vital, pues
ni él ni sus contemporáneos lo sabían. En general los
conversos se hallaban completamente asimilados; desde
mediados de siglo escaseaban los judaizantes denunciados y procesados por la Inquisición, y su incremento a
partir de 1580 tiene que ver con el gran número de marranos portugueses que se instalaron entonces en Castilla y Aragón.

Américo Castro sostuvo que los judíos, al incorpo-
rarse al cristianismo, llevaron consigo sus particulares
aportes culturales y vivenciales, y a partir de ellos juntó
los rastros de una cultura neocristiana que estaba en la
raíz del despegue de la cultura española del Siglo de
Oro. La mística, la picaresca, la autobiografía o una

nueva lírica eran pruebas aducidas para acotar la situación existencial, separada de la norma, de un grupo de
autores. En ellos rezumaba la tradición judaica, eran
portavoces de la angustia de su casta. La crítica a esta
tesis no tardó en apuntar a su flanco más débil, la falta
de pruebas. Ser descendientes de conversos no implicaba disponer de una especie de «conciencia de grupo», y
autores ejemplares del «neocristianismo» como fray
Luis de León o Mateo Alemán ni se sentían identifica-
dos ni eran miembros de una casta marginada. Para
funcionar como tal «clase social» tendrían que sobrevi-
vir tradiciones, redes de parentesco, cultura gastronó-
mica, canciones, ceremonias nupciales, fiestas...; tendría que existir una sociedad oculta de la que no hay
pruebas documentales de su supervivencia más allá de
la segunda mitad del siglo XVI, encontrándonos casos
aislados, como el de la familia Carvajal en México.

Cuando en 1478 se creó el primer tribunal de la Inquisición en Sevilla su función fue extirpar la herejía
judaica. La gran mayoría de los convertidos en masa siguió residiendo en los mismos barrios que antaño,
mantuvieron un mismo entorno social y familiar, una
misma cultura, vestido, alimentación, costumbres...
sólo habían cambiado de religión. Pero la brutal persecución desatada contra el marranismo –el judaísmo
clandestino de los conversos–, fue en la dirección de
erradicar no sólo una fe sino un estilo de vida. Entre
1482 y 1532, sobre una población de unos 400.000 conversos, hubo unos 35.000 penitenciados, y unos 6.000
fueron condenados a muerte (aunque cerca de la mitad
huyeron y fueron quemados en efigie). Los inquisidores, desde la perspectiva de una «antropología parda»,
entendían que la religión formaba parte de un sistema

cultural cuyas piezas encajaban unas con otras y cuyos elementos se remitían los unos a los otros. Los judaizantes o criptojudíos que perecieron en las hogueras de Córdoba, Sevilla o Llerena fueron al patíbulo por probarse que no comían carne de cerdo, que descansaban los sábados, que se habían circuncidado, que guardaban ciertas normas de higiene, que vestían de determinada manera, que confeccionaban ciertos dulces o que guardaban algunas tradiciones familiares. Indicios materiales y culturales cuya malignidad, en principio, desconocían los encausados. Netanyahu afirma que los inquisidores quemaban como judíos a personas que sabían que eran cristianos, pero eso es una verdad a medias, porque se entendía que la sinceridad de la conversión se medía en la integración a la sociedad civil en todos sus aspectos. En cierto modo la persecución fue dirigida hacia la aniquilación cultural, y es seguro que quienes eran cristianos convencidos pusieron un cuidado extraordinario en borrar todas las huellas de su vieja fe y sus antiguas costumbres, como es el caso del abuelo de Santa Teresa, que cambió su nombre y apellidos y su lugar de residencia para empezar una nueva vida en Ávila, donde nadie conocía su origen y donde sus descendientes vivieron como hidalgos. La persecución y los estatutos impulsaron a la mayoría a romper sus lazos sociales e hicieron todo lo posible por mezclarse con linajes cristianos viejos, y, conforme avanzaba el siglo XVI, hasta la incorporación de Portugal a la Monarquía en 1580, los casos de judaizantes fueron cada vez más escasos y aislados. Ese dilatado goteo marcaba la lenta disolución del marranismo y la desaparición de los últimos vestigios de la memoria del judaísmo en las coronas de Castilla y Aragón. El prejuicio racial, las fábulas y las fantasías sobre su carácter nacieron de ese vacío y de la oleada de cristianos nuevos portugueses que coparon los negocios a comienzos del siglo XVII. El mantenimiento de los estatutos se esgrimió como contención de una emigración masiva de criptojudíos, estimándose que la mayoría de los hombres de negocios portugueses eran marranos. En noviembre de 1604 Paulo IV ratificaba con un breve el perdón concedido a 6.000 familias de marranos portugueses que, con jugosos desembolsos a la Hacienda real y a los ministros de la Monarquía, lograban penosamente hacer borrón y cuenta nueva. No había altruismo: en 1607 un real decreto les recordaba que la demora de los pagos acordados podía hacerles perder el perdón, y otro de 1610, al no satisfacerse los pagos pendientes, arremetía contra la comunidad judeoconversa portuguesa dando fin al estado de relativa tolerancia del que habían disfrutado. Se entendía que su perseverancia en el judaísmo era prueba de que habían confundido la oportunidad de integración que se les brindaba con tolerancia; se pensó incluso adoptar con ellos medidas semejantes a las decretadas contra los moriscos: la expulsión de todos los dominios de la Monarquía. Si no se hizo fue por la dificultad para identificarlos y por su peso en el sistema financiero.

El gobierno de las conciencias y el dominio de los territorios

La Reforma en las coronas de Castilla y Aragón aspiró a ser una «reforma total de todos los súbditos», cuyas consecuencias fueron un crecimiento cualitativo de la

autoridad real, con la ampliación e integración de jurisdicciones y funciones de gobierno, y un crecimiento
cuantitativo consistente en el aumento de recursos y
propiedades a través de la apropiación de bienes y rentas de la Iglesia. Desde que los Reyes Católicos la inicia-
ran y hasta su conclusión bajo Felipe II, los reyes, como
tutores ecclesiae, asumieron el papel de guardianes de la
fe, obligándose a llevar a la sociedad hacia la salvación,
como el pastor que defiende y protege su ganado (un
símbolo y una idea frecuentemente expresados), y ello
permitió una notable expansión y fortalecimiento de su
poder. Al asimilar a la alta jerarquía en el servicio a la
corona hicieron de la propia estructura eclesiástica una
vertiente nueva y extensiva del poder real, ampliando el
campo de actividad de la corona a materias nuevas
como matrimonio, educación, familia, bienestar, caridad, sexualidad, etcétera. La aplicación del axioma *Religio vincula societatis* se tradujo en la estandarización de
las prácticas religiosas y culturales, disciplinando a la
sociedad.

Pese a lo que la tradición historiográfica conservado-
ra ha querido transmitir, la unión entre el trono y el altar no fue tan idílica como muchas veces se ha presenta-
do, y los desencuentros con la Santa Sede acompañaron
habitualmente las relaciones entre la Iglesia y la corona.
Felipe II comenzó su reinado entrando en guerra con el
papa Paulo IV, el cual quiso condenarle a él y a su padre
por herejía y le desposeyó del título de rey de Nápoles
en julio de 1556. Así los primeros pasos de su reinado se
vieron envueltos en contradicciones. La primera y más
importante, que el catolicismo que pretendía implantar
como norma para toda la sociedad no comulgaba con
Roma. La actitud hostil del pontífice, la guerra empren-

dida contra él y sus súbditos ponían en tela de juicio la validez de muchas de las ideas y proyectos desarrollados en su entorno, por su hermana Juana y el príncipe de Éboli, que abrieron las puertas de la Corte a los jesuitas, por la espiritualidad recogida adoptada por su amigo el arzobispo Carranza en la conversión de Inglaterra... La decepción o el desánimo derivados de la guerra con el Papa dejaron espacio para que el inquisidor general Fernando de Valdés, aprovechando el descubrimiento de focos luteranos en Valladolid y Sevilla, impusiera sus criterios respecto a la prevención de una amenaza que parecía infiltrarse en el corazón mismo de la Monarquía. Valdés hizo un uso partidista de su llamada al estado de emergencia, pues parece probado que exageró la trascendencia de los focos luteranos (que eran alumbrados) y que utilizó la defensa de la fe para hacer algunos ajustes de cuentas, como el proceso incoado contra el cardenal Carranza, al que no perdonó que hubiera sido preferido para la mitra toledana.

Así, los años 1558 y 1559 marcaron un despliegue represivo que dejó una fuerte impronta en el futuro, las hogueras inquisitoriales de Sevilla y Valladolid abrieron una persecución intensiva contra todo lo que pareciera protestante, el cardenal Carranza sufrió un largo y penoso proceso que se prolongó más de una década, se dictó el decreto que prohibía estudiar en el extranjero, se impuso la obligatoriedad de la censura y se publicó el primer Índice de libros prohibidos... Una lectura sin matices de esta cadena de acontecimientos perfila un momento trágico, la noche de la intolerancia se cernía sobre España, cerrada a cal y canto por un cordón sanitario establecido para impermeabilizarla del resto del mundo.

Pero, mientras se amontonaba la leña de las piras de Valladolid y Sevilla, cuando los oficiales de la Inquisición presentaban las cédulas para detener al arzobispo de Toledo, el duque de Alba, al mando de un poderoso ejército, acababa de obligar al Papa a firmar un humillante armisticio. Contempladas desde el palacio vaticano, las decisiones de la Corte española tenían el aspecto de una reafirmación del poder monárquico en la dirección de una reforma nacional. El Índice de 1559 tuvo un claro sabor antirromano, como demuestran la prohibición de estudiar fuera (que afecta a un colectivo de estudiantes instalados en universidades en las que se cultiva la ortodoxia católica) o el mismísimo proceso de Carranza, un mensaje dirigido al alto clero español recordándole su sujeción a la corona. Ese abanico de medidas se complementó con otro acontecimiento: la firma de la Paz de Cateau-Cambrésis en 1559, que garantizaba una larga hegemonía española en Italia.

En 1559 el cónclave reunido para decidir la sucesión de Paulo IV, fallecido en agosto, fue objeto de una contundente manipulación para impedir la elección de un pontífice discordante con la política del Rey Prudente. Quien saliese elegido debía estar comprometido con la conclusión del Concilio de Trento. Ante el temor a la herejía y la subversión del orden, se precisaba un dogma expuesto con claridad que sirviese de norma para perseguir eficazmente las doctrinas y comportamientos desviados y, mientras no entrasen en vigor los decretos conciliares, era muy difícil distinguir ortodoxia y heterodoxia (concurriendo el peligro de que, por un exceso de celo, las autoridades españolas estuviesen incurriendo en tiranía o algo peor al aplicar leyes inexistentes).

El negocio era complicado porque el *tour de force* de 1558-1559 lanzó a la corona en un camino sin retorno. No tardaron en surgir diferencias entre Madrid y Roma. Pío IV quiso convocar el Concilio de nuevo, haciendo tábula rasa e ignorando las sesiones ya celebradas, mientras que Felipe II insistió en que fuera expresamente declarado como «continuación»; tal discrepancia no era baladí: la continuidad confirmaba que el confesionalismo hispano era la vía correcta y que la Monarquía en ningún momento había abusado de su autoridad; además se desencadenaría un embarazoso juicio paralelo a la Inquisición cuyos métodos serían puestos en tela de juicio. Por el contrario, Pío IV, la Corte francesa y el emperador querían la «indición nueva», porque veían que podía partirse de cero, restablecer la paz y restaurar la unidad entre católicos y protestantes. Para zanjar la disputa, el pontífice propuso expedir un breve secreto que declarase expresamente que se trataba de una continuación mientras que públicamente convocaba un nuevo Concilio. En España la idea se rechazó con el argumento de que

esta inteligencia secreta tenía olor de liga, lo cual en cosas de religión y de tal calidad sería muy peligrosa y odiosa y a saberse vernía a traer consigo muy mayores escándalos e inconvenientes que la publicación del breve.

Los teólogos y consejeros del rey no querían un Concilio, simplemente querían que la Iglesia sancionase como ley lo que en sus estados ya se aplicaba como tal. Era una formalidad, pero podía resultar embarazoso que quedase sin sancionar el decreto de justificación, fundamento jurídico de la Inquisición en la persecución de la herejía y piedra angular de la política confesional de la corona, lo cual no pasaba desapercibido en la Curia. En 1561 el nuncio Campeggio le resumía en dos palabras todo el asunto al secretario de Estado pontificio, el cardenal Borromeo:

La razón por qué España, por otra parte obedientísima y unida a la voluntad del Papa en todo esto, hacía tanta resistencia y quería que quedase claro que ésta era continuación, era porque en los decretos de Trento se había decretado ya el artículo de la justificación, conforme al cual se había gobernado España.

Si el decreto de la justificación por la fe, aprobado el 13 de enero de 1547, era revisado o revocado, la autoridad y el prestigio de la corona sufrirían un duro golpe; a partir de él la Inquisición había desarrollado el derecho para perseguir y condenar a los protestantes; todo eso se convertiría en papel mojado, la jurisprudencia, las sentencias y las condenas serían actos ilegítimos e infundados, el gobierno y los tribunales quedarían reducidos a simple tiranía, actos de fuerza ajenos al derecho. Todo eso era importante.

Existía otro problema: al buscar la sanción de la Iglesia por medio de un Concilio que más que representar a la comunidad de los cristianos era ya un simple amplificador de la voluntad de la Curia, Felipe II volvía a enfrentarse al dilema que le angustiara en 1558, la doble lealtad de los súbditos hacia el rey y hacia el Papa (como súbditos y como fieles). De ahí que, concluido el Concilio en 1563, el rey tardase bastante en aprobar la publicación y difusión de sus decretos en sus estados. Esta información era tan sorprendente y llamativa que al embajador inglés, Challoner, en un despacho cifrado el 24 de julio de 1564, le parecía importante introducir el

siguiente dato: «las actas del Concilio no han sido publicadas en España». En cierto modo Felipe II podía temer que el pontificado recortase su autoridad o que la
simple lectura de las actas redujese la preeminencia de
las disposiciones reales subordinándolas a las de la Iglesia. Debía admitir que su Monarquía era una entidad
política bicéfala, con dos centros de poder, Madrid y
Roma. En 1565 el embajador veneciano Giovanni Soranzo lo describía en breves trazos:

> con su autoridad [la del Papa] el rey gobierna aquellos reinos
> y los mantiene bajo su obediencia, retirándosela provocaría
> en aquellas provincias confusión y desorden. En honor a la
> verdad debo decir que Su Majestad más parece gobernar
> aquellas provincias por medio de la autoridad de la Sede
> Apostólica, la cual ejerce a través de la Inquisición y otras
> muchas cosas, que con el poder que él mismo posee.

Sea como fuere, la simbiosis era imperfecta, y los
continuos desencuentros entre el rey y los papas llevaron a un embajador del rey, Don Luis de Requesens, a
aconsejar un acuerdo relativo a los límites del poder de
uno y otro: «convendría que Vuestra Majestad dixesse
al Papa que dexasse a Vuestra Majestad la defensa de la
christiandad y que él le ayudasse con concedelle las cosas justas que por su parte se le pidiesen». Con todo,
aunque la sintonía no fuera perfecta, concluido el Concilio de Trento Felipe II dio curso a un verdadero proyecto confesional.

Tal proyecto fue concebido y planificado por el cardenal Espinosa, un personaje situado a medio camino entre las facciones y las corrientes espirituales que habían
dominado la vida cortesana que ni suscribía el espíritu
del catolicismo universal y romanista del partido del

príncipe de Éboli ni el reformismo nacional y rigorista
de Valdés o del duque de Alba, coincidiendo con ambos
partidos y corrientes en la intransigencia y la necesidad
de mantener la unidad en la fe. El cardenal planteó un
programa que marcaba cuatro áreas de acción priorita-
ria: la reforma de las órdenes religiosas, la definición de
la doctrina ortodoxa, la mejora de la educación y la formación moral del pueblo (con especial atención al
mundo rural) y la represión de las conductas y creencias desviadas, impidiendo su difusión (censura e Índice de libros prohibidos) o aplastando cualquier manifestación de disidencia por medio de una Inquisición
adaptada a los nuevos tiempos, como aparato de vigilancia y control social.

En lo relativo a las órdenes y la ortodoxia, la Reforma
fue lenta y tortuosa, debido a las fuertes discrepancias
con la Santa Sede, que consideraba tal pretensión como
una injerencia intolerable en la jurisdicción eclesiástica.
No fue el único contratiempo, y podemos advertir que
desde el principio no había un ambiente propicio para
avanzar con Roma sino a pesar de Roma. La publicación
del *Índice romano* en 1564, el catálogo de libros prohibidos elaborado por la Curia siguiendo los preceptos del
Concilio de Trento, no coincidía con el español de 1559,
que llevaba el nombre del inquisidor general que lo hizo
publicar, el *Índice de Valdés*. Puede comprenderse el
asombro y estupor de censores, letrados, teólogos y toda
persona relacionada con el saber, el estudio y la lectura. Muestra de la confusión es la avalancha de consultas
de tribunales, oficiales reales y personas particulares recibidas en el Consejo de Inquisición. La respuesta fue
clara: «que no se guarde el Cathálogo del Concilio de
Trento, sino el publicado por este Consejo». En la duda,

prevalecía la legislación real frente a los decretos apostólicos, pero no sin cierto escándalo, por lo que se propuso mejorar el índice existente con uno mejor y más completo. En octubre de 1569 se informaba a los tribunales y universidades de la decisión de «hazer un nuevo cathálogo para en él prohibir y vedar los libros a donde se allaren los dichos errores y falsa doctrina»; magistrados y profesores universitarios eran emplazados a colaborar con sus opiniones y sugerencias; comenzaba un largo proceso que concluiría en 1583, con la publicación del *Índice de Quiroga,* que, por cierto, tampoco coincidía con el romano y era una mejora del de Valdés (las ediciones con enmiendas y añadidos del índice valdesiano o español se mantuvieron hasta 1790).

Otro paso fue la reestructuración territorial de las diócesis, con circunscripciones más pequeñas que fueran más controlables. El arzobispo Guerrero, un prelado que había asistido a Trento y se hallaba plenamente comprometido con la regeneración de la Iglesia, definió la evangelización como la principal misión episcopal, opinión compartida por el obispo de Córdoba, Rojas y Sandoval, que presidió el Concilio de Toledo en 1565. Allí se definió todo un plan de acción por el que se estableció la formación intelectual y moral del clero, la creación de seminarios, las visitas periódicas de las diócesis, la vigilancia de la residencia obligatoria de los clérigos, la catequesis, etc. El principal instrumento para llevar a cabo dicha tarea, el catecismo, planteó problemas parecidos al Índice. Lo cierto y verdad es que se impidió la traducción y difusión del catecismo de Trento publicado en Roma en 1566 (ésta se produjo finalmente en 1782, reinando Carlos III). Las diferencias con la Curia no eran baladíes, pues dejaban al descubierto la característica principal de la Reforma: su función instrumental respecto a la corona. Religión y gobierno eran inseparables, sacerdocio y función pública eran las dos caras de una misma moneda, por lo que en el poder proliferaban juristas que eran a la vez eclesiásticos, como el cardenal Espinosa, pero también otros personajes de gran relieve, como los cardenales Guerrero, Quiroga o Granvela, que compaginaban sus labores pastorales con las políticas, dando curso a la confesionalización como prelados y como ministros de la corona. Ahí Roma era extraña, por no decir que un incómodo compañero de viaje.

La confesionalización no consistió solamente en implantar normas, unificar creencias, extirpar la superstición y educar y adoctrinar al pueblo, sino también en vigilar el comportamiento social y la ortodoxia religiosa sirviéndose de la Inquisición. Tal utilidad era inherente a la misma institución. Torquemada, el primer inquisidor general, recordó a los Reyes Católicos que se equivocaban quienes creían que sólo estaba facultado para perseguir judaizantes, pues su materia era la cristianización de la sociedad: «porque en estos Reynos ay muchos blasfemadores, renegadores de Dios y de los Santos, y ansi mesmo hechiçeros y adivinos [...] cosas que debían remediar los reyes». La Inquisición, por su carácter mixto, real y eclesiástico, era ya un organismo de tutela y control social, siendo su cometido de carácter judicial más que pastoral, por lo que –precisaba Diego de Simancas en 1545– los inquisidores «más cosas deven hazer como juristas que como teólogos». Pero, como comprendió el inquisidor general Espinosa, necesitó algunos ajustes para adaptarse a los nuevos tiempos.

La Inquisición iba a constituir la institución medular que articularía como unidad al conjunto invertebrado de los dominios de la Monarquía, funcionando como una red centralizada en la Corte y con ramificaciones capilares que llegaban hasta el último rincón del territorio. Se dividieron los distritos demasiado extensos, como el de Valladolid, del que se desgajó Galicia al fundarse el tribunal de Santiago de Compostela, el tribunal de Calahorra se trasladó a Logroño y su jurisdicción se amplió a Navarra, se establecieron nuevos tribunales en México, Perú y Canarias (y fracasó la implantación de los de Nápoles y Milán en 1564), se creó la Inquisición de la Mar para vigilar si entraban libros y predicadores protestantes, formando así un cinturón sanitario de carácter ideológico. Con la reorganización territorial se produjo un importante aumento de personal y recursos, principalmente en las zonas fronterizas, al tiempo que se reglamentó, desarrollando las instrucciones de Valdés de 1561, la figura de oficiales y familiares, su número, su fuero particular y las condiciones para acceder a dicha condición, exigiéndose de manera sistemática la «limpieza de sangre» a todos los candidatos que quisieran pertenecer al Santo Oficio.

Poner la Inquisición al servicio de la política religiosa de la corona implicaba que el monarca podía intervenir en materia de fe y de disciplina social en todos sus reinos con las mismas facultades y poderes, sorteando el obstáculo que suponían los fueros, leyes y constituciones locales. Esta función no pasó desapercibida a los súbditos, y fue la causa de los motines que en Milán y Nápoles impidieron el establecimiento de la Inquisición española en 1564. Fue la causa también de innumerables conflictos con parlamentos, cortes, municipios y cabildos. El resultado fue un rosario de «concordias» o documentos legales que fijaban los límites de la juris-

dicción inquisitorial respecto a otras jurisdicciones seglares o eclesiásticas. Estos acuerdos nunca fueron sa-
tisfactorios para las partes y siempre estuvieron en tela
de juicio; tal sería el caso de la Concordia de Sicilia, establecida en 1580, revisada en 1597 y siempre puesta en
tela de juicio, ampliada y recortada hasta la promulga-
ción de otra nueva en 1635. En Valencia, la Concordia
de 1554 fue rechazada por las Cortes de 1564. El malestar llevó a dictar una nueva Concordia en 1568. Casos
parecidos encontramos en Aragón y Cataluña.

Los roces y encontronazos con las autoridades civiles
venían de la dificultad para distinguir los delitos de los
pecados. Las condenas impuestas por el Santo Oficio
eran penitencias, y sus condenados, penitenciados. El
cuidado de la salud de las almas por medio de una vía
judicial confundía en un solo término a fieles y súbditos, hacía de los infieles no súbditos y de los disidentes
religiosos disidentes políticos. Igualmente el hereje, relajado al brazo secular, era condenado a muerte en tanto que al abjurar de la fe era reo de *lesa majestad*. Quien
era traidor a Dios era traidor al rey.

Guerras de religión

En junio de 1561 un tercio de infantería arrasó dos pequeños pueblos calabreses, Guardia y San Sisto. Las poblaciones fueron totalmente destruidas para que no
quedara memoria de ellas y sus habitantes exterminados con crueldad, quemados vivos o arrojados por pre-
cipicios. La razón de su brutal exterminio era que eran
valdenses, herejes, cuya existencia había sido más o menos tolerada hasta que la intolerancia, la confesionali-

dad, se impuso como prioridad política de la corona. En el otro extremo de la tierra, en la península de Yucatán, un misionero franciscano descubrió horrorizado que los nativos habían fingido su conversión adaptando su religiosidad ancestral al culto católico: la cruz era su árbol primigenio, Kukulkán Jesucristo, etcétera. En 1562 se desató una feroz persecución, con ejecuciones y torturas, para extinguir esta herejía y a sus prosélitos. Ese mismo año, algo más al norte, Jean Ribaut fundó Charlesfort en la actual Carolina del Sur, con lo que cumplía un proyecto del sínodo calvinista francés de promover la emigración y crear colonias para huir de la persecución en Europa. Aquella colonia fracasó y los hugonotes se desplazaron al sur, instalándose en la península de Florida en 1564. El almirante español Menéndez de Avilés actuó contra ellos con contundencia exterminando a todos los colonos, hombres, mujeres y niños. Más tarde, en Francia se propagó la noticia de que en el lugar donde fueron ahorcados, entre sus despojos insepultos, había un letrero con la siguiente inscripción: «no por franceses, sino por herejes». Valdenses napolitanos, idólatras mayas, hugonotes de la Florida, moriscos granadinos, calvinistas holandeses o alumbrados castellanos fueron objeto de una misma política. Desde la lógica confesional aquellas gentes constituían el principal enemigo de la Monarquía, y con ellos no cabía ni el diálogo ni la tolerancia.

Repetidamente hemos hablado de confesionalidad, confesionalismo, política confesional o confesionalización, y conviene detenerse un momento para explicar que con estos términos un grupo de historiadores alemanes, Wolfgang Reinhard y Heinz Schilling principalmente, describieron el proceso de cambios que afectó a las

estructuras de la religión, la cultura, la política y la sociedad durante los siglos XVI y XVII. La «confesionalización» designa la fragmentación de la cristiandad en
iglesias que formaron cada una un sistema altamente
organizado, tendente a monopolizar la «cosmovisión»
respecto al individuo, el Estado y la sociedad, dotándose
de normas estrictamente formuladas, en política y moral. La formación de confesiones fue el resultado de un
desarrollo y evolución paralelos de las reformas luterana, calvinista y católica, que crearon cada una por separado sus propios sistemas de doctrina, ritos, jerarquía,
personal eclesiástico e instituciones. Dicho desarrollo
fue parejo a la implantación de un proceso de discipli-
nación social, término que hace referencia al refuerzo
de la disciplina eclesiástica, la consolidación de la propia identidad confesional y la exigencia de conformidad
religiosa a los súbditos.

Desde esa óptica, se puede decir que tanto la llamada
Reforma protestante como la denominada Contrarreforma católica tuvieron estructuras paralelas y siguieron pautas de comportamiento muy parecidas. En un
principio los dogmas y ritos practicados por protestantes y católicos no eran muy diferentes, y hasta mediado
el siglo XVI se mantuvo un ambiente de ambigüedad,
que se rompió por la voluntad expresa de cada confesión de diferenciarse de las demás; dicha diferenciación
se llevó a cabo con el apoyo del poder temporal (e incluso como resultado de su iniciativa) e hizo que cada
iglesia se representase como la verdadera cristiandad.
La Iglesia católica, por medio de los decretos del Concilio de Trento en 1563, procedió a la reforma de sus
estructuras perfilando todo un sistema de control del
clero y del pueblo (visitas), con una política de presencia

constante entre los fieles (residencia de los eclesiásticos), con la creación de centros educativos para el clero
(seminarios) y el establecimiento de una disciplina ritual,
litúrgica y doctrinal común y unitaria para el pueblo
católico regida por el misal, el breviario y el catecismo
romanos. Como complemento a estas medidas, la Inquisición y la censura de libros completaron el esquema
disciplinar de la Iglesia.

Si sólo atendiéramos al catolicismo, únicamente ha-
blaríamos de Contrarreforma, pero las iglesias reformadas siguieron caminos paralelos. También el calvinismo
creó su corpus dogmático y disciplinar al concluir en
1549 el *Consensus Tigurin,* por el cual dicha corriente
reformadora se fundió con el zwinglismo. Desde entonces, el calvinismo representó uno de los modelos orga-
nizativos más originales de la Reforma, y coincidió con
el catolicismo en la idea de que la comunidad necesita la
implantación de una disciplina para alcanzar sus objetivos espirituales (pero ésta deriva del derecho común
positivo, y no del derecho eclesiástico). En cuanto al luteranismo, el desarrollo hacia la confesionalización fue
más vacilante. La doctrina de Lutero dejaba muy poco
espacio para poder establecer y ni mucho menos imponer una unidad dogmática y organizativa; su idea de
comunidad de creyentes era lo suficientemente libre e
inconsistente como para generar todo tipo de iglesias.
Pero, tras su muerte en 1546, proliferó la división entre
sus seguidores y la necesidad de mantener su legado llevó a la publicación de la *Confutación de Weimar* en
1559, en la que los radicales, vinculados al poder de los
príncipes, implantaron la ortodoxia a través de la publicación de un índice de libros, la condena de las corrientes heterodoxas y la persecución violenta de la disiden-

cia. No obstante, la represión era insuficiente, y se hacía necesaria una definición doctrinal precisa. En 1577, el elector Augusto de Sajonia, angustiado por la creciente división y la diversidad de corrientes existente entre los luteranos, que los debilitaba ante la enérgica ofensiva del calvinismo y del catolicismo, propugnó la unidad dogmática y reunió a un grupo de teólogos para que confeccionaran una colección oficial de dogmas de la confesión luterana cuyo resultado fue la *Concordiae Formula,* publicada en 1580. Establecida la unidad, fueron reprobadas y perseguidas las doctrinas espiritualistas, las anabaptistas, las antitrinitarias y las calvinistas, amén, por supuesto, del catolicismo.

En paralelo a la unidad dogmática y disciplinaria de las iglesias, se produjo un incremento de la centralización política, siendo utilizada la religión para consolidar los límites territoriales de las entidades políticas altomodernas, incorporando a la Iglesia dentro de sus respectivas estructuras administrativas e imponiendo a través de ella el control social sobre los súbditos. El poder político se erigió en protector de las iglesias y garante de su unidad, y a cambio, éstas, por medio de la educación y la disciplina, sostuvieron la obediencia de los fieles a los poderes constituidos, pero también, de ese modo, la disidencia religiosa dio lugar a la disidencia política, originando a su vez el fenómeno de las guerras de religión.

Volviendo a la persecución de los valdenses en Calabria, con la que comenzamos este capítulo, no fue sólo la intolerancia española la responsable de su exterminio, también tuvo su parte el cambio de mentalidad operado en la era confesional. Durante siglos aquellas comunidades habían vivido en la clandestinidad, pero en 1535 cambiaron su tradición para adherirse al movimiento reformado acercándose al luteranismo. Los nuevos predicadores llegados del norte en la década de 1550 les educaron aceptando los compromisos inherentes al modelo confesional, la obligación con la fe, según la cual debía buscarse el triunfo de la verdad y, en consecuencia, cada individuo debía hacer profesión de fe, adherirse públicamente a su confesión, dar testimonio de ella y morir si era preciso para alcanzar su triunfo. El martirio era testimonio y ejemplo: era mejor morir que llevar una vida indigna en el pecado y la mentira. La efervescencia de estas comunidades, antaño tranquilas, hizo que las autoridades prendiesen y ejecutasen a algunos predicadores; hubo algunos desórdenes y altercados en San Sisto y las autoridades contestaron con la brutal contundencia que ya conocemos.

Cuando peligraban la unidad o uniformidad social y los fundamentos que legitimaban la autoridad y el poder, había pocas dudas sobre cómo actuar. El teólogo calvinista Theodore Beza escribió: «pretender que no hay que castigar a los herejes equivale a decir que no hay que castigar a los asesinos de padre y madre, ya que los herejes son infinitamente peores» *(De haereticis a civili magistratu puniendis)*. Una forma de pensar que compartían los católicos. En la instrucción dada en mayo de 1566 al nuncio papal en Nápoles, Cipriano Pallavicino, se destacaba que en esta materia debía actuarse sin contemplaciones: *mutatione di religione vuol dire mutatione di Stato;* la alteración en materia de fe significaba automáticamente alteración de la paz civil. Hubo un buen número de casos en que la heterodoxia fue extirpada hasta no quedar huella de ella; los valdenses napolitanos, los conversos sincretistas mayas, los alumbrados castellanos y los moriscos granadinos son un buen ejemplo de esta política de despiadada intolerancia, que, en el caso español, parte de la experiencia acumulada en la erradicación de la herejía judaica. En 1567 un notable morisco, Fernando Núñez Muley, escribió un memorial protestando contra la legislación que garantizaba la conversión de los granadinos al catolicismo, y no entendía por qué a la prohibición de profesar el islam se agregaba la de hablar aljamiado, tener libros o escritos en árabe, usar los baños públicos, vestir a la morisca, usar la alheña para teñirse, utilizar sus apellidos árabes, cantar sus canciones tradicionales... Todo eso no era religión, sino costumbres que debían tomarse como propias de los «naturales de la tierra», pues en cada lugar había diferencias de lengua, traje, alimentos y costumbres, variedades folclóricas que nada quitaban y añadían a la fe. Pero los juristas que habían diseñado el plan confesional sabían que todo formaba parte de una misma cultura y que en ella todas las piezas encajaban y se remitían las unas a las otras. La Reforma católica implicaba precisamente eso, dar nueva forma a la sociedad.

El gran conflicto confesional al que hubo de hacer frente la Monarquía española fue el de los Países Bajos, y su causa profunda fue precisamente el amplio paquete de reformas que se introdujo en su gobierno temporal y espiritual. En 1556, cuando Felipe II accedió al trono, los Países Bajos eran un conjunto de diecisiete provincias que habían sido unidas muy recientemente en una sola estructura política. Algunas, como Flandes y Artois, eran feudos vasallos de Francia, y otras, Holanda, Zelanda, Hainault, Namur, Brabante, Limburgo y Luxemburgo, lo eran del Sacro Imperio. Todas procedían de la herencia borgoñona de los Habsburgo y fueron reorganizadas como una unidad político-administrativa por el emperador Carlos V, que creó la figura de un gobernador supremo auxiliado por tres consejos: Estado, Privado y Hacienda. El primero agrupaba a miembros de la alta nobleza, mientras que los otros dos reunían a juristas y oficiales. Cada provincia constituía una comunidad autónoma semiindependiente, hasta el punto de que dentro de la Unión se formaban ligas de provincias o ciudades para adoptar políticas comunes en temas o cuestiones concretas. En casi todas ellas existían bandos enfrentados por el control político de la provincia. En Amsterdam y Holanda, esta disputa por el control político se producía entre bandos del patriciado; en otras, como Amberes, la disputa se articulaba en torno a los gremios o corporaciones artesanales; en el sur esta lucha se articulaba entre la oposición de la nobleza rural y la burguesía urbana, siendo una lucha entre las élites del campo y las de la ciudad por la obtención del control político de la provincia.

Básicamente, los focos del poder se articulaban en el trinomio príncipe-nobleza-ciudades. Durante el reinado de Carlos V se mantuvo un precario equilibrio entre los tres poderes, y el emperador supo sacar provecho de las disputas entre nobleza y ciudades para reforzar su propio poder, pero no en una dirección absolutista, pues a la postre se produjo un proceso contradictorio de fortalecimiento del poder central y de los cuerpos estamentales. Por otra parte, ese proceso de integración que culminó con la unificación de las diecisiete provincias en un círculo imperial contrastaba con una fragmentación religiosa más que notable, proliferando sectas y movimientos heterodoxos de carácter radical y produciéndose casos de cooperación tácita entre católicos y luteranos para erradicar el anabaptismo.

En 1560, la influencia del calvinismo en los Países Bajos era escasa, aunque tenía un cierto seguimiento en las ciudades del sur. El progreso del calvinismo estaba obstaculizado por la amplia aceptación del luteranismo y del anabaptismo en aquellas tierras. Los magnates, a cuya cabeza estaba Guillermo de Nassau, príncipe de Orange, más que preocupados por los problemas confesionales lo estaban por la pérdida de influencia sobre un gobierno que, desde 1559, iba a tener su sede en el extranjero. Fue el sentimiento de pérdida de la centralidad en la Monarquía lo que afectó primero a las élites neerlandesas: la Monarquía pasaba de tener un manifiesto perfil borgoñón a tenerlo español, y la Corte no se estableció en Bruselas sino en Madrid. Otra iniciativa de la corona que contribuiría a aumentar la tensión fue la bula concedida por el Papa a Felipe II para reorganizar las diócesis de los Países Bajos. A las cuatro diócesis existentes se sumaron catorce, de modo que el territorio quedó dividido en dieciocho. Se estableció que los nuevos prelados debían ser doctores en leyes o teología, y así se disponía de una prelatura idónea para la Reforma, cualificada y preparada. Pero esta jerarquía perfecta eliminaba una salida tradicional de los segundones de la aristocracia neerlandesa, que era marginada de las rentas, propiedades y beneficios que acostumbraban a disfrutar. Además, se cortó toda vinculación con el exterior, puesto que los Países Bajos, divididos antes entre las provincias eclesiásticas de Reims y Colonia, pasaban a ser tres autóctonas: Cambrai, Utrecht y Malinas, cuyos obispos pasaban ahora a ser nombrados por el rey.

Una tradición de lazos e intercambios quedaba rota, pues los neerlandeses tenían más vínculos con las antiguas cortes arzobispales que con Madrid, de modo que las provincias y la nobleza perdían todo control sobre los ámbitos eclesiásticos de sus respectivas áreas de influencia. Al mismo tiempo, en 1559, se promulgaron nuevos *placards* contra la herejía, y si bien las clases dirigentes los habían secundado para aplastar a las sectas radicales como el anabaptismo, ahora no ocurría lo mismo respecto al calvinismo. Además, los inquisidores –como magistrados extraordinarios– disminuían las prerrogativas de las justicias locales generando el descontento ante una clara injerencia del poder central sobre los poderes provinciales.

Todas estas medidas, que eran impopulares en mayor o menor medida, eran atribuidas al cardenal Granvela, principal ministro de la gobernadora, Margarita de Parma, y presidente del Consejo de Estado, al cual se acusaba de aprovechar estos cambios para colocar a su clientela y marginar a las casas que tradicionalmente habían dominado la vida política y social del país. La presión de un sector importante de la nobleza, encabezado por el príncipe de Orange, bien conectado con el grupo ebolista en la Corte, desembocó en la decisión del rey de destituirlo. De este modo los grandes aristócratas de los Países Bajos monopolizaron el Consejo de Estado y con ello obtuvieron el control de la administración real. A pesar de ello, el triunfo orangista fue precario, pues las luchas faccionales se intensificaron y los Estados Generales no votaron impuestos para el nuevo régimen. El equilibrio existente entre los orangistas y los partidarios de Granvela llevó al príncipe de Orange a buscar la mayoría incorporando a los grupos marginados de la vida política y civil, los calvinistas, que constituían ya una minoría fuerte y bien organizada, en expansión gracias a las aportaciones que recibían de sus correligionarios en Francia. Quizá ése fue el motivo por el que Orange se mostró partidario de la tolerancia, y a lo largo de 1565 y 1566 encabezó las demandas a la Corte para obtener algún tipo de libertad religiosa. En este sentido, la postura de la aristocracia orangista coincidía con la de los *politiques* franceses: conjurar el peligro de una guerra civil disociando la lealtad política de la religiosa y buscar un acuerdo que supusiese un «edicto de Augsburgo» a la medida de los Países Bajos, de manera que cada provincia decidiera su estatuto religioso. La respuesta de Felipe II fue, sin embargo, promulgar nuevos y más severos *placards* y fortalecer los poderes extraordinarios de la Inquisición. Esta solución era poco realista, y la propia gobernadora, Margarita de Parma, la consideró inviable y reunió a todos los notables en una gran asamblea para consultarles. Los nobles se aliaron en una liga llamada del «compromiso» y enviaron a la gobernadora, el 5 de abril de 1566, una petición de anulación de los *placards* y la Inquisición.

Mientras se acentuaba la crisis política, el clima social se fue enrareciendo, y a una grave crisis comercial e industrial se sumaron las malas cosechas y el hambre. El 10 de agosto de 1566, a consecuencia de una nueva subida de precios, estalló una violenta revuelta iconoclasta dirigida contra el clero y los diezmos, y en poco tiempo de la furia iconoclasta se pasó a la desobediencia a la autoridad real. La regente-gobernadora carecía de tropas para suprimir los disturbios y de apoyo en las élites locales, enfrentadas mayoritariamente a la línea política y religiosa de la corona; así que el día 23 se vio obligada a firmar un compromiso garantizando la libertad de cultos si se respetaba el culto católico y el pueblo deponía las armas. Orange quiso ampliar dicho acuerdo y establecer una paz religiosa entre católicos, calvinistas y luteranos. Astutamente incluyó a los últimos para asegurarse el apoyo de los príncipes alemanes del imperio y marcar límites al calvinismo, cuya agresividad temía y le preocupaba como factor de inestabilidad.

Orange no se equivocaba, y tampoco la corona. La solución «política» no era del gusto de nadie, como ocurrió en las guerras de Francia; los edictos de tolerancia parecían treguas en las que las confesiones tomaban fuerzas para proseguir sus cruzadas particulares. En Madrid se aceptó para ganar tiempo y reunir un ejército que fuera a poner orden en aquellas tierras turbulentas. Asimismo el compromiso fue aprovechado por los calvinistas para intentar eliminar por la fuerza al resto de las confesiones, lo que provocó la vuelta al bando realista de los grupos moderados o tolerantes, así como de la nobleza católica. Ya no era un problema político, sino una guerra de religión, y ante este salto cualitativo se produjo una importante deserción que supo aprovechar la gobernadora y su consejo, que redujeron a los disidentes a una minoría. Además, sus consejeros Brederode y Mansfeld aconsejaron focalizar la represión en las turbas incontroladas y los calvinistas, siendo notable la cooperación de heterodoxos moderados. Así en la primavera de 1567 católicos y luteranos unieron sus fuerzas para expulsar a los calvinistas de Amberes.

Antes de que llegase un ejército español para poner orden, la revuelta se hallaba en gran parte bajo control, y se había originado una oleada de emigración de los disidentes políticos y religiosos a las naciones protestantes. En agosto, el duque de Alba, al mando de un imponente ejército, se establecía en Bruselas e implantaba una implacable administración militar haciendo uso de los poderes extraordinarios que le había otorgado el rey. La política represiva se cebó en los dirigentes moderados so pretexto de depurar responsabilidades por los tumultos pasados. La ejecución pública de los condes de Egmont y Hoorne fue un acto ejemplar que anunciaba la apertura de un período de terror. Alba erigió el «Tribunal de los Tumultos», versión corregida y aumentada de la Inquisición, cuyo fin era mantener la ortodoxia religiosa del país. Asimismo, ideó un sistema fiscal sumamente impopular que permitió el mantenimiento del enorme ejército acantonado en los Países Bajos sin apenas gasto para la corona. Este sistema se sustentó sobre el impuesto denominado la «décima». Con ello se consiguió el mantenimiento de una paz relativa que se mantuvo sin apenas sobresaltos hasta 1572.

La paz implantada por Alba fue pura apariencia. El almirante Coligny, dirigente hugonote y favorito del rey de Francia, permitió a los exiliados holandeses instalarse en el puerto de La Rochelle y convertirlo en base de operaciones corsarias para dañar el comercio entre España y los Países Bajos. Las actividades de corso y piratería de los *gueux de mer* ('mendigos del mar') paralizaron prácticamente el comercio y la navegación en el Canal de la Mancha, hostigando eficazmente a las tropas españolas de los Países Bajos al cortarles sus suministros. Se había «internacionalizado» el conflicto y los calvinistas habían logrado entrelazar la guerra civil francesa y el conflicto neerlandés. El 1 de abril de 1572 un grupo de corsarios calvinistas tomaron por sorpresa el puerto de Brill. Esta acción, que en un principio era un acto más de hostigamiento, tuvo, sin embargo, unos efectos imprevistos debido a la impopularidad del gobierno tiránico del duque de Alba. La noticia del suceso de Brill provocó la sublevación de Flesinga y las provincias de Zelanda, Holanda, Utrecht, Güeldres y Frisia. Por el suroeste, animado por estos acontecimientos, Luis de Nassau, ayudado por el almirante Coligny, tomó Mons y Valenciennes, mientras que el príncipe de Orange, a través de Güeldres y Brabante, se internó en Flandes.

Ayudado por la crisis política de Francia y el exterminio de protestantes acaecido en la matanza de la noche de San Bartolomé (24 de agosto), Alba pudo llevar a cabo una brillante contraofensiva en la que derrotó a Orange. Estos éxitos no consiguieron despejar la sospecha de que las extralimitaciones del duque habían provocado la crisis poniendo a casi todo el territorio en situación de rebeldía. Se pensó que su cese y el nombramiento de un nuevo gobernador podían devolver las aguas a su cauce. La corona cambió de estrategia en un ambiente de replanteamiento de su política confesional; en marzo de 1574 se anunció una amnistía general y la posibilidad de suprimir el impuesto de la décima y el Tribunal de los Tumultos. Pero la mayoría de los neerlandeses esperaban algo más que gestos y los combates continuaron en forma de una brutal guerra de desgaste en la que se fueron sucediendo avances y retrocesos de una y otra parte. Para la corona la guerra se había convertido ya en la principal partida de sus gastos: la bancarrota de 1575 y la guerra civil de Génova dejaron sin crédito al soberano. En 1576 estuvieron a punto de perderse irremediablemente los Países Bajos, porque la falta de dinero para pagar a las tropas provocó motines de los tercios que saquearon las poblaciones para cobrarse lo que se les adeudaba. Tras el bárbaro saqueo de Aalst, los estados de Brabante convocaron los Estados Generales para organizar su propio ejército y exigir la retirada de las tropas españolas. El 4 de noviembre de 1576 Amberes conoció los horrores de la «furia española»: las atrocidades que aquel día cometieron los soldados sin paga fueron suficientes para unir al norte y al sur contra los españoles. En el norte, la unión de Holanda y Zelanda constituía ya de hecho un «estado» calvinista dentro de los Países Bajos, y sus representantes reunidos con los Estados Generales alcanzaron un acuerdo el mismo 8 de noviembre de 1576, la «Pacificación de Gante», que aspiraba a ser un equivalente neerlandés de la Paz de Augsburgo.

Sin dinero y sin tropas, el nuevo gobernador general, Don Juan de Austria, no tuvo más remedio que firmar el *Edicto Perpetuo,* el acuerdo que le presentaron los Estados Generales de las diecisiete provincias al que dio curso legal el 12 de febrero de 1577. Lo principal era la salida de los tercios del país, que se produjo en marzo, lo cual significó no sólo un alivio para la población, sino también un nuevo cambio político; ya no había motivos para que el norte protestante y el sur católico continuasen unidos, máxime cuando la unidad pendía del mutuo respeto entre las distintas confesiones del país. Entre 1577 y 1578 el calvinismo siguió extendiéndose por Flandes y Brabante provocando levantamientos contra las autoridades católicas. Radicales calvinistas se hicieron con el poder en Gante, Courtrai, Brujas e Ypres, proscribiendo el culto católico. Orange veía al país devorado por la guerra civil confesional, mientras que Don Juan de Austria, sin recursos, se retiraba a Namur, dejando que en Bruselas católicos, luteranos y calvinistas se debilitasen en sus luchas intestinas por el poder. El tiempo le dio la razón, y aunque falleció sin poder esperar a ver el resultado de su estrategia, en enero de 1579 los estados de Artois y Hainaut, junto a la ciudad de Douie, formaron la Unión de Arras con el objeto de defender la Pacificación de Gante y tratar de alcanzar la reconciliación con Felipe II. La corona empezaba a recuperar el terreno perdido.

Entre tanto, mientras se nombraba a un nuevo gobernador, Alejandro Farnesio, se consumaba la división política de los Países Bajos: la Unión de Utrecht (provincias de Holanda, Zelanda, Utrecht, Güeldres, Overijssel, Frisia y Groninga, con las ciudades de Gante, Ypres, Brujas y Amberes) articulaba una confederación calvinista, mientras que la Unión de Arras (27 de mayo de 1579), auspiciada por Farnesio, cohesionaba los estados católicos. En ambas partes se impuso el integrismo: en el sur fueron proscritos los cultos reformados, en el norte, el catolicismo. Poco más tarde, en 1581, los Estados Generales de Holanda abjuraban de su lealtad a Felipe II y consideraban rotos todos los lazos que pudieran existir entre él y los holandeses:

Toda la humanidad sabe que un príncipe es designado por Dios para cuidar de sus súbditos, del mismo modo que un pastor lo es para guardar sus ovejas. Por consiguiente, cuando el príncipe no cumple con su deber de protector, cuando oprime a sus súbditos, destruye sus antiguas libertades y los trata como esclavos, hay que considerarle no como príncipe sino como tirano. En tal caso, los estados del país pueden legítima y razonablemente deponerle y elegir a otro en su lugar.

Es difícil saber en qué momento lo que era un conflicto político se transformó en un conflicto religioso;
sin duda, desde el primer impulso reformista se fraguó
la guerra de religión, pues todas las medidas tomadas a
partir de 1559 se desarrollaban en una línea unidireccional: «un rey, una ley, una fe». En 1565, antes de la furia iconoclasta, circuló un panfleto atribuido al príncipe de Orange en el cual se proponía una solución a los
problemas de los Países Bajos. En el *Brief discours au*
Roy Philippe pour obvier aux troubles et émotions pour le
fait de la religión et extirper les sectes et hérésies pulu-
llantes en ses dicts païs, se proponía la tolerancia como
remedio, y la «antigua religión» sería aceptada si en vez
de la violencia utilizara la persuasión para convencer a
los fieles: además, frente a quienes decían que era imposible la convivencia de diversas religiones, ahí estaba
el Imperio turco para demostrar que tal cosa era posible, y la convivencia de cristianos, musulmanes y judíos
había contribuido a que *la puissance du Turc fut deve-*
nue si grande. Aquellos consejos en defensa de la tolerancia tenían un fondo malintencionado; sus dos argumentos invitaban a la intolerancia; el catolicismo
aparecía como antigua religión, perteneciente a un pasado muerto, como la religión de los romanos, y el Imperio otomano era el antiejemplo, pues para ningún
europeo era un modelo legítimo que debiera seguirse.
En el fondo, se proponía a Felipe II aceptar la tolerancia
aceptando la muerte del catolicismo y convirtiéndose
en un tirano semejante al Gran Turco. El documento en
sí mismo mostraba que la vía de la tolerancia estaba
cerrada, que nadie podía construir sobre ella una paz
estable, pues sobre ella ningún gobierno era justo o legítimo.

Está claro que en el horizonte de las reformas no hubo otro objetivo que el de imponer la uniformidad religiosa, como mejor garantía para mantener la unidad política. El fracaso de Felipe II consistió en su poca capacidad para atraer a las élites e integrarlas en un marco de consenso; tomó partido a favor de una facción y acabó por arruinar el equilibrio al excluir a un sector que por comodidad denominamos orangistas que se hizo fuerte al estrechar lazos con los disidentes religiosos, hasta entonces marginados de la vida política. Repitió los errores que cometió su padre en Castilla en 1520, al dejar los asuntos en manos de extranjeros, sólo que ahora no fue capaz de recapacitar debido a la rigidez del sistema confesional que se estaba imponiendo. El fracaso de los Países Bajos y los sucesos de 1566 y 1567 no fueron obstáculo para que la Corte española cejase en su empeño por imponer la unidad en el catolicismo; el reino de Granada fue el otro escenario en el que este empeño también mostró su cara más amarga.

Desde la anexión del reino de Granada a Castilla en 1492, permaneció en el reino una fuerte mayoría musulmana impermeable a todos los intentos de asimilación, cultural y religiosa, efectuados por los gobernantes castellanos. Desde 1527, cuando el emperador Carlos V renunció a la conversión forzosa y se decidió probar la asimilación pacífica a través de la catequesis y del envío de predicadores, remitió la resistencia violenta, y salvo la existencia de un bandolerismo musulmán, los monfíes, que asaltaban viajeros y poblaciones cristianas, puede decirse que el reino se hallaba relativamente tranquilo. No obstante, esa calma se vería rota cuando se constató el fracaso de las predicaciones; la persuasión no había dado ningún fruto y los naturales del reino seguían siendo tan musulmanes como en tiempo de la conquista, contaminando incluso a los cristianos que se habían instalado allí. En consecuencia, el concilio granadino, celebrado en 1565, acordó aplicar medidas especiales para la conversión de la minoría morisca que serían llevadas a cabo esencialmente por los jesuitas. Sin embargo, al año siguiente una junta presidida por Espinosa interpretó los acuerdos conciliares en un sentido mucho más duro, ordenando ejecutar la conversión por medios drásticos e intransigentes y nombrando al mismo tiempo un nuevo presidente de la Chancillería, Pedro de Deza, encargado de hacer cumplir la orden a la mayor brevedad posible.

La minoría morisca granadina vivía una situación excepcional, estaba aislada respecto a las otras comunidades moriscas españolas, que habían logrado firmar concordias con los tribunales de la Inquisición y por ello eran más o menos toleradas y respetadas. Aquí, sin embargo, la minoría era totalmente impermeable a la asimilación y al acuerdo. Entre las autoridades castellanas existían fuertes discrepancias respecto a cómo cambiar esta situación y la noticia de la misión de Deza no fue recibida precisamente con alegría. Incluso quienes se contaban entre sus colaboradores consideraban temeraria la radicalidad de su misión. Pero el presidente no se arredró. El 12 de enero de 1567 informó con satisfacción a sus superiores de que, en menos tiempo del que creía y con menos costes de los previstos, había coronado su misión con éxito. A pesar de las advertencias del arzobispo y otros oficiales a los que consultó, decidió aplicar la medida por sorpresa y de manera simultánea en todo el territorio:

Otro día después de la publicación, se derribaron los baños de que no solamente se han sentido los moriscos y moriscas, mas también los christianos y christianas viejas, que es harta presunción para creer lo que se dize que allende las ceremonias de Mahoma que en ellos exercitaban los nueuamente conuertidos, se hazían allí grandes offensas a nuestro Señor por los christianos viejos. Esta misma orden se embió a los corregidores deste Reyno para que cada qual en su districto lo hiciesen ansí cumplir y guardar y me avisasen de todo lo que suçediesse y a los de Málaga, Guadix y Almería para quelo comunicasen con los Obispos, a los quales yo también escriuí siguiesen esta orden y que aduirtiessen de lo que se les offreciese que se podría hazer para enseñar a los moriscos hablar nuestra lengua; han me respondido los corregidores que la publicación se hizo y que ya muchas moriscas traen hábitos de christianas viejas, lo mismo han començado a hazer en esta çiudad y hay esperança que muchas lo harán de aquí adelante porque los moriscos sienten tanto que anden las moriscas los rostros descubiertos que dan grandíssima priessa a hazerles vestidos a la castellana y las moriscas se huelgan con el nueuo hábito ansí porque les dizen que está mejor como porque las honran más con él. Lo que más se ha sentido con estas premáticas es lo que toca a la lengua que con no les obligar de aquí a tres años lo sienten mucho por pareçerles negoçio muy dificultoso y en que ha de haber gran trabajo.

El relato de Deza y las drásticas medidas impuestas los resume ejemplarmente Diego Hurtado de Mendoza en su crónica de los sucesos:

el Rey les mandó dejar la habla morisca, y con ella el comercio y comunicación entre sí [...] obligáronlos a vestir castellano con mucha costa, que las mujeres trajesen los rostros descubiertos, que las casas acostumbradas a estar cerradas estuviesen abiertas, [...] vedáronles el uso de los baños, que eran su limpieza y entretenimiento; primero les habían prohibido la música, cantares, fiestas, bodas conforme a su

costumbre, y cualesquier juntas de pasatiempo. Salió todo
esto junto, sin guardia, ni provisión de gente; sin reforzar
presidios viejos, o afirmar otros nuevos *(Guerra de Granada,*
Lisboa, 1627; original manuscrito de fines del siglo XVI).

El marqués de Mondéjar, capitán general de Granada, escribió alarmado a la Corte, pues todo aquello le
parecía una insensatez: se provocaba a los moriscos sin
tener en cuenta que había muy poca población cristiana
en un territorio mayoritariamente musulmán, las guarniciones estaban desabastecidas y se carecía de tropas
para sofocar motines, por lo cual preveía que esas medidas no tardarían en tener como respuesta un levantamiento general. Denunció reiteradamente que se estaba
actuando con demasiada ligereza en «negocio tan grande», y, al ver que Deza persistía y que no se le contesta-
ba desde la Corte, viajó personalmente a Madrid para
hacerse oír en el Consejo de Castilla o donde fuere preciso. Fue entonces cuando Espinosa se tomó la molestia
de responderle, ordenándole con acritud «que se mar-
chase a Granada y asistiese a lo que le tocaba».

Estas advertencias sí fueron escuchadas por el Consejo de Guerra, uno de los pocos reductos cortesanos críticos con la política confesional que se estaba desarrollando, no por divergencias ideológicas, pues compartían el
deseo de erradicar a herejes e infieles, pero calibrando
la oportunidad del momento, los medios disponibles y la
capacidad existente para ejecutar la medida. Censuraban la imprudencia. Los acontecimientos les dieron la
razón. El 24 de diciembre de 1568, un grupo de moriscos reunidos en Béznar (Alpujarras) iniciaron el levantamiento general proclamando como rey a Aben Hume-
ya, supuesto descendiente de los Omeyas. En el mismo

día la rebelión se propagó a toda la comarca de las Alpujarras y se generalizó a todas las áreas rurales del reino. Mientras, en las ciudades, donde se concentraba la población cristiana, hubo una relativa calma sólo interrumpida por brotes xenófobos contra los moriscos recluidos en ellas. Hubo episodios atroces, como la matanza del 2 de abril de 1569, cuando fueron asesinados 110 moriscos presos en la cárcel de la Chancillería granadina. Fue exterminada la alta sociedad morisca del reino o gran parte de ella, que era esencialmente urbana.

Las fuertes discrepancias que surgieron entre políticos y letrados, polarizadas en los consejos de Castilla y Guerra, obstaculizaron una respuesta rápida al conflicto. El rey decidió finalmente enviar a su hermano Don Juan de Austria para que se hiciese personalmente cargo de la guerra asesorado por un consejo heterogéneo de militares y juristas. Durante un año los musulmanes dominaron el territorio del reino, salvo las ciudades, y solicitaron la ayuda otomana, que les fue prometida pero que nunca recibieron.

Los éxitos islámicos nacían de la desorganización del bando cristiano; no era una guerra atractiva para reclutar tropas, no había ricas ciudades que saquear, ni expectativas de botín, ni buenas pagas, ni siquiera gloria y honor. Perseguir bandas de monfíes armados por las sierras era una tarea penosa y peligrosa. La población cristiana del reino tampoco cooperaba, las milicias de Córdoba, Jaén y Murcia no estaban empeñadas a fondo, y se limitaban a impedir el contagio de la revuelta a los moriscos de sus provincias… La única forma de incentivar la participación era utilizando el señuelo de las dádivas y recompensas de la Corte. Por tal motivo el rey se trasladó a Córdoba, para seguir de cerca el curso de la campaña y proveer las recompensas sobre la marcha. Esta política exacerbó la lucha faccional en la Corte y produjo un intenso trapicheo de cargos, oficios, honores y recompensas en el reino de Granada; Deza, Mondéjar y el propio Juan de Austria gastaban gran parte de su tiempo escribiendo cartas de recomendación para sus amigos y protegidos. Se sucedían nombramientos y ceses en una dura disputa entre Espinosa y los políticos, los nobles encabezados por Éboli y Mondéjar, por acaparar más recursos y aumentar sus redes clientelares. Con todo, la llegada del comendador mayor de Castilla al mando de una flota de galeras que bloqueó eficazmente las costas granadinas dio un vuelco a la guerra, pues los moriscos quedaban aislados del exterior y sin esperanza de obtener socorros.

Cercando a los moriscos por hambre y mediante una política despiadada para forzar la rendición de los sublevados, se fue poco a poco aplacando la revuelta. Pero, mientras se sometía el territorio, el problema del coste de la guerra se iba haciendo más preocupante, pues había que dejar guarniciones y presidios en las localidades conquistadas y dedicar un esfuerzo a la defensa de las costas. La victoria ponía al descubierto la debilidad interna de la Monarquía; por ejemplo, resultó evidente que, de haberse producido la ayuda turca, la situación podía haberse tornado catastrófica. Así que evaluados los altísimos costes de la ocupación, la persistencia de una población hostil e inasimilable que podría volver a levantarse o el peligro de que abriese las puertas a un invasor extranjero (el Imperio turco), se tomó una decisión durísima: dispersar a los moriscos granadinos por la península, desarraigándolos en pequeños grupos muy distantes entre sí, acabarían por integrarse y asimilarse

en la sociedad cristiana; la sociedad granadina se volati-
zaría sin dejar huella, de modo que los supervivientes de
aquella espantosa guerra –unos 80.000– hubieron de pasar la dura prueba del exilio y la destrucción de su mundo y fueron conducidos en largas columnas hacia el norte
en el duro invierno de 1570 y 1571. Murieron muchos en
ese éxodo, aunque no tenemos noticia de su número.
Don Juan de Austria admitió no poder soportar la visión
del terrible espectáculo de esas muchedumbres dolien-
tes. Pero la operación fue un éxito: según eran dispersa-
dos por las dos Castillas, el antiguo reino musulmán de
Granada era repoblado con cristianos viejos.

Todos aquellos sucesos fueron traumáticos y causaron una honda impresión. Mientras se apagaban los
rescoldos de la guerra, se hacía cada vez más patente la
irresponsabilidad de quienes quisieron efectuar una reforma tan radical sin tener en cuenta los medios de que
disponían, la fuerza con la que habían de contar y el volumen de individuos a reeducar. Pedro Deza fue señalado como único culpable; se encargó al doctor Redín que
le «visitase», y quedó relegado a la sombra de la vida
política, aunque aún se mantuvo en su puesto unos cinco años. Su situación es el mejor ejemplo para mostrar
el eclipse de unos modos y una ideología que demostraron ser poco operativos. La violencia reformista había
fracasado y los letrados fueron abandonando silencio-
samente la escena.

Uniformidad, unidad y universalismo

El 26 de julio de 1586 el padre Alfonso Sánchez, un jesuita experimentado en las misiones en Extremo Orien-

te, recibió un encargo muy especial de la comunidad española de Filipinas. Debía entregar al rey un memorial firmado por todos los colonos, las autoridades civiles y las eclesiásticas (no faltando las firmas del obispo y del gobernador) que, reunidos en asamblea, instaban a la corona a que sin demora emprendiese la conquista de China. Pese a lo que hoy nos pueda parecer, no se trataba de un plan descabellado, y su finalidad era cerrar el dominio de las Indias Occidentales y Orientales que por derecho pertenecían a las coronas de Castilla y Portugal. China se contemplaba como México, un país densamente poblado, civilizado, organizado, con estructuras e instituciones políticas y sociales desarrolladas. Como los aztecas, los chinos eran vulnerables a la conquista por las diferencias políticas y la lucha de facciones en la Corte imperial, por el descontento de los pueblos sometidos y la existencia de naciones que, como sucediera a Hernán Cortés, cooperarían en la conquista. Obviamente Pekín no era Tenochtitlán, pero esta vez los españoles no habían de enfrentarse a un mundo desconocido. Juan González de Mendoza había publicado no hacía mucho su *Historia de las cosas más notables, ritos y costumbres del gran Reyno de la China* (Roma, 1585), y se tenía noticia más o menos precisa de la fuerza militar, comunicaciones y fortificaciones del Imperio chino, por lo que era posible evaluar la cantidad y calidad de los efectivos requeridos para la empresa. La «entrada» precisaría 12.000 soldados españoles e italianos, 5.000 o 6.000 japoneses y otros tantos filipinos. Sánchez garantizaba que los jesuitas actuarían (y ya lo estaban haciendo) como informadores y espías y se harían cargo de la educación del pueblo una vez concluida la conquista. La referencia constante era México, una civiliza-

ción derrotada cuyos dioses habían sido vencidos a ojos
de sus fieles y cuyo vacío de identidad fue reemplazado
por la labor de colonizadores y evangelizadores. Sólo la
victoria militar, como juicio de Dios, podría facilitar la
cristianización de China. Tanto Sánchez como la Asamblea de Manila se expresaban en los términos de un imperialismo evangélico que entroncaba con los perfiles
ideológicos que acompañaron a la conquista de América en la década de 1520 y que habían marcado toda una
tradición española de conversión violenta.

Evangelizar era la consecuencia del sometimiento de
los pueblos indígenas, y la fuerza, como argumentaba
fray Toribio de Motolinía en su polémica con Bartolomé de las Casas, era necesaria para asegurar el establecimiento de la Quinta Monarquía, el momento en el que
se establecería el reino de Cristo en la tierra. En la polémica que enfrentó a ambos misioneros salían a la luz
discusiones que no eran nuevas. El esquema clásico de
«una sola ley, una sola fe, un solo pastor» inherente a
los postulados reformistas de los Reyes Católicos y Carlos V planteaba ya, desde la guerra de Granada, dos vías
distintas para alcanzar ese objetivo: el empleo de la
fuerza o el de la persuasión. El precedente a Las Casas
lo encontramos en fray Hernando de Talavera, confesor
de Isabel la Católica, contrario al «proselitismo del terror» cuya labor en el reino andaluz es todo un ejemplo
de persuasión y de disciplinamiento social con «rostro
humano». Procuró que la predicación se efectuara en
árabe y editó catecismos y libros espirituales en la lengua de los naturales del reino. Para el arzobispo, la conversión se planteaba como un lento trabajo de capta-
ción, que abarcaba no sólo los aspectos religiosos sino
que partía de la convicción de que únicamente una re-

forma global de la sociedad granadina garantizaría su éxito, otorgando tanta importancia a la predicación como a la modificación de los hábitos y costumbres de los moriscos, cristianizándolos: el vestido, los alimentos... «Procuraba cuanto podía olvidassen sus costumbres, y aprendiessen las nuestras.» La línea marcada por Talavera y Las Casas en la evangelización de los infieles y los indígenas entroncaba con la vía del recogimiento y una espiritualidad vivida como experiencia interior, como resultado de la fe y del conocimiento. Cuando San Ignacio de Loyola y sus primeros seguidores renunciaron a la peregrinación a Jerusalén, optaron también por un nuevo tipo de orden religiosa dedicada a la predicación y la educación, promoviendo la evangelización por el conocimiento. Se ocuparon de las «Indias interiores» tomando como tierras de misión territorios descuidados o abandonados por las autoridades eclesiásticas ordinarias, como Córcega, el Tirol, Baviera o Polonia. Sin embargo, a la muerte del fundador, y debido a la integración de sus dirigentes, los padres Láinez y Francisco de Borja, con la élite gobernante española, los jesuitas asumieron que el triunfo del catolicismo sólo se produciría bajo el concierto común de las monarquías papal e hispana. En 1561 los predicadores de la Compañía evangelizaron las desoladas poblaciones valdenses de Calabria, se pensó en ellos para predicar en Granada tras la guerra... Como tantas otras órdenes religiosas, como los franciscanos o los dominicos, fueron detrás o al lado de los conquistadores en Chile, Paraguay, Nuevo México o Filipinas para convertir a los pueblos conquistados e integrarlos en la comunidad cristiana como fieles y como súbditos.

Los españoles que encomendaron a Sánchez su misión en la Corte entendían que la labor de los jesuitas era cooperar con la Monarquía, y nadie mejor que ellos para concertar a las Cortes de Madrid y Roma en una gran empresa. Al otro lado del mundo, aislados en aquel rincón del imperio que era Filipinas, los asistentes a la Asamblea de Manila seguramente desconocían que hacía tiempo que las cosas habían cambiado. El experimento confesional había producido tal malestar en los grupos dirigentes de la Monarquía, que el Rey Prudente se decidió a cambiar de estilo, y este cambio coincidió además con un giro en las relaciones con la Santa Sede, cuando el papa Gregorio XIII, elegido en 1572, decidió alterar la relación existente entre Roma y las potencias católicas.

Gregorio XIII conocía muy bien la política confesional española; había sido el legado pontificio que envió Pío V para negociar la solución del caso del arzobispo Carranza y había comprobado de primera mano los problemas ocasionados por la intervención real en la reforma de las órdenes religiosas y la vinculación que existía entre la Compañía de Jesús y los partidos políticos de la Corte. Temía que la Iglesia acabase cautiva del Imperio español, sometida a su dictado, y le preocupaba sobre todo la pérdida de la independencia de la Compañía de Jesús. A la muerte del general Francisco de Borja, aprovechó la circunstancia para presionar a la Congregación de la Compañía, de mayoría española, reunida en Roma en abril de 1573, para que nombrase un nuevo general que «no fuese español». Su gestión tuvo un éxito relativo; fue elegido el flamenco Everardo Mercuriano, que si bien no era español sí era súbdito de Felipe II. Pero no importaba, no era un personaje comprometido con la política de la Monarquía y para el Papa constituyó un colaborador precioso para poner a

su servicio a una orden que iba a ser la fuerza de choque de la Contrarreforma romana, sacándola del ámbito hispano en que se hallaba sumida. Estos cambios
abrieron la época de esplendor de la Compañía de Jesús, que se expandió por toda Europa, América y Asia.

El cambio que se estaba operando era muy significativo en lo relativo a las misiones. En los años inmediatamente posteriores a Trento, los fieles eran los súbditos
de los soberanos sometidos a la autoridad espiritual del
Papa. Esta intermediación dejaba en manos de los soberanos católicos la responsabilidad de defender y extender la fe por el mundo, pero una nueva generación de
jesuitas, entre los que destacaban Belarmino, Possevino
y Ricci, abogaban por nuevas formas de evangelización.
El Papa tenía que asumir como propia la obligación de
extender y propagar la fe entre los no creyentes, y a tal
fin se erigían colegios y seminarios para formar a aquellos que irían a tierra de infieles a evangelizar, que no lo
harían siguiendo a ningún ejército, ni bajo protección
armada. El 10 de marzo de 1585 entró en Roma una
embajada de nobles japoneses acompañados de varios
padres jesuitas. Eran el testimonio vivo de la credibilidad misionera. Los japoneses no eran trofeos, como había sucedido con los «salvajes» americanos o africanos
exhibidos en ocasiones anteriores, sino que se trataba
de hombres cultos que hablaban latín e italiano con bastante corrección. Japón, ése era su testimonio, podía so-
meterse a la obediencia del pontífice.

El nuevo modelo jesuítico de evangelización, cuyos
frutos eran expuestos en esta embajada, recogía en buena parte la pedagogía cortesana, la disimulación, la
adaptación siguiendo el modelo de *virtù vince fortuna,*
en que las relaciones de fuerza obligaban a utilizar la

ocasión y la conveniencia. Envolver la propia verdad con ropajes que la adaptaban al medio donde debía ser expuesta era un método experimentado por Antonio Possevino en Suecia y en Rusia o por el padre Campion en Inglaterra, experiencias que se tuvieron en cuenta en la infiltración en Extremo Oriente. El padre Valignano, misionero en Japón, definió como primer objetivo para tener éxito adquirir autoridad, no política, sino moral, social, cultural e intelectual. Hacía falta verdadera agudeza para reconocer esos signos, pero los colegios de la Compañía no tardaron en convertirse en centros de antropología aplicada. Los jesuitas debían reconocer los rasgos de superioridad y rango dentro de una cultura para adquirir ellos mismos esa superioridad, debían estar atentos a los signos de estatus y clase, vestido, ademanes, dicción, vivienda, higiene… símbolos externos a los que la sociedad cortesana europea había conferido valor absoluto: se es lo que se representa ser. Como señala Prosperi, la misión se concebía como una estrategia de poder en la que invertir relaciones de fuerza desfavorables, como en la sociedad de Corte.

Mientras tanto, después de casi dos años de viaje, Sánchez llegó a Madrid en enero de 1588. Su viaje desató una agria polémica y dejó al descubierto las profundas diferencias existentes en su orden entre quienes añoraban y defendían el viejo estilo y los nuevos dirigentes. Mateo Ricci y José de Acosta, que dieron voz en la discusión al punto de vista romano, se opusieron rotundamente a la empresa. Sánchez quedó perplejo y adujo la legitimidad de la conquista poniendo los ejemplos de México y Perú. Acosta replicó que una «entrada» en China sería escandalosa para la fe, ruinosa e improductiva, mientras que Ricci rebatió punto por punto los

argumentos de la asamblea filipina y manifestó su temor a que una acción imprudente arruinase la exitosa
introducción del catolicismo en China, de cuyas buenas
perspectivas de desarrollo podía dar fe. Felipe II no
mostró mucho interés, y alegó que no quería aumentar
el número de sus enemigos en el mundo.

La reacción de Sánchez, de incredulidad, da cuenta
del giro radical de la política confesional española. No
comprendía cómo el poder secular podía inhibirse en
semejante materia, era su responsabilidad

ansí como para convertir Dios el antiguo mundo y enviarle la
primera predicación le unió al gobierno de un solo Imperio
de los Romanos, ansí para convertir el nuevo y enviarle esta
segunda a querido con gran providencia juntarlo todo deba-
xo del amparo, gobierno y dirección de un solo señor qual lo
ha hecho en la majestad del rey don Felipe.

Desde Constantino, los soberanos habían utilizado
su poder para extender la fe, pero ahora –informaban a
Sánchez sus superiores– este derecho se lo reservaba la
Iglesia, y sólo a ella le concernía la actividad misionera.
El mensaje estaba claro: el rey de España no necesitaba
conquistar el mundo para propagar la fe, pero debía velar por ella, estar a su servicio, pues si ésta se perdiera
perdería su Monarquía.

Desde Macao Mateo Ricci prosiguió la evangelización del gran país asiático. Murió en 1610 después de
haber creado el colegio de Pekín, el quinto que erigía
dentro de las fronteras del Celeste Imperio, con una comunidad católica de 2.500 fieles. La creación del Colegio de Propaganda Fide en 1622 sería el final del largo
viaje emprendido en 1580 para separar la propagación
de la fe de la fuerza y la política. En torno a 1.600 chinos

y japoneses se contemplaban en determinados ambientes como semicatólicos, pueblos dispuestos –pese a la lejanía– a civilizarse por sí, y de ahí la amable ironía que encierra la dedicatoria de Cervantes al conde de Lemos en la segunda parte del *Quijote,* bromeando sobre la difusión de su obra:

el que más ha mostrado desearle ha sido el grande emperador de la China [...] porque quería fundar un colegio donde se leyese la lengua castellana y quería que el libro que se leyese fuese el de la Historia de Don Quijote. Juntamente con esto me decía que fuese yo a ser el rector del tal colegio.

La restauración de España

El 4 de abril de 1609 Felipe III firmó la tregua de los doce años con las Provincias Unidas de los Países Bajos y, al mismo tiempo, firmó el decreto de expulsión de los moriscos de España. Era el final de una larga serie de discusiones, debates y polémicas sobre las dos grandes cuestiones político-confesionales dominantes en el reinado de su padre. El problema de la guerra de los Países Bajos pasó a un tratamiento de política exterior desde que fueran cedidos al archiduque Alberto de Austria en 1598, mientras que los moriscos, como problema, ocuparon un lugar preferente hasta que se tomó tan drástica solución. El antecedente más remoto suele situarse en una reunión del Consejo de Estado que tuvo lugar en Lisboa en septiembre del año 1582, en la que se planteó de manera seria la posibilidad de expulsar a la minoría morisca de España. Era la primera vez que se planteaba al más alto nivel, aunque este debate ya existía en la sociedad. No faltaban argumentos; para los defensores de una medida tan extrema se trataba de una minoría inasimilable, que odiaba lo cristiano, desleal y siempre dispuesta a abrir las puertas del país a los turcos. En las discusiones del Consejo, así como en memoriales, cartas y obras de entretenimiento, se desgranaban tópicos comunes sobre la doble vida, la ocultación y la actitud conspirativa de los moriscos, que encerraban algo de cierto, pues los musulmanes, a diferencia de los judíos, podían conciliar actitudes externas cristianas con la práctica clandestina del islam, la *taqiyya,* un precepto que les permitía ocultar su verdadera fe en caso de necesidad.

Según la tradición coránica, el islam constituye todo un sistema de vida, por lo que para los musulmanes resulta muy difícil vivir en una sociedad regida por otras normas; lo aconsejable es no residir entre infieles, para evitar caer en prohibiciones expresas, como jurar obediencia a instituciones o autoridades ajenas o ser leales o servidores de gentes de otra religión. Por tal motivo, la suerte de los moriscos preocupó a los sabios musulmanes de las universidades y escuelas coránicas de Marruecos, Túnez y Egipto, y las diversas *fatwas* que se pronunciaron sobre esta materia insistieron en la necesidad de abandonar tierra cristiana. Sin embargo, una gran mayoría de moriscos que hablaban árabe y mantenían todos los preceptos de la fe, es decir, la mayoría de los moriscos andaluces, murcianos y valencianos, no abandonaban el país porque albergaban la esperanza de una restauración islámica. Los jofores o pronósticos mantenían vivo el mito de la renovación de Al-Ándalus; las profecías que circularon a finales del siglo XVI sobre la caída de España reforzaron esa esperanza, y el ambiente mesiánico que hacía presentir la reedición de 711 fue una de las razones que los mantuvo inasimilables al cristianismo y reacios a abandonar la península, porque no renunciaban a una tierra que consideraban suya y sobre la que no tardarían en volver a ser los amos. Estos peligros comenzaron a barruntarse en la sociedad cristiana y a afrontarse como un problema por parte de las autoridades. Con toda seguridad la mayoría de los moriscos eran trabajadores del campo, inofensivos labriegos, buenos musulmanes que hacían su vida sin preocuparse por estas cosas y cuya irreductibilidad se debía a que nadie les hacía caso, porque su único contacto con el mundo cristiano consistía en pagar diezmos y tributos. En el reino de Valencia, durante el Ramadán reinaba el más absoluto silencio en las aldeas y pueblos moriscos; en los telares de seda o en los ingenios azucareros casi ningún cristiano nuevo comía o bebía: todos habían perdido el apetito y la sed coincidiendo con la festividad islámica; eran signos visibles que servían para probar la denuncia del arzobispo de Valencia, el patriarca Ribera, que no cesaba de repetir que los moriscos vivían públicamente como musulmanes. A su juicio constituían un peligro, pues era una población que crecía a un ritmo muy superior al de los cristianos, deseosa de servir a un príncipe musulmán y dispuesta a actuar como quinta columna del turco.

Frente a los informes de oficiales y eclesiásticos que veían cómo Valencia podía acabar siendo un país islámico, la aristocracia valenciana minimizaba el problema y recordaba los muchos años, siglos, de convivencia pacífica entre las comunidades cristiana y musulmana del reino. A los nobles no les hacía gracia perder una mano de obra laboriosa, sumisa (mientras no se inquiriese demasiado en sus costumbres) y puntual en el pago de tasas e impuestos. Quienes se oponían a la expulsión argumentaban que la existencia de una minoría musulmana se debía al descuido de las autoridades. Habían sido olvidados como tierra de misión. Como observara el cardenal Quiroga en julio de 1582, tal vez se convirtieran si se cambiase de actitud, «si tuviesen quien les predicase con amor y caridad y no les tiranizasen». El *lobby* valenciano, y todos aquellos que percibían las funestas consecuencias económicas de la medida, lograron que el rey, en contra del criterio de las autoridades eclesiásticas valencianas, decidiese que se intentase de nuevo la cristianización persuasiva de la minoría. Fue en vano. En 1599, un año después de la muerte de Felipe II, un informe daba cuenta del estrepitoso fracaso de las misiones en tierras de moriscos. La «pertinacia» de los infieles era francamente desalentadora, más si el arzobispo Ribera y el estamento eclesiástico contemplaban todo con una actitud de «si ya lo decía yo». El patriarca escribía en 1601: «sabemos con evidencia moral que todos son moros y viven en la secta de Mahoma». Nadie se hacía ilusiones sobre la posibilidad de integrarlos, y existía una opinión general adversa a la minoría.

En la literatura sobre la expulsión se da por descontado que Felipe II fue reacio a dicha medida; después de la guerra de Granada parecía poco entusiasmado por las soluciones ideológicas, y el ambiente dominante en la Corte era pragmático y «político», atento a los intereses propios antes que a los universales. Felipe III pertenecía a una generación distinta; educado en un ambiente rígidamente confesional, no entendía otra lealtad y otra misión en la vida que no fuera la de servir al triunfo de la fe. Así, las palabras del patriarca no caían en saco roto y sintonizaban con un estado de opinión crecientemente xenófobo y hostil a la minoría. El bandolerismo morisco en Aragón y Andalucía o la cooperación de los moriscos con los corsarios bereberes en las costas andaluzas y levantinas no ayudaban precisamente a mejorar una imagen del musulmán que en hojas volantes, cantares de ciego o comedias se dibujaba cada vez más repulsiva. Se les acusaba de sacrilegios, profanaciones, crímenes horrendos, secuestro de niños y otras atrocidades que llevaron a que algunos radicales plantearan el exterminio. A causa de esta presión ambiental, muchos moriscos acaudalados tomaron el camino del exilio anticipándose a una expulsión de la que se hablaba cada vez más en los mentideros y ya formaba parte del debate público; robos, agresiones, amenazas y algún que otro asesinato llevaron a un grupo de moriscos de Jaén, Úbeda y Baeza a instalarse en Amsterdam en 1608; otros de Sevilla se hallaban ya en Provenza en 1606, y desde principios de siglo un número cada vez más creciente cruzaba la frontera de Cataluña para embarcar en Niza o Marsella rumbo a Túnez. La actitud de las autoridades ante este éxodo espontáneo queda perfectamente retratada en la instrucción que el Consejo de Estado transmitió al virrey de Cataluña el 24 de junio de 1608: «disimulen y los dexen pasar, porque cuantos menos quedaren mejor».

¿Había un clamor por la expulsión? Ni las Cortes de Castilla ni las de la corona de Aragón solicitaron semejante medida; el Consejo de Aragón la desaconsejó, la aristocracia aragonesa y valenciana era muy reticente... pero el ambiente xenófobo tenía la suficiente fuerza como para ahuyentar del país a los moriscos pudientes, bien situados para conocer y saber el curso que tomaba la política y la actitud del gobierno. Era evidente que las

autoridades no les protegían y que la opinión que de
ellos se tenía era muy mala. Cervantes, cuya familiaridad con el tema morisco es notoria, escribía en 1604:

Por maravilla se hallará entre tantos uno que crea derecha-
mente en la sagrada ley cristiana [...] crecen y han de crecer
en infinito, como la experiencia lo demuestra. Entre ellos no
hay castidad, ni entran en religión ellos ni ellas; todos se casan,
todos multiplican, porque el vivir sobriamente aumenta las
causas de la generación. No los consume la guerra ni ejercicio
que demasiadamente los trabaje. Róbannos a pie quedo, y con
los frutos de nuestras propias heredades, que nos revenden, se
hacen ricos, dejándonos a nosotros pobres. No tienen criados,
porque todos lo son de sí mismos; no gastan con sus hijos en
los estudios, porque su ciencia no es otra que del robarnos, y
ésta fácilmente la deprenden (*El coloquio de los perros*).

Cervantes había sido cautivo en Argel, sabía que en
muchas ocasiones los moriscos de las localidades costeras habían abierto las puertas a los corsarios argelinos y
constató que al incremento de la presión de la mayoría
cristiana le acompañó un creciente deseo de emancipa-
ción de la minoría. El relato del lugar de moriscos a
«una legua de la marina, en el reino de Valencia» que
incluyó en el capítulo XI del libro 3º de *Los trabajos de
Persiles y Segismunda* parece un reportaje periodístico
de un suceso habitual en las costas levantinas. Los peregrinos que protagonizan la novela al llegar al lugar son
bien recibidos: «yo no se quien dice mal de esta gente,
que todos me parecen unos santos». Pero bajo la aparente normalidad de una tranquila villa costera bulle
una sociedad musulmana clandestina que espera la noche para salir a la luz y huir a Berbería en una flota que
irá a buscarles. Los protagonistas salvarán la vida gracias a la advertencia de una hermosa mora; atrinchera-

dos con el cura en la iglesia fortaleza, asistirán a un
asombroso espectáculo pasada la media noche:

La [gente] del lugar, que los esperaba, cargados con sus más
ricas y mejores alhajas, adonde fueron recibidos de los turcos
con gran grita y algazara, al son de muchas dulzainas y diversos instrumentos que, puesto que eran bélicos, eran regocijados, pegaron fuego al lugar y asimismo a las puertas de la
iglesia, no para esperar a entrarla, sino por hacer el mal que
pudiesen [...], derribaron una cruz de piedra que estaba a la
salida del pueblo, llamando a grandes voces el nombre de
Mahoma; se entregaron a los turcos, ladrones pacíficos y deshonestos públicos. [...] Poco faltaba para llegar el día, cuando los bajeles, cargados con la presa, se hicieron al mar, al-
zando regocijados ililíes y tocando infinitos atabales y
dulzainas.

Una profecía puesta en boca de un morisco que es
cristiano sincero refuerza el relato para justificar la postrera expulsión:

¡Ay, cuándo llegará el tiempo que tiene profetizado un abuelo
mío, famoso en la Astrología, donde se verá España de todas
partes entera y maciza en la religión cristiana, que ella sola es
el rincón del mundo donde está recogida y venerada la verdadera verdad de Cristo!

La alusión a la profecía y a la España Sagrada situaba
al lector en el ambiente, familiar para las gentes de
1616, de los años precedentes a la expulsión. Desde
1601 se intensificó en la Corte la polémica en torno a la
«pérdida de España»; en 1602 el arzobispo Ribera llegó
a replantear sus tesis sobre la expulsión de los moriscos
levantinos para dar prioridad a este asunto en Castilla
posponiéndolo en Levante; él también creía inminente

la invasión que anunciaban algunos profetas. Se esgrimían los «pecados de España» que al mismísimo padre Mariana le hacían temer una segunda caída en un plazo no muy largo. Pero esos pecados tenían diferentes lecturas: casi nadie comparaba a Felipe III con la iniquidad de Don Rodrigo, su falta no era otra que la de permitir que muchos de sus súbditos se burlaran de las leyes, del orden, las buenas costumbres…, su pecado no era otro que ser condescendiente con la deslealtad, la mentira, la herejía…

La expulsión volvía a estar encima de la mesa, y aunque las discusiones siguieron en un tono bastante apagado, no debemos olvidar que era asunto manoseado y discutido por el rey, el duque de Lerma y los ministros de la Monarquía con harta frecuencia. Lo que obstaculizaba una decisión firme era de índole económica: el quebranto gravísimo de la economía de los reinos de Valencia y Murcia, los escrúpulos de conciencia al enviar a la perdición a un buen número de cristianos verdaderos diseminados entre los musulmanes y el lugar a donde enviarlos (pues mandándolos a países islámicos se renunciaba a procurar la salvación de sus almas, algo a lo que estaban obligadas las autoridades civiles y eclesiásticas). Cervantes recogía estos escrúpulos en el capítulo mencionado del *Persiles* más como pretextos que como verdaderos obstáculos para decidirse: «ea, rey invencible, atropella, rompe, desbarata todo género de inconvenientes y déjanos a España tersa, limpia y desembarazada de esta mi mala casta».

El 30 de enero de 1608 el Consejo de Estado acordó estudiar la expulsión de los moriscos de España. Todos, desde el rey hasta el último consejero, eran conscientes de la trascendencia de la decisión y las dificultades a las que se enfrentaban para concluir con éxito semejante empresa. Pero aún se tardaría algo más de un año para que la decisión tuviese carácter firme. Para empezar, la guerra de Granada había enseñado cómo actuar en estos casos: no podía actuarse con precipitación y debían cuidarse todos los detalles de logística, organización, objetivos, etcétera. La planificación se diseñó con minuciosidad siguiendo unas directrices muy precisas: fragmentación de la sociedad morisca, seguridad de la fuerza militar y organización fluida del transporte. El 4 de abril de 1609 el rey no admitió más dilaciones, la suerte estaba echada y había que ejecutar la decisión.

No obstante, pese a la premura exigida por el soberano, consideraciones de orden pragmático obligaron a demorar la ejecución del decreto. Una empresa de tal magnitud no podía acometerse de manera simultánea en todas partes; la expulsión se efectuó reino a reino, como un asunto interno de cada comunidad, de modo que los moriscos aragoneses no pudiesen solidarizarse con los valencianos y viceversa; así se decretó la expulsión del reino de Valencia el 22 de septiembre de 1609, del reino de Murcia el 9 de diciembre, de Aragón y Cataluña el 29 de mayo de 1610 y de las dos Castillas, La Mancha y Extremadura el 10 de julio de ese año. Se hizo en oleadas sucesivas para evitar que las deportaciones se solapasen y funcionase de manera fluida la salida de los moriscos. El reino de Valencia, por albergar más población, constituyó la experiencia piloto para proceder en los otros reinos. En el verano de 1609 se llevaron al reino 4.000 soldados de los tercios de Italia cuya función era cerrar las fronteras y formar corredores donde desde el interior hacia la costa se fuera moviendo a la población en grandes columnas

hasta los puertos de embarque, Denia, Alicante, el
Grao de Valencia y Vinaroz principalmente. La orden
daba un plazo de tres días a todos los moriscos para
que fueran a embarcarse en el lugar que el comisario
de su localidad les indicare; sólo podían llevar algunos
bienes y se les recomendaba que se proveyeran de alimentos. Aproximadamente 50 galeras de guerra asegu-
raron que los barcos que transportaban a los deportados saliesen de las aguas españolas y se incentivó la
cooperación de los armadores haciendo que los moriscos abonasen su flete y que los ricos cubriesen el pasaje de los pobres.

A pesar de las precauciones, hubo algunos levantamientos notables, en la muela de Cortes y en la marina
de Alicante, que obligaron a traer más tropas de Italia,
siendo reprimidos con severidad. Cuando se rindieron
los de la muela, 1.500 de ellos fueron degollados, mientras que otros 3.000 fueron deportados. En la marina la
rebelión comprendió a cerca de 20.000 moriscos; los
tercios, las milicias locales y las mesnadas de la nobleza
se ensañaron en una represión salvaje, se quemaron poblaciones y fueron exterminados o reducidos a esclavitud aquellos que se negaron a rendirse; la cifra de muertos no debió de superar los 3.000. Se calcula que fueron
cerca de 13.000 los moriscos deportados de Valencia;
después se procedió con los de Aragón y Cataluña,
70.000 y 9.000, respectivamente. El 18 de septiembre de
1610, casi de madrugada, embarcaban los últimos moriscos catalanes y aragoneses en el puerto de los Alfa-
ques. Según el sacerdote Jaime Bleda, aquella noche
hubo un resplandor en el cielo, donde se dibujó una
cruz celebrando que la corona de Aragón había quedado limpia.

En Castilla la expulsión fue menos dramática porque los moriscos eran pocos y se hallaban muy dispersos. Además, era donde sufrían un mayor acoso, de modo que la «emigración espontánea» llevaba ya tiempo en marcha. Las autoridades habían estado facilitando el éxodo, por lo que las cifras de deportados no fueron tan altas como se esperaba: sólo de Andalucía 60.000 individuos (se dice que antes del bando ya habían salido 20.000) embarcados en Sevilla, Sanlúcar, Cádiz y Málaga; de La Mancha, Extremadura y las dos Castillas la cifra total pudo ser de 30.000, que pasaron a Francia por Irún. En Murcia, sin embargo, las cosas no discurrieron con la misma fluidez, porque hubo una fuerte oposición al decreto en la vega del Segura. La oposición de las autoridades retrasó la puesta en marcha del bando de expulsión hasta el 8 de octubre de 1611, pero tampoco entonces las autoridades locales lo ejecutaron. El problema lo constituían los moriscos del valle de Ricote, que se hallaban totalmente cristianizados. El marqués de los Vélez y el clero murciano abogaron por ellos, pero, al final, prevaleció la intransigencia rigorista y los cerca de 10.000 moriscos murcianos (2.500 del Ricote) fueron embarcados en Cartagena en octubre de 1613.

Muchos moriscos que eran cristianos sinceros se instalaron en Francia e Italia, pero la gran mayoría –que eran musulmanes– se encontraron con la sorpresa de que las poblaciones autóctonas de los países islámicos no les acogieron como verdaderos fieles de Mahoma, de modo que sufrieron rechazo e incomprensión cuando no la sospecha de profesar ocultamente el cristianismo. Los moriscos, aunque devotos y sinceros en su fe, eran el resultado de un intenso proceso de aculturación. Con el paso de varias generaciones, la práctica de la *taqiyya* había desdibujado los límites entre lo cristiano y lo musulmán. Muchos se dieron cuenta de que se hallaban a caballo entre dos civilizaciones y el islam que practicaban era heterodoxo. Los moriscos de Hornachos (Extremadura) constituyeron un caso excepcional, dado que trasplantaron su sociedad de España a Marruecos, crearon su propia república en Salé en la costa atlántica marroquí y la hicieron florecer dedicándose al corso. Su república de piratas tuvo una fama tan brillante y siniestra como la famosa isla de la Tortuga en el Caribe, y a ella le dedicó algunas páginas Daniel Defoe en *Robinson Crusoe*. Sin embargo, la gran mayoría no corrió esa suerte, tuvo que integrarse en sociedades que les resultaban tan extrañas como la cristiana, adaptándose a una lengua, vestido y costumbres diferentes. Un número reducido se instaló en Egipto, el Egeo y el Próximo Oriente. La mayoría se dirigió al norte de África, y fueron muy bien acogidos en Túnez, Marruecos y Argel, mientras que los que desembarcaron en zonas de Berbería dominadas por tribus beduinas, en el área comprendida entre Fez y Tremécen, fueron expoliados y maltratados.

El 25 de marzo de 1611 se celebró en Madrid una procesión y misa de acción de gracias por el éxito y feliz término de la gran operación de expulsión. El rey asistió vestido de blanco: España estaba purificada, aun cuando quedasen algunos flecos, como el de Murcia. Se desconocen las cifras totales de la deportación, algo más de 300.000 individuos, aunque el nuncio la situó en cerca del medio millón, de los que una cifra no inferior al 10% murieron de agotamiento en los caminos, fueron asesinados durante las revueltas o perecieron vícti-

mas de asaltos. Habría que sumarles los que fallecieron
en el mar, en naufragios o arrojados por la borda por
patronos poco escrupulosos, víctimas de los bereberes
en la costa norteafricana, del hambre y las privaciones.
De los vivos, muchos acabaron en los mercados de esclavos del Mediterráneo. La celebración aquel día primave-
ral de 1611 no logró disipar una sensación embarazosa;
en el ambiente de la Corte se mezclaban los mensajes
triunfalistas con la pesadumbre. ¿Por qué se hizo? La
respuesta que resultara satisfactoria para Marcelino Menéndez Pelayo (por un alto ideal, la unidad de la fe, la
raza, la lengua, la cultura y las costumbres) no lo es
para nosotros. Los inconvenientes que figuraban en los
informes de las sucesivas juntas entre 1580 y 1608 siempre repetían los mismos argumentos para rechazar los
proyectos de expulsión: empobrecimiento de los reinos,
condena a inocentes, faltar a la obligación del soberano
con sus súbditos. Y las consecuencias fueron las que
siempre habían figurado en dichos análisis, y resulta
llamativo que tales consecuencias se ignorasen deliberadamente en la toma de decisión. En 1619 el Consejo
de Castilla elaboró un informe sobre las causas del empobrecimiento del país. Fernández Navarrete (*Conservación de Monarquías,* 1621) le dedicó un extenso análisis
en el que concluía que el descenso de la riqueza y del nivel
de vida que sufrían los españoles era una consecuencia de
las expulsiones, pues habían agudizado una tendencia
al despoblamiento que dejaba los campos sin brazos, las
arcas reales sin tributarios y los ejércitos sin soldados:
«A ninguno corre tanta obligación de ayudar al bien común como a los reyes, cuya conservación consiste en
conservar el pueblo». A pocos les sorprendió contemplar
cómo el reino de Valencia pasaba de vergel a páramo, el

reino había perdido una cuarta parte de su población, las clases medias se empobrecieron o arruinaron por el impago de los préstamos hipotecarios (los censales sobre lugares de moriscos constituían una inversión habitual de los rentistas valencianos), los señores perdieron una mano de obra que no pudieron reemplazar, se hundió la producción agrícola…

En el Consejo de Estado, en las cortes de los virreyes y entre la gente informada se sabía que las consecuencias económicas iban a ser malas, y en cuanto a las ventajas «espirituales», había dudas. La larga lista de obras justificativas de la expulsión muestra el impacto traumático de la medida. Fray Marcos de Guadalajara (*Memorable expusión y justísimo destierro de los moriscos de España,* Pamplona, 1613), Damián Fonseca (*Justa expulsión de los moriscos de España, con la instrucción, apostasía y traición dellos: y respuesta a las dudas que se ofrecieron acerca desta materia,* Roma, 1612), Pedro Aznar de Cardona (*Expulsión justificada de los moriscos de España,* Huesca, 1612), Juan Méndez de Vasconcelos (*Liga deshecha por la expulsión de los moriscos,* Madrid, 1612), Antonio del Corral y Rojas (*Relación de la rebelión y expulsión de los moriscos del reino de Valencia,* Valladolid, 1613) o fray Blas Verdú (*Engaños y desengaños del tiempo con un discurso de la expulsión de los moriscos,* Barcelona, 1612) no eran historiadores sino publicistas que escribieron para convencer, para acallar las conciencias, y los títulos salpicados con calificativos como «justa», «justísimo», «justificada» indican y adelantan un contenido apologético a la vez que tranquilizador. Pero alguien tan atento al problema, como lo fue Cervantes, ante tanta justificación, expresó dudas de conciencia, inseguridad y, saltándose los convencionalismos, mostró al lector de la segunda parte del *Quijote* el drama de una familia de moriscos manchegos arrojados a tierra de infieles: «la Ricota mi hija y Francisca Ricota mi mujer son católicas cristianas, y aunque yo no lo soy tanto, todavía tengo más de cristiano que de moro» (Q2, 54). Quien así hablaba era el morisco Ricote, vecino de Sancho, cuyo nombre evoca a aquella comunidad de moriscos murcianos que, pese a saberse que estaban totalmente asimilados, fueron expulsados tras un intenso debate sobre su excepción. Ningún autor pone los nombres de sus personajes porque sí: el nombre suscita asociaciones, evoca cosas que nunca son neutras respecto al curso de la narración y, todavía en 1616, la suerte de los moriscos de la vega del Segura seguía siendo objeto de controversia, algo que no ignoraba un lector de entonces.

Sensible a un acontecimiento que conmocionó a sus contemporáneos, Cervantes expuso la complejidad de sentimientos encontrados que provocó la expulsión. La familia de Ricote no fue objeto de la xenofobia; al contrario, tenía las simpatías y el apoyo de sus vecinos, algo que, por cierto, fue frecuente en La Mancha. Exponía llanamente que hubo lugares donde la población cristianovieja entendió la medida como brutal y desproporcionada, y sólo «el miedo de ir contra el mandato del rey los detuvo» (Q2, 54). La injusticia se manifiesta de manera más atroz porque se forzó a los desterrados a abjurar de su identidad y sus creencias:

Doquiera que estamos lloramos por España: que, en fin, nacimos en ella y es nuestra patria natural; en ninguna parte hallamos el acogimiento que nuestra desventura desea; y en Berbería, y en todas partes de África donde esperábamos ser recebidos, acogidos y regalados, allí es donde más nos ofenden y maltratan.

Sin entrar en la polémica sobre este episodio, si comporta maurofobia o maurofilia, si defiende la convivencia entre cristianos y musulmanes por medio de los abrazos simbólicos de Sancho y Ricote o el amor de Ana Félix y don Gaspar Gregorio o deplora dicha tolerancia en el curioso discurso de Ricote alabando la «heroica» decisión de Felipe III, Cervantes, al salirse del discurso unilateral dominante y dotar de rasgos humanos a unos moriscos expulsados, exponía un punto de vista crítico, no tanto con la medida en sí, sino con su alcance, por expulsar a los asimilados y los no asimilados, por no haber distinguido a los cristianos y a los musulmanes y haber seguido el solo criterio de la sangre. Podía expresar el horror de quien teniendo una opinión xenófoba era consciente de las consecuencias que comportaba pasar de las palabras a los hechos, que no era eso lo que quería que se hiciera pues sólo se aspiraba a cumplir la justicia. Dudas de conciencia más que arrepentimiento que, no obstante, despejaba poco después, en el *Persiles,* cuando daba por buena la medida, sin matices. La reacción de Cervantes puede compararse con la del arzobispo Ribera, que murió apesadumbrado y amargado por las críticas a la expulsión; parece que le angustiaba sobremanera el haber arrojado al abismo a muchos inocentes, es decir, muchos bautizados a los que debía haber protegido. Los beneficios «espirituales» quedaron eclipsados por un amargo sabor a injusticia.

La expulsión fue sobre todo una gran demostración de la fuerza y del poder de Felipe III respecto a la Corte y respecto al mundo. En la famosa reunión del Consejo de Estado del 4 de abril de 1609 el rey había planteado a sus consejeros una decisión definitiva sobre el «modo y

tiempo de librarse de esta gente», y sólo admitía dos soluciones: la deportación o el exterminio; no admitía
más alternativas, no cabían los aplazamientos y sólo sometía a consulta el modo y manera. El duque de Lerma
y el resto de los asistentes no pudieron objetar, oponer-
se o plantear otras salidas, no era eso lo que les pedía su
soberano. La opinión general atribuyó al valido un papel menor en el asunto. Jaime Bleda recordaba esto al
dedicar al duque de Lerma la *Defensio fidei in causa
neophytorum sive Morischorum Regni Valentiae, totius-
que Hispaniae* (Valencia 1610). Pretendiendo reparar
una falsa idea, la confirmaba:

Hablando un día con el marqués de Carazena, Virrey deste
Reyno, sobre la impresión deste libro, me encargó mucho
que me acordasse de hazer particular memoria de Vuestra
Excelencia a quien después del rey nuestro señor se atribuye
este hecho.

Pero el ministro fue a remolque, y el 4 de abril se ex-
cusó por su actitud dilatoria para afrontar el problema
y le costó serios disgustos con la nobleza valenciana de
la que era parte y cabeza. No parece que todo esto le en-
tusiasmase; según Bernard Vincent y Antonio Domínguez Ortiz, aceptó para agradar a la reina y no disgustar
al rey.

Para Felipe III, la solución definitiva del problema
morisco era un instrumento de afirmación de su autoridad ante el Consejo, respecto a su valido el duque de
Lerma y a quienes pensaban que no era dueño de su voluntad. Asimismo es expresión de su personalidad, de
su piedad y su profunda sumisión a la doctrina de la
Iglesia no podía ser rey de herejes y no cabía en su cabeza

la posibilidad de admitir la tolerancia. Según las profecías y según el patriarca Ribera recordaba, de continuar la blandura y la conformidad con la presencia musulmana no tardaría en producirse una segunda e irreparable caída de España. Por otra parte, hay que señalar el ambiente de religiosidad de la familia real y la piedad de la Corte, cuyos referentes los constituían la tía del rey, sor Margarita de la Cruz, priora de las Descalzas Reales, y la reina Margarita (que falleció de sobreparto en 1611), responsables del giro de la política exterior de la Monarquía hacia la convergencia con los Habsburgo austríacos y una mayor implicación en la política europea, dando marcha atrás al pacifismo de Lerma. A través de ellas los embajadores imperiales y los nuncios disponían de un canal de influencia bastante notable que frustraba y alteraba muchas de las decisiones y los proyectos del valido, poniendo los cimientos para la futura intervención militar española en el Imperio alemán. Como muestra de la afinidad de la expulsión con el catolicismo totalizador de la Corte de la reina, baste señalar que Margarita de Austria

en la ocasión de la expulsión de los moriscos prometió edificar un convento de monjas dedicado al inefable misterio de la Encarnación, si la empresa correspondía a su deseo. La felicidad con que se hizo la expulsión obligó al cumplimiento del voto (Luis Muñoz, *Vida y Virtudes de la venerable virgen Dª Luisa de Carvajal*, Madrid, 1632).

El monasterio de la Encarnación de Madrid fue, a su manera, su Escorial particular, mezcla y recuerdo del vínculo del poder temporal y del poder espiritual (anejo al palacio real, se comunicaría el espacio conventual y el palaciego mediante un corredor). En él profesaron un grupo de monjas procedentes del monasterio de las descalzas agustinas de Valladolid en cuya espiritualidad había ejercido un magisterio muy fuerte Doña Luisa de Carvajal, una mujer impresionada por las enseñanzas del padre Edmund Campion que en 1605 había ido a Inglaterra emulando el espíritu misionero de los jesuitas y allí permaneció hasta su muerte en 1614 en la casa del embajador de España en Londres.

Asimismo, la fiesta de la Encarnación se vinculó a la feliz memoria de la expulsión. La *pietas austriaca* se decantaba al servicio del catolicismo universal para conservar la Monarquía, y nada mejor que el relato del cronista León Pinelo para apreciar el simbolismo de la celebración y acción de gracias por el «feliz suceso» de la empresa:

En hacimiento de gracias por la expulsión de los moriscos se hizo en esta Villa [de Madrid] una solemne procesión que fue desde Santa María a las Descalzas Reales, en que fue el Rey D. Felipe y toda la Corte, Consejos y Ayuntamiento. Dedicase para ella el día de la Encarnación, jueves a veinticinco de marzo [de 1611]. Dijo por la mañana Misa de pontifical D. Decio Caraffa, Nuncio de Su Santidad, a que asistió el Rey con muchos grandes, títulos y prelados. Por la tarde salió la procesión, en que iba de pontifical el Cardenal de Toledo. Cantóse en ella el *Te Deum Laudamus,* que se repitió algunas veces, y siempre al verso *Te ergo quaesumus,* se arrodilló el Rey, y con él cuantos le acompañaban; la reina Doña Margarita estuvo en una ventana de las casas del duque de Lerma, junto a las Descalzas Reales, donde feneció la procesión.

El otro dato llamativo, que no han pasado por alto los historiadores, es la coincidencia de la firma del decreto de expulsión con la tregua con los Países Bajos. Desde 1592 los jesuitas iniciaron una acción misionera siste-

mática en las Siete Provincias. Hacia 1610 una veintena
de misioneros mantenía regularmente su actividad en
ciudades como La Haya, Amsterdam o Utrecht, y los
colegios de la Compañía en Colonia y Lieja preparaban
y formaban a un número creciente de sacerdotes holandeses dispuestos a la misión. Felipe III ofreció el reconocimiento de la soberanía a cambio de la tolerancia
hacia el catolicismo, oferta que rechazaron las autoridades de la República por temor al crecimiento de una minoría que cuestionaba su legitimidad (de hecho, su crecimiento pesó en la decisión española de reanudar la
guerra en 1621). Al final, la tregua vino a significar que
no habría paz verdadera mientras el catolicismo no fuera respetado, lo cual era una severa advertencia que los
holandeses podían valorar si les interesaba mantener su
intransigencia y no obtener los beneficios de la verdadera paz que habían alcanzado Inglaterra y Francia. La
defensa y protección de los católicos era un empeño
personal del rey; ni el duque de Lerma ni el archiduque
Alberto querían que esto obstaculizase la paz, pero la
intransigencia del soberano sólo permitió que se fijase
una tregua.

   En palacio, desde la casa de la reina y las Descalzas
Reales, se estimulaba una línea de acción contraria a la
razón de Estado, a la doctrina de los políticos, y parece
que desde ese ámbito se impulsaba una política férrea-
mente ideológica. Rafael Benítez señala que la actitud
del arzobispo Ribera a favor de la expulsión, más que
causada por la maurofobia lo estaba por el temor a que en
el gobierno de la Monarquía se impusiera la visión de
los políticos, pues la razón de Estado implicaba tolerancia aun cuando se disfrazase bajo el manto de la conveniencia y la necesidad. La literatura política que circulaba

en el entorno del rey –Ribadeneyra, Bellarmino y Suárez– enfatizaba el ideal de servicio del príncipe a la Iglesia. Tácito y Justo Lipsio empezaban a eclipsarse para dejar paso a los moralistas. El padre Suárez fue requerido en diversas ocasiones para despejar los escrúpulos de conciencia que atormentaban al rey, y una de sus intervenciones tocó un tema sensible: la concesión de regalos y sobornos a varios cardenales en vísperas del cónclave de 1605.

En los vientos que corrían, más valía adaptarse. En 1612, después del fallecimiento de la reina, la desbordante producción publicística tocante a la expulsión de los moriscos exaltó el papel protagonista de Lerma. El valido fue consciente de que la voluntad del rey pasaba por Roma; la hipersensibilidad de la conciencia regia le permitió adaptarse reemplazando el vacío político dejado por Margarita de Austria, y tal disposición le granjeó el favor de la Curia, que acabó recompensándole con un capelo cardenalicio. Dentro de la campaña de imagen desarrollada por el valido cabe reseñar un tratado que parece compendiar el nuevo rumbo ideológico de la Monarquía Hispana; se trata de la obra del dominico fray Juan de la Puente *Tomo primero de la conveniencia de las dos Monarquías Católicas, la de la Iglesia Romana y la del Imperio español, y defensa de la precedencia de los Reyes Católicos de España a todos los Reyes del Mundo* (Madrid, 1612). Dedicada a Felipe III, la portada del libro sitúa bajo las armas entrelazadas de la Casa de Austria y la Santa Sede las insignias de la orden dominica y el blasón del duque de Lerma con el lema *in mutuo auxilio.* Es un resumen simbólico de un libro dedicado a exponer el argumento de que en el mundo existen dos luminarias, el sol y la luna, la Iglesia y la

Monarquía; el poder espiritual se proyecta sobre el poder temporal, que es su reflejo. En consecuencia, la Monarquía está al servicio de la fe y en el éxito de dicha misión redunda la pureza de España, único lugar del mundo donde no habitan gentes extrañas al credo católico (lógicamente en este empeño por la pureza destaca el papel protagonista del duque de Lerma en la expulsión de los moriscos, a quien atribuye el éxito).

La expulsión acreditaba la disposición a mantener a España entera en la fe y se identificó la medida con el verdadero final de la Reconquista. Restaurada la España Sagrada, no había que temer una segunda caída. Puede que cuando Felipe II pronunciara la frase «a este me lo han de gobernar» referida a su hijo y heredero pensase más en la Iglesia que en los validos. Señalaba Américo Castro (*Cervantes y los casticismos españoles*) que cuando en tiempos de Felipe III el Consejo Real de Castilla prohibió al capitán Bernardo de Vargas Machuca publicar su crítica a la obra de Las Casas, «el motivo de tan alta protección era que la capacidad razonadora de los españoles había sido absorbida por la religiosidad totalizada de su existencia». A su juicio, Las Casas no brillaba como defensor de los indios, sino por representar la aspiración a una «justicia divinal, ultraperfecta y superhumana». En este orden de cosas, el diálogo en el que Sancho proponía a Don Quijote abandonar la caballería andante por la santidad encaja con lo que señalaba el ilustre hispanista:

Los cuerpos de los santos o sus reliquias llevan los reyes sobre sus hombros, besan los pedazos de sus huesos, adornan y enriquecen con ellos sus oratorios y sus más preciados altares... (Q2, 8).

Sin embargo, hubo resistencias a esa «religiosidad totalizada de la existencia» y el episodio de la polémica sobre el patronazgo de España lo puso de relieve.

En 1617 las Cortes de Castilla designaron patrona de España a Santa Teresa de Jesús, y con este acto se tomaba en consideración la crítica de los teólogos y los historiadores de la Iglesia que denunciaban la historia de Santiago en España como una sarta de patrañas e infundios; los cardenales Bellarmino y Baronio demostraron la imposibilidad de que el apóstol viajara a la península Ibérica y su opinión influyó en el enfriamiento del fervor santiaguista. Un catolicismo acorde con Roma iba desustanciando las raíces del catolicismo hispano para caracterizarlo como expresión de un nuevo espíritu contrarreformista cuyo modelo era Santa Teresa. Tal decisión produjo el enfado de personas como Francisco de Quevedo, portavoz del viejo estilo y ardiente defensor de Santiago y de un catolicismo singular, paralelo pero no enteramente sometido a Roma, porque la iglesia española procedía de Jesucristo por vía directa, del apóstol Santiago, como la romana del apóstol San Pedro. Defender a Santiago era defender la nación, y por eso su primera obra polémica en torno a la discusión del patronazgo la tituló *España defendida* (1609). Por otra parte, y en otro lugar, comentando una famosa carta de Fernando el Católico al duque de Ribagorza que encontró Quevedo en la Biblioteca Real de Nápoles, comparaba cómo la razón y el sentido de Estado habían orientado las decisiones de aquel gran rey, mientras que Felipe III, a diferencia de su padre, parecía no recordar ya los fundamentos sobre los que se había construido su Monarquía.

3. La Monarquía de las naciones

El microcosmos de los virreyes

En 1599 Buenos Aires era una pequeña villa en la periferia de la periferia. Perteneciente al distrito de la Audiencia de Charcas, lejos de Córdoba, la capital de la provincia, y de Lima, la capital del reino del Perú, era un lugar pobre y escasamente poblado. El 19 de diciembre de aquel año, sus vecinos celebraron solemne y ostentosamente las exequias de Felipe II. Reunidos en la Iglesia Mayor, rindiendo homenaje a su soberano fallecido, los bonaerenses no se comportaban como individuos extrañados o perdidos en una tierra incógnita, olvidados en una esquina del inmenso Imperio español, sino que se expresaban como miembros de un conjunto afectivo y simbólico, manifestando su identidad y su pertenencia a una comunidad superior, la Monarquía.

Simultáneamente, toda América se había puesto de luto; los virreyes del Perú y la Nueva España habían extendido sendas cédulas para que en todos los lugares «se hagan las demostraciones exteriores que en estos casos se acostumbra». Según se conocía la noticia de la muerte del rey, todos los reinos, estados y señoríos de los que era soberano celebraban su memoria y le rendían el debido homenaje. Como una orquesta universal, las poblaciones celebraban exequias, misas, funerales... haciendo que ciudades tan distantes entre sí como Lima, México, Palermo, Milán, Goa, Lisboa, Barcelona o Toledo se hallasen en comunidad, honrando a su común soberano, conscientes de hallarse en el seno de un cuerpo político, una unidad casi mística, cuya cabeza común era la realeza. Podemos imaginar la celebración de estos ritos al unísono siguiendo la célebre descripción de Tommaso Campanella de una revolución terrestre recorriendo los dominios de Felipe III:

nunca anochece en su Imperio, pues el sol luce desde España, dando vuelta por Brasil, Estrecho de Magallanes, Filipinas, Japón, China, archipiélago de Lazari, Calcuta, Goa, Bengala, Ormuz, Cabo de Buena Esperanza, riberas de África, Islas Afortunadas, hasta la misma España (*La Monarquía de España*, redactada entre 1593 y 1600).

No conocemos una descripción del túmulo bonaerense, pero sí de otros tantos erigidos en las iglesias y catedrales a lo largo y ancho de la Monarquía Hispana. Medio siglo antes, el túmulo erigido en ciudad de México con motivo de las exequias de Carlos V fue objeto de una elaborada formulación iconográfica, diseñada y descrita por el humanista Cervantes de Salazar (*Túmulo imperial de la ciudad de México*, México, 1560). Lo adornaban escenas mitológicas que subrayaban las virtudes del soberano (prudencia, justicia y fortaleza), pero también dibujos y relieves legitimadores de la conquista (Fernando el Católico recibiendo del Papa las bulas, escenas de las hazañas de Hernán Cortes y su entrevista con el emperador) y alusiones al pasado azteca que dotaban de continuidad al presente con el pasado y el futuro. El reino de Nueva España se «normalizaba» como miembro de la Monarquía Hispana. La celebración de estos actos reforzaba el sentido de pertenencia, porque existía una unidad imaginaria, simbólica, que no era administrativa sino identitaria.

Quizá hoy en día se traten con cierto desdén estos vínculos, pues parece que sólo pueden considerarse sólidos los lazos jurídico-administrativos formales hasta el punto de que se niega la existencia de la unidad de la Monarquía. Fijando la atención sólo en la diversidad, cabe hablar de «Monarquía compuesta», «reino compuesto» o *Commonwealth,* conceptos que muestran un cuerpo desagregado, formado por elementos aislados y con pocas cosas en común. Pero símbolos, liturgias y ceremonias tenían una función agregadora, nada superficial y más sólida y penetrante de lo que suele creerse, porque bonaerenses, palermitanos, milaneses, sevillanos o mallorquines eran conscientes de pertenecer a un espacio común y homogéneo y de compartir una misma cultura política, orgánica y articulada. Buenos Aires, durante la celebración de las exequias de Felipe II, se transfiguraba simbólicamente en tres estadios, ciudad-reino-monarquía, escenificando la jerarquía de la identificación del microcosmos al macrocosmos; allí se representaba no sólo una ciudad, sino la entera comunidad política constituida y vinculada por la fidelidad a un mismo soberano. Los bonaerenses respondían como «leales y buenos vasallos» y, aunque su modesto túmulo no podría competir con el inmortalizado por Cervantes erigido en Sevilla, en aquel rincón de la América austral donde se carecía de casi todo (ni siquiera había velas y lienzos negros) se hizo un enorme esfuerzo para adquirir y llevar a la ciudad todo lo necesario para hacer unas exequias dignas. Los días de luto, con sus procesiones y homenajes, con las honras en las que se compusieron sonetos castellanos, italianos y portugueses, convirtieron a la ciudad en teatro del reino, de la Monarquía Indiana y de la Monarquía Universal.

En 1599 la Monarquía Hispana se contemplaba como un mundo fuerte, bien cimentado y enraizado sobre sólidos principios: consejo, prudencia y religión. España constituía su núcleo, su cabeza, pero resultaría problemático describir a los territorios que la componían como oprimidos bajo la «dominación española». Monarquía era, sobre todo, pluralidad. A comienzos del siglo XVII un anónimo libelista siciliano, defensor de la corona española, replicaba a los simpatizantes de Francia que «un solo Reino (por muy grande que se quiera en lo político) no constituye Monarquía; este nombre comprende reinos, provincias y diversas naciones»; concordaba con el dominico calabrés Tommaso Campanella al describirla como un mosaico de múltiples microcosmos integrados orgánicamente dentro de un macrocosmos cuyas relaciones internas no eran de sumisión o asimilación, sino de congregación integrada bajo un príncipe común. Campanella pensaba que esta organización permitiría a los reyes de España convertirse en monarcas del mundo siempre y cuando respetasen la diversidad al tiempo que no olvidasen reforzar una identidad común de carácter espiritual. Esta forma de contemplar la Monarquía Hispana la compartían sus propios dirigentes y responsables políticos y era asunto perfectamente comprendido por los soberanos de la

Casa de Austria. Es conocida la introducción que realizó Felipe IV, siendo príncipe, a su traducción de la *Storia d'Italia* de Guicciardini en la que justificaba su ejercicio como responsabilidad de quien habría de ser soberano de naciones y por tanto obligado a conocer la historia y manejar la lengua de cada una de ellas.

Por otra parte, el propio Consejo del Rey era una representación palaciega del microcosmos de su Monarquía. La extraordinaria diversidad de los territorios se reflejó en la autonomía que, a partir de 1580, adquirieron los consejos territoriales de Italia, Aragón, Indias, Borgoña, Portugal y Castilla, que garantizaban la independencia jurídica y legal de cada parte, sin mezcla ni intervención de los naturales de una en otra, jurisdiccionalmente separados y a la vez sentimentalmente unidos. Esto era elogiado como una virtud, pero también constituía una seria limitación señalada por Cristóbal Suárez de Figueroa (*El pasagero*, Madrid 1617) al no poder trasvasarse la fuerza de unas partes a otras, impidiendo reequilibrios internos especialmente necesarios para mantener los imperios ultramarinos de castellanos y portugueses que

sólo se valen de la gente de su nación [...] deberían admitir en tales ocasiones los pueblos cuya fidelidad, obediencia y quietud asegura el largo tiempo en que los mantiene súbditos del imperio español y más cuando el vasallaje es natural, no de conquista.

Una organización tan dispar sólo podía gobernarse desdoblando la persona del rey en cada una de las partes. De ahí nació la figura del virrey, cuyos orígenes se remontan a la monarquía aragonesa del siglo XV. Su institución fue celebrada como una ingeniosa ficción legal que resolvía el problema de que el soberano de muchos territorios pudiera gobernarlos como si sólo lo fuera de cada uno en particular, desdoblando su persona en un «otro yo», un álter ego que realizaba sus funciones. Parrino, un historiador napolitano del siglo XVII, explicaba con meridiana claridad las virtudes del hallazgo:

de esta forma, las Monarquías no sufren ningún daño de la ausencia del Príncipe, que por medio de su principal Ministro envía, como por vena maestra, la sangre, y el alimento a sus miembros alejados; y los maneja y gobierna, como un brazo de su potencia, físicamente dividido del tronco, pero moralmente unido a él *(Teatro eroico e politico de'governi de' Vicerè del Regno di Napoli,* Nápoles, 1692).

Si contemplamos Nápoles, Lima, Lisboa o cualquier otra capital virreinal en torno al año 1600, veremos similitudes y elementos de una misma unidad y pertenencia, todas con un denominador común que las iguala porque las cortes virreinales tenían como espejo Madrid y los virreyes al rey. Eran imágenes reflejadas, no partes de un compuesto; el rey y su Corte se reproducían en sus «otros yoes» y «otras cortes».

Las cortes virreinales eran centros de poder autónomos; en ellas se concentraban las prerrogativas reales de provisión de oficios, gracia y mercedes, administración de justicia, defensa, real patronazgo... Ya en tiempos de Fernando el Católico, tras los primeros conflictos con el primer virrey de Nápoles, Gonzalo Fernández de Córdoba, la corona percibió el peligro que entrañaba la existencia de «vicarios» demasiado autónomos que podían alzarse con el reino con relativa facilidad. Sin embargo, después del viaje del rey a Nápoles en 1506, no se emprendió la limitación de la autoridad virreinal por considerarse perjudicial manifestar desconfianza respecto a quienes debían asumir tan alta responsabilidad. A lo largo del siglo sólo el cese o la extinción del mandato se consideraron como únicos limitadores de la autoridad vicerregia. Los virreyes no eran oficiales, no desempeñaban un cargo sino que hacían las veces del soberano, y su autoridad no residía en una concesión administrativa sino en su calidad de miembros de la familia real; el título de virrey de Sicilia, de Portugal, Cataluña o Perú contenía el reconocimiento a sus titulares de ser «primos» del monarca y, como se puso de manifiesto en el pleito del virrey extranjero en Aragón, no eran oficiales sino «personas reales». Esta definición entrañaba, como se aclaró en Nápoles en 1564, que toda agresión o atentado contra la persona del virrey se imputaba como delito de lesa majestad pues contra la misma persona del rey se dirigía. En tales condiciones, la autoridad del rey sobre los virreyes no se ejercía por medio de canales administrativos sino personales, como cabeza de familia; asimismo, la lealtad, devoción y obediencia de los virreyes se correspondían por el mismo camino. No obstante, el vínculo entre el rey y sus súbditos nunca desapareció por la interposición de la figura de los virreyes; el rey era el único depositario de la lealtad y fidelidad de los naturales de los reinos (así se entiende la aparente contradicción que encierra el célebre grito de las revueltas de Nápoles y Sicilia en 1647: «viva el rey, muera el mal gobierno»), y esto se debe a que la propia ausencia del rey se presentaba como pasajera, provisional, como lo era la autoridad de la persona que le reemplazaba.

Al tratarse de una relación personal, afectiva y familiar, los virreyes no estaban sujetos a rendición pública de cuentas, a excepción de los de Perú y Nueva España, pues procesarlos era casi lo mismo que procesar al propio soberano. Las visitas y residencias de los virreyes americanos constituyeron una excepción a la regla porque la lejanía de aquellos territorios hacía imposible una visita real; sus virreyes no guardaban una ausencia, eran oficiales de gobierno por delegación del rey. Sin embargo, el establecimiento de la Corte en Madrid en 1561 acabó con la idea de que la ausencia del rey era accidental, pues en adelante sería permanente. En 1558, el virrey de Sicilia, Juan de Vega, conocedor de los planes de su soberano, advirtió que sería necesario replantear la figura de los virreyes, subordinarlos a la Corte y fijar vínculos administrativos. En su opinión, dicho cambio acabaría con la institución, porque los virreyes no eran corregidores, no estaban sujetos a consejos y tribunales. Los virreyes formaban un solo cuerpo con el rey, hacia quien dirigían su correspondencia y de quien recibían, sin intermediarios, la expresión de su voluntad; nadie tenía ni podía tener jurisdicción sobre ellos, y esto les daba una independencia casi absoluta. Ningún noble aceptaría un cargo con las atribuciones recortadas y con menores prerrogativas que sus antecesores, pues pocos admitirían que los límites tuvieran una causa distinta de la desconfianza.

Vega tenía razón: no pudo imponerse ninguna clase de límite salvo el cese o la expiración del mandato. Se ha dicho que la famosa carta de Sancho Panza a su mujer satiriza la actuación de los gobernantes ultramarinos, apenas limitados para saciar su codicia y enriquecerse al frente de los gobiernos que se les encomendaban; tal vez el gobierno de la ínsula Barataria fuera trasunto jocoso de una práctica habitual de quienes recibían un virreinato o gobierno: «me partiré al gobierno, adonde voy con grandísimo contento de hacer dineros, porque me han dicho que todos los gobernadores nuevos van con este mismo deseo» (Q2, 36).

Sea como fuere, la sabiduría popular se hizo eco de esta percepción, y aun hoy circula en Sicilia un refrán nacido de la experiencia de la dominación española que dice: «por encima del rey está el virrey». Concuerda con el famoso «se obedece pero no se cumple», contestación frecuente de los virreyes americanos cuando no podían o no querían aplicar las órdenes provenientes de la metrópoli. Fueron muy escasos los virreyes cesados, depuestos o castigados públicamente. Felipe II tuvo fama de prudente y cauteloso en esta materia, y, ante los virreyes de los que no estaba satisfecho,

solía por medio de su Consejo de Estado u otro, ordenarles pidiessen licencia para dejar los cargos, medio prudente para sacarlos dellos con mayor dulzura y sin quiebra de reputación como se hizo con el duque de Osuna siendo virrey de Nápoles[1].

Esta táctica se mantuvo con posterioridad, precisamente con el hijo de quien aparece en el ejemplo citado, la decisión de Felipe III de cesar al virrey de Nápoles estuvo atemperada por dicho planteamiento:

Su Majestad dio intención de hacerlo así y aunque los validos [el duque de Uceda y el confesor Aliaga] se opusieron a esta resolución, solamente alcanzaron que la suspendiese hasta que el duque [de Osuna], por reputación, se anticipase a pedir licencia de venir a la Corte y se le concediese[2].

La razón de proceder de esta manera preservaba la reputación de la Casa Real y servía para que

no se persuadiesen los vasallos a que podían ser parte en las
mudanzas de los Vi Reyes, de que nacería en ellos la soberbia
y inobediencia y en los Vi Reyes el temor de descontentarlos
con que se perturbaría la administración animosa de la justicia, libre distribución de los premios, con daño general de los
vasallos[3].

Mientras existiese una buena sintonía entre la Corte y
las cortes virreinales, estos problemas no tenían por qué
producirse. Debe entenderse que más que gobernar territorios, el rey gobernaba personas, y que el gobierno real
de la Monarquía se articulaba por redes de patronazgo y
clientelismo, por relaciones privadas entre sujetos que in-
tercambiaban lazos de lealtad y protección. El ejemplo
que hemos tomado lo muestra de manera clara: el duque
de Uceda y el confesor Aliaga estaban ambos obligados al
duque de Osuna el uno por parentesco habiendo casado
entre sí sus hijos, el otro por amistad y los dos por muchos presentes recibidos no se atrevían a desampararle[4].

Consejos y territorios

En 1555 Felipe II mandó juntarse a sus consejeros italianos en comisión específica para asesorarle en el gobierno de sus estados de Italia. La instrucción que les
entregó supuso la creación del Consejo de Italia, un
acontecimiento que formó parte de un proceso más
amplio, el de la experimentación de la manera de gobernar en la distancia. El rey, tras su matrimonio con la
reina de Inglaterra, María Tudor, estaba convencido de
que no pudiendo abandonar la tierra de su esposa tendría que gobernar sus estados desde Londres, renuncian-
do a la continua peregrinación que había caracterizado

al gobierno de su padre, Carlos V, siempre pendiente de mantener el contacto físico con sus súbditos. Su experiencia londinense seguramente le decidió a establecer su Corte en una sede fija y comprendió los beneficios que reportaba para mejorar el gobierno y la administración de sus estados.

La apuesta era arriesgada. Esforzarse por convivir con los naturales de sus estados era virtud elogiada en los buenos gobernantes; los malos nunca viajaban. El príncipe Carlos, para burlarse de su padre y como público reproche a su sedentarismo, puso por título a un libro con las páginas en blanco *Los viajes de Felipe II*. No obstante, el rey no cejó en su empeño y hemos de ver el establecimiento de la Corte en Madrid en el año 1561 como el telón de fondo de una amplia reforma que afectó entre otras muchas cosas a la administración de los estados italianos, de los reinos de Nápoles y Sicilia y del ducado de Milán. La fijación de la residencia en Madrid significó una mayor concentración del poder de patronazgo del soberano; los nuevos virreyes nombrados para Italia vieron seriamente recortadas sus atribuciones y prerrogativas, y se les recordó que a partir de ese momento todos los oficios, beneficios y mercedes de cierta importancia serían provistos directamente por el rey. La merma de la capacidad de patronazgo de los virreyes no tenía que ver con un afán de centralización política sino con la gestión de la remuneración de la corona para ganarse adhesiones y fidelidades. Se trataba de ejercer un patronazgo directo desde la Corte real, prescindiendo en la mayor medida posible de la intermediación de las cortes virreinales.

El Consejo de Italia no se creó de la nada; sus modelos fueron los consejos de Indias y Aragón, que también funcionaban como comisiones de letrados que asesoraban al soberano en los asuntos concernientes a aquellos territorios. El engarce institucional de los consejos nunca estuvo bien definido; tanto el de Indias, que empezó a funcionar en 1521, como el de Aragón, que lo hizo en 1495, sólo se limitaban a dar dictámenes y opiniones que les demandaba el soberano. Se les llamaba a consultas cuando debía tomarse una decisión o dar un veredicto. Carecían de autonomía para actuar por sí mismos, no eran ministerios sino órganos consultivos, aunque su asesoría permitió limitar la autoridad de los virreyes en materias de gracia y justicia que gracias a los consejos de Aragón e Indias eran administradas directamente por el soberano (nombramiento de jueces y altos oficiales, diseño de la política general, etcétera).

La creación del Consejo de Italia tuvo que ver con premisas ajenas a la técnica administrativa, tenía que ver con la necesidad del rey de consolidar la lealtad de los grupos de poder en los primeros años de su reinado, de disponer de material remunerador en la difícil transición que se abría con las abdicaciones de Carlos V. Con el tiempo, fue uno de los sucesos que condujeron a la «territorialización» de la Monarquía, según veremos a continuación.

En la segunda mitad del siglo XVI, los trabajos de Juan de Ovando y sus colaboradores en la *reforma espiritual de las Indias* llevaron a cabo un proceso de definición territorial y espiritual de los dominios coloniales. Las Indias no constituyeron colonias ni provincias, se configuraron como un sistema cerrado, la Monarquía Indiana, formada por dos grandes unidades políticas, los reinos de Nueva España y de Perú. Reinos no sólo equiparables a los europeos, sino que componían un sistema cerrado,

como lo eran las coronas fundadoras de la Monarquía,
Castilla y Aragón. Si bien las Indias nunca se desvincu-
laron completamente de Castilla, el hecho de disponer
de una legislación propia, diferenciada y común a todo
su espacio, de un gobierno espiritual regido desde el
patriarcado de las Indias y de un consejo propio en la
Corte que actuaba como tribunal supremo hizo que se
configuraran como un espacio particular, intermedio,
situado entre los reinos (Perú y Nueva España) y la Monarquía Universal o Católica. Después de concluida la
reforma del consejo y gobierno de las Indias en 1571, se
dio contenido a los consejos territoriales de Aragón e
Italia, los cuales, a su vez, sirvieron de modelo para la
creación del de Portugal (1580) y del de Borgoña
(1588). En lo sucesivo, los consejos «territoriales» de la
Monarquía ya no fueron concebidos como un canal de
comunicación rey-reino, sino que se configuraron como
instituciones con iniciativa en la vigilancia y custodia
de la jurisdicción real en los dominios que estaban bajo
su competencia, eran guardianes de territorios administrados. En este proceso, Italia, a través de su Consejo, se perfiló y tomó cuerpo como entidad autónoma,
«subsistema» a medio camino entre la Monarquía y
cada uno de los reinos. Así lo reconocía en 1626 el jurista napolitano Carlo Tapia al publicar en Nápoles su *De-
cisionis Supremi Italiae Senatus,* el primer estudio sobre
la jurisprudencia del Consejo. Tapia entendía, a través
de la descripción de diversos casos elevados a la atención del organismo y de sus dictámenes, una capacidad
normativa italiana, fuente de derecho cuyas decisiones
corregían las deficiencias u omisiones de leyes y costumbres particulares de los reinos de Sicilia y Nápoles o
del estado de Milán y, lo que es más importante, con

una aplicación común. Si bien no existía una naturaleza italiana, como tampoco la había española, la institucionalización del Consejo de Italia en 1579 confirió unidad y organicidad a los dominios italianos, del mismo modo que lo estaban las coronas de Castilla y Aragón, y la Monarquía Indiana a través de sus consejos. Como remate, los consejos «nacionales» asociados a fundaciones nacionales como hospitales, congregaciones y templos (entre los que se encontraban la iglesia y Hospital de San Pedro y San Pablo de los italianos fundado en 1580) confirieron a Madrid (y durante un corto intervalo a Valladolid) el doble carácter de Corte y –como dijo Lope de Vega– «archivo de naciones» *(Los mártires de Madrid)*.

En definitiva, los consejos territoriales nos permiten identificar los subsistemas de la Monarquía. Nos permiten también contemplar la articulación orgánica de una monarquía de naciones compuesta por reinos. Cada conjunto tenía un lugar, disponía de una función más o menos reconocida, tenía una composición diferente y una articulación interna singular. Aspectos que podremos apreciar contemplando separadamente los espacios internos de la Monarquía.

El núcleo: Castilla y Aragón

La Monarquía tuvo su origen en la unión de las dos grandes coronas ibéricas de Castilla y Aragón en la segunda mitad del siglo XV. Tradicionalmente se han distinguido siempre dos «posiciones de partida», dos realidades demográficas, económicas y políticas muy diferentes. La corona de Castilla disponía –después de la toma de

Granada– del 65% de la superficie territorial y del 73% de la población total peninsular; la de Aragón disponía tan sólo del 15% de la superficie y del 12% de la población. Sobre esta base, era fácil mostrar a Castilla, pujante, en pleno crecimiento a lo largo de todo el siglo XVI, contrastando con una corona de Aragón en declive, que precisaba de un apoyo externo para apuntalar su precariedad, como quedó demostrado en las guerras de Italia, en las que fueron precisos los recursos materiales y humanos de Castilla para apuntalar la política exterior de la Casa de Aragón. También, como parte de ese hecho diferencial, se ha convertido en tópico atribuir a Castilla un modelo político y social dinámico y moderno, tendente al autoritarismo monárquico, contrapuesto al arcaico y medievalizante de la corona de Aragón, asfixiado por el particularismo de los estamentos. Por último, se ha insistido tanto en subrayar las grandes diferencias entre las dos coronas, su posición fuertemente asimétrica, que ambas parecen antitéticas y su unión poco menos que contra natura. Castilla se caracterizaba por el absolutismo, y Aragón, por el pactismo, dando pie a un juego de alternancias, centralización frente a descentralización, cohesión frente a conflicto social, preeminencia aristocrática o carácter burgués predominante, y así.

La lectura que suele sacarse de ese juego de contrarios es que la vitalidad burguesa de Cataluña quedó esterilizada por el arcaísmo aristocratizante de Castilla y ello abrió el camino hacia la decadencia. Desde el siglo XIX, la historiografía nacionalista y la liberal plantearon el origen del atraso español en la frustración del modelo de estado-nación o estado moderno que pudo haberse encarnado en la Monarquía del siglo XVI si los

MAPA 1. Los reinos ibéricos en 1600.

valores que representaban los comuneros y las burguesías catalana y valenciana hubieran sido asumidos como propios por los soberanos de la Casa de Austria. Suele pensarse, por tanto, en la imposición de un modelo intransigente, absolutista, asumido y liderado por la aristocracia

castellana. Sin embargo, los aportes de la tradición aragonesa fueron más determinantes que la preeminencia castellana en la organización interna de la Monarquía. El
modelo organizativo de la corona de Aragón se impuso
como el más idóneo para regir un sistema tan complejo
como el de la Monarquía Hispana. Fue el gran canciller
Gattinara quien en 1528 convenció a Carlos V para que
adoptase este sistema como mejor forma de evitar la
disgregación de sus estados, y las reformas de Felipe II
no hicieron sino ampliar y dar contenido a esta idea. La
Monarquía de Fernando el Católico, estudiada por Gattinara y admirada por Felipe II, se caracterizaba por la
agregación de territorios que conservaban su independencia.

En Castilla, durante la Reconquista, había funciona-
do un sistema muy diferente. Los reinos de León, Toledo,
Jaén, Córdoba, Sevilla o Granada lo eran sólo de nombre; se enunciaban como territorios en los que el rey
ejercía su jurisdicción pero no tenían personalidad jurídica, eran reinos unidos «accesoriamente» a Castilla,
que se gobernaban bajo sus leyes, pues, como recordara
el jurista Juan de Solórzano, «se tienen y juzgan por una
misma cosa». La expansión era judicial y jurisdiccional,
absorción de distritos y provincias que precisaban audiencias, tribunales que administrasen las leyes y la justicia
castellana, así la creación de las audiencias indianas respondía a un modelo experimentado tras la creación de
la Chancillería de Ciudad Real (trasladada a Granada
en 1501), la Audiencia de Sevilla, la de Canarias y La
Española. Bien diferente era el caso de los reinos de
Aragón Valencia, Mallorca, Cerdeña y el principado de
Cataluña, porque cada territorio tenía su propia personalidad jurídica, sus propias leyes y códigos, lengua ad-

ministrativa, régimen fiscal, fronteras, monedas, etc., tratándose de una asociación «aeque-principal», en pie de igualdad, siguiendo el principio de la *col.ligaçiò,* por el que cada territorio se incorporaba individualmente y sin sujeción a otro en el seno de la corona de Aragón, que resultaba así un conjunto cuyo común denominador era tener un soberano de la casa real de Aragón. La adhesión «aeque-principal» se utilizó para vincular a Navarra a la Monarquía en 1512, y será este principio el que regirá la agregación de los territorios no castellanos tras la conquista de México y Perú. La creación de los virreinatos y las leyes de Indias adaptaron para América una versión castellanizada del sistema aragonés.

Los naturales de los reinos de la corona de Aragón fueron conscientes de su aportación del modelo orgánico de la Monarquía, único capaz de hacerla viable por su compleja diversidad, y no olvidaban refrescar la memoria de los castellanos cuando se minusvaloraba su contribución, como hizo Francisco de Moncada cuando escribió la historia de la *Expedición de los catalanes y aragoneses contra turcos y griegos,* publicada en 1623, para recordar a los reyes de España las acciones «sobre cuyo fundamento hoy se mira levantada su monarquía». En 1616 el noble catalán Francesc de Gilabert dedicó al príncipe Felipe sus *Discursos sobre la calidad del Principado de Cataluña,* en los que exponía la diversidad de reinos, leyes y lenguas como característica de la Monarquía Hispana y, dentro de ella, la corona de Aragón, germen de la misma. Su objeto era describir un sistema que contribuía eficazmente a la estabilidad y cohesión del conjunto y alertaba contra aquellos cortesanos que pensaban que los fueros y leyes particulares impedían hacer justicia o gobernar con eficacia; a su juicio, esos apologetas de la utilidad, de la razón de Estado, no debían olvidar que «la Monarquía de España, pues para ser tan estendida se forma de diversos temperamentos de tierras». Más unidad, más centralismo diríamos hoy, no garantizaba la supervivencia del conjunto.

Ahora bien, la adopción de las estructuras no oculta la preeminencia castellana y el favor expresado a esta nación por la corona. En las Cortes de Castilla, celebradas en Toledo en el año 1558, Felipe II declaró «el amor que tuve siempre a estos reinos, cabeza de mi monarquía, donde nací, me crié y comencé a gobernar». Castilla tenía un lugar especial, y, para subrayarlo, se concedió al Consejo Real de Castilla por la Ordenanza de 1598 un rango superior y arbitral sobre el resto de los consejos. Además, al establecerse la entrada de dos de sus consejeros en el Consejo de Inquisición, la judicatura castellana protagonizó de manera indiscutible el aparato de control social e ideológico de la Monarquía. Castilla, España y Monarquía fueron términos que con mucha frecuencia se manejaban como equivalentes. Las Cortes de Castilla hicieron patrona de España a Santa Teresa en 1617 capitalizando una parte del todo, de la misma manera que los defensores de Santiago se remitían a la vieja corona gótica que había pervivido a través del linaje de Don Pelayo… Pero esto no constituye una razón de peso para explicar por qué la Monarquía prefirió y favoreció a los castellanos; la historiografía tradicional recurrió a una explicación basada en el «hecho diferencial» que apuntamos al principio, porque Castilla disponía de una cultura política absolutista, y Aragón, pactista. Una Monarquía en expansión no podía permitirse el lujo de ver entorpecidos o limitados sus designios históricos por el regateo de unos súbditos que exigían continuamente contrapartidas. La riqueza y la sumisión castellana eran preferibles a la pobreza y la altivez aragonesas. Los reyes ejercían su autoridad cómodamente en el ámbito castellano mientras la veían sistemáticamente entorpecida en el aragonés.

En los últimos años se han ido matizando las diferencias, en primer lugar porque hay un conocimiento más completo de muchas cosas, y en segundo lugar porque se ha rebajado la carga sentimental e ideológica que pesaba sobre hechos e instituciones del pasado. Así, se ha revisado el papel de las Cortes castellanas, tratadas tradicionalmente como una institución débil sometida al arbitrio de la casa real, y también se ha matizado la falta de diversidad en la corona de Castilla y la pluralidad característica de la de Aragón, pues existían otras asambleas de estados además de las Cortes, las Juntas Generales en el reino de Galicia, las del principado de Asturias, la provincia de Guipúzcoa y las del señorío de Vizcaya, que han sido objeto de detallados estudios. El respeto a la ley, las constituciones y los fueros no eran ajenos a la cultura política castellana; el rey no disponía de un poder ilimitado, y la oposición y la negociación formaban parte de un juego político en el que las resistencias eran tan cotidianas como los consensos.

Por otra parte, una nueva lectura de las condiciones de la lucha política en los siglos XVI y XVII obliga a reconsiderar la comprensión de las Cortes. La historiografía del siglo XIX y XX interpretaba la relación entre rey y parlamentos desde la perspectiva de Montesquieu y los experimentos constitucionales que desde 1812 trataban de equilibrar tradición y liberalismo, Monarquía y constitución. Rey y reino se veían naturalmente opuestos, su relación era dialéctica y, normalmente, se hallaba

en tensión. Pocos concebían entonces que la cooperación constituía la normalidad, que los enfrentamientos
eran escasos y que la lucha política se movía más en el
terreno de la complementariedad que en el de la oposición de contrarios. La ley era producto del acuerdo entre
rey y reino, y el espacio en que ambas partes se reunían y
negociaban lo constituían las Cortes, donde se votaban
los servicios (aportes de dinero para la corona), se re-
paraban agravios y quejas. Las diputaciones eran comisiones de diputados que funcionaban mientras no se
celebraban Cortes, se encargaban de recaudar y administrar los servicios acordados con el soberano, vigilaban
el cumplimiento de las leyes y representaban al reino,
enviando embajadas o dirigiéndose a otras instituciones en su nombre.

Las largas Cortes castellanas celebradas entre 1592 y
1598 muestran en su curso la existencia de arduas negociaciones y de una complejidad que difícilmente se puede ventilar como sumisión al dictado de la corona.
Constituyeron seis años de interminables discusiones,
en las que los ministros del soberano hubieron de escuchar, y aceptar, duras críticas a su gestión, a cómo gastaban el dinero de los servicios que les otorgaban los
castellanos. Felipe III en las Cortes de 1598-1601 no
tuvo menores dificultades, pero pudo sortear mejor a la
oposición y obtener el servicio en menos tiempo, aunque en condiciones de gasto y fiscalización muy riguro-
sas. La celebración de Cortes casi continuas en la última
década del siglo XVI indica que éstas servían para algo
más que conceder sumisamente dinero al rey.

Las Cortes de la corona de Aragón se convocaron
menos veces y duraron menos tiempo que las castellanas. Felipe III sólo convocó Cortes en Cataluña una vez,

en 1599, y las convocó en el marco de las Cortes Generales de Monzón. Las de Castilla se celebraron en Madrid (1598-1601), Valladolid (1602) y otras cuatro veces en Madrid, de 1607 a 1611, de 1611 a 1612, en 1615 y de 1617 a 1620. Las últimas fueron especialmente duras: la Junta de Cortes, una comisión creada ad hoc para negociar con el reino, se quejaba en sus informes de lo limitados que eran los poderes que concedían las ciudades a sus diputados y de las rígidas condiciones que ponían para conceder un servicio de dieciocho millones.

La ausencia del rey fue el factor principal de la decadencia de las Cortes aragonesas; si éstas se hubieran adaptado como las asambleas estamentales de Italia, que podían reunirse sin el rey bajo la presidencia del virrey, habrían corrido una suerte pareja a las tradiciones parlamentarias de Sicilia y Nápoles. Lógicamente, la debilidad de las Cortes contribuyó al fortalecimiento de las diputaciones como expresión institucional del reino. Tal es el caso de la Generalitat Catalana o Diputación del General de Cataluña, una institución que en origen se limitaba a recaudar los servicios votados y otros gravámenes como las generalidades (impuesto sobre productos que entran o salen del principado) o la *bolla* (impuesto sobre los productos textiles). Pero la ausencia de los soberanos dilató en el tiempo la convocatoria de la asamblea estamental y, al ser cada vez más extraordinaria la celebración de Cortes, la Generalitat obtuvo un mayor peso político. La corona contribuyó bastante a que esto fuera así, pues con dicha institución disponía de un interlocutor mucho más ágil con el que negociar; al General correspondía defender las leyes, libertades y usos catalanes, estando facultado para denunciar agravios *(greuges)*. A partir de 1569 pudo incluso convocar unilateralmente a los diputados en Cortes a las llamadas Juntas de Brazos, asambleas sin participación del rey, de carácter extraordinario, requeridas para resolver un problema específico. Las Cortes de 1585 sancionaron legalmente estas juntas y abrieron la puerta a la cooperación con la corona en la publicación de las leyes y costumbres sobre las que se edificaba el sistema constitucional catalán. Prevaleció una idea de equilibrio, de fuerzas que se complementan y se apoyan unas con otras siguiendo la idea de «República bien concertada» que tantas veces repite Cervantes en el *Quijote,* refiriéndose al orden como concierto, como articulación de diversos poderes distintos que compaginan sus funciones en aras del bien común. Siguiendo esta directriz de cada órgano en su oficio, se crearon las *divuitenas,* comisiones de las Juntas de Brazos que atemperaban el poder de la Generalitat y que, además de vigilar el cumplimiento de lo acordado en las juntas, podían ordenar visitas y realizar pesquisas relativas a las finanzas y actividades de la Diputación o de alguno de sus miembros. Pero en vez de consolidarse un sistema de contrapesos y garantías, las nuevas medidas redundaron en beneficio de algunos diputados, que llegaron a acumular un enorme poder político y social manipulando la composición de las *divuitenas* para hacerlas a su medida. La impunidad de estos individuos, que dio lugar a sonoros altercados jurisdiccionales con la Audiencia, hizo que en 1593 Felipe II prohibiese las convocatorias de Juntas de Brazos. Sin embargo, en las Cortes de 1599 Felipe III aceptó su restauración anulando por inconstitucional el decreto de su padre.

Esta marcha atrás anuló el ejercicio arbitral que correspondía ejercer a la corona y convirtió el esquema de contrapesos catalán en un sistema de tensión de fuerzas que bordeaba el estado de guerra civil permanente. En un informe del duque de Alburquerque escrito en 1616, se aludía al mal endémico del bandolerismo como un fenómeno que recorría transversalmente la sociedad catalana. La nobleza «criaba» bandoleros en sus dominios, los eclesiásticos les daban refugio y la población en general, por miedo o simpatía, los ayudaba. El bandolerismo en este y otros informes del virrey se describía como algo más que delincuencia; era una faceta de las parcialidades en que estaba fragmentada la sociedad catalana, articulada en grupos familiares o linajes asociados, extendidos sobre el territorio gracias a sus redes clientelares, que mantenían un estado de perpetua guerra privada. Los nobles con sus escoltas armadas se dedicaban a bandolear, a hostigar al bando o facción enemiga, haciendo todo el daño que podían, quemando viviendas, destruyendo cosechas, asaltando poblaciones, etc. Las huestes de las parcialidades, una vez licenciadas, se dedicaban al robo y la delincuencia al tiempo que seguían actuando en pro de la causa. La fuerza y la violencia eran inherentes a la vida política del país. La causa profunda radicaba en que Barcelona no había logrado consolidarse como Corte, como arena política donde bajo el arbitraje del virrey se compitiese por la obtención de honor, riqueza y poder. La limitada capacidad remuneradora de los virreyes y las escasas posibilidades de los barones para prosperar como cortesanos llevaron a que Barcelona no contase con un teatro urbano semejante a Palermo, Nápoles o Lisboa, cuyas brillantes cortes atrajeron a las noblezas locales, que construyeron allí sus palacios, y en las que el desarrollo de la Corte disolvió las viejas banderías en partidos políticos cortesanos. Asimismo, el desarrollo de las cortes virreinales suponía la integración en un circuito de poder que alcanzaba a la Corte del rey en Madrid, por lo que esta desconexión convertía al principado en periferia y, como escribió Francesc Gilabert, la inexistencia de actividad remuneradora de la corona condenó la contienda política al localismo:

esperan poco los de este Principado en el alcanzar merced; y assí desconfiados della cada cual echa su cuenta de que á de acabar su vida en la vereda donde su patrimonio tiene.

En Cataluña los nobles vivían en sus castillos, recluidos en sus baronías (la mitad de la superficie del país); las confederaciones y concordias particulares entre municipios, señores y prelados eran moneda corriente, las parcialidades enfrentaban a señores, eclesiásticos y élites urbanas… Las Cortes, la Generalitat, los municipios, los cabildos catedralicios, etcétera, eran la caja de resonancia de estos conflictos que en el ámbito del principado se alineaban en red abarcando dos grandes bandos, *nyerros* y *cadells,* más o menos estables desde 1592, en que aparecen así designados de manera explícita en la documentación de la Cancillería de los virreyes.

De todo esto tomó buena nota Cervantes al relatar la estancia de Don Quijote en Barcelona. Roque Guinart, el bandolero *nyerro,* extiende salvoconductos para que el caballero y su escudero puedan viajar por Cataluña, por las tierras que domina su parcialidad y con cartas de recomendación para sus amigos en Barcelona. Cervantes introduce en su relato a un personaje real, un famoso bandolero que se había enseñoreado del Montseny, la Segarra y los alrededores de Barcelona: Perot Roca Guinarda, el Roque Guinart de la novela. El autor nos brinda con total naturalidad la descripción de la contigüidad entre la vida legal y la clandestina, entre el forajido y la gente de la buena sociedad, entre la montaña y la ciudad (Q2 60, 61). El *nyerro* armado Perot Roca Guinarda y el *nyerro* honorable, acomodado y tal vez *ciutadà honrat* de Barcelona, Antonio Moreno, pertenecían en apariencia a clases distintas pero en realidad no había distancia o diferencias entre ellos y sí mucho en común: compartían identidad, lealtad a los *nyerros,* odio a los *cadells.* La vida catalana se hallaba impregnada por la contienda entre las parcialidades, y no se puede comprender ésta con una descripción abstracta e institucional de las libertades catalanas. Joan Reglá precisamente aventuró esta realidad como clave de «los orígenes remotos de la revolución de 1640». La consolidación de las parcialidades a partir de la década de 1590 era la muestra palmaria del desarrollo de una comunidad política cuyos dirigentes se habían acostumbrado a no recibir nada de la corona, a trabar redes de solidaridad autónomas, de justicia y guerra privada, a bastarse por sí mismos... Poco debían a la corona, salvo la perpetuación del *statu quo.*

La situación del reino de Aragón era muy parecida. Aragón, como Cataluña, era tierra montañosa y de frontera, lugar de tránsito de mercancías, lugar también idóneo para salteadores de caminos y contrabandistas, lugar también donde el mundo de la delincuencia se mezclaba con conflictos políticos y de banderías. Bajo Felipe II se celebraron Cortes Generales en 1564 y 1585 sin que resultaran particularmente conflictivas y en las que los brazos pidieron una mayor intervención real para pacificar el reino. No obstante, la relación de la co-

rona con Aragón suele presentarse como ejemplo de la
escasa tolerancia del «absolutismo real» frente a las «libertades estamentales», capitalizando esa realidad conflictiva la revuelta de Zaragoza de 1591. Un suceso for-
tuito, la fuga de la cárcel de Corte del secretario real
Antonio Pérez, provocó una crisis política de consecuencias muy graves. Pérez era natural de Aragón, y
cuando cruzó la raya de Castilla en vez de irse al exilio
se presentó ante la Corte del Justicia en Zaragoza acogiéndose al privilegio de manifestación. El tribunal accedió a juzgar su causa, enfrentándose su titular, Juan
de Lanuza «el Joven», a las reclamaciones del rey y sus
ministros para trasladar al reo a una jurisdicción más
favorable, el Consejo Real (la Audiencia) o el tribunal
del Santo Oficio. La sociedad se hallaba dividida; el Justicia y algunos miembros de la Diputación, amparán-
dose en la defensa de los fueros, se negaron rotundamente a entregar al preso a las autoridades reales, pero
las más que notables disensiones existentes en la sociedad aragonesa nos impiden calificar el motín zaragoza-
no como una rebelión del reino contra el soberano. Un
pequeño contingente militar al mando de Alonso de
Vargas entró en la capital el 12 de noviembre de 1591 y
restauró la tranquilidad pública sin encontrar ninguna
resistencia.

La confusión de los sucesos, el hecho de que no pueda verificarse la existencia de un movimiento fuerista
con un programa constitucional, el hecho mismo de
que la restauración de los fueros legitimó la intervención real, llevaron a utilizar el término «alteración» en
vez de rebelión, revuelta o conjura. Los soberanos tenían la función de «solucionar diferencias» para asegurar la paz y el bienestar público y la intervención real

se atuvo escrupulosamente al ejercicio de dicho papel. Las «diferencias» no constituían grandes cuestiones de amplio calado político, sino una colección de conflictos susceptibles de concatenarse los unos con los otros provocando «alterações» que podían poner en peligro a toda la comunidad. Los episodios de esta naturaleza eran frecuentes; baste señalar sólo en la década de 1590 las alteraciones de Ávila (1591), Madrid (1591), Barcelona (1591), Pamplona (1592), Quito (1592), Beja (1593), Lisboa (1596), Calabria (1599)… Incidentes diseminados, que evidencian un estado de conflictividad latente que obligaba a un arbitraje continuo sobre bandos urbanos, jurisdicciones, Inquisición y autoridades civiles, etcétera, conflictos que eran muestra fehaciente de cómo el régimen corporativo constituía un régimen de equilibrios inestables. En Aragón, las diferencias entre las casas señoriales, los Urrea y los Mendoza, los Luna y los Aranda, los contenciosos jurisdiccionales entre señores y vasallos en Ariza, Monclús, Ayerbe y Ribagorza, las competencias entre tribunales: la Audiencia, la Corte del Justicia, el tribunal del Santo Oficio, el pleito del virrey extranjero (que se esgrimía para que dicho cargo se diese a un noble aragonés, lo cual era inaceptable para la corona porque la alineaba en los conflictos banderizos del reino)… nos remiten a problemas de parcialidades y de tensiones en el seno de las élites políticas y sociales más que a un problema que enfrentara absolutismo y constitucionalismo. Antonio Pérez, con su inopinada petición, abrió todos los conflictos existentes que, como piezas de dominó que caen una tras otra, se ensartaron unos con otros. Detrás de la disputa por la custodia del reo en la cárcel de los manifestados o en cualquier otra, las disputas jurisdiccionales, por su tozudez y violencia, engarzaban con las diferencias entre el virrey, el marqués de Almenara y el clan de los Lanuza, al que pertenecía el Justicia; había viejos asuntos pendientes entre casas y linajes, entre grandes casas: los Cabrera de Bobadilla (condes de Chinchón) frente a los Gurrea (condes de Ribagorza), entre los letrados de los tribunales y las familias de la judicatura, entre las ciudades y en el seno mismo de la oligarquía urbana de Zaragoza.

Las Cortes de Tarazona, que comenzaron el 15 de junio de 1592, tuvieron como fin restablecer el orden y restaurar el sistema foral; las correcciones introducidas sirvieron sobre todo para rebajar la tensión creando un ambiente de resolución pacífica de los conflictos. Al zanjarse el pleito del virrey extranjero a favor de la posición de la corona, que pretendía ejercer su papel arbitral con la mayor asepsia posible, pudo transformarse Zaragoza en una verdadera Corte virreinal; al ser nombrados virreyes individuos desvinculados del país, éstos pudieron cumplir su papel remunerador y distanciarse de los litigios internos de las élites aragonesas. El resultado más inmediato fue la reducción de las bandosidades y la violencia que perturbaba al reino; así, si la ejecución del Justicia puede presentarse como un acto de represión, otras medidas, como la deportación a Castilla del conde de Aranda y el duque de Villahermosa, tuvieron un carácter profiláctico, de esterilización de los conflictos faccionales. Un informe que el conde de Villafranqueza entregó al duque de Lerma en 1598 coincidía con este análisis y no era precisamente amable con el reinado que acababa de concluir:

Al reyno de Aragón le dexa reformadas sus leyes con yugo de guarnición en Zaragoza y otras partes haviendo degollado a los que perturvavan la Paz pública y la buena administración de la justicia.

La crisis sirvió para que Aragón se integrase en el circuito de poder de la Monarquía y sus élites tuviesen presencia en la Casa y Corte del rey. El 4 de julio de 1594 el Consejo de Aragón tramitó una merced que solicitaba Juan Herbás para que sus hijos «continúen el servicio de Vuestra Magestad». El peticionario era uno

de los ciudadanos mas principales de Çaragoça y que mejor han acudido en las cosas pasadas al servicio de Vuestra Majestad y por consideración desto le hizo Vuestra Magestad merced de la administración de aquellos estados [de Villahermosa y Aranda] en que se ha gobernado y gobierna muy bien,

lo cual justificaba que se le gratificase concediendo empleos de la casa real a sus hijos, particularmente al mayor, que contaba diecisiete años. De dicha consulta, y otras similares, observamos cómo la casa real fue un espacio de acogida y gratificación y, con el recuerdo aún caliente de las alteraciones de 1591, se manifiesta lo importante que era mantener unido al rey por vínculos de familiaridad con las élites aragonesas, creando lazos de lealtad personal al soberano como cabeza de familia [5]. La Casa era así un ámbito que recogía y se yuxtaponía al reino y donde se vinculaban Corte y país, ya fuera en el caso que nos ocupa, con un eximio representante de la oligarquía urbana de Zaragoza, como con la reserva de oficios palatinos para los principales linajes aragoneses. De este modo Aragón hizo un recorrido inverso al descrito por Reglá en Cataluña, hallando aquí los orígenes remotos de la ausencia de revolución en 1640.

Dentro del núcleo de la corona de Aragón, el reino de Valencia sería el contrapunto de sus vecinos del norte por su estabilidad y por su mayor integración en el centro de la Monarquía. Las Germanías marcaron el final de los conflictos banderizos, y el desarrollo de la justicia y de una Corte remuneradora hizo el resto, asemejándose su caso a Castilla, incluso en la participación de sus naturales en la alta política, como se desprende del lugar que ocuparon los duques de Gandía y los marqueses de Denia en la Corte de Madrid.

El hecho diferencial que situó a Castilla a la cabeza, por delante de la corona de Aragón, tuvo causas muy complejas: riqueza, población, recursos... pero el factor más determinante lo constituyó la integración entre la alta nobleza y el alto clero castellanos con la Monarquía, que formaron un solo cuerpo. La nobleza castellana cobró protagonismo político gracias a su potencial económico, a su particular concepción del servicio al rey y a la presencia en la Corte. «Sólo Madrid es Corte» era algo más que un célebre eslogan; la nobleza castellana recibía mucho de la casa real pero era mucho también lo que aportaba, y lo mismo puede decirse del alto clero. Se ha dicho ya que hablar de decadencia de las Cortes no se ajusta a la realidad castellana; la nobleza y el clero dejaron de asistir porque formaron cuerpo con el rey, pero el reino no por eso desapareció, sino que más bien se clarificó el estatuto de cada miembro de la comunidad política conforme a la realidad imperial que se estaba gestando. En Castilla se perfiló la comunidad política escindiendo en ámbitos separados la tradicional composición dual rey-reino representada en las Cortes medievales, componiendo espacios políticos diferentes. Espacio político exclusivo del reino fueron las Cortes, adonde acudían los representantes de las ciudades para aconsejar y cooperar con el rey en la gobernación de Castilla; las congregaciones del clero, los concilios provinciales y el patriarcado de las Indias perfilaron el gobierno espiritual en un ámbito *extraregnum* en el que también contaba la nunciatura y la Santa Sede y, por último, la nobleza, que, al formar cuerpo con la corona, cooperaba y participaba en el gobierno y servicio de la Monarquía a través de la Casa y Corte del rey, desmarcándose –sobre todo la grandeza– de la especificidad del reino para nutrir las necesidades imperiales de la corona.

También concurrió la percepción castellana de la ley y el desarrollo del derecho como ciencia jurídica, inspirada en el derecho romano y que permitió no sólo afinar el papel justiciero del rey, sino despolitizar su acción mediadora, de tal modo que la lógica de bandos y linajes (presentes en las guerras civiles castellanas hasta el levantamiento de las Comunidades en 1520) se fue desdibujando hasta afianzar los tribunales de justicia y el Consejo Real (en calidad de tribunal supremo) como únicos lugares de resolución de litigios. La extraordinaria litigiosidad de la sociedad castellana no tuvo parangón con sus equivalentes catalán y aragonés, y es el factor que acabó con la lógica de los bandos y linajes. En Castilla, en los siglos XV y XVI las luchas de bandos poco tenían que envidiar a los reinos orientales; en ese aspecto, Toledo no era muy diferente de Gerona. El desarrollo de la Corte y su capacidad de integración de las élites pacificaron el país y trasladaron la guerra civil a la arena cortesana, como simple contienda política. La justi-

cia privada de las bandosidades desapareció definitivamente bajo el ascenso de los letrados y la sacralización
de la justicia, de modo que el abismo entre la sociedad
castellana y la catalanoaragonesa se puede resumir con
una observación de Felipe II sobre los problemas constitucionales de Cataluña, mostrando más perplejidad
que enojo porque «dieciocho personas legas y sin letras», los diputados de la Generalitat, pudiesen y pre-
tendiesen corregir y enmendar la plana a «los doctores
del Consejo real con el acuerdo y estudio que suelen».
La diferencia de mentalidad era apreciable: o bien la ley
era contemplada como composición y acuerdo entre
partes o bien era entendida como una norma superior a
la sociedad, que había de ser estudiada e interpretada
por expertos para aplicarla con asepsia y rigor. Lógicamente en la corona de Aragón las universidades no tuvieron la relevancia que en Castilla como semillero de
altas dignidades eclesiásticas, magistraturas y consejeros de la Monarquía y su vida social y política no se hallaba tan judicializada, si exceptuamos Valencia. La
aristocracia y el estamento eclesiástico castellanos se
ajustaron perfectamente a las necesidades del ejercicio de
la autoridad de la corona, la nobleza en el gobierno político, el *gubernaculum* (puestos diplomáticos, militares y
virreinatos), los prelados-juristas en el administrativo-
judicial, la *jurisdictio*. Salieron del marco político del reino, en el que permaneció el tercer estado representado
en las Cortes, para integrarse en el ámbito del poder de
la Monarquía. Gilabert, al reflexionar sobre las razones
por las que los castellanos habían alcanzado el lugar
preeminente en la Monarquía, atribuía el hecho precisamente a que por ser más ricos y poderosos «podem seguir millor lo rey» ('pueden seguir mejor al rey'). Mara-

vall, por su parte, describió esa situación como la tras-
formación de un estamento del reino en élite de poder
de la Monarquía.

Italia, dominada y dominante

En septiembre de 1609 se confirmó la noticia del nombramiento del conde de Lemos para el virreinato de Nápoles. Se trataba del oficio más apetecido por la aristocracia castellana, el que reportaba más honor y riqueza,
con una autoridad y dignidad que hacía a sus titulares
equiparables a príncipes soberanos. Pero lo que conmocionó a la Corte madrileña fue que el conde era un
gran mecenas de las artes, las letras y las ciencias. La
composición de su séquito desató todo tipo de especulaciones y se hicieron todo tipo de cábalas pues, no sin
razón, se pensó que quienes dominaban la escena cultural cortesana figurarían en él. Florecieron las obras
prologadas con dedicatorias llenas de elogios encendi-
dos al de Lemos, mientras su palacio y el personal de su
casa se vieron rodeados de aduladores y en los mentideros de la Villa y Corte no se hablaba de otra cosa. La
corte literaria del conde fue organizada por su secretario Lupercio Leonardo de Argensola, quien incluyó a
sus familiares y amigos: Bartolomé Leonardo de Argensola, Antonio Mira de Amescua, Gabriel de Barrionue-
vo, Antonio de Laredo, Francisco de Ortigosa y Gabriel
Leonardo de Albión… Como se ve, salvo los Argensola
y Mira de Amescua, el resto de los elegidos no tenían ni
tuvieron después ningún reconocimiento, y quedaron
fuera (y enojados) los más eximios representantes de
una cultura que se hallaba en el cenit de su Siglo de

Oro: Lope de Vega, Luis de Góngora, Cristóbal Suárez de Figueroa y Miguel de Cervantes, entre otros muchos. La «corte de poetas» defraudó todas las expectativas y, con la inquina propia de los envidiosos, fue ridiculizada («dicen que todos los despachos se han de hacer en poesía») o simplemente menospreciada como corte de pedantes o de amigos de poetas. Cervantes, en *El viaje del Parnaso,* calificó a «los Lupercios» de tener «la voluntad, como la vista, corta» y agregaba:

> pues si alguna promesa se cumpliera
> de aquellas muchas que al partir me hicieron,
> lléveme Dios si entrara en su galera.

La frustración de Cervantes se debía a que había perdido la oportunidad de medrar a la sombra de un gran mecenas que tenía la intención de hacer de Nápoles una de las Cortes más brillantes de Europa. Pese a las críticas de los envidiosos, el conde no defraudó las expectativas y convirtió a Nápoles en un centro de referencia cultural y científica al nivel de Florencia y Roma. La *Academia degli Oziosi* que fundara en 1611 en el claustro de la iglesia de Santa María de la Gracia nada tenía que envidiar a las famosas Accademia de' Lincei (1603) y Accademia della Crusca (1612). La academia se fundó para promocionar la poesía, la oratoria, las «ciencias matemáticas» y la filosofía. Dicha institución sobrevivió a su mandato, como las otras grandes realizaciones monumentales y artísticas de su virreinato, el fastuoso palacio real, la construcción de una nueva universidad o las reformas urbanísticas de Amalfi y Salerno. Entre sus vastos proyectos sólo se frustró su propósito de contratar a Galileo Galilei al servicio de la Monarquía

Hispana, lo cual contradice el presunto desinterés de las élites españolas del momento por la ciencia.

Cervantes nunca tuvo buena suerte, y menos cuando buscó el patrocinio de tan insigne mecenas. Habría deseado establecerse en una brillante academia de poetas y literatos, pero, sobre todo, nada habría sido mejor que Italia, donde ya estuvo en su juventud, al servicio del cardenal Acquaviva en Roma y como soldado. Italia era la madre de la cultura y la civilización: la producción literaria y artística, así como la cultura, la política, la religión y casi todas las manifestaciones de la sociedad del Siglo de Oro, imitaron, siguieron, compararon, emularon e incluso trataron de superar al país cisalpino. Modelo admirado y, a la vez, objeto de codicia tras las famosas guerras de Italia (1494-1559), los españoles fueron dominadores en lo político y «dominados» en lo cultural. Como ya pusiera de manifiesto Benedetto Croce, la «vida» española e italiana discurrieron en paralelo, interaccionaron y formaron uno de los complejos culturales y políticos más cohesionados de su tiempo, de modo que si Ariosto, Castiglione o Tasso no pudieron pasar por alto los modelos de comportamiento «españoles» tanto en lo que afecta a la cultura cortesana como en los ámbitos militar o religioso, es raro no encontrar en Cervantes, Quevedo o Lope de Vega referencias a lecturas, préstamos y comparaciones con autores italianos. Desde el siglo XV (y quizá antes) hubo un rico intercambio entre las dos penínsulas, que se intensificó en los siglos XVI y XVII de la mano de la hegemonía política de la Monarquía Hispana en Europa. Saavedra Fajardo *(República Literaria,* 1612) establecía un paralelo entre los ingenios de ambas naciones: ambas cayeron en el silencio durante las invasiones de bárbaros y musulmanes,

ambas despuntaron al unísono, Petrarca y Dante, por un
lado, y Juan de Mena y el marqués de Santillana, por
otro, sacaron a las lenguas italiana y española, respectivamente, de la barbarie igualándolas al latín: «su espíritu,
su pureza, su erudición y gracia les igualó con los poetas antiguos más celebrados». A pesar de este forzado
paralelismo, Diego de Saavedra situaba en primer lugar
a los italianos; Petrarca, Dante, Ariosto y Tasso abrían
caminos y eran inequívocamente señalados como pre-
cursores, y marcan como punto de partida (y de comparación) su breve relato de la literatura española desde
Garcilaso (que comenzó a escribir «en tiempos más cultos») hasta Lope o Góngora. Parecía ineludible que, al
hacer repaso de la historia de la literatura española, se
comenzase con autores italianos, pues, salvo Camoens y
Ausias March, ningún otro autor de ninguna otra lengua figuraba en el Parnaso español.

Reconocida a primera vista esta realidad, es preciso
constatar que, además de leerse muchas obras traducidas, era de buen tono en la alta sociedad y en los círculos
literarios la lectura, redacción y conversación en italiano. Italia tuvo un significado para los españoles que estaba a medio camino entre lo extraño y lo propio; oficiales,
soldados, virreyes, aristócratas o artistas la percibían
como un complemento indisoluble a España, en lo político (con la política de quietud y el desarrollo del «sistema español»), en lo militar (frente a la agresión musulmana y la creación de un aparato defensivo desde el
Adriático hasta el estrecho de Gibraltar) y en lo religioso (por ser firmes reductos del catolicismo ante la marea protestante).

En el ámbito de las bellas artes la superioridad era indiscutible, tanto que, salvo raras excepciones, dificulta-

ba la valoración de lo propio. Pintores, escultores y arquitectos españoles eran poco estimados si no habían viajado a Italia para perfeccionar su arte, al tiempo que debían hacer frente a una fuerte competencia que sobrevaloraba un cuadro mediocre con firma italiana respecto a otro de un artista nativo. El valor de la firma ocultaba el de la propia pintura. Una colección de cuadros que regaló el duque de Mantua a la Corte española se estropeó tanto durante el viaje que Rubens, encargado de trasladar las obras a Madrid, tuvo que repintarlos de mala manera antes de entregarlos a sus destinatarios. Le sorprendió cómo los aristocráticos coleccionistas madrileños ponderaban el arte de cada pintura y elogiaban el estilo de los grandes maestros italianos, por lo que pensó que en España no se sabía mucho de pintura, pues aquellas obras desfiguradas habrían irritado a todo buen *connoisseur* al norte de los Pirineos. Los oficiales reales, militares, letrados y eclesiásticos españoles en Italia adquirían obras para decorar sus casas en España, para sorprender o regalar a sus paisanos, presumir de estar a la moda o estar al tanto de las últimas corrientes en boga. El conde de Villamediana trajo de su estancia en aquellas tierras una impresionante y selecta colección en la que destacaron los primeros lienzos de Caravaggio conocidos en Madrid. El marqués de Villafranca, cuando dejó el gobierno de Milán, se trajo en su equipaje una pinacoteca cercana al centenar de lienzos, y no menos asombrosas fueron las colecciones que se trajeron el conde de Benavente, el conde de Lemos y el duque de Osuna de Nápoles. En Madrid, Sevilla, Córdoba, Cádiz o Lisboa se instalaban pintores italianos que pronto reunían grandes clientelas y disfrutaban de un éxito y reconocimiento que no alcanzaban en su patria. Asimismo, se importaban masivamente pinturas, esculturas, joyas, muebles y objetos artísticos en tales cantidades que, por falta de encargos, el pintor Carducho decidió dejar los pinceles para dedicarse al más lucrativo negocio de la importación, aprovechando su conocimiento personal de artistas y marchantes en la Toscana; en la década de 1600 marchantes italianos con sede en Florencia, Nápoles o Roma, como Sorri y Lucchi, Finson, Antivedutto della Gramática o Procaccini, se habían especializado en satisfacer la demanda del mercado español, y se consigna la exportación masiva de obras de arte desde Nápoles, Milán, Génova, Florencia y Roma. Italia, según el título de un libro de Cristóbal González de Figueroa, era la *Plaza universal de todas las ciencias y artes,* imponía la moda, la vanguardia artística, y fijaba el criterio del buen gusto, el saber y el conocimiento.

Pero el complejo de inferioridad cultural se subsanó con la dominación política, con la soberbia española, tan odiosa en Italia. Como muy bien señalaron los tratadistas españoles, «sin Roma no hay Imperio». La dominación de Italia siempre estuvo en la médula de la solidez de la Monarquía Hispánica, cohesionada bajo la unidad religiosa. El control político y militar de la península hizo innecesaria para España la pretensión de construir una Iglesia nacional como en Inglaterra o Francia. A lo largo del siglo XVI, una vez consolidada la hegemonía tras la Paz de Cateau-Cambrésis (1559), se fue tejiendo una densa trama política, financiera y militar que configuró lo que el profesor Musi ha denominado el «subsistema Italia» dentro del «sistema imperial español», sustentado sobre una base territorial (los reinos de Nápoles, Sicilia y Cerdeña, el ducado de Milán y los presidios de Toscana), una masiva presencia militar (con guarniciones desde Malta hasta los pasos alpinos) y la asunción de un papel tutelar que garantizaba la paz (es la política de quietud, establecida en el Congreso de Bolonia, por la que las potencias italianas dejaban en manos de Carlos V y sus descendientes la resolución de los conflictos que hubiera entre ellas, como instancia arbitral).

La base territorial de la Monarquía Hispana en Italia constituía cerca de un 50% del territorio actual de la República italiana. La extraordinaria autonomía de la que gozaron los dominios italianos y la casi ausencia de elementos institucionales comunes y vertebradores del conjunto han permitido tradicionalmente abordar el estudio de los dominios como historias separadas, singulares e inconexas. Aunque nuestro propósito es mostrar un panorama orgánico, parece preceptivo detenerse brevemente para contemplar algunas de estas peculiaridades.

Cerdeña fue un territorio excéntrico y nunca considerado como propiamente italiano. La isla, concedida a los reyes de Aragón por bula del papa Bonifacio VIII (1297), se sometió muy lentamente y a muy alto coste. El resultado de más de cien años de cruentas guerras fue que la mitad de la nobleza sarda en el siglo XVI era de origen catalán, otra cuarta parte aragonés y valenciano y el resto sardo, italiano y mallorquín. La isla fue conquistada y sometida por una élite de conquistadores que impusieron sus leyes, instituciones y costumbres en el territorio. A imitación de Cataluña se crearon en 1355 el Parlamento y las dos gobernaciones o *capi* de Cagliari y Sassari (que en 1401 quedaron subordinadas a la autoridad de un virrey). En 1421 el Parlamento adoptó la fórmula de que las «corts e parlaments quant se celebraran [se debían] celebrar e proseguir iuxta lo styl e practica de Cathalunya». Aunque

con una peculiaridad: el estamento militar podía auto-
convocarse sin necesitar el mandato del soberano, dejando bien clara la preeminencia social y política de los
conquistadores, articulados en torno a dos linajes dominantes, los Villasor y los Castellví. El derecho, las
costumbres y jurisprudencia catalanas eran extensibles
a Cerdeña, y la lengua catalana era la lengua administrativa y la empleada en las reuniones del Parlamento o
en sus peticiones al rey. Con todo, cabe decir que esta
hegemonía catalana que figura en los textos legales tenía una ejecución parcial; en 1554 el estamento militar
se quejaba del incumplimiento de la norma recordando
al virrey que era obligatorio «servar l'orde y stil de Corts
de Cathalunya en tot y per tot» y éste les recordaba que
en su convocatoria se ajustaba a la costumbre. Lógicamente, la *communicatio* existente entre Cataluña y Cerdeña se manifestó en la comprensión de la isla no en Italia sino en la corona de Aragón (lo cual cambiaría con el
advenimiento de la Casa de Borbón en el siglo XVIII).

La integración de Sicilia en la Monarquía fue radicalmente distinta de la de Cerdeña, pues no fue agregada
tras una dura conquista, sino que fue, siguiendo la jerga
jurídica altomoderna, un reino «pactionado». Es decir,
al entregarse voluntariamente a Pedro III de Aragón se
hallaba vinculado a la corona por un contrato, jurado
por los reyes y que se recoge en los *Capitula Regni Sici-
liae,* la compilación legislativa que guardaba la memoria de las peticiones del Parlamento concedidas por los
soberanos como contrapartida a donativos y concesiones recibidas del reino. Los privilegios alfonsinos de
1446 fijaron, además, la singularidad del reino al establecer que todos los oficios y magistraturas se reservarían a
regnicoli ('naturales'), prohibición de *extraregnare* las

causas (no podía dictarse sentencia desde el extranjero), *mero y mixto imperio* para los nobles parlamentarios y la reserva de la mitad de los oficios y beneficios eclesiásticos a los sicilianos (privilegio de la alternativa).

La diputación del reino vigilaba el cumplimiento de estas obligaciones, aunque la corona siempre trató de sortear estos obstáculos mediante «naturalizaciones» y matrimonios mixtos, aunque nunca logró cambiar nada en lo esencial. El soberano disponía de escasos instrumentos para ejercer su autoridad: el virrey, el sindacato (inspección de los oficiales), la *Monarchia Sicula* (que le reservaba el gobierno de la Iglesia como vicepapa en el reino) y la Inquisición. Estos mecanismos demostraron ser insuficientes: el policentrismo siciliano dificultó la creación de un espacio de consenso y la rivalidad Palermo-Messina, los fueros e inmunidades de sectores amplios de la población (fuero de Cruzada, Inquisición o Deputazione degli Stati) hicieron fracasar iniciativas como la reforma de los tribunales (1569) o el proyecto de un *Consiglio Collaterale* siciliano (1612-1616), un tribunal supremo que habría sido una vía idónea para introducir letrados españoles en la cúspide de la magistratura (reforzando al mismo tiempo la autoridad del virrey).

Nápoles, pese a ser un territorio conquistado, fue respetado en su estructura básica, y Fernando el Católico sólo impuso algunas correcciones a su sistema de gobierno. El virrey disponía de un órgano asesor, el Consejo Colateral, que canalizaba la apelación al soberano y tutelaba la actividad del álter ego; asimismo tenía bajo su autoridad los altos tribunales de justicia (Sacro Regio Consiglio y Gran Corte de la Vicaría) y la administración fiscal (Tesorería General, Regia Corte de la Summaria). El sistema de acceso a los cargos era parecido al siciliano, pero más flexible en cuanto a la naturaleza de los poseedores de oficios públicos. Pese a la conquista, el reino no perdió su representación, siendo su voz el Parlamento, cuyo funcionamiento y atribuciones eran muy semejantes al de Sicilia y, como ocurría en la isla, la Diputación del Reino también actuaba como garante del cumplimiento de las leyes.

El control político se hallaba intermediado por la amplia jurisdicción feudal que poseían los barones y por la férrea autonomía de la magistratura; fracasaron los esfuerzos de la corona por disponer de mecanismos de control más fiables, siendo el más clamoroso el intento frustrado de introducir la Inquisición española, rechazada en tres ocasiones, 1510, 1547 y 1564. El reino estuvo lejos de ser un ejemplo de paz y tranquilidad. En 1595, el conde de Miranda redactó un *Advertimiento para el Conde de Olivares,* un extenso informe dirigido a su sucesor como virrey en el que no se mostraba demasiado optimista respecto a la realidad del *Regno.* A su juicio, uno de los factores que propiciaban la situación de desorden radicaba en la debilidad del poder real; existían demasiadas jurisdicciones privilegiadas, inmunes a la intervención del gobierno, que no sólo no se sometían a ningún control, sino que rara vez cooperaban subordinándose a las directrices del virrey. Además, tampoco los oficiales reales se caracterizaban por su ejemplaridad; aún era necesario que a las «justas y prudentes leyes» del reino les correspondiera un sistema judicial que las hiciera efectivas. Desde su punto de vista, no había remedio, salvo que se consiguiera transformar la sociedad y las instituciones según el modelo de la pacífica y ordenada Castilla.

Los problemas percibidos entonces como más acuciantes nunca se resolvieron satisfactoriamente y adquirieron un carácter endémico bajo el virreinato español: el bandolerismo, conflictos jurisdiccionales entre autoridades civiles y eclesiásticas, la asfixia comercial de los puertos adriáticos debida al monopolio de Venecia, el acoso otomano a las costas y la fuerte fiscalidad y el endeudamiento de la administración para satisfacer las necesidades de la política militar española y sus compromisos «imperiales».

Al norte, Milán, por su importancia estratégica, fue denominada la «llave de Italia», pues desde allí se controlaban los accesos terrestres a la península, los pasos alpinos y la entrada al valle del Po. Era el nudo de los corredores militares españoles en Europa que enlazaban los Países Bajos, Italia y el Sacro Imperio Germano. Se hallaba bajo la autoridad de un gobernador cuyas funciones y autoridad eran semejantes a las de un virrey. Si no ostentaba dicho título era porque tenía encomendada la administración de un ducado, mientras que los estados meridionales de la Monarquía eran reinos. Un viejo dicho señalaba que «i ministri del re in Sicilia rosicchiavano, a Napoli mangiavano, a Milano divoravano» ('los ministros del rey en Sicilia mordisqueaban, en Nápoles comían y en Milán devoraban'), refiriéndose más que al enriquecimiento personal de los oficiales españoles, a la libertad de éstos por obtener oficios y rentas en Lombardía sin las severas restricciones existentes en el sur. Al igual que el Milanesado, los presidios de Toscana tuvieron una importancia militar extraordinaria; si Milán era la llave terrestre de Italia, los presidios eran su llave marítima, permitían el control de todo el tráfico peninsular en el Mediterráneo occidental.

En el pasado, la insistencia en el estudio de los mecanismos institucionales y administrativos dio una imagen falsa de desagregación de los dominios italianos;
sin embargo, la Monarquía experimentó instrumentos
de integración bastante eficaces en el medio y largo plazo. Como ha señalado Carlos Hernando, el linaje era la
máxima instancia ideológica e institucional de la sociedad del siglo XVI y fue la convergencia o acomodo entre
esa realidad y la dinastía gobernante lo que cimentó la
cohesión. El patronazgo del soberano permitió crear
una comunidad de intereses entre la corona y las élites
italianas que alcanzaba más allá de sus dominios patrimoniales y abarcaba al conjunto de la península, a los
potentados (los príncipes, señores y patricios de los «pequeños estados» de la península). Spagnoletti ha obser-
vado que dicha comunidad se vertebraba por la dirección de la corona en las estrategias matrimoniales de las
casas italianas, la integración de la nobleza en empleos
y oficios de alta responsabilidad política (jefaturas militares, embajadas, virreinatos...) y la obligación de éstas
a través de los dones materiales o simbólicos que les
otorgaba la corona (siguiendo la triple vinculación señalada por Mauss: dar-recibir-restituir).

En sí misma, la Monarquía era un espacio compuesto por circuitos de mediaciones. Como señala Antonio
Álvarez-Ossorio, la tendencia de emplear a los ricos y
poderosos en las magistraturas y oficios de gobierno
del Milanesado, integrando al servicio de la corona las
solidaridades familiares del patriciado lombardo, garantizó «un gobierno suave y a la vez fructífero del territorio». En el reinado de Felipe III, el duque de Lerma
y muchos responsables políticos de la Corte veían con
acrimonia la excesiva autonomía de los italianos y pro-

curaron introducir un «contrapeso español» en detrimento de la presencia de naturales en puestos de responsabilidad, lo cual consiguieron con relativo éxito, provocando descontentos. En 1640 la grave crisis política y militar de la Monarquía forzó a cambiar esta política para garantizar la conservación del territorio, pero la fidelidad de las casas italianas planteaba ahora algunas dudas. En Milán se contó para esta reintegración con un selecto grupo de familias de jenízaros, como se conocía a los «criollos» de origen español establecidos desde hacía generaciones en Lombardía, restableciendo por medio de sus redes familiares la integración del patriciado lombardo en el proyecto político de la corona. El acuerdo tácito entre las facciones dominantes en Madrid y Milán constituyó una redistribución del poder: en manos de los milaneses quedaba el ejercicio del poder; a cambio, asumían más cargas fiscales y militares para contribuir a la defensa y los gastos de gobierno, y no hubo demasiados problemas para proceder a unos reajustes que propiciaran un consenso. Tal «reintegración» no tuvo lugar en los reinos meridionales, lo cual, a su juicio, podría ser una de las claves que explicasen las revueltas «antiespañolas» de 1647 en Nápoles y Sicilia.

Ultramar: la administración de la conquista

El 17 de febrero de 1582, Miguel de Cervantes escribió al secretario Antonio de Eraso solicitando al Consejo de Indias un puesto de los que quedaran vacantes en la administración colonial. No se le contestó. Ocho años después volvió a intentarlo: el 21 de mayo de 1590 suplicó se le hiciera merced de alguno de los tres o cuatro [oficios] que al presente están vacos, que es el uno la contaduría del Nuevo Reino de Granada, o la gobernación de la provincia de Soconusco, en Guatimala, o contador de las galeras de Cartagena, o corregidor de la ciudad de La Paz.

Tampoco le fue concedido. En estos memoriales y en algún otro pasaje de su obra Cervantes da muestra cumplida de lo que ya desde 1570 representaba América. Concluida la conquista, las Indias ya no eran un espacio de aventura, la colonia entraba en su madurez y se podía prosperar a la sombra de un oficio tranquilo y lucrativo. Escaseaban las solicitudes para conquistar y poblar, se espaciaban las capitulaciones y llovían al Consejo de Indias las peticiones de cargos, empleos u oficios que permitieran a sus titulares medrar y regresar amejorados a sus lugares de origen. La historia del licenciado Juan Pérez de Viedma, que, camino de Sevilla para embarcar en la flota y tomar posesión del cargo de oidor en la Audiencia de México, se encontró a Don Quijote en una posada manchega (Q1, 42), el famoso episodio del vizcaíno, miembro del séquito de una señora de su tierra que también bajaba a Sevilla, «donde estaba su marido, que pasaba a las Indias con un muy honroso cargo» (Q1, 8), o la mención al pariente del cura que «pasó a Indias» y le mandaba dinero (Q1, 30) nos hacen llegar ecos de carreras exitosas, destinos fabulosos y enriquecimiento envidiable que no nos remiten precisamente a los tesoros de la conquista, a las hazañas y empresas de los conquistadores de América. Al contrario. Cervantes, para hacer verosímil la ficción del *Quijote,* remitía a una imagen convencional, la del afortunado oficial indiano, que distaba mucho de la aventura y que quizá fuera la imagen que él mismo se había forjado de las Indias como tierras de promisión o, mejor dicho, de provisión de oficios y rentas. Naturalmente esta visión le llevó a su particular desengaño de Indias. En 1606, un año después de publicado el *Quijote,* describió América en otro tono, con «colores sombríos, y con pocos motivos para ilusionar»:

refugio y amparo de los desesperados de España, iglesia de los alzados, salvoconducto de los homicidas, pala y cubierta de los jugadores a quien llamaban ciertos los peritos en el arte, añagaza general de mujeres libres, engaño común de muchos y remedio particular de pocos (*El celoso extremeño,* 1606).

Más afortunado que Cervantes fue el sevillano Don Alonso Tello de Guzmán, descrito por sus amigos como «pretendiente en Madrid, que fue corregidor de la ciudad de México», y es que debió de pasar más años pretendiendo que ejerciendo. Después de consumir tiempo y dinero en los pasillos y antesalas del palacio real, el 27 de octubre de 1612 fue nombrado corregidor de la ciudad de México. Nueve meses después tenía su equipaje, familia y criados dispuestos para embarcar rumbo a América.

Tello ejemplifica de manera muy clara uno de los componentes básicos y tópicos de la sociedad colonial, al cual aspiró pertenecer Cervantes: el de los oficiales españoles que, como aves de paso, nunca arraigaron en las colonias. Uno de los aspectos que misioneros, visitadores, jueces y viajeros censuraron con insistencia fue la relajación de costumbres y la corrupción de estos oficiales. La presión del corto ejercicio del cargo, la lejanía del lugar de desempeño y la necesidad de atesorar riqueza para un futuro incierto contribuyeron a crear di-

cho estado de lasitud. Téngase en cuenta que, apenas
transcurridos unos pocos años en América, cinco en el
caso de Tello, una vez cesados, volvían a Madrid para
seguir importunando a ministros y cortesanos a la caza
de otra merced. Sin duda, a esta precariedad que incen-
tivaba un aprovechamiento intensivo del cargo también
contribuía el mal funcionamiento de los mecanismos
de control, que facilitaba un ambiente de impunidad.

Cuando Don Alonso Tello fue nombrado corregidor
de México, lo primero que tuvo que hacer fue la residencia a su predecesor Juan Ruiz de Alarcón, al cual no halló culpable de ninguna irregularidad. Cumplía con lo
que ya era costumbre: limitarse a dar el visto bueno a su
antecesor para no entorpecer su carrera. Pero durante
el mandato de Tello como corregidor cambiaron las
normas y hubo de hacer frente a un juez de residencia
particularmente áspero que le descubrió irregularida-
des tan serias como dedicarse al comercio de vino
(prohibido a los corregidores), sisar dinero y trigo en la
alhóndiga, negociar con carne clandestina (de reses sa-
crificadas fuera del matadero, sin control) y mantener
una timba o casa de juego organizada en su domicilio.
No obstante, la residencia, hecha pública el 21 de marzo
de 1620, le declaraba «buen juez y ministro». Don Alonso no era particularmente depravado; se admitía que su
comportamiento era normal, y se insistía, más que en
las faltas, en el descuido de sus obligaciones, pues visitó
los ejidos una sola vez y frecuentemente se ausentó de
su puesto; aunque podría haberse añadido un reproche
(del que también fue exonerado): «que no miró por el
bien de los yndios en las cossas que refiere el cargo».

Todo español que, como Tello, se hacía cargo de un
oficio indiano se enfrentaba al dilema de conocer la

existencia de una legislación que garantizaba los derechos de los indígenas y al mismo tiempo debía seguir la
práctica de ignorarla como si no existiera. Lo normal
era mirar y no ver. Las Leyes Nuevas promulgadas en
1542 abolieron la encomienda. Esta institución, crucial
en la primera fase de la conquista, consistía en el reparto de los indígenas entre los colonos, que trabajaban a
cambio de protección, educación y catequización. Este
intercambio desigual encubría una situación de esclavitud y opresión difícilmente disimulable. La presión de
los colonos impidió que la protección a los indígenas
pasara de las palabras a los hechos; así, aunque en 1607
la encomienda era ya una institución en declive, no faltaron otras fórmulas de trabajo forzoso, como el repartimiento o *cuatequil* en México o la *mita* en Perú, que
mantuvieron el disfrute para los colonos de mano de
obra forzada que atendía los trabajos más duros de las
minas, agricultura, obrajes y obras públicas. En 1601 el
virrey Enríquez de Almansa intentó abolir sin éxito los
repartimientos en México, pero su sucesor Don Luis de
Velasco los restableció en 1609 a la vista del incumplimiento general de la ley y la necesidad de establecer al
menos una regulación que permitiese el control del trabajo indígena. En general, la benigna legislación de la
corona no se correspondía con la realidad dura y cruel
que vivía el indígena; el «se obedece pero no se cumple»
solía referirse a estas cosas, a encomiendas, repartimientos o servidumbres juzgados como intolerables pero que
los oficiales de la corona contemplaban con desinterés y
tibieza para evitar conflictos con los colonos.

Tampoco se puede reprochar completamente a los
oficiales su actitud contemporizadora. La corona acababa plegándose a las exigencias de los colonos con mayor

o menor celeridad y el ejercicio de la autoridad solía ser el resultado de negociaciones y componendas. En 1579, en el marco de las reformas emprendidas por Felipe II, se formó una «junta de contaduría mayor» cuyo objeto era estudiar la manera de acabar con los abusos perpetrados en América; principalmente debía hallar la manera de liquidar las encomiendas y la apropiación ilegal de tierras. Su resultado fueron las «composiciones», la legalización, previo pago de tasas, de las tierras, recursos hídricos y mineros explotados sin ningún derecho legal reconocido. Así pues, la tendencia era convertir las situaciones de hecho en situaciones de derecho, con las oportunas compensaciones para el fisco real.

Los oficiales de gobierno, justicia, hacienda y guerra que procedían de España, con poca o ninguna preparación respecto a la realidad americana, se encontraban de buenas a primeras inmersos en una sociedad pluriétnica, multilingüística y, a pesar de los esfuerzos confesionalistas, multicultural. Aunque no la comprendían, diferenciaban *grosso modo* dos comunidades: la república de los indios y la república de los españoles, y preferían preocuparse por la segunda y mostrarse indiferentes a la primera. Sería fácil decir que una la conformaban los dominados y otra los dominadores, pero en el ámbito indígena persistió la existencia de una élite dirigente (nobles incas o aztecas, curacas, caciques, etc.) cuyo estatus se asimilaba a la élite española, mientras que en el grupo de los españoles hubo una población flotante de pobres y «vagabundos» cuya presencia en México, a juicio del virrey Luis de Velasco en su relación de 1601, constituía una amenaza para la república, pues engrosaban bandas de delincuencia organizada o se enrolaban como «soldados», esbirros a sueldo que engrosaban –en el me-

jor de los casos– las bandas armadas de terratenientes o
encomenderos que imponían su ley en regiones inacce-
sibles a las autoridades; era «gente ociosa y perdida que
hay y viene cada año en las flotas deste Reino».

Durante la segunda mitad del siglo XVI, al mismo
tiempo que se consolidaba la organización política y
administrativa, la sociedad se estabilizó adoptando las
formas y estructuras de la metrópoli y reproduciendo
su estructura estamental. El papel de los *bellatores* lo
ocupó naturalmente la casta de los conquistadores y sus
descendientes, una élite social que gracias a las encomiendas ejerció un dominio señorial sobre tierras e indígenas. Asimismo, como resultado de las composiciones
de tierras, se fue fraguando a partir del grupo inicial de
los encomenderos una especie de aristocracia terrate-
niente, los hacendados, cuyo poder y riqueza no se en-
tienden sin la contribución del mayorazgo para mantener
unida la propiedad, vinculándola a un linaje. Los hacendados eran páter familias rodeados de parientes,
servidores y criados, con clientelas y redes extensas de
amigos y compadres que los conectaban entre sí y los
integraban en auténticas redes de poder. Haciendas
agrícolas, haciendas de minas, estancias (dedicadas a la
ganadería), casi todas estas unidades sociales y económicas tenían una estructura interna muy semejante,
como una pequeña corte; el hacendado o estanciero
disponía de una capilla en la propiedad y disfrutaba de
los servicios de un sacerdote, de un mayordomo que le
ayudaba a administrar el patrimonio y la casa, de capitanes u oficiales que dirigían diversas secciones de la casa y
las actividades de la hacienda o estancia y de capataces
y mandadores que mandaban directamente a gañanes,
peones (en régimen semiservil a causa de la encomien-

da) y esclavos. Arrendatarios, aparceros, terrazgueros o
rancheros indígenas, que cultivaban lotes de tierra cedidos en arrendamiento, solían hallarse más que bajo un
contrato libre en una relación virtual de servidumbre
respecto al hacendado.

Entre 1570 y 1620 la brutal explotación de los indígenas, las enfermedades y la hambruna redujeron la población indígena una cuarta parte; en el antiguo Imperio
inca, donde los datos son más fiables gracias a que se co-
noce la contabilidad tributaria con bastante exactitud, se
consignó un descenso en las tierras altas de 1.045.000 habitantes a 585.000, y en la costa, de 250.000 a 87.000. El
epicentro del hundimiento demográfico de la población
indígena, situado en torno a 1600, provocó una importante crisis de la producción, que se solventó parcialmente con la importación de esclavos africanos (alrededor de 2.800 individuos fueron llevados anualmente a
las colonias entre 1595 y 1640, siendo destinados la mayoría a las minas de Perú y México) y con un incremento de la presión tributaria y del trabajo forzado sobre la
población (que agudizó el descenso, no hallándose síntomas de recuperación hasta la década de 1680). Lógicamente estos cambios afectaron a las actividades productivas.

Asimismo, hacendados y encomenderos siguieron las
prácticas habituales de las aristocracias: dirigirse a la
Corte en busca de favor y protección. Cada vez con más
frecuencia, los terratenientes abrían casa en las capitales
y construían ostentosos palacios para recibir, hacerse
visibles e integrarse en la alta sociedad. Su aspiración
era hacerse con cargos municipales o provinciales que
les garantizasen autoridad y recursos. La domesticación
de las élites criollas, que acudieron a las cortes virreina-

les en demanda de mercedes, cargos, oficios y honores, chocó con el hecho de que un alto número de oficios estaba reservado a españoles, aunque debe subrayarse, por otra parte, que los virreyes buscaron la forma de satisfacer a estos sectores utilizando al máximo su capacidad de patronazgo, recabando el apoyo de esta aristocracia de encomenderos del mismo modo que en Europa recababan el de la nobleza titulada siguiendo el adagio atribuido al conde de Olivares en Sicilia: «coi baroni sei tutto, senz essi sei nulla» ('con los barones lo sois todo, sin ellos no sois nada').

La venta de oficios satisfizo en parte las aspiraciones de la élite criolla para constituir una especie de nobleza togada al tiempo que ayudó a enjugar el déficit financiero de la corona y su quebrantada Hacienda. La Junta de Hacienda de las Indias, convocada en 1595 para analizar un mejor rendimiento fiscal en los territorios ultramarinos, además de introducir la alcabala, dio luz verde a la venta de oficios menores. Desde 1600 la tendencia fue de incremento de la calidad y cantidad de los oficios vendidos a perpetuidad.

En algunos lugares, la presión sobre los indígenas provocó sublevaciones de cierta importancia. En teoría, la legislación garantizaba la autonomía de la República de los Indios; en el reino del Perú, los curacas seguían ejerciendo la autoridad sobre sus súbditos, cobraban los tributos y convocaban las levas para las mitas. Sin embargo, la crisis demográfica, la escasez de mano de obra y la resistencia indígena a participar en un sistema de trabajo inhumano provocaron abusos y violaciones sistemáticas de la ley que dieron lugar a la gran conjura del Corpus Christi de 1613, en la que se activó una tupida red de alianzas entre comunidades indígenas de las tierras altas y bajas. El corregidor de La Paz logró evitar el estallido gracias a una habilísima negociación en la que contó con la ayuda de los franciscanos. Como rasgo anecdótico cabe señalar que en aquella ocasión se apreció que la actitud de los indígenas ante la conquista adoptó fórmulas y aspectos rituales hispánicos, no sólo por la elección de la fecha sino por el paralelismo con la tradición española de la Reconquista; la invasión entendida como inundación y la preparación de cuevas en los alrededores de La Paz para ocultarse y resistir con provisiones suficientes hasta «la retirada de las aguas» recuerdan las previsiones hechas ante la profecía de la segunda caída de España. Más al sur, no cabe hablar de rebeliones sino de resistencia. En Chile, el Bío-Bío marcó desde 1610 la frontera con los araucanos, una zona de guerra endémica donde los españoles no lograron imponer su autoridad, lo mismo que en el área colindante al otro lado de los Andes, Tucumán.

Al norte, las guerras de los chichimecas obligaron a los virreyes de Nueva España a efectuar numerosas expediciones de castigo en los confines septentrionales del virreinato. Sería impropio referirse a estos episodios como sublevaciones. «Chichimeca» designaba en náhuatl a algo parecido a lo que denominamos bárbaros, pueblos sin civilizar. Hay noticias de los asaltos de estas tribus a las caravanas mineras de Zacatecas desde 1552. Causaban estragos de tal magnitud que los empresarios mineros y los comerciantes costearon expediciones de represión. La fiebre de la plata estaba detrás de muchas acciones aparentemente punitivas que en realidad buscaban apoderarse de nuevos yacimientos, por lo que el problema se agravó al perpetrarse acciones contra los «indios pacíficos», que acabaron sumiendo a los distritos mineros en una espiral de violencia imparable. En 1561, los zacatecas y los guachichiles formaron una gran coalición que hostigó sin desmayo a los mineros y sus abastecimientos. En menos de un año se había perdido el control del distrito minero y su capital, Zacatecas, se hallaba en estado de sitio. La restauración del orden no fue completa y las guerras chichimecas se prolongaron cerca de medio siglo, siendo muy costosa la pacificación de estas poblaciones.

Como ya señalamos más arriba, en la segunda mitad del siglo XVI concluyó la época de la conquista y comenzó una era menos gloriosa, como fue la colonización y la administración de los territorios conquistados. Bajo Felipe II se trató de dar coherencia administrativa al conjunto de territorios recién incorporados a la Monarquía dando contenido jurisdiccional a los reinos por medio de las *Ordenanzas de descubrimiento, nueva población y pacificación de las Indias* dictadas en 1573. Para hacer realidad sus disposiciones fue necesario conocer el espacio americano para darle forma y contenido, y para ello se puso en marcha en el Consejo de Indias un impresionante trabajo cartográfico encomendado al cosmógrafo mayor Juan López de Velasco, que tardó casi una década en concluir su *Geografía y descripción universal de las Indias,* instrumento con el que se articuló el territorio de los virreinatos de Nueva España y del Perú, junto a la Audiencia de La Española. El virreinato de la Nueva España, cuya capital era México, abarcaba el área continental americana al norte del istmo de Panamá, mientras que el del Perú, con capital en Lima, comprendía todo el territorio situado al sur y la Audiencia de La Española disponía del gobierno de las Antillas. Estos tres espacios jurisdiccionales constituían el «gobierno general», reservado a autoridades supremas de última apelación antes que el rey, mientras que se denominaba gobierno ordinario al asignado a audiencias y gobernadores que ejercían la autoridad en el ámbito provincial. La Audiencia administraba la justicia, siendo un órgano colegiado formado al menos por tres jueces: un oidor (causas civiles), un alcalde del crimen (causas penales) y un fiscal (defensor de la jurisdicción real). Los gobernadores asumían la defensa y el orden público. Las audiencias de México y Lima eran tribunales supremos de sus respectivos reinos y legislaban con el virrey por medio de los Reales Acuerdos, disposiciones legales que eran norma para todo el reino. Por último, según las ordenanzas filipinas, el virreinato de Nueva España se componía de las audiencias-gobernaciones de México, Nueva Galicia, Guatemala y Manila; el de Perú, de las de Tierra Firme, Santa Fe (nuevo reino de Granada), Quito, Charcas y Chile.

Pese a las órdenes reales, hubo serias dificultades para integrar racionalmente y de manera jerárquica las gobernaciones y audiencias americanas. Se habían creado de manera un tanto caótica y descontrolada. Desde los primeros tiempos de la conquista se habían nombrado jueces e instituciones cuyo contenido político y jurisdiccional era una incógnita; los territorios descubiertos muy pronto eran denominados provincias, aunque no era raro encontrar que su conquista y administración eran más imaginarias que reales, como ocurrió con la Florida. En ese período, durante el asentamiento de las colonias, gobernadores y audiencias provinciales disponían de capacidad normativa: los autos acordados, que tenían fuerza de ley, y no era infrecuente su falta de sintonía con las leyes del reino. Más aún, el reconocimiento de la subordinación a Lima y México fue discutida por los gobernadores de Tierra Firme y Nueva Galicia, que se negaron a ver intermediada su relación con la metrópoli. En 1570, los jueces y gobernadores de estos territorios no se sentían inferiores a sus homólogos de México y Lima y, como explicara desde Compostela el gobernador Martín Enríquez quejándose del expansionismo novohispano, «a de venir a ser tan diviso aquella gobernación desta como lo es la del virrey del Perú con la Nueva España» (23 de octubre de 1574).

Así pues, la idea ordenada de las Indias encontró algunas resistencias, pero también las sociedades americanas, o, mejor dicho, las incipientes élites criollas (como naciones políticas en formación), tenían conciencia de ser algo más que territorios adyacentes a los reinos de Castilla y León. En 1567 el Concilio limeño defendía que las exacciones fiscales revirtiesen en gastos útiles sólo para el reino del Perú, pues dentro de la Monarquía debía considerarse «cada reino por sí». Poco a poco comenzaban a dibujarse identidades propias, diferenciadas respecto a la metrópoli. Entre el reino del Perú y el de Nueva España se fue configurando una diferencia «constitucional» bastante notable relacionada con la memoria o el olvido de la conquista. El Inca Garcilaso, al relatar la fiesta del Corpus Christi en Cuzco, refería cómo se dio escarmiento a un indígena de casta inferior que portaba entre sus galas una cabeza reducida, trofeo de guerra ganado al servicio de los españoles. Los notables incas protestaron ante el corregidor y éste arrebató la gala al individuo, que fue, además, debidamente castigado. El episodio ilustra los dos tiempos de la formación del reino; la caída del Tahuantisuyu a manos de Pizarro tuvo rasgos de revolución social, de destrucción del orden de castas del Imperio inca. Las guerras civiles de los conquistadores, no obstante, relegaron el momento fundacional del reino no a la conquista, sino a la restauración del orden, y ese restablecimiento implicaba el entronque con la tradición prehispánica. En la catedral de Lima y en la de Cuzco, así como en las fiestas públicas, se reafirmó por medio de pinturas y arte efímero la continuidad entre el Imperio incaico y la Monarquía, entre los incas y los soberanos de la Casa de Austria (con algo tan simple como pintar series de retratos de los incas continuados con los de Carlos V, Felipe II y Felipe III), borrando todo signo de legitimidad del poder por la conquista.

En Nueva España se operó en sentido inverso. La conquista fue el momento fundacional que puso fin a la tiranía de los aztecas. Sistemáticamente los virreyes tomaban posesión de su cargo repitiendo minuciosamente el itinerario seguido por Cortés desde su desembarco en Veracruz, como homenaje a las naciones indias y ciudades que lo hicieron posible, recuerdo constante de que la conquista no fue obra exclusiva de los españoles, sino de tlaxcaltecas, mexicas, etc., y de que México se constituyó a partir de la conjunción de esos componentes, como todavía puede apreciarse hoy en ciudades del área maya o del norte que aún conservan separados un barrio mexicano o un barrio tlaxcalteca, barrios donde reside la oligarquía local.

Portugal, unido y separado

El 4 de agosto de 1578, el joven rey de Portugal, Sebastián I, pereció en la trágica batalla de Alcazarquivir.

Con él fueron muertos o apresados los vástagos de las principales casas portuguesas. Aquella Cruzada para conquistar el reino de Marruecos se reveló como una alocada empresa que arrojó al reino a la más grave crisis de su historia, crisis que acabaría costándole su independencia, aunque no hay que dramatizar, porque desde la Baja Edad Media la política matrimonial y dinástica de las casas reales de Portugal y Castilla había buscado precisamente la unión de las dos coronas.

La muerte del joven soberano era una muerte anunciada: desde febrero, los informes confidenciales que manejaba la Corte española anunciaban la catástrofe, los portugueses no tenían ni la preparación ni la fuerza suficientes para someter al sultanato marroquí, su desconocimiento del territorio y de la sociedad magrebí era descorazonador y a todo ello se sumaba un ambiente profético y mesiánico que galvanizaba a la Corte lisboeta en una empresa que recogía los ideales de la caballería andante. Lisboa en la primavera de aquel año fatídico se aprestaba a vivir glorias semejantes a las de los paladines de la *Gerusalemme Liberata* de Tasso o del *Orlando furioso* de Ariosto. La realidad fue más dura y prosaica: el anciano tío del rey, el cardenal Don Enrique, tomó posesión del trono, pero era sólo el inicio de la cuenta atrás para que Felipe II de España acabase ocupándolo. Se puede decir que, desde antes de que la alegre corte militar de Don Sebastián desembarcase en la costa marroquí, ya se había comenzado a estudiar con detalle el problema de la sucesión y los mejores derechos del soberano español respecto a otros candidatos. Cuando en el verano llegaron a la Corte las primeras noticias del desastre, se pusieron en marcha todos los procedimientos previstos para cumplir ese objetivo, jurídicos (a cargo de Arias Montano y un equipo de expertos en derecho dinástico), diplomáticos (para disuadir a otros posibles candidatos y vencer la oposición de la Santa Sede), militares (pues no se descartaba reducir el reino por la fuerza) y de «relaciones públicas» (pues mientras viviese el rey-cardenal debía conseguirse que la candidatura de Felipe II fuera la más atractiva para los portugueses).

Dada la dramática situación que atravesaba el reino y la extraordinaria riqueza que atesoraba el soberano español, le fue fácil obtener la gratitud y la lealtad de las élites pagando al sultán de Marruecos los rescates de los prisioneros portugueses confinados en no muy buenas condiciones en los baños de Sale, Rabat y otros lugares. No es éste el momento para describir las resistencias de la comunidad internacional ante la unión de las coronas, que convertían a la Monaquía Hispana en una potencia global con un poder y una fuerza hasta entonces desconocidos y que se resumen en el emblema con que a partir de 1580, el año de la anexión, Felipe II quiso que se conociera su reinado: *non sufficit orbis* ('el mundo no es suficiente'). Tampoco debe menospreciarse la efímera resistencia de Don Antonio, prior de Crato, hijo bastardo de Juan II y candidato de un pequeño sector de la sociedad portuguesa, que logró tener en jaque a las tropas del duque de Alba hasta 1583 con la ayuda de Francia e Inglaterra y mantener abierto un espíritu de resistencia a la anexión que después se recogería con la revolución de 1640 y la independencia del reino. Pero, en un momento de postración como aquél, la sociedad portuguesa confiaba en el poderío español para apuntalar su propio imperio, que parecía desmoronarse; además, tenía poco que perder porque los pactos de Tomar firmados por el rey y el reino, como acto constitutivo del nuevo régimen, garantizaban la más absoluta independencia de Portugal, reservando todos los oficios militares, de gobierno y justicia a sus naturales. Bien podían decir que el único cambio apreciable era el nombre del soberano.

Portugal se parecía mucho a Castilla. Su aristocracia y su jerarquía eclesiástica también formaban un solo cuerpo con la corona; las Cortes portuguesas se asemejaban más a las castellanas que a otras asambleas estamentales europeas; el derecho, la justicia y la ley tenían una valoración equivalente; el papel de las universidades como semillero de clérigos-juristas empleados en la Reforma hizo de Coimbra el equivalente de Salamanca (bajo la unidad dinástica ambas universidades establecieron una relación intensa de intercambio de profesores y estudiantes que no tuvo parangón con otros centros educativos y universitarios de la Monarquía), y precisamente, por ser tan semejantes, en Castilla la «anexión» de Portugal no fue precisamente bien recibida.

Portugal se parecía tanto a Castilla que los castellanos temieron verse reemplazados por los portugueses. Pero las críticas no sólo se dirigieron a este asunto. La Compañía de Jesús vio en peligro su nueva política misionera e hizo campaña en contra de la unión de las dos coronas, y en España el padre Ribadeneyra fue la voz que de manera más clara se pronunció en contra. Era preciso que Monarquía Hispana y catolicismo no se confundieran como una misma cosa, la aspiración universal del catolicismo no debía asociarse al imperialismo español. La opinión de la Corte estuvo dividida, y quienes más cerca estaban de los jesuitas, los romanistas, se inclinaban por favorecer la opinión del papa Gregorio XIII, que defendía la separación de las dos coronas porque temía que el catolicismo fuera sólo expresión del poder español. Pero también los castellanistas, los defensores más acérrimos de la superioridad de Castilla en la Monarquía, eran reticentes. La cabeza más visible de este grupo era el secretario real Mateo Vázquez, ya a la tertulia que se celebraba en su casa acudía Cervantes entre otros muchos.

En la polémica suscitada por la anexión, Cervantes, recién liberado de su cautiverio argelino, tenía mucho que decir al respecto. Por una parte representaba a quienes opinaban que la política dinástica del soberano daba la espalda a la demanda de sus súbditos cautivos en Berbería o continuamente amenazados por la piratería berberisca. La prioridad militar, la única causa de guerra justa, era la que condujese a la victoria contra el islam, y, desde ese punto de vista, su obra *La gran sultana* era una obra de propaganda dirigida a influir en la opinión pública. La memoria de los cautivos y la necesidad de hacer frente a la amenaza otomana fueron temas recurrentes en su obra; siempre que pudo presentó a la opinión de su tiempo una realidad que no debía olvidarse: en *El trato de Argel, El amante liberal,* el relato del cautivo en la primera parte del *Quijote* o el combate con galeras turcas en la rada de Barcelona en la segunda. Pero el autor del *Quijote,* además de reiterar sus convicciones respecto a que las energías de la Monarquía debían gastarse en la seguridad de los súbditos y no en la expansión mundial, también se hizo eco de los temores y preocupaciones de la élite castellana en *La Galatea* (1585), una novela pastoril que, como todas las de este género, al lector actual le resultan bastante lejanas y poco atractivas.

Bajo su apariencia bucólica, *La Galatea* es atípica respecto a los tópicos del género pastoril, pues, lejos de tener un argumento totalmente imaginario, contiene guiños constantes a la actualidad de su momento. La novela contenía un mensaje cifrado en el que mediante recursos fuertemente simbólicos se hacía un repaso crítico de la realidad. Los personajes eran fácilmente identificables por el público de su tiempo como personas reales: Tirso (el poeta Francisco Figueroa), Damón (Laínez), Lauso (Cervantes), Meliso (Diego Hurtado de Mendoza), Larsileo (Mateo Vázquez), Astraliano (Don Juan de Austria)... Sus vicisitudes pueden leerse en clave, porque por sus páginas circulan los debates y rivalidades intelectuales, literarias y políticas disfrazados de coloquios y aventuras pastoriles. Así ocurre con uno de los momentos de mayor intensidad de la obra, el matrimonio concertado de Galatea con un pastor lusitano, que desata una escena insólita en el género pastoril, como el recurso a la violencia para impedir la boda y la exaltación a una guerra entre pastores castellanos y portugueses. El «gran rabadán» que injustamente concertó la boda era trasunto del rey Felipe II, la boda era la entrega de Castilla a Portugal y los llamamientos de los pastores castellanos a «no consentir que Galatea al forastero pastor se entregase» dejaban ver el enfado de quienes como Cervantes, que viajó a Lisboa sólo para ver rechazadas sus peticiones de merced, veían cómo para ganarse el favor de los portugueses el rey repartía honores, mercedes, cargos y empleos que los castellanos consideraban suyos.

Si los castellanos hubieran sido como la historiografía nacionalista lusa los pintaba, ávidos de tierras, de riquezas, dominadores de pueblos y tiranos por antonomasia, no habrían puesto reparos a la pretensión anexionista de su rey. La realidad, sin embargo, era que Portugal, por ser un imperio de dimensiones notables cuyas posesiones abrazaban el globo terráqueo, se asociaría a la Monarquía en un nivel no inferior a Castilla y la preeminencia castellana peligraría. De hecho, después de la campaña de 1580 las discusiones en torno al traslado de la Corte a Lisboa, para fijar allí la residencia de la casa real, reforzaron muchos de los temores y sospechas enunciados antes de la guerra y que aún estaban presentes cuando Cervantes escribió la obra.

En definitiva, Portugal quedó unido pero separado bajo un mismo rey, Felipe I para los portugueses, Felipe II para los castellanos. Como decían algunos observadores políticos, eran dos imperios unidos pero de espaldas el uno respecto al otro, desconfiados y celosos de sus prerrogativas. Las Cortes portuguesas estuvieron siempre en guardia temerosas de que los castellanos quisiesen entrar a saco sobre sus riquezas, y en eso no se quedaron a la zaga las castellanas, que denunciaban reiteradamente la penetración portuguesa en el tejido económico del país; algunos denunciantes decían que en Sevilla se oía hablar más portugués que castellano, y la entrada masiva de los *cristaos novos* contribuyó a que surgiera un sentimiento xenófobo que identificaba judío con portugués.

Portugal, según el pacto de Tomar (1581), sería gobernado en ausencia del rey por un virrey de sangre real o una junta de gobernadores portugueses. Allá donde residiera el soberano siempre tomaría sus decisiones asistido por un consejo formado por letrados lusos, garantizando la separación incluso en la cúspide del poder, y asegurando también el poder y el papel preeminente de la aristocracia y el alto clero. La estructura resultante fue la de permanencia de un Consejo de Portugal en Madrid, para asesorar al rey, y con funciones de tribunal de apelación al soberano en última instancia, mientras que el gobierno efectivo del país quedó en manos de un virrey asesorado por un elenco de consejos que le obligaban a consensuar sus decisiones: un consejo político, el Conselho de Estado, otro para la administración colonial, el Conselho das Indias, otro de finanzas, el Conselho da Fazenda, otro de justicia, el Desembargo do Paço, otro de órdenes militares y patronato real, la Mesa da consciencia e ordens, y, por último, la Inquisición, el Conselho Geral do Santo Oficio. Como se puede apreciar, era una Monarquía dentro de la Monarquía o, mejor dicho, una Monarquía adosada a otra. El cronista portugués Agostinho Manuel de Vasconcelos escribía en 1638: «Portugal totalmente es reino tan separado como si gozaran príncipes naturales».

El pacto garantizó un marco de estabilidad y de continuidad política, social e institucional. Sin embargo, durante el reinado de Felipe III el consenso comenzó a quebrarse a causa de tres cuestiones: los cristianos nuevos, la integridad del imperio colonial y la participación portuguesa en la empresa de la Monarquía global.

La minoría de origen judeoconverso nunca alcanzó niveles de integración social parecidos a los de sus homólogos castellanos. Fue una minoría que mantuvo fuertes rasgos comunitarios e identitarios, preservados a través de lazos de linaje y de solidaridad cuyos nodos los constituían empresas comerciales familiares, las casas de negocios, diseminadas entre las colonias, la metrópoli y los centros comerciales europeos, presentes en todos los puntos del tejido económico portugués, desde la explotación de recursos hasta su transformación y comercialización dentro y fuera del país. A través de su especialización, los judeoconversos formaban una casta bastante impermeable, sospechosa de practicar masivamente el judaísmo. Como hombres de negocios de gran valía, la corona española no tuvo inconveniente en permitir que se estableciesen en los dominios castellanos, en Andalucía e incluso en Indias. Algunos firmaron asientos con la corona y su ascenso social y económico les llevó a entrar en el círculo privilegiado de los financieros de la corona a partir de 1627. Los *cristaos novos* encontraron en los Austrias a unos soberanos mucho más receptivos que los Avis; el perdón general decretado por Felipe III en 1605 pretendió hacer borrón y cuenta nueva para integrar a la minoría. La reacción de las élites portuguesas fue muy dura, y hubo episodios de violencia antisemita por la suspensión de autos de fe y la salida de presos de las cárceles. Las presiones obligaron a rectificar y endurecer las leyes en 1610 con el fin de marginar a la minoría. En 1619, cuando el rey visitó el reino, uno de los actos a los que asistió la Corte fue un espectacular auto de fe celebrado en Évora cuyo mayor atractivo fue la quema de un nutrido grupo de judaizantes. En el séquito real causó una pobre impresión, y puso de relieve la incomprensión entre castellanos y portugueses al respecto. Las presiones de la comunidad política lusa iban en la dirección de proceder contra la minoría siguiendo el ejemplo de los moriscos, proponiendo su expulsión sin paliativos de todos los estados de la Monarquía. Los castellanos eran reticentes, entendían que no había comparación y no sería fácil aplicar semejante medida por la integración de los conversos en la sociedad. No faltaron las acusaciones de concusión; los financieros judíos eran acusados de comprar la voluntad del rey y la tensión antisemita se confundió con la oposición a los Austrias. El *sebastianismo,* con sus ingredientes mesiánicos y antisemitas, canalizó una opinión desfavorable; la popularidad de la Inquisición y su política cada vez más intransigente con la minoría capitalizaron uno de los puntos de desacuerdo entre Madrid y Lisboa, y, por último, los disturbios de 1630 y 1631 en Santarem, Torres Novas y Portalegre, que tuvieron como víctimas a los conversos, podían verse como síntomas de desafección a la Casa de Austria.

En el ámbito colonial los portugueses vieron defraudada su esperanza en la fuerza del paraguas militar español. Antes de finalizar el siglo hubo algunos destellos de esplendor; en 1597 fue nombrado virrey de la India Don Francisco da Gama, IV conde de Vidigueira, descendiente del descubridor y conquistador de la India; su nombramiento coincidía con el centenario del virreinato; en Goa, la capital, se erigió una estatua de Vasco da Gama coronando el arco de los virreyes y se celebraron solemnes ceremonias en las que se confundía la gloria de los Gamas con la de la corona. Además de la revitalización simbólica, hubo aún en ese año una última expansión territorial cuando el rey de Ceilán, Joao Perapondar, legó su reino a la corona portuguesa; mientras, el pirata Cunhale Marcá era capturado y degollado públicamente en Goa. Nadie dudaba de que Portugal era la potencia dominante en el Índico. Pero este esplendor era más aparente que real. En 1580 el Estado da Inda se hallaba en crisis, la red de factorías y colonias que iban desde el cabo de Buena Esperanza en África del Sur hasta Macao en China no eran rentables, y su mantenimiento era muy costoso. La Carreira da India, los convoyes que circunnavegaban África, no daba beneficios porque los particulares preferían asumir los riesgos de la navegación libre a los elevados costes de protección de las flotas (por lo demás bastante vulnerables); las fortificaciones y la defensa del Índico se subsanaban con las rentas de las colonias, pero, desde 1600, éstas apenas alcanzaban para cubrir los gastos de los oficiales civiles y militares de la Corte virreinal de Goa. Cuando en 1587 algunos corsarios ingleses irrumpieron en Indonesia, asaltando factorías y apresando navíos, se puso de relieve la vulnerabilidad de un tráfico comercial confiado en su aislamiento del resto del mundo, pero la incursión de Drake anunciaba que los días del Índico como pacífico lago portugués estaban contados.

En 1602 se creó la Compañía Holandesa de las Indias Orientales. A fines de 1604 diez navíos holandeses bombardearon Goa y pusieron sitio a la capital del Imperio portugués en la India. Mientras, otros navíos holandeses atacaban Ormuz, Cochin y varias fortalezas de la costa de Malabar y Coromandel. Hasta 1607 no se pudo reunir una flota de socorro, apenas catorce navíos, casi todos destruidos por la flota del almirante Peter Grimaltes: Java, las Molucas y El Cabo se hallaban en manos holandesas antes de que acabara la primera década del siglo XVII.

La tregua de los doce años firmada en 1609 convirtió en repliegue asiático lo que pudo ser un desmoronamiento. Al mismo tiempo, el Atlántico cobró un protagonismo que antes no había tenido. África occidental y las capitanías brasileñas, vértices del floreciente triángulo Angola-Brasil-Lisboa, ocupaban las prioridades defensivas y de seguridad por constituir el núcleo de la actividad económica, de la riqueza, del Imperio portugués. El comercio de esclavos y azúcar reemplazó al de las especias. Esa nueva orientación del imperio ya no hacía tan interesante la asociación con la Monarquía Hispana; la perspectiva oriental daba un valor muy importante a la capacidad de España para poner freno al Imperio otomano y desviar su atención del mar Rojo y del golfo Pérsico; la perspectiva atlántica podía ver en la América española un competidor más que un socio y podía resultarle una carga demasiado costosa la política internacional de la Monarquía, no tanto por la contribución en dinero y tropas como por convertirse en objetivo de los enemigos de la Casa de Austria. Cuando ingleses y holandeses comenzaron a construir sus imperios ultramarinos a costa del Imperio portugués, fue muy difícil asegurar que la Monarquía prestaba el mismo interés a defender las posesiones ultramarinas de Castilla que las de Portugal.

La herida abierta de Flandes

En 1598, anexo al tratado de paz con Francia firmado en Vervins, Felipe II entregaba los Países Bajos a su hija Isabel Clara Eugenia y su marido el archiduque Alberto de Austria. El problema de la rebelión de los holandeses parecía irresoluble, y se pensó que la mejor manera de resolver la guerra civil que enfrentaba a católicos y protestantes era ceder la soberanía a un príncipe independiente, de la Casa de Habsburgo, que sería capaz de satisfacer las aspiraciones de sus súbditos y crear un nuevo marco de convivencia.

Las guerras de Flandes fueron objeto de una dura controversia; las Cortes de Castilla y el Parlamento de Nápoles, por ejemplo, se quejaron de que las sumas recaudadas por el fisco se destinasen a aquella guerra desatendiendo las necesidades de los reinos; fueron muchas las protestas por la sangría financiera del gasto militar, y menudearon memoriales y arbitrios pidiendo a la corona que considerase que el esfuerzo bélico estaba agotando todos los recursos, devorando los medios con los que debían atenderse las necesidades de sus súbditos. Por el contrario, la Iglesia, los jesuitas, algunos políticos y estrategas militares se resistían al abandono y manejaban argumentos impecables: la defensa del catolicismo y el temor al efecto dominó. Se temía que la derrota diera alas a los protestantes para continuar su labor de destrucción del catolicismo, animándoles a una retirada que interpretarían como victoria. Asimismo, si el rey no sometía y castigaba a unos rebeldes que se habían alzado contra su señor natural, si no actuaba con ejemplaridad, cundiría el mal ejemplo en otros territorios que uno a uno y finalmente en tropel se desgajarían del cuerpo de la Monarquía hasta aniquilarlo. La herida abierta en Flandes amenazaba con gangrenar el cuerpo, y debe reconocerse que la cesión de soberanía era una solución ingeniosa y práctica.

Pero la herida no se cerró. No ya porque el matrimonio de los archiduques no tuviera hijos y no fueran capaces de generar una dinastía borgoñona, sino porque los archiduques nunca pudieron bastarse solos para defender el territorio, y ello implicó una constante presencia militar española. Los Países Bajos «católicos» o «españoles» nunca llegaron a desvincularse totalmente de la Monarquía. Existieron poderosas razones para ello, sentimentales, políticas y económicas. Borgoña era la cuna de la casa real: el ceremonial, los símbolos (la cruz de San Andrés), los lemas (plus ultra) o la misma orden del Toisón de Oro procedían de allí, y los Austrias tuvieron siempre en alta estima su solar de origen. Separarse de él o de su legado habría sido incomprensible. Pesaban también otras razones, geográficas y militares, como observatorio privilegiado de la Europa septentrional y plataforma desde la que intervenir contra los principales enemigos de la corona: Francia, Inglaterra y las rebeldes Provincias Unidas. Era asimismo un nudo de comunicaciones fundamental para mantener los vínculos de cooperación de todo tipo entre los Austrias españoles y sus primos los Habsburgo alemanes.

La separación obedecía a un proyecto transitorio, el restablecimiento de la integridad del patrimonio borgoñón, y conectaba con un sector de las provincias rebeldes que habían buscado un príncipe de la sangre de Habsburgo para reemplazar como soberano a Felipe II. En 1596, el archiduque Alberto fue nombrado gobernador y capitán general de los Países Bajos, como paso previo a la cesión de las tierras de Borgoña en 1598, el Pays de pardeça (ducados de Brabante y Luxemburgo y condados de Cambrai, Namur, Hainaut, Flandes, Limburgo y Artois) y el Pays de pardelà (el Franco Condado). Teóricamente también era soberano sobre Zelanda, Holanda, Utrecht, Güeldres, Overijssel, Drenthe, Frisia y Groninga, pero estos territorios no reconocían la soberanía de la Casa de Habsburgo desde 1580 y se estaba consolidando su independencia bajo una forma republicana. Cabía la posibilidad de invertir esta tendencia si se trasladaba el conflicto fuera de la Monarquía, en un ámbito neerlandés que debería ser resuelto entre neerlandeses.

Para los historiadores nacionalistas belgas del siglo XIX y principios del XX, la cesión de soberanía no fue sincera y estuvo limitada hasta el punto de que la Corte de Bruselas fue un apéndice del poder español, un gobierno títere incapaz de ejercer una actividad plenamente autónoma. Ahí se cifró el fracaso del restablecimiento de la unidad de Bélgica, nombre latino con el que se designaba toda el área de las tierras bajas. Los fuertes lazos existentes entre la Monarquía y los Países Bajos dieron a la independencia de éstos un carácter ambiguo, más que nada porque nadie creía ni quería disolver los vínculos entre Madrid y Bruselas; así, ni era un gobierno totalmente soberano ni un gobierno provincial. El archiduque Alberto y la infanta Isabel se intitularon duques de Borgoña, pero Felipe III también; además, no desaparecieron ni de sus títulos ni de su escudo la relación de los estados de los Países Bajos. Sin embargo, es un hecho que dicha soberanía fue reconocida por las potencias europeas que destacaron embajadores en la Corte belga, y la Santa Sede estableció una nunciatura.

La presión de la guerra obligó a mantener el dispositivo militar español, y ello condicionó totalmente el gobierno de los archiduques. Alberto e Isabel fueron soberanos «civiles» puesto que carecieron del control efectivo sobre los ejércitos. Pero, al mismo tiempo, el gobierno de los archiduques no sólo se desembarazó de la tutela española, sino que marcó las pautas de lo que la Monarquía debía hacer en la Europa septentrional, y se puede calificar la relación como entente. Así, dispusieron de plenas facultades para negociar con Inglaterra y las

Provincias Unidas, para firmar treguas y paces, y tanto en Londres como en La Haya no hubo dudas respecto a su capacidad para llegar a acuerdos puesto que si no, no habrían mostrado interés en las conversaciones.

Los archiduques disponían de una Casa y Corte. La Audiencia, el Consejo Privado y el Consejo de Estado, órganos consultivos y de gobierno, estaban integrados por personal natural de los Países Bajos; sin embargo, los empleos militares estaban a cargo de españoles. Entre 1596 y 1618 estuvo al frente de la Secretaría de Estado y Guerra Juan Mancisidor, a quien le reemplazaron sus asistentes Mateo de Urquina y Pedro de San Juan, dividiéndose la secretaría en conformidad con la labor que como oficiales habían desempeñado bajo Mancisidor, el primero encargado del despacho militar, y el segundo, del diplomático. Esta secretaría, junto con el embajador español en Bruselas, constituían los principales vínculos de unión entre las Cortes de España y los Países Bajos.

La organización de la defensa, la dirección de las operaciones militares, los nombramientos de los mandos y el simple pago de las soldadas y los pertrechos dependían del capitán general del ejército de Flandes, Ambrogio Spínola, que era responsable de su mando ante Felipe III de España. El archiduque Alberto ni exigía responsabilidades ni ejercía el mando sobre el capitán general: ambos cooperaban y trabajaban conjuntamente para conciliar la jurisdicción militar y la civil, la primera «española» y la segunda neerlandesa. Esta estrecha cooperación dio resultados en la reforma del ejército y en la concertación entre autoridades civiles y militares para reducir al máximo los conflictos que resultaban del alojamiento de tropas en las poblaciones; se castigaban severamente los delitos cometidos contra la población (robos, asesinatos, violaciones), mientras que se era más condescendiente con incumplimientos de las leyes locales (por ejemplo la prohibición de comer carne en viernes y Cuaresma en los Países Bajos se extendía al queso y los huevos, y soldados que tomaron estos alimentos fueron remitidos a la jurisdicción militar para evitar las penas que las autoridades civiles aplicaban a esta infracción).

Curiosamente, los «ministros españoles», Mancisidor y Spínola, pero también el confesor de Alberto Íñigo Brizuela, apoyaron vehementemente una mayor autonomía respecto a Madrid y fueron los artífices de los actos más audaces de ruptura con las directrices de la Corte de Felipe III. Spínola presionó brutalmente a la corona amenazándola con no darle más crédito si no aceptaba la iniciativa de Bruselas y ratificaba la tregua con los holandeses. Brizuela logró que Lerma se tragase su propia opinión y la firma del rey en el Tratado de Amberes, mientras que Mancisidor, pese a recibir su sueldo de la Corte española, actuó más como abogado de Alberto que como agente de aquélla.

Esta posición ambigua, como satélite de la Monarquía, podía haberse decidido hacia un incremento de una mayor autonomía e independencia sólo si se hubieran dado dos circunstancias: que los archiduques hubieran engendrado un heredero y, al mismo tiempo, que se hubiese alcanzado un acuerdo duradero con las provincias del norte, ya fuera una paz, concordia, etc., que estableciese un estatuto legal que zanjase el conflicto. La ausencia de un hijo convertía en heredero a Felipe III de España y hacía que pesase con fuerza un ambiente de transitoriedad. La segunda es que con las provincias rebeldes sólo se alcanzó un cese provisional de las hostilidades, una tregua por doce años firmada en 1609, pero las conversaciones se estancaron ahí, sin alcanzar un desarrollo más profundo, por lo que la guerra se reanudó en 1621.

4. La fortuna

Un lugar de La Mancha

El 1 de febrero de 1577, reunidos en la iglesia de San Pedro de Ciudad Real, los miembros de la Academia de Cánones escucharon la *Oratio in lauden dulcissimae patriae Ciudad Real* pronunciada por el humanista manchego Juan de Vadillo. El discurso, si bien era una obra convencional y de circunstancias, que recogía tópicos y lugares comunes poco originales, tiene el valor de dar testimonio de una vida literaria e intelectual de cierto nivel en un ámbito geográfico habitualmente considerado un páramo cultural. Humanistas que en su mayor parte eran maestros de gramática, eclesiásticos y letrados con inquietudes eruditas, se reunían periódicamente para ampliar y mejorar sus conocimientos de derecho canónico, según lo dispuesto por el fundador de la Academia, Bartolomé de Salvatierra; aunque, como se ve en este caso, se preocupaban también de la elegancia de la retórica y gramática latinas. Los loores de Vadillo elogiaban a los hombres, la ciudad y la tierra en la que

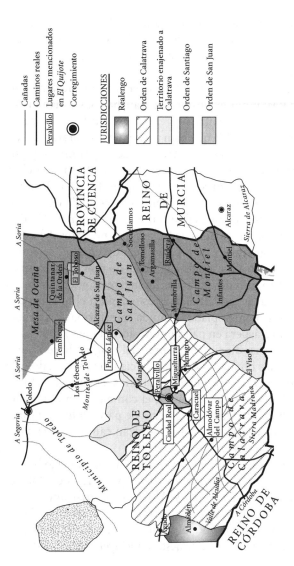

MAPA 2. La Mancha del Quijote.

estaba enclavada. Una tierra fértil, llana, ubicada entre
Castilla y Andalucía, que no padecía los rigores inver-
nales del norte castellano ni el sofocante estío del sur
andaluz.

Vadillo destacaba que las tierras que rodeaban Ciudad Real y, por extensión, La Mancha constituían un lugar intermedio entre dos extremos, un lugar de clima
benigno y amable que bien pudiera considerarse la Sicilia de España, por ser granero de la península y por
producir vino, aceite, ovejas, lana y «todos aquellos
productos que sirven de sustento en la vida». Era una
tierra rica y despoblada, siempre necesitada de nuevos
pobladores, como refirieran el corregidor de Ciudad
Real y las autoridades de las órdenes militares del Campo de Calatrava y de Montiel cuando en 1572 se apres-
taron a acoger a muchas familias de moriscos expulsados del reino de Granada. En lugares como Membrilla
se asentaron 200 familias, y esto explica el milagro con
el que se contemplaba la rápida transformación de una
comarca áspera en paisaje cultivado y ameno.

Los episodios más célebres del *Quijote* hacen mención a las bondades a las que hacía referencia Vadillo: el
cereal en el episodio de los molinos, el vino en la lucha
con los odres, las ovejas en el combate con el rebaño.
También se define como tierra de paso en los múltiples
encuentros con viajeros que cruzan camino de Andalucía o de la Corte.

Los límites y el espacio de La Mancha son algo borro-
sos. Repartida entre las actuales provincias de Toledo,
Cuenca, Ciudad Real y Albacete, se distinguen una
«Mancha Alta» al norte junto a la Alcarria, una «Man-
cha Baja» o meridional y una «Mancha oriental» o de
«Montearagón», y al suroeste se incluyen el Campo de Ca-

latrava y el Campo de Montiel. Las poblaciones eran grandes, de entre mil y cuatro mil habitantes, muy separadas entre sí por distancias medias de unos 15 km, alternándose las zonas agrestes y las cultivadas, las concentraciones de población y los despoblados, el secano y el regadío.

Según Covarrubias, «Mancha» designaba «un gran territorio distinto de los vecinos por alguna calidad que le diferencia dellos». ¿Qué podía hacer de esta tierra un lugar singular escogido por Cervantes para ambientar su novela? Quizá la diversidad de paisajes existente en el territorio, de llanura y de sierras. Tal vez la memoria colectiva, que guardaba aún vivo el recuerdo de un territorio de frontera, agreste, «comarca áspera» donde tuvieron lugar las guerras contra los moros. O el lugar en el que el imaginario colectivo podía situar una sociedad fronteriza, en la que eran posibles tipos humanos insólitos para la rigidez estamental de la época, amplios despoblados, ventas aisladas, una tierra de paso atravesada por los caminos que comunicaban Madrid con el sur, Extremadura con Levante… es decir, un lugar propicio para narrar aventuras. La Mancha constituía un telón de fondo, un escenario adecuado. Era el contrapunto risible respecto a los reinos fabulosos de los libros de caballerías, pero su familiaridad, su cercanía, eran compatibles con un necesario espacio vacío en el que colocar los episodios que jalonaban el continuo vagar de amo y escudero (hasta que, en la segunda parte, se dirigen a Cataluña, atravesando Aragón, un viaje que progresivamente constituirá una especie de baño de realidad).

Entre 1263 y 1492 la Reconquista estuvo prácticamente paralizada y La Mancha se configuró como un amplio espacio de frontera. En el siglo XII había sido el campo de batalla entre cristianos y musulmanes. No parecía entonces un lugar muy atractivo: era una vasta extensión sin habitantes que era preciso tener bajo control para impedir las incursiones musulmanas. En esa tierra de nadie, donde los colonos parecían reacios a instalarse, los monarcas castellanos concedieron estas tierras en señorío a las órdenes militares del Temple, San Juan y Santiago. A cambio, las órdenes militares accedieron a sus señoríos comprometiéndose a consolidar la conquista y afianzar la repoblación de los territorios situados al sur del Tajo, en la cuenca del río Guadiana. La corona concedió a las órdenes grandes dominios territoriales, con jurisdicción sobre vasallos, siempre que cumplieran con la misión encomendada.

Cuando el empuje almohade obligó en 1157 a los templarios a replegarse y abandonar a los musulmanes la fortaleza de Kalaat-Rawaah (castillo de las ganancias), se trasladó la concesión del señorío de las tierras del Temple en la cuenca del Guadiana a Raimundo de Fitero y un grupo de caballeros y monjes cistercienses que fundaron la primera orden militar española, la orden de Calatrava. Esta orden se consolidó como la más importante de las establecidas en La Mancha; sus maestres dominaban los extensos territorios del valle del Guadiana desde la fortaleza de Calatrava la Nueva, erigida sobre el cerro del Alacranejo a orillas del río y muy cerca de Ciudad Real. Desde allí se gobernaron los cuarenta y tres lugares que poseyó en señorío. La orden de Santiago se estableció en una amplia franja que iba de norte a sur desde la Alcarria hasta Beas de Segura y que integraba dominios repartidos entre lo que hoy son las provincias de Cuenca, Toledo, Ciudad Real, Albacete y

Jaén. Asimismo, la orden de San Juan dispuso de un amplio enclave en torno a Alcázar de San Juan, embutido entre los dominios calatravos y santiaguistas.

Casi un 80% del territorio manchego se hallaba en manos de las órdenes militares. Era tal su poderío político, económico y militar que constituyó una amenaza para la estabilidad del reino. Concluidas las guerras civiles del siglo XV, los monarcas dedicaron un enorme esfuerzo a colocarlas bajo su control, viendo coronado su propósito entre 1467 y 1523, cuando la Santa Sede accedió a que los reyes de Castilla incorporaran los maestrazgos de las órdenes a su patrimonio. Quedó fuera la orden de San Juan, mientras que la orden de Montesa, en la corona de Aragón, se incorporaría en 1587.

Antes de la incorporación a la corona, al frente de cada orden militar se hallaba un maestre que, auxiliado por los comendadores mayores, disponía de plena autoridad temporal y espiritual en los territorios bajo su jurisdicción. Dirigían a un nutrido grupo de caballeros seglares y monjes profesos, *freyles,* de entre los cuales se elegían los oficiales que habían de administrar y gobernar los estados o señoríos de la orden. Normalmente, estos estados se hallaban divididos en partidos, cada uno administrado por un gobernador que ejercía en nombre del maestre funciones judiciales, administrativas y fiscales: la gestión de las mesas maestrales y los bienes y rentas de la orden, el ejercicio del patronato sobre iglesias, conventos y hospitales, el control de los gobiernos municipales nombrando corregidores y vigilando la administración de los concejos, la administración de justicia, la concesión de gracias y mercedes, la recaudación de los tributos laicos y eclesiásticos y la defensa militar del territorio.

Los maestres disponían de señorío propio, los maestrazgos y mesas maestrales, sobre los que ejercían una autoridad privativa, disfrutando también de los bienes y rentas como señorío propio, aunque vitalicio. Asimismo, las encomiendas eran señoríos de la orden entregados a algunos de sus caballeros, que tomaban título de comendadores, ejerciendo jurisdicción civil, penal, militar y eclesiástica; también eran concesiones vitalicias de señorío, cuyos titulares disfrutaban de los bienes y rentas de la demarcación, al tiempo que ejercían la jurisdicción de la orden en ese distrito.

En 1523 la incorporación de los maestrazgos a la corona no cambió sustancialmente la realidad descrita más arriba. Al convertirse los reyes en grandes maestres de Calatrava, Santiago y Alcántara, tuvieron necesidad de asesoramiento en el ejercicio de las obligaciones y prerrogativas que habían asumido, para lo cual crearon un órgano consultivo, el Consejo de las Órdenes Militares, que con el tiempo se perfiló como el instrumento con el cual ejercieron su jurisdicción en esta materia. Esto permitió un tratamiento separado que significaba en la práctica que la persona del gran maestre era la misma persona que era rey. Y poco más. La corona mantuvo la estructura, gobierno y privilegios de las órdenes, en vez de asimilarlas o destruirlas en beneficio propio, y sólo enajenó una pequeña parte del patrimonio, alrededor de un 20%, para aliviar sus deudas. Se vendieron algunos señoríos de la orden de Calatrava al norte de Ciudad Real, tierras ricas, como Malagón, y se arrendaron los pastos del valle de Alcudia y del Campo de Calatrava a los banqueros alemanes Fugger.

No hubo una venta masiva de tierras y jurisdicciones tal vez porque los estados de las órdenes disponían de un capital remunerador muy interesante para concitar adhesiones a la corona, la concesión de hábitos, de encomiendas y de honores, muy apreciados por la nobleza y las personas pudientes con aspiraciones de ascenso social. Asimismo, en vez de anularse la autoridad de las órdenes a favor de una racionalización administrativa y judicial, nos encontramos con un refuerzo e incremento de su poder. Por ejemplo, tradicionalmente hubo una autonomía municipal muy amplia en los dominios de las órdenes, pero Felipe II, en vez de favorecerla, la limitó en beneficio de los gobernadores. Por pragmática dada en 1566, decidió suprimir la primera instancia civil y criminal de los concejos trasvasándola a las autoridades de las órdenes. A tal efecto, los partidos se dividieron en alcaldías mayores y los alcaldes mayores asumieron las competencias judiciales concejiles (no obstante, en 1589 el rey dio la oportunidad a los municipios de rescatar sus antiguos privilegios previo pago de una compensación económica que ocasionó la ruina de varios concejos que no pudieron hacer frente al endeudamiento).

Durante mucho tiempo, La Mancha fue una de las áreas ganaderas más importantes de la península Ibérica. Después de la batalla de las Navas de Tolosa (1212), la incorporación de un vasto territorio despoblado y con condiciones excelentes para el pastoreo llevó a las órdenes militares a especializarse en la explotación económica del ganado lanar. Los *freyles veedores* se dedicaron a la gestión del patrimonio pecuario de la Meseta meridional, al tiempo que ciudades como Soria, Cuenca, León y Segovia enviaban sus ganados a invernar al sur, con lo que se intensificó así la trashumancia entre el va-

lle del Duero y el del Guadiana, conformándose tres cañadas fundamentales o rutas seguidas por las ovejas en
su viaje de las sierras a los extremos, la leonesa, la sego-
viana y la manchega.

Debido a la bondad del clima, la zona meridional se
configuró como un importante lugar de invernada de
los ganados trashumantes que venían del norte de Castilla (de Cuenca y Soria principalmente). La Mancha
septentrional y oriental se hallaba atravesada por cañadas, caminos y veredas, por donde discurrían los rebaños de ovejas que se dirigían a las amplias dehesas y ricos herbajales del Campo de Calatrava y de Montiel, o
al valle de Alcudia, el principal de los invernaderos
manchegos. Esta importancia pecuaria dio lugar a numerosos conflictos entre agricultores y ganaderos; las
vías y los lugares donde se concentraban los rebaños
fueron un obstáculo para las roturaciones, pues las ovejas invadían sembrados y destrozaban cultivos. Además, los ganaderos actuaban con cierta impunidad protegidos por los privilegios del Honrado Concejo de la
Mesta, que trasladó los conflictos entre labradores y
pastores al choque jurisdiccional con autoridades eclesiásticas, concejiles y de las órdenes militares.

Merece la pena que nos detengamos un momento en
la Mesta para hacer comprensible la complejidad del
sistema pecuario castellano y sobre todo para entender
el fondo de los conflictos a los que nos referimos. Nacida
como asociación de ganaderos de Castilla en 1273, por
privilegio de Alfonso X, llegó a constituir una formida-
ble organización que monopolizó la gestión y el control
de la ganadería castellana hasta 1836, año en el que fue
disuelta por el gobierno liberal. Técnicamente, la Mesta
tenía competencia para mantener el buen estado de las

cañadas y garantizar las rutas del ganado trashumante. Más adelante, desde el siglo XIV, fue ampliando su poder y atribuciones hasta ejercer jurisdicción plena sobre todo el ganado, recaudando para la corona los tributos de servicio y montazgo.

El Honrado Concejo lo formaban todos los «hermanos de la Mesta», es decir, todos aquellos individuos que pagaban el servicio de ganado. Se hallaban organizados en cuatro grupos o cabañas en que se dividían los ganaderos de las sierras: las cuadrillas de Soria, Segovia, León y Cuenca. Las cuatro cuadrillas se reunían anualmente en asambleas generales y al frente de cada una de ellas había dos alcaldes cuatrienales que entendían y dictaban sentencia en todos los pleitos surgidos entre los hermanos, sentencias que podían apelarse ante los alcaldes de alzada. La Mesta era como un estado ganadero en sí mismo, a cuyos miembros administraba justicia y recaudaba sus impuestos. Asimismo, su relación con el mundo exterior estaba mediada por oficiales del rey, los alcaldes entregadores, dirigidos por el alcalde mayor entregador, que velaban por el cumplimiento de los privilegios e imponían sanciones y multas a quienes los violaran. Se supone que estos alcaldes sancionaban también los abusos de los ganaderos, pero las quejas de corregidores, concejos o alcaldes de las órdenes militares hacen pensar en un trato de favor que el resto de las autoridades afectadas no admitían fácilmente.

Desde 1500 el Honrado Concejo dispuso de un presidente de nombramiento real, señal inequívoca de patrocinio de una actividad que reportaba extraordinarios beneficios fiscales a los soberanos, al incrementarse a lo largo del siglo la producción y comercio de lana. Esta riqueza lanera dio lugar a un proteccionismo exa-

gerado del ganado ovino en detrimento de los agricultores. Las cañadas quedaron vinculadas al concejo y
esto supuso que grandes extensiones de tierra de Andalucía, Extremadura y Castilla la Nueva quedaron enaje-
nadas para usos agrícolas.

En esta coyuntura, los concejos manchegos opusieron
una enconada oposición a los privilegios mesteños, ya
pleiteando, ya negando simple y llanamente su validez.
Negaron jurisdicción a los alcades entregadores para
dirimir los pleitos con los ganaderos, fijaron impuestos
de paso y defendieron sus baldíos, rastrojeras y dehesas
comunales con uñas y dientes. A pesar de las iniciativas
de los labradores, se consignan a finales del siglo XVI
sendos triunfos judiciales de los ganaderos ante los tribunales reales, sentencias favorables que en el Campo
de Montiel lograron paralizar el proceso de roturaciones y acabar con la destrucción de pastizales. Pero el
éxito de los ganaderos en esta comarca se considera una
excepción a la regla, pues, pese a las sentencias y resoluciones de los pleitos, la aritmética de los hechos se fue
imponiendo en las primeras décadas del siglo XVII,
constatándose un progresivo retroceso de la ganadería
en favor de la agricultura.

Estos conflictos ponen al descubierto otro rasgo ca-
racterístico del territorio escogido como cuna de Don
Quijote. La Mancha era un espacio sobre el que se yux-
taponían multitud de jurisdicciones, hasta el punto de
que en las Relaciones Topográficas de 1575 (una especie
de encuesta realizada por el Consejo de Castilla para
conocer el estado del reino) muchos pueblos contesta-
ban de manera ambigua y oscura a la pregunta de quién
era su señor directo y bajo qué jurisdicción se hallaban.
Podía ser astucia de rústicos, pero sorprende que en un

buen número de formularios las autoridades locales confesasen desconocer quién era su señor.

Más complicado, si cabe, era saber hacia dónde dirigirse para poner pleito o ante qué instancia reclamar. Tribunales había donde acudir, de las órdenes militares, del arzobispado de Toledo, del obispado de Cuenca, de los corregidores, del Santo Oficio, la Chancillería de Granada, la Hermandad, de la Mesta, de los señores de vasallos, de los concejos... Pero constituían una maraña de autoridades que hacían muy difícil orientarse en la enorme complejidad jurisdiccional del territorio. Recuérdese, por ejemplo, la diferencia entre los pueblos que desde 1589 habían rescatado la jurisdicción en primera instancia y los que no, y los problemas puntuales que podían aparecer para llevar un caso, si procedía, ante el alcalde mayor o ante el concejo. La cosa se complicaba cuando se hallaban varios fueros interesados, eclesiástico, inquisitorial, mesteño, etc., que podían enrevesar los trámites de un pleito arrojándolo a un oscuro laberinto. Esto favoreció, por una parte, una litigiosidad muy alta y, por otra, el recurso frecuente a los hechos consumados para imponer autoridad.

La misma complejidad jurisdiccional permitió una amplia libertad de acción a individuos e instituciones que podían acogerse al amparo de la lectura más apropiada de su estatus para ignorar leyes, privilegios o jurisdicciones inconvenientes. Así hacían los concejos que ignoraban las patentes de hidalguía y obligaban a sus vecinos caballeros e hidalgos a pagar pechos, o las autoridades de las órdenes militares al recaudar diezmos e ingresos del arzobispado de Toledo, o los labradores que roturaban dehesas o compraban y vendían pastos ignorando la jurisdicción de la Mesta... Había un cierto

ambiente de impunidad que a veces se sancionaba eje-
cutando la «justicia de Peralvillo».

Las soluciones ejecutivas e inapelables que el aterra-
do Sancho menciona al montar sobre *Clavileño* –«¿qué
mucho que tema no ande por aquí alguna región de
diablos que den con nosotros en Peralvillo?» (Q2, 41)–,
nos remiten a la célebre Hermandad Vieja de Ciudad
Real, encargada de garantizar la seguridad en los caminos y los lugares comprendidos entre los montes de Toledo y sierra Morena. La Hermandad se regía por unas
ordenanzas dictadas por los Reyes Católicos en 1485 y
su función era mantener el orden público, concentrándose su actividad en la persecución de los expoliadores
de colmenas y almacenes de grano, cuatreros y salteadores de caminos. Los alcaldes, alguaciles y cuadrillero
mayor debían ser auxiliados por los vecinos, incorporándose a su requerimiento a las batidas contra bandoleros y delincuentes. Tenían fama de ser rápidos y expe-
ditivos en su forma de actuar, imponiendo con mucha
facilidad la pena de muerte.

Peralvillo se convirtió en el símbolo de esa manera de
actuar por ser lugar donde se ahorcaba sumariamente a
los presos, como recuerdan oportunamente Covarrubias en su *Tesoro* y Correas en su refranero. Dicha aldea
se hallaba en una zona que ni pertenecía a la jurisdicción del corregidor de Ciudad Real ni a la del maestre
de la orden de Calatrava, lo cual la hacía idónea para los
linchamientos y las ejecuciones con juicios sumarísi-
mos sin posibilidad de defensa o apelación.

Juan Rufo, en *El romance de los comendadores,* publicado en Toledo en 1596, lo rememoraba como un punto
de paso obligado en el camino real que comunicaba Toledo y Córdoba:

> el funesto Peralvillo
> asombro de los traidores
> que saltean los caminos

Señalábamos más arriba el carácter de La Mancha
como tierra de paso, y esto es lo que nos recuerda frecuentemente la literatura. Paradójicamente, el nivel de
los intercambios comerciales en el territorio fue muy
escaso; por el camino real bajaban hacia Andalucía ca-
rros con pescado en salazón, hierro y madera y subían
hacia el norte con sal, aceite, vino, atún, seda y frutas.
Sin embargo, este trasiego aprovechaba poco en la región, salvo en lo relativo a peajes, derechos de paso y beneficios de hosterías y posadas. Se ha advertido que el
autoconsumo estaba tan extendido que en multitud de
pueblos de las sierras la ausencia de intercambios incidía en la ausencia total o parcial de algunos productos
de primera necesidad. El 85% de la población se dedi-
caba a la agricultura y la ganadería. Dado que existía un
nivel muy alto de autarquía, de autoabastecimiento y de
dedicación casi exclusiva al sector primario, encontramos poca representación de otros sectores socioprofe-
sionales por tratarse de un medio rural, dominante incluso en la configuración social y económica de centros
urbanos como Ciudad Real.

Con un 1% aproximado de clérigos y apenas un 4%
de hidalgos, La Mancha en torno a 1600 era básicamente una sociedad de trabajadores agrícolas, de pecheros
ricos y pobres, propietarios o jornaleros, de agricultores, pastores y pequeños artesanos vinculados a la economía rural (herreros, zapateros, carpinteros, etc.). Los
hidalgos en su mayoría comerciaban en las ferias y mercados con los productos de sus propiedades y no parece

que fuera habitual la presencia de rentistas. Los hidalgos eran labradores que disponían de una mayor estima social por sus vecinos, eran campesinos ricos que disponían de este honor ya por reconocimiento espontáneo e inmemorial o por compra de la patente o por pleitos para alcanzar un estatus que, además de prestigio, significaba verse libre de pagar pechos (impuestos).

Verse libres de soportar cargas fiscales, levas o alojamientos de tropas constituía el primer acicate de quienes aspiraban a la hidalguía, no el ocio o el vivir noblemente. De hecho, los hidalgos manchegos no representaban en sus vidas cotidianas los comportamientos nobiliarios, sino los de oligarquías rurales, en las que obviamente la estimación social era importante para perfilar la categoría social de un grupo, para definir alianzas, favorecer matrimonios y cohesionar linajes. Patrimonio, riqueza y poder marcaban las estrategias de estos labradores ricos a la hora de adquirir honor, comprar oficios o fundar capellanías. También dio lugar a una extraordinaria litigiosidad, pues los lugares de La Mancha aceptaban mal que sus vecinos más ricos escaparan de la larga mano de los tributos civiles y eclesiásticos.

Al tratarse de un territorio perteneciente a las órdenes militares puede decirse que la presencia de la nobleza era irrelevante y anecdótica, lo cual daba al paisaje social manchego un tono particular. Cervantes, para poner en contacto a su héroe con el mundo aristocrático, tuvo que sacarlo literalmente de La Mancha pues aquél era un ámbito rústico y poblado por villanos. Anclados en el medio rural, los manchegos vivían apegados al ciclo de las cosechas, al calendario del clima, de la siembra, la recolección, la reproducción del ganado, la esquila etcétera; era una vida monótona y circular

cuyos sobresaltos provenían de los momentos de ruptura de ese ciclo, cuando se sucedían las sequías, las malas
cosechas, las epidemias… Un pedrisco podía arruinar a
una aldea y obligar a sus habitantes a un éxodo forzoso,
como las abundantes lluvias que en 1574 anegaron So-
cuéllamos destruyendo los cultivos y condenando al
hambre a sus habitantes.

Como botón de muestra podemos tomar el caso del
Campo de Montiel. En torno a 1600, sólo un 1,9% de
los habitantes podían considerarse ricos, y un 0,6%, pobres. El 97,5% restante no vivía con holgura, apenas un
puñado poseía tierras y la mayoría disponía de una mí-
sera vivienda y rentas tan frágiles que cualquier accidente climático los podía colocar en una situación de-
sesperada. La hambruna que padeció dicha comarca
entre 1579 y 1584 provocó una oleada migratoria hacia
las comarcas vecinas de la que no se recuperó hasta entrado el siglo XVII. Poco antes, en el Campo de Calatrava, la hambruna de 1578 registró episodios dramáticos
y se consignaba la depauperación general y una carestía
que ni siquiera podía paliarse con la venta de las propiedades («las haciendas no hallan quien las compre,
han venido a tanto extremo que en algunas casas se pa-
san sin pan días», se observaba en una relación contemporánea). Si esto ocurría en un período considerado
normal, en tiempo de crisis la situación se tornaba apo-
calíptica, como ocurrió en los años 1605-1606 y 1615-
1616, cuando las malas cosechas y la hambruna afectaron a La Mancha en su conjunto. Carecemos de datos
precisos para todo el territorio, pero basta señalar como
muestra que Ciudad Real perdió el 30% de la población
que habitaba dentro del perímetro de sus murallas. Teniendo en cuenta la debilidad del estrato intermedio

entre ricos y pobres, su vulnerabilidad ante las malas
cosechas, las plagas o cualquier otra alteración, cabe
concluir con Sancho Panza que en realidad «dos linajes
solos hay en el mundo»: los que poseen y los desposeí-
dos (Q2, 20). Los ricos podían escapar a los golpes de la
fortuna mejor librados que la masa de la gente común,
una masa que podía perderlo todo en un instante y que
se hallaba siempre al filo del infortunio aun disponien-
do de trabajo, pequeñas rentas y alguna propiedad.

Los dos linajes del mundo

El 13 de noviembre de 1550 falleció en su casa de Zaragoza, en la calle de Predicadores, el conde Don Alonso
Felipe de Gurrea y Aragón. Fue enterrado vestido con el
hábito franciscano. Su cuerpo, en el tránsito desde el
domicilio hasta su tumba en la iglesia de Santa Ana de
Bonavía, estuvo acompañado por numeroso séquito de
deudos, parientes, autoridades y miembros de la alta
sociedad aragonesa, pero el lugar preferente lo ocuparon trece pobres vestidos de blanco. Las ceremonias remitían a la profunda devoción del difunto a San Francisco, pero también a un ideal de pobreza que resulta
particularmente chocante tratándose de uno de los nobles más ricos y poderosos de Aragón, que había dominado con mano de hierro a sus vasallos de Ribagorza,
con extrema dureza, reconocida incluso en su testa-
mento: «con ira y enojo he mandado hacer algunos des-
tierros en mi tierra y algunas prisiones súpitas».

Treinta años después, su hijo, Don Martín de Gurrea,
ya anciano, vivió un extraño suceso: su amigo el obispo
de Huesca, que había acudido a visitarle, cayó súbita-

mente muerto en su presencia. Quedó tan impresionado que decidió cambiar radicalmente sus hábitos. Prócer de las letras y mecenas de las artes, coleccionista de antigüedades, pinturas y objetos artísticos, hombre de gustos refinados, se volvió austero y taciturno como su padre; olvidó sus palacios y jardines para retirarse largas temporadas al monasterio de Veruela, asistiendo con los frailes a sus oraciones y vida en comunidad. Durante uno de estos retiros, dejó escritas unas interesantes reflexiones que muestran su angustia y su estado de ánimo:

> Los vasallos, los estados, el valor, las riquezas y las honras ¿de qué me aprovecharán? Todo el mundo con sus vanísimas vanidades ¿de qué consuelo ni de qué servicio me podrán ser?... toda una vida es corta para aprender a morir: momento de que pende una eternidad.

Padre e hijo, llegado el momento de la muerte, tomaron conciencia de la pobreza como virtud más preciada. Ambos hicieron sus respectivos actos de contrición y ambos también transformaron su muerte y exequias en una exaltación de los valores inherentes a la pobreza. Don Martín, en su lecho de muerte, momentos antes de expirar en la tarde 19 de abril de 1581, pidió a su primogénito que en sus funerales no le tratasen como a señor sino «como a vil gusano y mísero pecador». Invariablemente, los pobres estaban presentes de un modo u otro en los rituales funerarios; ojeando relatos de otros fallecimientos sucedidos en la familia, acabamos encontrándolos en algún lugar o momento de las exequias. En el funeral de la esposa de Don Martín, Doña Luisa de Borja y Aragón, fallecida el 4 de octubre de 1560, el cronista encargado de escribir la relación de las pompas fúnebres de la duquesa nos informa:

Allí quedó el cadáver aquella noche, bien acompañado, asistido y llorado: y con mayor razón de los pobres, que á tropas venían de varias partes á venerar y suspirar su difunta Madre.

Entonces, el duque, los deudos y los familiares de la fallecida, en vez de ahuyentar a aquellas gentes, se ocuparon de que «fuessen todos socorridos con liberalidad y abundancia».

Al leer los elogios, panegíricos y «vidas» de los hombres ilustres de la segunda mitad del siglo XVI y de la primera del XVII, cronistas, historiadores y biógrafos coinciden en la exaltación de los valores de la humildad y la pobreza en el momento de la muerte. En aquel entonces, la pobreza no tenía un carácter degradante sino edificante, mientras que la riqueza no se admitía como valor, antes bien, tenía un carácter negativo. Quien perseguía la riqueza y la comodidad no constituía ningún ejemplo, pero sí quien renunciaba a ellas. La indigencia voluntaria adquiría la más alta estimación social, pues compartir la suerte de los pobres y renunciar al mundo se contemplaba como el medio más eficaz para alcanzar la salvación. El mensaje social del Evangelio identificaba pobreza, abnegación y humildad como las más altas virtudes siempre que se amase profesarlas. La misericordia, la limosna y la caridad como actos de amor a los pobres y a la pobreza permitían la redención de los ricos y poderosos. Esto significaba que los ricos y poderosos, si aspiraban a la salvación, debían considerar su patrimonio como una especie de bien social, haciendo que su riqueza aliviase a los más necesitados. Esta idea aparecía frecuentemente representada y recordada en pinturas y devocionarios que recogían diversas imágenes y motivos tomados de las Escrituras, Historia Sagrada y vidas de santos.

Entre los motivos preferidos para exaltar estos valores se hallaba la historia de *San Martín y el mendigo,* un tema muy popular del que en el taller de El Greco se realizaron al menos cinco pinturas. El pintor cretense realizó hacia 1597 un inolvidable San Martín que hoy se conserva en la Galería Nacional de Washington. A partir de él se hicieron en su taller varias copias, siendo una imagen muy solicitada entre su clientela. El San Martín estaba destinado al retablo del altar de la capilla de San José de Toledo, donde fue colocado con otras telas del pintor para completar un programa iconográfico diseñado por los albaceas de Martín Ramírez, un rico patricio de la ciudad. En 1569 Martín Ramírez falleció dejando un importante legado patrimonial con el que fundó la capilla para dejar memoria de sí mismo y destacar un mensaje que para él tenía un significado personal extraordinario: la exaltación de la caridad. En el epitafio de su tumba relacionó puntillosamente sus obras de caridad no como muestra de orgullo, sino como memoria de sus buenas obras. La capilla, su tumba y las pinturas eran un recordatorio perpetuo de la obligación que tenían los ricos de compartir los bienes con los pobres y seguir el ejemplo de Martín, el noble húngaro al que, después de partir en dos su capa para cubrir con la mitad a un pobre que pasaba frío, se le apareció Cristo diciéndole: «lo que has hecho por ese pobre por mí lo hacías».

El pobre, el menesteroso, el necesitado, el que nada tiene para vestirse y sustentarse y tampoco puede remediarlo por sí mismo, constituía un personaje central en aquella sociedad. Vivir la pobreza, más que compartir la riqueza, era el ideal perseguido. Por eso mismo, se expresó de manera ritual el amor a los pobres y a la pobreza, acogiéndolos o asociándolos en el trance de la muerte para subrayabar que no había olvido ni indiferencia respecto a su condición. La presencia de pobres en las exequias, acompañando al ataúd o acudiendo a los velatorios, reforzaba el mensaje de que pobres y ricos constituían dos partes complementarias de la sociedad, haciendo visible la caridad como privilegio de los humildes y obligación de los ricos.

La caridad, una de las tres virtudes teologales (junto a la fe y la esperanza), se manifestaba a través de la *hospitalitas* y la *liberalitas*. *Hospitalitas* era ejercitarla sin condiciones; *liberalitas,* en cambio, era administrarla según el merecimiento de quien la recibe, a los pobres honestos, indigentes, vergonzantes y verdaderamente necesitados. Esta última, recordaba Don Quijote, era obligación de los ricos:

el rico no liberal será un avaro mendigo; que al poseedor de las riquezas no le hace dichoso el tenerlas, sino el gastarlas, y no el gastarlas comoquiera, sino el saberlas bien gastar (Q2, 6).

La *hospitalitas* era función reservada a congregaciones, órdenes religiosas, instituciones municipales, fundaciones, cofradías y hermandades laicas especializadas en la asistencia a los más desfavorecidos. Dar sin conocer a quién se da era la más virtuosa de las formas de caridad, puesto que era impensable un agradecimiento o contraprestación por el beneficio recibido. Los hospitales se mantenían con limosnas de particulares y rentas cedidas o asignadas por autoridades y personas devotas y su labor era acoger y recoger pobres, huérfanos, enfermos, prostitutas, locos e incurables. En 1613 se decía que era raro el lugar de España donde no se hallara una de estas instituciones, y prácticamente todas las ciudades contaban con ellas: había hospitales en los pueblos costeados con las limosnas de los vecinos, hospitales de naciones, como el de San Pedro y San Pablo de Madrid, fundado en 1580 por la comunidad italiana de la capital y que amparaba a los naturales de aquel país, de pobres peregrinos, como los de la orden de Santiago, etcétera. De todas las asociaciones, instituciones y organizaciones de asistencia, la más importante fue la orden de los hermanos de San Juan de Dios, que, desde 1550, se convirtió en la principal entidad gestora y administradora de hospitales y fundaciones pías de la península Ibérica.

La ritualización de la atención a los pobres fue criticada por algunos laicos y sacerdotes reformistas que, a finales del siglo XVI, exigían una vivencia sincera y responsable de la caridad. Se reprochaba, sobre todo a los hermanos de San Juan de Dios, hallarse más preocupados por los mármoles y pinturas de los templos y estancias de sus hospitales que por el alivio de la necesidad. No faltaron arbitrios y memorias denunciando el desvío de las limosnas hacia la fábrica y mantenimiento de los edificios, de modo que éstas no llegaban a quien verdaderamente estaban destinadas. Asimismo, la crítica señalaba que la caridad no consistía simplemente en paliar las necesidades de los más desfavorecidos, sino en vivir con ellos su pobreza. Un grupo de estos críticos creó en Madrid en el año 1594 la Hermandad de San Martín. Formada por 84 personas (doce sacerdotes y el resto laicos), tenía como fin amparar a los pobres vergonzantes (los que «no quieren descubrir sus necesidades mendigando de puerta en puerta»). Los componentes de esta hermandad, entre los que estaba el novelista Mateo Alemán, eran gente acomodada (letrados, comerciantes, médicos...) que ejercía así un compromiso ético y social alternativo al de las organizaciones caritativas existentes. Los hermanos sufragaban los gastos, se organizaban por turnos para atender a pobres y enfermos y los domingos acudían a casas particulares para pedir limosnas para el mantenimiento de la obra. La hermandad facilitaba a sus acogidos una ración diaria de alimento y atención médica. Aunque su ayuda se prestaba a domicilio, dispuso de una enfermería con doce camas para recoger a las personas enfermas que no tenían comodidad para curarse en sus casas. Al año de su fundación, había repartido 18.000 raciones y había acogido a 670 enfermos.

La atención a los pobres y la existencia de estas instituciones paliaban los desajustes de una sociedad en la que no existía ninguna noción de bienestar social. La pobreza se entendía como resultado de la fortuna adversa, siendo una situación en la que la mayoría de la gente podía verse afectada de manera episódica varias veces en su vida. A excepción de un reducidísimo grupo de privilegiados, la mayoría podía verse en esa condición en momentos de malas cosechas, hambrunas, epidemias y otros avatares de una vida que la mayor parte de los hombres y mujeres de 1600 soportaban con enormes estrecheces. Ser pobre no tenía mayor mérito; aceptar esa condición con humildad y mansedumbre, sí. En el *Quijote* aparece recogido este ideal de pobreza en una amplia reflexión puesta en boca de Cide Hamete Benenjeli:

¡Oh pobreza, pobreza! ¡No sé yo con qué razón se movió aquel gran poeta cordobés a llamarte *dádiva santa desagradecida* [despreciada]! Yo, aunque moro, bien sé, por la comuni-

cación que he tenido con cristianos, que la santidad consiste
en la caridad, humildad, fe, obediencia y pobreza; pero, con
todo eso, digo que ha de tener mucho de Dios el que se vinie-
re a contentar con ser pobre, sino es de aquel modo de pobreza de quien dice uno de sus mayores santos: «Tened todas las
cosas como si no las tuvésedes»; y a esto llaman pobreza de
espíritu (Q2, 44).

Los moralistas advertían contra la falsa renuncia al
mundo. Sólo era admisible como virtuosa y moralmente edificante la pobreza voluntaria de los ricos y poderosos, pero no la de los miembros del tercer estado, los
laboratores, en los que el abandono del trabajo por la
mendicidad era interpretado como un acto contra la
naturaleza, contra su estado, siendo más un acto de orgullo que de humildad. Sólo se admitían como pobres
legítimos las personas que carecían de bienes para
mantenerse y salud o fuerza para ganarlos: niños, locos,
minusválidos, viudas, doncellas sin dote, enfermos y
ancianos.

Al mismo tiempo, se tenía la convicción profunda de
que la pobreza no podía erradicarse, sólo suavizarse,
pues formaba parte del orden de las cosas. Su existencia
era necesaria para sostener la virtud (caridad, hospita-
lidad y misericordia). Sin embargo, sí se podía y debía
erradicar la falsa pobreza, el vagabundaje, nacido de la
ociosidad. El vagabundaje hizo que la divisoria entre
pobreza y vicio fuera muy tenue, y evitar la confusión
entre una y otra cosa preocupaba extraordinariamente
a las autoridades civiles y eclesiásticas.

Los pobres eran un mal necesario, pero para evitar
abusos contra los legítimos desamparados era precisa la
«gobernación de la pobreza», según defendían algunos
arbitristas como el médico Cristóbal Pérez de Herrera,

el letrado del Consejo de Aragón Miguel Giginta o el licenciado Alonso de Barros. Este gobierno se hizo necesario en la segunda mitad del XVI, cuando los caminos y las calles de las ciudades se llenaron de oleadas de vagos. La proliferación de mendigos, vagabundos, prostitutas y toda clase de «gente ociosa y perdida» se percibió como una amenaza para la sociedad en tanto que desvirtuaban la pobreza tal y como se había comprendido hasta entonces. Hubo de hacerse un esfuerzo clarificador para no confundir pobres con explotadores de la caridad. Un peligro que recordaba el canónigo sevillano Alonso Coloma el 20 de diciembre de 1596 al firmar la censura de la obra titulada *Amparo de pobres* de Pérez de Herrera: «Este título y nombre de pobre es de Dios tan honrado, que no le merecen los que lo quieren ser por sus comodidades». De modo que aunque parezca un contrasentido, la comodidad sería un rasgo diferenciador del nuevo pobre respecto al tradicional; las estructuras del bienestar y la buena organización de la caridad permitían definir la vida del pobre como «seguridad», un «estar sin cuidado en que solamente parece que difiere de las riquezas» (definición dada por Diego Gracián en su particular versión castellana de las *Morales* de Plutarco).

Se ha señalado que el extraordinario incremento del vagabundaje y la picaresca en los últimos años del siglo XVI y primeros del XVII es un claro indicio del comienzo de la decadencia española. Es una opinión objetable, pues las grandes ciudades europeas se hallaban infestadas de vagabundos, mendigos, prostitutas, ladrones y hampa organizada; Venecia, París, Nápoles, Londres o Roma serían buenos ejemplos de ello. Alrededor de 1587, la ausencia de vagos y maleantes en Barcelona se interpretó como señal de decadencia, porque la falta de riqueza incidía en las limosnas, escasas y poco interesantes para los mendigos profesionales, y en la disminución del gasto en ocio (juego y prostitución). Del mismo modo, Madrid, Sevilla, Valencia, Nápoles o Ciudad de México hubieron de enfrentarse a un fenómeno nuevo que acompañó al crecimiento económico, un viraje social que arranca en torno a 1540 y en el que los habitantes de las ciudades advierten con inquietud que sus pobres ya no son personas conocidas, más o menos familiares, de las que todos saben su desgracia y su circunstancia. No, en la segunda mitad del siglo, seres anónimos, forasteros, vagabundos y pícaros invaden las ciudades, se instalan en las escalinatas de las iglesias, ocupan plazas y calles y con ello generan un ambiente de temor e inseguridad.

Cristóbal Pérez de Herrera advertía al rey y a sus conciudadanos del peligro de estos

pobres fingidos, pidiendo limosna para encubrir su viciosa vida, y con esta ocasión, entrando por las casas a pedir, reconocer de día por donde se pueda hacer el robo y escalar las casas de noche, y adónde hay hacienda a propósito para ello y poca defensa.

Aprovechando las largas Cortes castellanas de 1592-1598, el doctor Pérez de Herrera diseñó un plan para gobernar la verdadera pobreza y erradicar la falsa. Sus postulados coincidían con los del jurista catalán Miguel Giginta: la creación de casas de misericordia o albergues para pobres en todas las ciudades resolvería el problema. En esos centros se alojarían los verdaderos menesterosos, a los niños y niñas se les enseñaría un oficio, algunos tullidos y lisiados no demasiado impedidos también aprenderían a valerse por sí mismos, mientras

que ancianos y enfermos crónicos serían objeto de una
atención integral. Serían centros de gestión de la caridad, se mantendrían con la prodigalidad de los ricos, la
limosna de los vecinos y la venta de los productos manu-
facturados en sus talleres, e incluso podrían funcionar
como agencias de colocación, reeducando a las prostitutas para el servicio doméstico buscándoles las casas
para servir. Pero, mientras que Giginta había abogado
por iniciativas particulares (su obra inspiró la creación
de casas en Toledo, Madrid, Granada y Barcelona), su
homólogo castellano prefería una acción conjunta rey-
reino de aplicación universal para todo el territorio de
la corona de Castilla. El proyecto era de tal magnitud
que nunca se llevó a cabo, aunque parece que hubo estudios para poner en marcha una primera fase en Madrid, Sevilla, Valladolid, Toledo y Zaragoza.

La diferencia respecto al modelo de Giginta es que
importaba gobernar la pobreza pero también erradicar
el vagabundeo. El respeto al libre albedrío impedía el
internamiento forzoso en los centros. Ocurría que los
pobres de un lugar que no querían acogerse al albergue
se trasladaban a otra localidad donde no lo hubiese,
pues al rehusar la protección y continuar mendigando
podían ser aprehendidos conforme a la ley de vagos de
1552. Si carecían de la posibilidad de evadir la admisión
en los centros, por estar implantados en todas las poblaciones, los vagabundos sólo tendrían dos salidas,
reintegrarse en la sociedad ejerciendo un oficio o ser
detenidos y enviados a servir en las galeras del rey.

En 1617, las Cortes de Castilla evaluaron en torno a
un millón de personas el número de vagabundos des-
perdigados por las dos mesetas y Andalucía. La cifra
era exagerada, pero indica un problema muy presente,

tanto que la picaresca es buen reflejo de ella. Pícaros y pícaras proliferaban por todo el país, desarraigados que vivían de pequeños hurtos, mendicidad esporádica, esportilleros, ganapanes... siempre en los márgenes de la sociedad. Las historias de pícaras indican que el fenómeno no se limitaba a los varones, y la irrupción de mujeres vagabundas, prostitutas eventuales, causará problemas bastante serios que se recogen en algunos memoriales del momento. El incremento de la prostitución, que advierten muchos viajeros extranjeros asombrados por la desvergüenza de mozas y empleadas de mesón, tuvo dos gravísimas consecuencias: la extensión de la sífilis hasta niveles muy altos, anotándose como terrible epidemia, y el incremento de niños expósitos, cuya atención se hallaba desbordada por la falta de recursos. Alrededor de 1600 nacían anualmente en Salamanca un centenar de niños abandonados, una cifra muy alta para una población estimada en 40.000 almas. Se puede objetar que no es buen ejemplo por ser una ciudad atípica debido a la alta densidad de estudiantes y al conocido ambiente de relajación sexual que existía alrededor de las universidades, pero esa proporción era más o menos parecida en Valladolid, Córdoba y Sevilla. Desde 1606, la creación de centros de acogida y casas de «trabajo y labor» en Madrid, Salamanca, Valladolid y Granada parecía un buen remedio para acoger y dar trabajo a mujeres solteras con hijos, aunque pronto se descubrió ineficaz. El caso es que los caminos se llenaron de niños vagabundos, y según una opinión extendida, pero difícilmente verificable, muchos niños expósitos eran alquilados o vendidos a mendigos profesionales. Según Cavillac, «el expósito se convertía así en una especie de mercancía».

El comercio de niños para la mendicidad y la venta
de niñas para la prostitución tocan de cerca la existencia y el desarrollo de una criminalidad organizada cuyo
alcance real desconocemos. Las germanías o hermandades de delincuentes operaban en los grandes centros
urbanos de la península Ibérica, y se cree que existía
una división tácita en zonas de influencia y en redes de
negocios y actividades dentro de cada lugar. Los delincuentes profesionales encuadrados en estas cofradías se
hallaban especializados en variantes más o menos defi-
nidas: rufianes (trata de blancas), ladrones, truhanes
(jugadores, embaucadores), rufos (sicarios)... Pero esa
división es una convención moderna, y los límites son
muy difusos. Por ejemplo, los jaques (cabecillas que do-
minan un distrito) eran una mezcla de chulos, matones,
ladrones y asaltadores que hacían su meritaje dominan-
do diversas especialidades. Por otra parte, el término
«ladrón» apenas sirve para describir un oficio en el que
más o menos se distinguían cerca de trescientas especialidades (birlos), muy distintas en la ciudad que en el
campo. Las asociaciones de germanes se basaban en la
solidaridad y un fuerte espíritu de cuerpo que les permitía funcionar en red, más allá de los límites de su territorio o distrito. Así, los «secretos» (fugitivos de la
ley) podían encontrar amparo y refugio en lugares lejanos e insospechados, pero relacionados con un grupo
de solidaridad y ayuda mutua. Asimismo, internamente
funcionaban como un remedo de los gremios, mante-
niendo una rigurosa jerarquía de los oficios y una cierta
reglamentación de los negocios, como señala Don Luis
Zapata en su *Miscelánea*. En el escalón más bajo se hallaban *reclamos* (mozos de mancebía), espadachines
(aprendices de matones o sicarios), guardapostigos

(porteros que ejercen el derecho de admisión en los locales), etcétera. El jaque o engibacaire, equivalente a un maestro, acogía a estos aprendices y facilitaba su ascenso conforme a sus aptitudes, permitiéndoles constituir negocio propio a cambio del pago de un tributo. Estos delincuentes de nivel medio aparecen mencionados en la literatura con términos como «mandilandín», «mandiblas» o «mandil». El nivel de violencia en el que vivían estos individuos indica que los pasos que se recorrían del aprendizaje a la maestría no siempre seguían formas regladas, sino de reconocimiento del grupo y de competencia, muchas veces sangrienta, por el liderazgo.

Las asociaciones delictivas dirigían la mendicidad en la ciudad, distribuían los puestos callejeros y vigilaban que no intervinieran intrusos. El interés de las cofradías por controlar las redes de mendigos radicaba en los pingües ingresos de las limosnas y sobre todo en su importancia para adquirir información para la industria del robo. El producto de los robos se administraba en las llamadas aduanas o patios, donde se guardaba la mercancía y se traficaba con ella. El juego era también un área donde el crimen organizado extendía sus tentáculos: locales, impresión ilegal de naipes o tahúres profesionales que desplumaban a los incautos necesitaban una cobertura corporativa; además, el juego atraía actividades mercantiles complementarias: el préstamo usurario en las timbas, el suministro de bebidas y comidas y el servicio de recaderos. La prostitución era otro sector de actividad importante, con su complejo mantenimiento de locales, reclutamiento de mujeres, etcétera. Se calcula que en Madrid existían en 1600 algo más de ochocientas casas «de niñas» y un número parecido de «casas de conversación» (timbas y lugares de juego también llamados «polinches»). En Sevilla, las tres casas de la mancebía, establecimientos de prostitución autorizados y controlados por las autoridades municipales, competían con un intenso tráfico ilegal que se extendía por toda la ciudad, por casas, calles y plazas. En 1620, las autoridades municipales trataron de poner límites a la prostitución ilegal, pero no por razones morales, sino porque el desarrollo de este negocio, fuera del área asignada al lupanar, afectaba a los ingresos del municipio y perjudicaba a las capellanías, hospitales y monasterios que tenían boticas en ese distrito. La espectacular caída de las rentas de los negocios dependientes o vinculados a la mancebía ponía en peligro la solvencia de dichas instituciones. En Valencia, donde la mancebía era tan extensa que se hallaba cercada por un muro y constituía una ciudad dentro de la ciudad, un viajero francés, de paso por allí en 1603, constató que el tráfico se había extendido a todo el casco urbano, y desde el centro hasta la periferia pululaba una multitud de mujeres que se vendían «a vil precio».

Probablemente, lo que ocurría en Sevilla y Valencia se puede extender a otras ciudades. Las mancebías, prostíbulos legales que se hallaban fuera del alcance del hampa, reguladas en Castilla según pragmática expedida en 1570, perdían terreno frente a una prostitución no reglada y en la que se constatan situaciones vedadas en aquellos establecimientos (sometidos a una vigilancia más o menos rigurosa): la compraventa de mujeres, el trabajo de prostitutas enfermas y de niñas y la ausencia de controles sanitarios. Bajo Felipe III se autorizó el aumento de burdeles reglamentados; en Madrid se extendieron desde la Puerta del Sol hasta Santa María de la Almudena, constituyendo el barrio de la calle Mayor un centro que se sumaba a los ya populares de la calle Huertas, Santa María, San Juan y Amor de Dios. La liberalización de las licencias no impidió que en el barranco de Lavapiés siguiera concentrándose el tráfico ilegal, y no parece que la redacción de unas nuevas ordenanzas de mancebía en 1621 lograse tener mucho éxito.

Capítulo aparte en las especialidades del hampa era el de los jácaros o rufos, el de los ejecutores de crímenes por encargo, asesinatos, cortes o heridas y amputaciones. Hombres jóvenes de entre 20 o 30 años que podían ser contratados en Medellín para cometer un asesinato o dar un escarmiento en Sevilla o Córdoba y profesionales más cualificados, como los sicarios que presuntamente contrató la familia Colonna en Nápoles para vengar al virrey de Sicilia Marco Antonio Colonna. El virrey había fallecido yendo camino de la Corte, en Medinaceli, en el año 1584. Murió enfermo y apesadumbrado por la saña con que sus enemigos políticos le habían perseguido, hasta provocar su desgracia. Según parece, su familia no perdonó a los responsables de su ruina y desprestigio, y dejaron patente su intención de efectuar un ajuste de cuentas. La muerte violenta y en extrañas circunstancias de algunas personas relacionadas con la política siciliana en Madrid, Nápoles y Palermo encendió las alarmas del tribunal del Santo Oficio de Sicilia, dado que la amenaza de la *vendetta* alcanzaba incluso a los inquisidores del reino. En enero de 1588 los inquisidores verificaron, a través de su red de confidentes, la presencia en Palermo de un grupo de asesinos profesionales de gran fiereza. «Eran hombres –escribían los inquisidores en su informe– que por dinero matarían al virrey en la cama.» Aunque los ministros del Santo Oficio no sufrieron ningún atentado, es constatable que vivieron con bastante desasosiego por algunos años.

Ladrones, asesinos y rufianes vivían asociados en comunidades que recibían nombres como jacarandina, hampa, heria o carda. La sociedad germanesca mejor conocida de España es la de Sevilla. La jacarandina sevillana era una organización mafiosa que controlaba las principales actividades ilícitas de la urbe: el robo, el juego, la prostitución y la «valentía» (los sicarios). Se decía que a principios del siglo XVII la ciudad estaba dividida en unos 24 distritos con un cónsul al frente de cada uno de ellos. Cada consulado disponía de especialistas en diversas tareas, con una escala de oficios y oficiales complementarios a los de los ejecutores de los delitos, como los *avispones,* que estudiaban las calles para buscar casas vulnerables para robar, y los *postas,* infiltrados en las instituciones que desviaban y entorpecían la acción de las autoridades, avisando de las redadas, extraviando papeles o gestionando sobornos. La buena organización y la eficacia de estas cofradías fueron proverbiales, tanto que Cervantes en *Rinconete y Cortadillo* bromea sobre su funcionamiento al describir la cuidadosa administración de Monipodio y sus libros de registro, el que guardaba memoria de «las cuchilladas y palas que han de dar esta semana» y el otro, el «Memorial de agravios comunes». Cervantes, como Luis Zapata, Mateo Alemán, el padre León y otros, equiparaba la honrada sociedad de los ladrones y delincuentes con las casas comerciales y los tribunales bien administrados. Sin ir más lejos, Don Luis Zapata sentenciaba que el hampa sevillana «durará mucho más que la señoría de Venecia, porque aunque la justicia entresaca algunos desdichados nunca ha llegado al cabo de la hebra». El problema era la connivencia existente entre el poder político y el crimen organizado; sin decir quiénes, Zapata advertía de que muchos criados de hombres poderosos eran germanes; algunos alguaciles y ministros de justicia y, además, las cofradías mafiosas dedicaban parte de sus ingresos a cohechar y «torcer la vara de la justicia». Más que la pobreza, los factores que incidieron en la criminalidad fueron la alta densidad de la población de las ciudades, la incapacidad de las autoridades para perseguir eficazmente el delito, la práctica general de portar armas y la condescendencia de la sociedad respecto al crimen, siempre redimible y siempre susceptible de perdón. El simple perdón de las víctimas eliminaba la pena del reo, pero, por si esto no fuera suficiente, las autoridades podían ejercerlo graciosamente. El soborno para la conmutación de las penas estaba a la orden del día. En 1591 se decía que las cofradías sevillanas habían conseguido por este medio que ninguno de sus socios pisara el cadalso en una década. Al mismo tiempo, una real cédula de 1589 hubo de poner orden y llamar la atención a los jueces del Consejo Real que visitaban los sábados la cárcel de Madrid por su excesiva liberalidad en los perdones. Al parecer eran hombres muy piadosos y caritativos que soltaban con mucha facilidad a los reos, sin distinguir si estaban ya condenados o en espera de juicio. La cédula nada decía ni insinuaba sobre cohechos, y es que era frecuente un ejercicio de la caridad de manga muy ancha. Contemporáneamente, en Mallorca, en el año 1600 el virrey Ferrán Sanoguera recibió una reprimenda de la Corte porque no se ejecutaban las penas impuestas por los tribunales y se le advertía de que por lo menos debían ejecutarse algunas condenas a muerte para que la justicia cumpliese su función ejemplar, castigando a los delincuentes y obrando de manera que se disipase la sensación de impunidad de los delitos que existía en el reino. No obstante, la compasión y el perdón se hallaban íntimamente ligados a la crueldad y la brutalidad de los castigos; la condescendencia con criminales convictos de robos y homicidios contrastaba con la falta de piedad con los herejes y el ensañamiento respecto a ciertos comportamientos, como la homosexualidad, castigada con la hoguera y hacia cuyos condenados rara vez se observa compasión.

Ya fuera por caridad o sobornos, la excesiva liberalidad de los magistrados era causa de alarma para las autoridades reales, sobre todo si afectaba a condenados a galeras. Los delincuentes que no eran condenados a muerte, azotes o penas pecuniarias solían serlo a galeras, por una cantidad mayor o menor de años en consonancia con el delito cometido. Los galeotes eran el motor de la armada del Mediterráneo, los remeros que impulsaban las galeras que patrullaban las costas y hacían frente a la amenaza otomana y berberisca. La flota siempre tenía necesidad de ellos y el Consejo Real solía recordar este hecho a los magistrados para que no fueran remisos a condenar con esta pena. En vísperas de grandes empresas militares, ya fuera la ofensiva contra el Imperio otomano en 1571 o la Armada Invencible en 1588, no faltaban avisos de la necesidad de «forzados buenas boyas» o «buenas boyas galeras» para que los tribunales lo tomasen en cuenta a la hora de dictar sentencias. La pena en sí era atroz: amarrados a los bancos y encadenados al remo, los galeotes vivían como ganado estabulado, y sólo eran retirados del bancal cuando morían o recuperaban la libertad. El hedor de la sentina, la acumulación de heces, la falta de higiene, los malos tratos, la desnutrición, los parásitos, las enfermedades y un esfuerzo físico extenuante convertían una condena de más de tres años a galeras en una suerte de brutal sentencia de muerte. Suárez de Figueroa recordaba que en su experiencia como juez había tratado de evitarla porque era peor que la pena capital, y advertía a sus compañeros de profesión de que si visitasen las galeras o viajasen alguna vez en ellas no impondrían ese castigo con la facilidad con que lo hacían.

Los condenados a una pena tan extrema y cruel eran blasfemos, herejes extranjeros, bígamos, rateros, moriscos, gitanos, vagabundos... pobres diablos que no tenían manera de redimir la condena con dinero o despertando la piedad, que siempre era más generosa cuanto más alto era el reconocimiento social del delincuente. Los reos se alojaban en las cárceles de los tribunales donde se les había impuesto la pena (no parece haber distinción en la forma de proceder de los tribunales reales, señoriales o eclesiásticos) hasta reunir un número suficiente (casi nunca menos de doce) para formar una cuerda de presos. Encadenados con argollas por el cuello y los pies, escoltados por corchetes y alguaciles, recorrían los caminos en condiciones muy penosas hasta los puertos de embarque, Cartagena, Sevilla, Málaga, Gibraltar y el Puerto de Santa María. Las cordadas de presos que bajaban del norte al sur, a veces procedentes de Pamplona, donde estaba la cárcel del reino de Navarra y de la archidiócesis de Burgos, debían ser espectáculo frecuente en los caminos que atravesaban Castilla la Nueva, ya en dirección a Levante, ya a Andalucía. Un trasiego de gentes específico del paisaje de La Mancha con el que necesariamente tenía que toparse Don Quijote.

El encuentro de Don Quijote con los galeotes y la relación de sus culpas y delitos resumen el microcosmos
de los condenados (Q1, 22). Ginés de Pasamonte define
a un temible criminal, con perfiles muy reconocibles
para los lectores del siglo XVII: el pícaro, el vagabundo,
el soldado, el estudiante o la mezcla parcial o total de todos ellos. El discurso del caballero, bajo la envoltura del
disparate y de lo histriónico, deslizaba una actitud caritativa respecto a las faltas cometidas y la idea tópica de las
injustas sentencias de los jueces, la desproporción entre
el delito y su castigo y la convicción de que sólo cumplían
penas quienes carecían de recursos para redimirlas. Re-
cordemos el diálogo del hidalgo con un guarda:

–¿Qué delitos puede tener –dijo Don Quijote–, si no han
merecido más pena que echalle a las galeras?
–Va por diez años –replicó el guarda–, que es como muerte
civil.

La línea divisoria entre el vicio y la virtud, el trabajo
honesto y el delito, el hombre honrado y el delincuente
era muy borrosa. La caza furtiva, por ejemplo, se hallaba muy extendida, y la población en general no la contemplaba como delito. El derecho a cazar era facultad
de los señores, y los campesinos aceptaban mal que se
les vedase una actividad que complementaba sus mal-
trechas economías. Sin ir más lejos, la ciudad de Toledo
disponía de una magistratura especial para proteger los
recursos cinegéticos de su señorío, el Juzgado de los Propios y Montes de Toledo, presidido por un regidor denominado Fiel. El Fiel, su teniente, alguaciles y guardas
de Montes hacían frente a un campesinado que sistemáticamente desobedecía leyes y ordenanzas, que trabaja-

ba en un ambiente en el que nadie veía y oía nada y en el que hasta los alcaldes de algunas localidades eran «cazadores corsarios». Se registran en los archivos del tribunal muchos incidentes en los que los presos de los alguaciles y guardas eran liberados por los vecinos, como sucedió en 1614 en la cárcel de Yébenes, donde fue preciso soltar a un furtivo porque más de doscientos vecinos la habían rodeado y amenazaban con linchar a los oficiales del Fiel.

Sea como fuere, la desobediencia a las leyes de caza a ojos de la mayoría de la población no constituía una falta reprobable, y en algunos tratados se recordaba que la tradición castellana recogía la caza como un derecho universal. Cosa muy distinta ocurre con bandoleros y salteadores de caminos. Aun cuando encontraran refugio y apoyo en las comunidades campesinas, parece que se hallaban en un espacio intermedio entre la popularidad y el rechazo. El bandolero se ha descrito como un delincuente social, nimbado por un prestigio casi heroico. No obstante, los bandidos que robaban a los ricos para repartir su ganancia entre los pobres son propios de la fantasía y de la literatura popular, pero no de la realidad. Las leyendas de bandidos podían reflejar si acaso una idea del imaginario colectivo del medio rural de algunas regiones y adquirían una justificación moral como mecanismo de redistribución de la riqueza y de reequilibrio social. El bandolerismo era un mal endémico que azotaba caminos y carreteras dificultando el comercio y las comunicaciones. Era muy frecuente que los campesinos de una comarca echasen mano de este recurso en momentos puntuales, dejando las labores agrícolas para desvalijar a un viajero y luego proseguir su tarea, como ocurre en algunos lugares del reino de Nápoles donde el

virrey Juan de Zúñiga decide en 1596 arrasar algunas aldeas de Basilicata como escarmiento contra esta práctica.
Puede ocurrir, como en las inmediaciones de Barcelona,
que los bandoleros y salteadores de caminos sean parte
de una red extensa de banderías con ramificaciones que
alcanzan al poder político de la ciudad y del principado y
cuya actividad delictiva tiene un elemento político.

Como señalábamos, la frontera entre lo lícito y lo ilícito no era fácil de discernir, y el delito podía tener un
valor relativo. La simpatía con la que Cervantes aborda
el bandolerismo catalán y la gentileza con la que pinta a
Roque Guinart (inspirado en un bandolero real, Perot
Roca Guinarda) nos remiten más que a un problema de
orden público a una faceta de las bandosidades o conflictos de banderías (Q2, 60). La participación de gentes
de todos los estamentos en las partidas desmiente que
este bandolerismo tenga un carácter social, pues forma
parte de las violencias que enfrentaban a *nyerros* y *cadells* en el principado, de rivalidades tradicionales entre
linajes y sus clientelas. Los bandoleros se identificaban
con uno u otro signo, concitando adhesiones de partido
y enemistades. Sus actividades delictivas podían ser independientes de su filiación, pero ésta era fundamental
para tener cobertura en el territorio. Roca Guinarda, el
modelo cervantino, lo mismo robaba cálices y adornos
de iglesias o desvalijaba a los viajeros y comerciantes
que circulaban por el camino real de Barcelona a Gerona que «hacía política» banderiza. En septiembre de
1609 fue acogido con su cuadrilla en el castillo de Bar-
berá, de la orden de San Juan, donde dos caballeros *nyerros,* Miguel de Sentmenat y Galcerán Turell, le pidieron
colaboración contra el *cadell* Onofre de Biure para ata-
car su castillo de Vallespinosa.

La novela picaresca fue el equivalente a lo que supuso la novela negra en la sociedad estadounidense del siglo XX, en la que la descripción del hampa y del delito y la vida de los bajos fondos producían igualmente atracción y repulsión, curiosidad y desprecio. Sin embargo, la veracidad o la descripción de la realidad dio paso, en la segunda generación de la picaresca, la posterior a *El lazarillo de Tormes* y al *Guzmán de Alfarache* de Mateo Alemán, a un relato histriónico y caricaturesco de la vida marginal. En las novelas picarescas del siglo XVII se observa un tratamiento insincero, efectuado desde fuera de ese mundo, como ocurre en *El Buscón* de Quevedo. Como ha señalado Francisco Rico, se impuso el criterio de que el carácter de los personajes estaba determinado por el lugar que ocupaban en la escala social: ideales y sentimientos pertenecían a los estratos superiores, y los inferiores no podían tomarse en serio, sólo movían a risa. Ciertamente, en el cambio de siglo los ideales humanistas que subyacen en el *Lazarillo* o en la obra cervantina se diluyen a lo largo de un ambiente más rígido y aristocratizante, como el que se va imponiendo a lo largo del siglo XVII.

Por lo general sólo se aceptaba como lícita la actividad de cada hombre según su estado, aquello que la fortuna le otorgaba, mientras que la voluntad de cambio, de novedad de estado, era completamente censurable. Según Cesare Ripa *(Iconologia… parthim ethica et phisica: partim vero historica et Hieroglyphica,* Roma 1603) la fortuna fue entre los romanos imagen y expresión de la felicidad de la comunidad. Como ésta era frágil e inconstante, se asimiló con el azar y con el incierto destino del hombre. De modo que, para prevenir su inconstancia, debía anteponerse la virtud, la previsión, para hacer que perdurara la felicidad. Ciertamente la buena administración de los bienes, del propio tiempo, del ocio y del trabajo constituyó la base de dicha previsión, cuyo punto de partida era el hogar. Economía procede de *Oeconomica,* administración de la casa. Cervantes, en un brevísimo trazo, describió los fundamentos de la vida de un hidalgo manchego, Alonso Quijano, modelo de su estado y oficio (entendiendo que oficio en 1613 es «ocupación que cada uno tiene en su estado»), y su pérdida: «olvidó de todo punto el ejercicio de la caza y aun la administración de la hacienda» (Q1, 1). La caza no sólo era ocio saludable ligado al estatus de la hidalguía, sino que era recomendado como deporte propio de las gentes de su estado, como preparación para la guerra (Q2, 34). El ocio saludable era el que resultaba complemento idóneo del negocio. Los moralistas que en el 1600 clamaban contra el ocio no lanzaban exactamente sus dicterios contra una sociedad adormecida en la holganza, sino en la reprobación del empleo inútil o deshonesto del tiempo. Cervantes, para subrayar la transformación de Quijano en Don Quijote, mostró cómo el ocio insano, «los ratos que estaba ocioso, que eran los más del año», acababa invadiendo el negocio. El ocio invasor devoraba todo el tiempo disponible, y eliminó el saludable ejercicio de la cinegética traspasando todos los límites hasta amenazar la integridad del oficio y estado. El hidalgo cruzó el umbral de la cordura cuando abandonó la administración de su hacienda e incluso puso en peligro su patrimonio: «vendió muchas hanegas de tierra de sembradura para comprar libros de caballerías» (Q1, 1).

En el pacto narrativo existente entre autor y lector, el hidalgo manchego Alonso Quijano constituye una figura convencional que hace verosímil la ficción, porque antes de enloquecer no es más que un hidalgo común, semejante a aquellos con los que Cervantes trató en Esquivias o a los que se enfrentó en Écija, por haberles incautado parte de su cosecha cuando fue factor de la Armada Invencible y recorrió Andalucía adquiriendo pertrechos para esta gigantesca empresa militar. El hidalgo pobre que finge bienestar y que no trabaja para no ver rebajado su estatus es un prototipo urbano, muy minoritario, una caricatura que se repite con frecuencia en la literatura picaresca, como también otros tipos humanos que desfilan por las páginas del *Lazarillo* o de *El Buscón*. Bajo ese fondo subyace una realidad como la castellana en la que campesinos ricos y personas acomodadas de las ciudades perseguían las cartas y patentes de hidalguía no para dejar de trabajar o abandonar el sistema productivo, sino para no pagar pechos y no verse sometidos a una presión fiscal que era cada vez más exigente y asfixiante. Esta huida de las «clases medias» hacia espacios de privilegio en los que no les alcancen las garras de un fisco insaciable no es privativa de Castilla; en Sicilia y Cataluña observamos cómo el fuero inquisitorial sirvió de refugio a campesinos ricos y burgueses que accedieron a la familiatura inquisitorial y a otros fueros como seguro para esquivar tanto la presión señorial como al fisco de su majestad (lo cual está en consonancia con la «popularidad» de la Inquisición durante las revoluciones de 1640).

Contradiciendo la molicie y haraganería «meridionales», la falta de espíritu comercial y la repugnancia por los negocios habitualmente asignadas a los españoles, encontramos un informe de un gobernador de Filipinas que en 1596 ve a los colonos españoles tan integrados e

interesados en el comercio entre China y América que
han abandonado la explotación de las tierras y el gusto
por las armas, y prefieren esas ganancias a nuevas con-
quistas o a la explotación de sus encomiendas como
nuevos señores de la tierra. El valor moral de la ociosidad era negativo. Si hay algo que caracterizaba a la sociedad española del Siglo de Oro era un rechazo profundo y visceral a la ociosidad, madre de todos los
vicios y causa de la degradación social. Fray Luis de
León describió «tres maneras de vida» o formas familiares: la «vida de labranza», la «vida de contratación» y
la «vida descansada». La primera designaba el espacio
rural en su conjunto, la segunda al urbano y la tercera al
aristocrático («nobles y caballeros y señores, los que
tienen o renteros o vasallos de donde sacan sus rentas»). Para él, labranza, contratación y descanso eran
tres estados en los que la perfección residía en el primero y lo contrario en el último. La vida del campo era
proclive al ejercicio de la virtud, pues allí «la ganacia es
inocente y natural»; la ciudad ofrecía también «vida
ocupada», pero el comercio muchas veces incurría en
usura y engaño por lo que contenía «algo de peligro»
para la virtud, mientras que la tercera, al no existir ocupación, contenía aún más peligro: «ésta es muy ociosa y
por la misma causa muy ocasionada de daños y males
gravísimos». En las tres maneras podía alcanzarse una
vida virtuosa, pero la vida campesina discurría con menos amenazas para la integridad que las otras: el aislamiento, la simplicidad, la ausencia de malicia, el autoconsumo… constituían una suerte perfecta. La casa y la
familia campesinas serían modelo y dechado de república bien ordenada; la mujer casada, cabeza de la familia a la vera del marido, debía tener a la labradora como

modelo, ser hacendosa, aprovechada y trabajadora; su función, ya fueran duquesas, aldeanas o burguesas, era administrar la casa y el orden de la familia «y el velar sobre las criadas y el repartirlas las tareas y las raciones» *(La perfecta casada).*

Las buenas esposas, para fray Luis, eran «hacendosas y acrescentadoras de sus haciendas»; las malas, «perdidas y gastadoras». Gobierno y *Oeconomica* ('administración de la casa') estaban tan emparentados que la familia era contemplada como germen de la comunidad política, una *respublica* en miniatura y como tal regida por principios de jerarquía funcional, desde cuya cima, el marido –páter familias–, la autoridad se distribuía entre sus miembros, la esposa, los hijos, los parientes, los criados y servidores. La separación de las esferas pública y privada en el siglo XVIII arrojó a las mujeres a un plano invisible de la realidad social, pero en la Europa preliberal tal invisibilidad no existía, porque las mujeres disponían de espacios y formas propias de sociabilidad y presencia social, desde el palacio hasta la aldea. Espacios como la Casa y Corte de la reina (muchas veces más influyente que la del rey), las casas y cortes de las damas de la nobleza, los establecimientos religiosos femeninos, asociaciones urbanas, etc., eran lugares de promoción social, mecenazgo, beneficencia... La no diferenciación de lo público y lo privado permitía a las mujeres mantener una actividad transversal a la reservada a los hombres, y si bien éstos eran titulares del gobierno civil y eclesiástico, la milicia y la diplomacia, estas actividades no serían lo mismo si no existieran cortes de virreinas, embajadoras, visitas de conventos, monjas a las que se requiere su opinión en materia espiritual, literaria e incluso política (como Santa Teresa de

Jesús), una red de intermediaciones femeninas cuyo papel no era precisamente marginal y que tampoco puede describirse como «complementario». La correspondencia de la santa de Ávila muestra en ocasiones una voluntad y un poder de influencia tales que explican su poderosa singularidad; sin embargo, al contrastar su experiencia con la de otras mujeres de su tiempo, dejando a un lado su figura mística e intelectual, su influencia se canaliza en el ámbito de la normalidad femenina, no en la excepción o lo extraordinario.

El tránsito hacia la muerte iguala a todos los hombres. En ese momento, para reforzar la idea esencial de la condición humana, lo más alto y lo más bajo de la sociedad se asociaban, y los pobres tenían una presencia especial en las exequias de los nobles y éstos en el acompañamiento a los más humildes en sus últimos momentos. Damas y patricios acudían a los hospicios de incurables para reconfortar a los moribundos. En Palermo existía la Compañía del Santísimo Cristo, popularmente conocida como la orden de los Blancos. Fundada en 1541 por pragmática del virrey Ferrante Gonzaga, estaba formada exclusivamente por nobles, regentaba el hospital de pobres incurables de San Bartolomé, poseía una espléndida capilla en la Real Vicaría y estaba declarada Confraternidad Real, exenta de Ordinario, es decir, no reconocía otro superior que no fuera el rey y sus virreyes, y ningún tribunal, seglar o eclesiástico, podía ejercer jurisdicción sobre sus miembros. A la Compañía se le consignaban todos los condenados a muerte de cualquier tribunal tres días antes de la ejecución, y era costumbre que un cortejo de caballeros blancos acompañara a los reos arrepentidos y que habían hecho examen de conciencia en su camino hasta el patíbulo. Las ordenanzas del duque de Terranova (1576), el conde de Olivares (1594) y el marqués de Geraci (1596) convirtieron a esta asociación de asistencia en símbolo y representación de la nobleza siciliana en su conjunto, de modo que un cronista del siglo XVII, al explicar qué era la Compañía de los Blancos, decía «consiste quasi en toda la Nobleza de Sicilia». Su hábito blanco era muy apreciado como rasgo de distinción y de pertenencia a la aristocracia, por lo que el Consejo de Italia dictó órdenes en febrero de 1597 para que en el reino sólo pudieran llevar capa y hábito blanco los miembros de la Compañía «para evitar desórdenes y escándalos», es decir, evitar la confusión de estatus.

Hoy nos sorprende que una organización de caridad pueda transformarse en una corporación elitista, definitoria de una casta superior, pero se explica sin dificultad con la básica complementariedad entre riqueza y pobreza de la cultura católica, entre la parte superior de la sociedad y la inferior, de quienes ejercen la liberalidad y quienes gozan de ella. Una moral que sólo reconoce como lícita la riqueza recibida, no la buscada, aquella que implica obligaciones morales de redistribución por ser una gracia. Otra cosa, más complicada, es la situación de quienes persiguen y alcanzan la riqueza fuera de su estatus u *officium,* como veremos a continuación.

Sancho Panza resumió las diferencias sociales mediante un refrán lapidario que reducía la diversidad de estatus en una divisoria taxativa, ricos y pobres:

Dos linajes solos hay en el mundo, como decía una agüela mía, que son el tener y el no tener, aunque ella al del tener se atenía; y el día de hoy, mi señor don Quijote, antes se toma el pulso al haber que al saber: un asno cubierto de oro parece mejor que un caballo enalbardado (Q2, 20).

También debe recordarse su reflexión respecto a las posibilidades de súbito enriquecimiento en el caso de que sus súbditos de la isla de Barataria fueran negros, pues podría venderlos y hacerse rico. Cervantes no contemplaba la ganancia como producto de la inteligencia; al contrario, la falta absoluta de valores, cuando no una perversión aberrante de éstos, es lo que facilitaba los grandes beneficios. Su punto de vista se apegaba a la tradición católica, que consideraba las riquezas en sí mismas como un fin despreciable, además de efímero, pues el mejor negocio posible para el hombre era la salvación del alma. Compartía la opinión de que el negocio era impío siempre que su finalidad fuera el beneficio por el beneficio, sin otra perspectiva.

La condena a los ricos siempre estuvo dirigida a la adquisición de la riqueza, pero nunca podía olvidarse que los ricos eran tan necesarios para la república como los pobres. Ya fueran nobles o burgueses, los ricos podían redimirse si compartían parte de su patrimonio con los necesitados. De manera que las dádivas cumplían un papel ritual de obtención de perdón, lo cual tenía un cierto aroma de hipocresía pero debía aceptarse para que la comunidad política y los negocios funcionasen y la sociedad no se empobreciese en su conjunto. Este dilema resultaba muy difícil de resolver para los teólogos y los moralistas; la Iglesia no tenía posiciones inflexibles, y daba margen para que se desarrollaran intensas polémicas sobre la licitud de la ganancia financiera o mercantil.

Leemos con frecuencia que la moral católica era un obstáculo para los negocios, pero a la vista de las discusiones habidas entre moralistas y teólogos en la segunda mitad del siglo XVI todo apunta a que había márgenes muy amplios para actuar y llevar a cabo actividades comerciales sin demasiados tropiezos. En 1595, los herederos del hombre de negocios toledano Gonzalo de la Palma verificaron que disponía de dictámenes de teólogos para confirmar la licitud de sus tratos, de modo que tranquilizaba su conciencia mediante este curioso seguro moral. Otros hombres de negocios, como Rodrigo de Dueñas, Asensio Galiano, Martín Ramírez, Alonso de Ávila o Simón Ruiz también recurrieron a la consulta de moralistas y teólogos para encontrar la misma seguridad. Algunos de estos dictámenes conocieron merecida fama y estuvieron en el centro de enconadas polémicas; tal es el caso de la obra de Martín de Azpilicueta, *Comentario resolutorio de cambios* (Salamanca, 1556), fruto de una consulta realizada por los hermanos Antonio y Luis Coronel, dos hombres de negocios segovianos. La doctrina del lucro cesante, aquel que no se gana mientras se tiene el dinero prestado y por lo cual es lícita una indemnización, fue una doctrina aceptada y extendida admitiendo de facto el préstamo con interés. Caro Baroja advirtió que una buena muestra de esta aceptación del comercio y los negocios fue la introducción del lenguaje mercantil en la obra de moralistas y predicadores. Se refiere a obras y discursos dirigidos al pueblo en general, con un fin didáctico y de vulgarización de la doctrina, en los que se utilizaban conceptos que pudieran ser fácilmente comprendidos por la gente común: la salvación se presentaba como el mejor negocio, la conciencia, como rica mercancía, el precio, la virtud, etc.

Ciertamente muchos moralistas criticaron con dureza la hipocresía de los negociantes, pero incluso en las sátiras más feroces salía a relucir la obligación inherente a los ricos de redistribuir su patrimonio. Esta literatura, más que execrar a los ricos y pretender la extinción del capitalismo, tenía la función de un recordatorio permanente sobre la salvación, aunque no dejaba de observarse la hipocresía que subyacía en el carácter redistributivo de la riqueza, más cuando se trataba de genoveses:

Ayer murió un genovés muy rico, y ha fundado un hospital con mucha renta para curar los pobres, y ha mandado poner este epitafio en su sepultura: Aquí yace Marcantonio Polifemo, mercader Ginovés natural de Fremura, que primero hizo los pobres y después el hospital (*Carta ridícula de Diego Monfar*, 1621).

Los genoveses

La mala prensa de Génova y sus naturales es proverbial. Es raro el autor del Siglo de Oro español que no se refiera a ellos con desprecio, resentimiento, aspereza, desagrado o, simplemente, odio. Todavía hoy en manuales y libros de bachillerato se mantiene la idea de que los genoveses esquilmaron a España, la desangraron y robaron sus riquezas ante la inopia o incompetencia de las autoridades. Se ha convertido en lugar común la descripción de cómo la plata americana desembarcaba en Sevilla siguiendo un tortuoso camino que concluía en el depósito de los bancos de Génova y es casi obligado sacar a colación un archiconocido soneto de Quevedo sobre el dinero:

> Nace en las Indias honrado
> donde el mundo le acompaña
> viene a morir en España
> y es en Génova enterrado

Los españoles –algunos atónitos– contemplaban cómo los frutos del Imperio que habían construido los disfrutaban otros. Son pocos los que saben que los destinos de la República y la Monarquía estuvieron tan unidos que la ruina de ésta vino de la de aquélla y viceversa. Los genoveses se sentían parte, si bien externa, de la Monarquía y eran conscientes de que su bienestar redundaba en el propio. Como recordara Suárez de Figueroa: «los tiempos limitaron sus demasías y deshicieron la pompa criados, caballos y banquetes». «Los tiempos» atraparon por igual a genoveses y españoles.

A comienzos del siglo XVI los comerciantes y banqueros genoveses construyeron un entremado de negocios que abarcaban actividades tan diferentes como el comercio del trigo en el mar Negro, monopolios de distribución de productos coloniales de África y América, el mercado de cambios, la banca o el crédito. Desde finales del siglo XV estuvieron presentes en España, siendo importantes las colonias genovesas de Cádiz y Sevilla, y la expansión ultramarina se basó en una empresa tipo constituida por un capitalista genovés, un patrón andaluz y un factor castellano. Colón era genovés, pero, aparte de la naturaleza del descubridor, no cabe duda de que sin la confianza y el dinero de los emprendedores genoveses difícilmente se habría llevado a cabo la expansión hispanoportuguesa y la construcción de los imperios ultramarinos de Castilla y Portugal.

El beneficio o los beneficios fueron mutuos, y la figura estereotipada del genovés avariento y obsesionado por el negocio formaba parte ya a comienzos del siglo XVI del paisaje de tipos característicos representados en sonetos, comedias, sátiras y canciones. La percepción del trabajo manual como ocupación impropia de nobles, la idea misma de que las actividades comerciales y bancarias no eran apropiadas para la vida aristocrática, el mando militar y el señorío sobre las personas se hallaban en el desdén de las élites sociales y políticas hacia los genoveses. Pero esas mismas cualidades causantes de desprecio eran a su vez admiradas; la frugalidad, la laboriosidad y la prosperidad de los genoveses empañaban el tópico como elogios frente a la pereza, abulia o ineptitud de los nativos. Los genoveses no siempre respondieron a la imagen negativa creada por sus críticos; a veces destacaron más como militares que como financieros; recuérdese el sentido elogio que dedicó Quevedo a Federico Spínola en un hermoso soneto: «Marte ginovés, siempre triunfante».

Señala Arturo Pacini que el caso genovés debe servir para reconsiderar la naturaleza del Imperio español y la contribución de los italianos a él. Hace ya varias décadas, algunos historiadores como Federico Chabod, Fernand Braudel o Felipe Ruiz Martín destacaron la existencia de una «internacional» de eclesiásticos, hombres de negocios, militares, políticos, juristas e intelectuales que sirvieron a la Monarquía española desde los puestos más altos; esta internacional dirigente se fue especializando *grosso modo,* siendo los genoveses quienes se hicieron con el control de las finanzas del imperio. Se iniciaba así, desde mediado el siglo XVI hasta la mitad del XVII, el llamado «siglo de los genoveses». Los hombres de negocios de aquella procedencia monopolizaron el mercado del crédito de la Monarquía, al tiempo que copaban la administración y gestión de su fiscalidad. Así, no será raro encontrar al frente de las administraciones financieras a genoveses, ya fuera en las aduanas de Nápoles, o como contadores del ejército, tesoreros en Sicilia y magistrados del fisco en Milán. Asentistas genoveses adquirían deuda pública y privada, creaban monopolios, compraban tierras, comerciaban con grano, seda, etcétera, y también invertían en el sector productivo, aventurándose a crear pequeñas industrias, por lo que la presencia de emprendedores de esta nación ni siquiera es extraña en La Mancha; en 1575 la villa de Montiel informaba de la presencia de un lavadero de lanas instalado y regentado por una familia ligur, «los Fornieles genoveses».

En 1603 los tercios de Flandes se quedaron estancados en el sitio de Ostende. El archiduque Alberto lamentó haber emprendido una campaña que lejos de ser rápida y brillante había resultado lenta y demasiado costosa, tanto que estaba poniendo en riesgo su gobierno y la estabilidad de los Países Bajos católicos. Desde la Corte española, que corría con los gastos de la defensa de los Países Bajos, se tomó una decisión que sorprendió a muchos y provocó protestas de algunos mandos militares, especialmente de los veteranos de aquella guerra. El 2 de noviembre, el Consejo de Estado resolvió otorgar el mando de las fuerzas estacionadas en Flandes a Ambrogio Spinola. Hasta entonces, dicho individuo sólo era conocido como un reputado hombre de negocios genovés, miembro de una de las más distinguidas familias ligures. Pero no era un nombramiento habitual, era un contrato por el cual el general se comprometía a desembolsar el coste de la operación militar, administrando el ejército a cuenta de la corona. Era algo parecido a lo que hoy llamaríamos privatización de la gestión; se trataba de un *asiento,* es decir, una concesión para administrar un bien perteneciente al soberano, que se arrendaba a un particular para su explotación comercial en régimen de monopolio; en contrapartida, el *asentista* garantizaba el cumplimiento de un servicio determinado (en el caso que nos ocupa, nada menos que la defensa de un vasto territorio sobre el que pesaban más de cuarenta años de guerra continua). Ambrogio Spinola levantó y equipó un ejército a sus expensas, gastando unos 60.000 ducados mensuales. Al mismo tiempo, cuando la confianza en el rey se hallaba bajo mínimos, pudo negociarse en 1606 un empréstito de 2.260.000 escudos para el ejército de Flandes a cuyo pago se comprometía el banquero en el caso de que, llegado el plazo convenido, Felipe III fuese incapaz de satisfacerlo.

El sitio de Ostende concluyó victoriosamente para las armas españolas el 22 de septiembre de 1604. Felipe III concedió al marqués la orden del Toisón de Oro, el oficio de maestre general de campo, con 12.000 escudos anuales de sueldo, así como el de superintendente del Tesoro militar, con otros 12.000 escudos anuales. Mezclando guerra y negocio, Spinola fue un firme defensor de la paz con los holandeses, tanto por convicciones privadas como públicas. Su servicio tenía como límite su propia fortuna; arruinado, no podría seguir sirviendo con eficacia, y tampoco tenía el menor interés en desangrar a la Monarquía, su patrono, de la cual dependían sus negocios. Spinola conocía las dificultades de la corona para satisfacer sus deudas, y sus consejos y advertencias indicaban que la ventaja militar debía aprovecharse para alcanzar una buena paz. Con motivo de la tardanza en el reembolso de las cantidades que había anticipado, no dudó en presionar a la Corte en este sentido, advirtiendo al rey el 3 de septiembre de 1606, con extraordinaria franqueza: «debo quedar escusado con Vuestra Majestad y con todo el mundo en cualquier evento». Estaba claro que la liquidación de la deuda debía prevalecer, por el bien de la corona y de quienes la sustentaban. Spinola, inmortalizado por Velázquez como general victorioso en *La rendición de Breda,* no podía escindir su personalidad de banquero-asentista y la de general-tesorero de los ejércitos de su majestad. Su actitud crítica y sincera no fue obstáculo para que ese mismo año entrara en los consejos de Estado y Guerra.

El caso de Spínola fue un asiento a lo grande, aunque no fue singular, puesto que es demostrativo de un cambio en la política de la Monarquía. La incapacidad de hacer frente a la administración directa de sus propios recursos llevó a que la corona optase por encargar a cuenta el mantenimiento y gestión de las armadas, fortalezas y otros ramos y áreas de la defensa del imperio. Los asentistas proveían las pagas de los soldados, artículos para equipar el ejército, bebidas, pólvora, grano…; resolvían problemas que la corona no podía afrontar de manera instantánea, y se hacían cargo de movilizar recursos en momentos que requerían celeridad y liquidez. A cambio, estos hombres de negocio soslayaban los posibles riesgos con fabulosas perspectivas de negocio. Piénsese en Spinola, en su doble condición de asentista y general-tesorero del ejército, con libertad absoluta de contratación y licitación: ¿qué volumen de beneficios no alcanzaría? En 1612 la Hacienda Real aún le debía un millón de ducados; para liquidar esa cantidad se le concedieron las rentas de alcabalas de siete villas «muy buenas» de Tierra de Campos, la consignación de parte de la recaudación de la bula de Cruzada, subsidio y escusado. Pese a las fuertes sumas que le adeudaba la corona, lejos de estar arruinado, tenía liquidez suficiente como para plantearse la compra de varios lugares de Castilla (por los que ofreció buen precio), negociaba la adquisición del ducado de Becerril y ya había cerrado la compra del ducado de Sesto en Nápoles. Entonces, como hoy, la guerra era un inmenso negocio.

Desde las altas finanzas hasta el menudeo financiero, los asentistas genoveses pululaban por todo el espacio de la Monarquía Hispana. Había una masiva presencia genovesa en todos los centros de gestión financiera y de toma de decisiones de carácter económico, no sólo a nivel global, sino también a nivel local. En los reinos de Nápoles, Sicilia, Mallorca y Valencia, en el ducado de Milán o en la ciudad de Sevilla la penetración de los genoveses en todos los organismos de administración económica, ya fueran locales o altas magistraturas políticas, estaba unida a la propia negociación del crédito, que tomaba así una doble cara, una superposición –así lo califica Pacini– de papeles que era un factor estratégico de primer orden para los operadores económicos genoveses; eran genoveses los que administraban las finanzas y por tanto los que negociaban la obtención del crédito, eran genoveses los que contrataban deuda y ofertaban crédito y, por si fuera poco, esta oferta y demanda se satisfacía habitualmente entre gestores y banqueros que mantenían afinidades familiares y faccionales dentro de Génova. El financiero español Simón Ruiz observaba

desde Medina del Campo estas afinidades y divergencias en el ambiente genovés. Protestando contra la mala
prensa de que gozaba en España la gente de aquella nación, distinguió los genoveses buenos y los malos con
los dos partidos de la nobleza que dividían la vida política de la República: *nobili nuovi* y *nobili vecchi,* los «nobles nuevos», a los que encomiaba como gente frugal y
amigable, y los «nobles viejos», codiciosos y usureros.

El dinero es miedoso y las operaciones financieras
tienen siempre un trasfondo de incertidumbre irracio-
nal basado en algo tan voluble y sutil como la confianza. La información económica era extraordinariamente
ágil en una plaza financiera como Génova, y ésta se utilizaba muchas veces en clave de la política de la República. Las redes de alianzas en el ámbito de los negocios
generaban un flujo constante de información, buena y
mala, veraz, falsa o especulativa, y cuya circulación tenía su origen en las tensiones internas de la sociedad
genovesa en la que la quiebra o ruina económica del ad-
versario estaba unida a su derrota política. Bastaba un
rumor sobre el reembolso de los juros, la pérdida o el
retraso de la flota de Indias, la falta de liquidez de los
asentistas, etcétera, para que se produjera una pequeña
crisis, a veces grande, que tenía consecuencias en las finanzas internacionales y en la estabilidad de la Monarquía española. Estos momentos de pánico y de crisis de
confianza se sucedían sobre un sistema básicamente estable debido a la diversificación de sus intereses, de
modo que, siguiendo a Pacini, cabe hablar de «estabilidad conflictiva». Una dinámica no sólo marcada por los
flujos del mercado, pues en ella concurre la competición
entre las élites de poder genovesas por acaparar recursos
y situarse a la cabeza de la República y del sistema impe-

rial español, con lo cual desplegaban dos estrategias complementarias, la competición por el poder republicano y por el poder «imperial».

Las luchas en el seno del patriciado genovés alcanzaron su techo en 1575. Después de dicha crisis casi nunca las disputas faccionales volverían a rebasar los límites de prudencia marcados por el instinto de supervivencia. En la primavera de 1575, las luchas entre *nuovi* y *vecchi* provocaron un estallido de violencia que, pese a los intentos mediadores de la Santa Sede y la corona española, desembocó en una guerra civil. Ambos partidos se necesitaban y se complementaban, de modo que la crisis política afectó directamente al sistema financiero. Génova dejó de ser una plaza segura para los inversionistas y se dieron casos cada vez más numerosos de falta de reembolso de las letras de cambio. Nicola Grimaldi, uno de los mayores operadores financieros de Europa y conocido como «el Monarca» por los fabulosos caudales que movilizaba, se declaró incapaz de hacer frente a un asiento de 1.400.000 ducados por falta de liquidez. Los inversionistas, genoveses o no, esperaban a ver cómo acababa el conflicto para depositar sus caudales.

En este contexto se produjo la famosa suspensión de pagos decretada por la corona española el 10 de septiembre de 1575 y que como ya señaló en su día Felipe Ruiz Martín no tuvo otro fin que deshacerse de los genoveses. La debilidad de la República y el deterioro de su sistema financiero no pudieron recibir un golpe más duro que ése. Pero también mostró dónde estaba el límite que no se podía cruzar. La mediación de la Santa Sede y de algunos ministros de Felipe II, preocupados por las consecuencias que a largo plazo podía tener la quiebra del sistema financiero, restableció el consenso

interno entre los partidos nobiliarios y la recuperación
de la normalidad política genovesa estuvo entrelazada
con la normalización financiera, con un compromiso de
pago de la deuda de la corona conocido como el «medio
general» de 1577.

Aquélla fue la crisis más importante entre la Monarquía y la República, con la magnitud de un verdadero
terremoto, una brutal sacudida en la caja de caudales del
imperio. A partir de entonces, Génova no fue un simple
protectorado español, fue uno de los centros indispen-
sables de una Monarquía que tenía su cabeza en Castilla
y su bolsa en aquella ciudad italiana. Era tan importante
que se prefirió perder Túnez para recuperarla, trasla-
dándose allí la flota y el ejército empleados para contener la expansión de los turcos en el norte de África.

Precios, consumo e inflación

El consenso existente entre un gran número de historiadores respecto a la apropiación masiva de plata por los
genoveses y la subsiguiente escasez de metales preciosos se contradice con el hecho, que nadie niega, de que
el enorme flujo de metales preciosos que vertían los galeones de Indias en Sevilla disparó la inflación a niveles
nunca vistos. La gran cantidad de plata circulante provocó su depreciación y condujo a un alza de precios que
en el año 1600, según Earl Hamilton, rondaba en España en torno a un 100% con respecto a 1549. El profesor
Domínguez Ortiz advirtió «esta situación paradójica de
abundancia y a la vez de extrema escasez de moneda
de metales nobles [que] no tenía paralelo en Europa»;
la contradicción sólo es aparente: la existencia de un ex-

polio masivo y la abundancia de metal (supuestamente expoliado) eran compatibles por la enormidad de las remesas contabilizadas en la Casa de Contratación de Sevilla, siendo el ritmo de entrada muy superior al de salida. En suma, haber plata la había –suficiente como para depreciarla–, pero se volatilizaba a un ritmo mayor que el de su recepción.

En la forma en que Hamilton resolvió y analizó el impacto del «tesoro americano» –dejando a un lado el rigor de sus datos ya objetado por numerosos críticos– parece que siguió un viejo prejuicio anglosajón relativo al Imperio español; al vincular el tesoro americano con la revolución de los precios, se refería más al impacto de un botín hallado por un golpe de suerte que a una riqueza adquirida con orden, con esfuerzo y fruto de la racionalidad capitalista. En líneas generales, seguía el juicio de Adam Smith, quien ya en 1776 reparó en la «desmesurada y fatídica sed de oro» como la causa del hundimiento del Imperio español. Dicho juicio contenía una moraleja: quien había adquirido la riqueza por un golpe de suerte no la conservaba igual que quien la había atesorado con esfuerzo y paciencia. Un compatriota y contemporáneo de Smith, Edward Gibbon, en su *Historia de la decadencia y caída del Imperio romano,* comparó justamente el expolio de las Indias y sus riquezas minerales con el perpetrado por los romanos en Hispania, llegando a unas conclusiones parecidas, *Rise and Fall,* el auge y la caída, compartían un denominador común de apetito desordenado. La brutal desestabilización de la economía era una lección práctica de los males que provocaba la riqueza fácil y abundante, derrochada y dilapidada con la misma rapidez y facilidad con que se había adquirido, con consecuencias funestas en la moral y la economía. La revolución de los precios era ejemplo o enseñanza que podía sacarse de la codicia insaciable de los españoles. Tanta sangre y vidas de indígenas inmoladas en Zacatecas, Guanajuato o Potosí, bajo terribles condiciones de explotación y un trato inhumano, no reportaron mucho a sus explotadores, no les sirvieron para nada o, mejor dicho, sirvieron para el provecho de terceros (banqueros genoveses, fabricantes flamencos y franceses, comerciantes británicos y holandeses, artistas y marchantes italianos, etc.). Los colonizadores fueron colonizados.

Los españoles, según el tópico fijado en el siglo XVIII, no invertían sus beneficios, sino que los consumían alegremente en dispendios nada productivos, gastando a manos llenas su riqueza. Siglo y medio antes, el juicio no era tan unilateral, y la impresionante subida de los precios fue objeto de interesantes controversias. En 1568 Jean Bodin observó que era normal que en España los precios fueran altos y que todo fuera caro, como correspondía a una nación «rica, altiva e indolente». Escribió esta afirmación en respuesta a un tratado «sobre el encarecimiento de todas las cosas» del señor de Malestroit, expresando su convencimiento de que si todo era caro era por la abundancia de moneda. No fue el único. Ratificaba lo que muchos «economistas primitivos» españoles llevaban tiempo denunciando y que consideraban la inflación pura y llanamente como un fenómeno monetario. El remedio parecía sencillo, o así lo creían estos autores: los consumidores no podrían seguir la escalada de los precios si no se les proveía constantemente de numerario (que se depreciaba por su abundancia), de modo que sólo podría detenerse el incremento de los precios e invertir su tendencia cuando dejase de fluir la plata americana. Pero las cosas no eran tan simples.

Estudios recientes sitúan en el siglo XV el comienzo del crecimiento de los precios e indican la poca relación que muchas veces se observa con las remesas de oro y plata que llegan al Viejo Continente. La cota máxima de afluencia de plata a Sevilla se produjo entre 1590 y 1620, mientras que el alza de los precios se incrementó mucho más antes y después de dicho período, siendo más moderado precisamente cuando la afluencia era más masiva. A la vista de estos datos, se buscaron otros motivos y se concibió una interpretación pluricausal según la cual las remesas de metal tendrían una importancia limitada y puntual: el movimiento de los precios pudo deberse a otras causas, a un prolongado crecimiento de la población, al esfuerzo militar, al déficit fiscal de la corona o a las alteraciones monetarias. Ninguna causa eliminaba a la otra y se entiende que todos, sumados a las remesas de plata, fueron factores que en mayor o menor medida contribuyeron al desbarajuste económico.

El crecimiento de la población es una explicación plausible: la oferta de bienes no podía satisfacer la demanda, lo cual era especialmente llamativo en los artículos de primera necesidad. En 1500 la población de la península Ibérica era de algo más de cinco millones de habitantes. En 1600 era de aproximadamente de siete millones y medio. El 75% de esta población la constituían campesinos, el 80% de los habitantes de la península vivía en Castilla, manteniéndose esta proporción a lo largo de todo el siglo, lo cual no quiere decir que el crecimiento fuera igual en todas partes, más intenso en Andalucía occidental (0,7% anual) que en Castilla la Vieja (0,37% anual), muy ligero en Aragón (0,3% anual) y muy acelerado en Valencia o Navarra (0,9% anual). En todo caso se trata de un crecimiento desigual e inconstante, con episodios de sobremortalidad en momentos puntuales: el tifus de 1557, la peste de Cataluña de 1559, la peste de 1563-1569, que abarcó Aragón, la cornisa cantábrica, Galicia y Portugal, el hambre de 1570, el «catarro general» de 1580, las viruelas y difterias infantiles de la década de 1580, hasta alcanzar las graves epidemias de fin de siglo. A pesar de todo, el balance total fue positivo; a comienzos del siglo XVI este crecimiento supuso un aumento de la riqueza, hubo más brazos para el campo, las manufacturas o las empresas coloniales, se roturaron nuevas tierras y se impulsó la conquista de más espacio en los territorios de ultramar. En 1574 alrededor de 174.000 españoles estaban ya establecidos en América, y rondaban los 250.000 en el año 1600 (una cifra nada desdeñable si se tiene en cuenta que por aquellas fechas el reino de Aragón lo poblaban unas 330.000 personas). Fue un tiempo de bonanza, época de la máxima actividad manufacturera, en la que descollaron los establecimientos textiles de Baeza, Barcelona, Ciudad Real, Córdoba, Cuenca, Chinchilla, Palencia, Perpiñán, Segovia, Toledo, Úbeda, Valencia, Zamora y Zaragoza. Un tiempo en el que se observa un volumen importante de tráfico comercial con el exterior, saliendo de los puertos españoles lana, trigo, aceite, capullos de seda... La subida de los precios estimuló un mejor aprovechamiento de los recursos y un aumento de la producción agrícola, especialmente en productos como el vino y el trigo.

No obstante, en la segunda mitad del siglo XVI el crecimiento alcanzó el límite de subsistencia, el momento crítico en que la producción comienza a dar muestras de no poder abastecer suficientemente a la población. En torno a 1575 y 1578 se habla claramente de superpoblación en Castilla la Nueva, y sobre esa región se cierne el fantasma del hambre; en 1580 grandes zonas rurales de las dos Castillas se encuentran al borde del colapso, mientras que Andalucía hace ya una década que pasó de ser exportadora a importadora de grano. En el final del siglo se produce el estancamiento, y una población mal alimentada cae pasto de las epidemias, siendo la más grave la peste de 1596-1602. Esta epidemia afectó a la cornisa cantábrica, las dos Castillas y Andalucía, observándose pequeños focos dispersos en los reinos de Portugal y Valencia, y provocó la muerte de un 10% de la población, aunque hubo lugares que perdieron cifras muy considerables, como Ávila, que perdió un tercio de sus habitantes. La escalada epidémica afectó también a la corona de Aragón, mientras que otra epidemia diferente azotó Cataluña entre 1589 y 1592. Más grave que las enfermedades fue el descenso de la natalidad; las dificultades económicas retrasaron la edad de nupcialidad y redujeron el número de hijos por pareja; también aumentó el número de solteros eclesiásticos de ambos sexos y el número de los varones que emigraron a América o se enrolaron en los ejércitos de su majestad.

Otro factor que intervino en el movimiento de los precios fue el derivado del gasto militar, pues si bien éste se había ido incrementando desde principios de siglo, se disparó a partir de 1580, cuando los compromisos estratégicos de la Monarquía se globalizaron. Antes de 1580 la fiscalidad descansaba sobre un corto número de impuestos, sobre el consumo (en Castilla almojarifazgos, alcabalas...), las concesiones eclesiásticas (tercias) y los donativos de los asambleas estamentales. Las rentas correspondientes a la prerrogativa real se conocían como ordinarias, mientras que las otorgadas excepcionalmente por los estamentos se calificaban de extraordinarias. Fue necesario aumentar esta segunda fuente hasta casi hacerla un ingreso regular para sufragar el coste del imperio. En principio no se pretendió tal cosa, y para hacer frente a las necesidades defensivas y ofensivas se reclamaron servicios, donativos y ayudas a los súbditos para poder hacer frente a los gastos inmediatos. Castilla, Portugal, Valencia, Nápoles, Sicilia, etc., contribuyeron en la medida de lo posible y en distinta proporción en el esfuerzo bélico, y fue la mayor o menor disponibilidad de los reinos para satisfacer el apetito de la corona lo que influyó para que en unos lugares la renovación fuera tan automática y regular que pasó a formar parte de la fiscalidad ordinaria y en otros no. Dado que los impuestos más fáciles de recaudar eran los que gravaban el consumo, se puede decir que toda la población, en mayor o menor medida, sufrió este estado de excepcionalidad fiscal, justo en un momento de malas cosechas (la llamada «crisis general de 1590») que, sin embargo, no fue objeto de una contestación social reseñable (las «alteraciones» consignadas entonces son pálidas manifestaciones de protesta en comparación con las revoluciones de 1640). El sacrificio fue más o menos llevadero, contrajo el consumo, mientras que el empobrecimiento por la pérdida de valor de las rentas sólo llamó la atención de algunos moralistas y religiosos dedicados al «amparo de pobres», que contemplaron un nada tranquilizador aumento de los indigentes en el final de siglo.

Por otra parte, la deuda de la corona entró en un callejón sin salida. Desde finales del siglo XV, los soberanos habían recurrido a préstamos de particulares para obtener liquidez y, a cambio, se obligaban a pagar una renta anual que se mantendría hasta la satisfacción de la deuda contraída. Esta anualidad recibió el nombre de «juro» y fue el recurso habitual empleado por Carlos I y Felipe II para satisfacer sus gastos inmediatos. De este modo las rentas de la corona (sus rentas ordinarias, las que producía su patrimonio y jurisdicciones privativas) quedaron en una gran parte dedicadas al pago de los intereses de los juros. Bajo Felipe II los juros cubrieron la casi totalidad de las rentas ordinarias de la corona en Castilla, alcabalas, aduanas, azúcar, seda, saca de lana etcétera, y llegó al momento en que fue incapaz de atender sus obligaciones y hubo de suspender pagos. La famosa bancarrota del 10 de septiembre de 1575 quizá pudo haberse evitado, pues tenía la finalidad de librarse del monopolio de los genoveses, pero, en lo sucesivo, la corona hubo de declararse insolvente en varias ocasiones, abriendo una sucesión de célebres bancarrotas que no arredraron –por lo que se ve– a buen número de inversores para seguir adquiriendo juros y confiar su dinero en semejante inversión, sin duda porque la inseguridad obligó a gratificarlos con unos intereses más que atractivos. En este panorama, el único valor firme que sobresalía en medio de tanta inestabilidad fue la tierra, y hacia ella se dirigieron los capitales.

Consecuencia de la desconfianza en la moneda (cada vez más depreciada) y la deuda pública (cada vez menos segura) fue el desvío de la inversión hacia la propiedad inmobiliaria, lo que provocó el aumento de su valor siendo innegable una progresiva concentración de la propiedad de la tierra en el último tercio del siglo XVI y primero del XVII. Naturalmente, parejo a este proceso fue el de expansión del préstamo hipotecario, el censo

consignativo «al quitar» que aprovechó la coyuntura de
alza, impulsó la producción agraria (al dotar a los agricultores de dinero para mejorar y ampliar sus explotaciones) y favoreció la bonanza económica característica
de 1550-1580. Sin embargo, la depresión de 1590-1600
llevó a gran número de agricultores a enajenar sus tierras a los prestamistas, lo que acentuó el proceso de
concentración territorial. Un memorial de aquel final
de siglo no dejaba dudas sobre la situación creada por
los préstamos usurarios (juros):

Por la misma razón que los señores de juros están apodera-
dos y enseñoreados dellos, lo están asimismo destos reinos y
de todas cuantas haciendas hay en ellos, que algo valgan, porque les han ido y van comprando cada día y cada año a menos
precio de los miserables labradores con los mismos réditos que
les van cayendo de sus juros. Y lo peor es que también han
ido y van comprando con los dichos otros nuevos juros, con
que han doblado y redoblado sus réditos y ganancias y la perdición de estos reinos, como si Dios nuestro señor lo hubiera
creado todo para ellos y nada para los demás.

La corona recurrió a la enajenación de su patrimonio, a la venta de tierras y jurisdicciones, aunque muchas veces se vio obstaculizada por sus propios vasallos,
que pleitearon incansablemente para impedir su seño-
rialización. Este procedimiento fue más intenso en la
corona de Castilla y el reino de Nápoles, mientras que
en la corona de Aragón y el resto de los dominios europeos fue menos llamativo pero no insignificante (la
venta de monopolios, jurisdicciones, oficios, licencias
de saca o de entrada de productos, etcétera). Los asientos
fueron un método alternativo crecientemente empleado.
Los asientos permitieron obtener préstamos en el merca-

do de capital que complementaban las fórmulas habituales de endeudamiento, los juros, pero que encarecieron los servicios de la corona. Los asientos eran operaciones que los hombres de negocios concluían con la corona comprometiéndose a pagar inmediatamente en Italia o en Flandes o en donde fuera preciso cantidades que se reembolsaban sobre rentas, bienes o remesas de la corona. Los asientos se utilizaron cada vez con mayor frecuencia, y solían llevar aparejadas licencias de saca de plata. Es a partir de 1590 cuando se realizan asientos por cantidades fabulosas, el más famoso el concertado con Ambrogio Spinola en 1590 por un monto de dos millones y medio de ducados. Naturalmente, la intermediación de los asentistas, si bien facilitó liquidez cuando los juros estaban más que desvalorizados y las altas tasas de interés y el encarecimiento de suministros y bienes inflados por el pago al contado de asentistas y contratistas, genoveses en su mayoría, contribuyó al alza de los precios y a disparar el déficit de la corona.

Una forma de reducir los déficits, que acabó convirtiéndose en una trampa mortal, fue incrementar la oferta monetaria devaluando la moneda. Felipe II se negó tenazmente a tomar esta medida empleando, según Hamilton, tanta obstinación en mantener el valor de la moneda como en perseguir herejes. Su hijo, por el contrario, encontró en este recurso el expediente idóneo para hacer frente al desequilibrio presupuestario. En 1599 se autorizó la acuñación de moneda de vellón de cobre puro, sin plata. En 1603 se ordenó recoger el vellón para «resellarlo», es decir, imprimir una rectificación duplicando su valor nominal. La corona así incautó una gran cantidad de cobre dado que devolvía una pieza resellada por dos que recibía. Obviamente, este robo de guante blanco –denunciado como tal por el padre Mariana– tuvo el agravante de unir a la depreciación de la moneda la inseguridad sobre su valor y su posesión; desvió la atención del público del dinero a los bienes, provocando una dinámica que se retroalimentaba: la inflación estimulaba el acaparamiento de bienes en vez del ahorro toda vez que el valor de éstos era más o menos constante mientras que el dinero se depreciaba, influía en la especulación sobre bienes de primera necesidad, revendiéndose los productos a precios más altos de los adquiridos, o bien conducía al anquilosamiento de la oferta al provocar la adquisición de bienes no para satisfacer las necesidades, sino para anticiparse al incremento de los precios.

Así pues, entre 1590 y 1603 se contempla un estancamiento de la población, el colapso de la deuda pública, la concentración de la propiedad y el descenso del nivel de renta de la masa campesina. Todo esto pudo influir en la relativa estabilidad de los precios en aquellos años de contracción del gasto y de la inversión. Pero todo esto no significa decadencia, y debe señalarse que el extraordinario incremento de las remesas de plata en estos años ofrece un panorama de riqueza y estabilidad sin parangón en el pasado. Los embajadores venecianos, si bien podían manifestar sus reservas con respecto a las estructuras económicas del Imperio español, no podían dejar de asombrarse por el inmenso caudal de plata que llegaba a Sevilla en aquellos años, cuyo ritmo se incrementaba vertiginosamente convirtiendo a su Monarquía en la más poderosa del mundo. Esa convicción de poderío y riqueza había llevado a casi todos los soberanos europeos a buscar la paz con Felipe III, no sólo para no ser aplastados por su potencia sino también para poder participar de los beneficios de su amistad, del comercio con sus súbditos y de la inversión en sus dominios.

Todavía entre 1600 y 1621, más que de recesión, cabría hablar de prosperidad razonable. La decadencia no se contemplaba, Castilla era una parte de un imperio de extraordinario volumen y complejidad, y sus dificultades se podían ver como algo anecdótico y pasajero. Sin embargo, más que la coyuntura económica, lo que fue determinante a largo plazo fue que, desde 1580, cuando se produjo la anexión de Portugal, la Monarquía se convirtió en un «imperio cautivo».

Solamente contemplando el espectáculo de la inmensa red de comunicaciones y transacciones que se operaban en el seno del imperio, y su complejidad, puede uno hacerse idea de las dificultades que planteaba su seguridad y su defensa. El tráfico de las flotas en el Atlántico estaba rígidamente regulado para garantizar el régimen de monopolio que ejercían los mercaderes de Sevilla sobre el comercio indiano; asimismo, dicha organización hubo de atender no sólo a la preservación de los privilegios, sino sobre todo al asalto que contra dicho comercio protagonizaron piratas y corsarios de todas las naciones. El régimen de puerto único, afianzado a partir de 1573, tenía indudables ventajas para la corona, facilidad para controlar todo lo que entraba, cobrar tasas e impuestos. La Casa de Contratación de Sevilla, creada en 1503, fue el centro desde el que se organizó el comercio indiano, era consulado de mercaderes, tribunal mercantil, consejo o tribunal real competente en la liquidación de tasas e impuestos, lonja o factoría, centro organizador del aprovisionamiento de las flotas y entidad encargada de proveer sus mandos y autorizar sus navíos. Esta institución permitió a los comerciantes sevillanos obtener grandes ganancias al tener la exclusiva de todo lo que iba a América, actuando como grandes intermediarios de los proveedores europeos y los consumidores americanos.

A partir de 1543 el comercio transatlántico hubo de organizarse en convoyes. Piratas y corsarios de todas las naciones infestaban el Caribe, el área del estrecho de Gibraltar y algunos puntos estratégicos de la ruta de regreso de América. Los peligros a los que estaban expuestos los navíos si viajaban en solitario hicieron obligatoria la navegación en convoy bajo la protección de una escuadra de guerra. Naturalmente, tal organización impuso ciclos muy estrictos para el comercio (más de lo que ya disponía el ciclo estacional), un gasto enorme en protección y seguridad (pagados con una cuota denominada «avería») y unas rutas y trayectos de diseño muy rígido.

Hasta 1564 sólo partía una flota anual; desde ese año se dispusieron dos, que partían de Sevilla en abril y en agosto. Cada flota, al llegar al Caribe, se dividía en dos, hacia Veracruz la flota de Nueva España y hacia Panamá el galeón de Tierra Firme (que conectaba con la ruta hacia Perú). Los navíos navegaban en filas, tras la nao almirante, y detrás, cerrando la marcha, la capitana. A barlovento del grupo navegaba la escuadrilla de buques de escolta. El viaje era lento porque el criterio era viajar al unísono, lo cual significaba ajustar siempre la velocidad de grupo a la de los navíos menos rápidos; esto permitía agruparse rápidamente en caso de ataque, facilitaba la asistencia en situaciones de apuro y el socorro en los naufragios. Sin embargo, la seguridad del sistema

tuvo como inconveniente un encarecimiento extraordinario de los productos europeos llevados al Nuevo Mundo; la rigidez de las flotas limitaba la cantidad de género,
por lo que a una demanda abundante le correspondía
una oferta escasa. Además, los derechos de aduana (almojarifazgos), las tasas de avería, los donativos que debían pagar los comerciantes del monopolio, etcétera,
incrementaban costes y precios que, no obstante, dejaban aún unos impresionantes márgenes de beneficio en
los puntos de llegada de las flotas: Veracruz, Cartagena
de Indias y Portobelo (donde se celebraban ferias al
arribar las naos de Sevilla).

El viaje de vuelta tenía características similares: las
flotas de Veracruz y Portobelo se reunían en La Habana
en febrero, desde allí regresaban bordeando la costa
norteamericana hasta el paralelo 38, donde los vientos
septentrionales del Atlántico las llevaban a las islas Azores y desde ahí se dirigían a Sevilla. La flota de las Indias retornaba con el producto de las minas americanas. Su carga era depositada en la Casa de Contratación
cuyos factores separaban el *quinto real* (1/5 de la carga
de metal precioso pertenecía a la corona) y efectuaban
la liquidación correspondiente.

La estructura monopolística se reproducía en todas
las variables del comercio americano. Las mercancías
de Veracruz se almacenaban en México, desde donde se
distribuían y revendían para todo el virreinato de Nueva España. Cartagena era el centro desde donde se distribuía a toda Nueva Granada y las Antillas, mientras
que los productos depositados en Portobelo se embarcaban en Panamá en la Armada del Sur que desembarcaba las mercancías en El Callao, desde donde se llevaban
a Lima, capital del virreinato y centro de comercio y re-

distribución para toda la América del Sur. Una mercancía podía tener en Portobelo un valor de un 300% respecto a su precio en Sevilla (que ya era un 50% superior al de la media andaluza), alcanzando en Potosí un 1.000% sobre dicho valor de origen.

La ruta transoceánica así organizada recibió el nombre de «Carrera de Indias». Su coste se justificó por su invulnerabilidad, pero significó la renuncia a una política activa y agresiva para dominar el espacio atlántico, optándose por atrincherarse en un sistema defensivo demasiado rígido y estrecho, muy costoso y que en el siglo XVII se vería desbordado por la superioridad tecnológica de ingleses y holandeses (que le asestaron golpes cada vez más severos) y por la proliferación del contrabando (los fabulosos márgenes de beneficio de la política de altos precios y mercancías sobrevaloradas eran una invitación a asumir el riesgo que comportaba el comercio ilegal).

Este sistema de flotas privilegiaba unos puertos y ciudades sobre otros y condenaba a muchos lugares al aislamiento y la marginalidad dentro del imperio; tal sería el caso de Buenos Aires, que se abastecía a través del Perú y que, pese a tener puerto y una posición estratégica privilegiada en el Atlántico Sur, sólo consiguió algún que otro permiso comercial para evitar su despoblamiento o episódicos desabastecimientos. Pero, como señalábamos, el régimen monopolístico ofrecía a los privilegiados mercaderes sevillanos unos beneficios tan espectaculares que era difícil cambiar esta situación. El año 1608 debe apuntarse como el del récord del comercio indiano: se consignaron 45.078 toneladas de mercancías en las dos flotas de ida. Este flujo se mantuvo más o menos constante hasta 1620, en que se observa un descenso que iría incrementándose a lo largo del siglo. Naufragios, piratas y decadencia española no explican suficientemente un descenso que habrá que atribuir a un incremento espectacular del contrabando y al desarrollo de vías alternativas al régimen de monopolio.

El contrabando y la vulnerabilidad del régimen comercial, puestos de manifiesto en 1585 cuando sir Francis Drake dio la vuelta al mundo saqueando posesiones españolas y portuguesas en América, Asia y África, obligaron a incrementar los gastos de control y defensa mediante sistemas defensivos complejos y muy costosos en El Callao, Cartagena, Portobelo, Veracruz o La Habana y mediante el mantenimiento de flotas como la Real Armada del Océano (Atlántico oriental), Armada del Sur (océano Pacífico) y Armada de Barlovento (mar Caribe). Así, el tráfico atlántico fue objeto de especial protección y desembolsos que no fueron compensados; al final del reinado de Felipe III ni hubo incremento de los ingresos fiscales ni se produjo, como ya vimos, el aumento del volumen de la carga de las flotas.

El galeón de Manila puede servir como ejemplo de los límites y carencias de la rigidez del sistema. En 1571 se inauguró la ruta que rigió el comercio con Extremo Oriente por medio de un navío que comunicaba Acapulco con Manila; este galeón (más bien flotilla), conocido como la *Nao de la China,* viajaba una vez al año transportando mercancías, correspondencia y viajeros entre los dos puertos; en marzo partían de Acapulco y en junio o julio –dependiendo del monzón– de Filipinas, empleando unos cuatro meses hacia Asia y entre seis y nueve de regreso. Manila era un activo centro mercantil, con una importantísima comunidad china que hacía las veces de genoveses asiáticos, en el que

convergían redes comerciales muy importantes; por allí
pasaba la comunicación entre India e Indochina con
China, Japón y Corea, resaltando su valor estratégico
por la conexión de estas vías comerciales con América.
De Nueva España llegaban a Asia plata, armas, muni-
ciones, herramientas y manufacturas europeas, y a
América partían sedas, porcelanas, lacas, té, especias y
una gran variedad de productos orientales. En 1593 el
Consejo de Indias consiguió que el soberano limitase
dicho tráfico a sólo dos barcos con el objeto de impedir
la exportación de plata mexicana hacia Extremo Oriente
por una parte y por otra para acabar con la competencia de las manufacturas chinas con las españolas en el
mercado novohispano. Se suponía que el tráfico debía
limitarse sólo a lo imprescindible para mantener la colonia de Filipinas y evitar su abandono. No parece que
las restricciones tuvieran mucho éxito; era difícil definir
lo imprescindible para cubrir necesidades. En 1604 se
prohibió el comercio entre El Callao y Acapulco precisamente porque el volumen de mercaderías chinas que
se comercializaban en el Perú había provocado la deva-
luación de los productos llegados en la flota y se temía
un excesivo drenaje de plata peruana hacia Asia. Si ambas reglamentaciones hubieran tenido éxito, el comercio asiático habría desaparecido. La monótona serie de
prohibiciones y restricciones que se promulgaron entre
1610 y 1631 nos hablan de una tradición de incumplimientos. Incumplimientos que, como ocurre con el tráfico de contrabando de porcelana y seda china en la región de los Andes, son protagonizados por los mismos
virreyes que participan de los lucrativos beneficios de
este comercio. Al mismo tiempo, el desarrollo comercial al margen de un régimen monopolístico cada vez

más contestado dejaba a la corona fuera de los beneficios pero sí a cargo de los gastos de defensa.

El sistema americano, si bien importante, era sólo parte de un vastísimo complejo cuyos intereses eran globales. Al igual que había sucedido con los principales puertos españoles de América, gran parte de las factorías portuguesas de África oriental no disponían de sistemas fortificados o de defensa, pues tales prevenciones no fueron necesarias mientras los océanos Índico y Pacífico fueron inmensos lagos ibéricos. Pero a partir de 1580 la cosa cambió radicalmente, máxime tras los viajes de los piratas ingleses Drake y Cavendish, pero no fueron los únicos que contribuyeron al cambio. En 1589 Malindi se vio seriamente amenazada por la irrupción de corsarios turcos en el Índico y la expansión del islam entre las poblaciones de la costa de Somalia a Tanganika. Una posición avanzada otomana en el sultanato de Mombasa fue desmantelada por los portugueses en 1589 y, tras la ocupación de esta isla de la costa keniata, se vio la necesidad de establecer un sistema defensivo que abarcase el control del área comprendida entre Adén y Tanganika. A tal efecto, en Goa, los ingenieros militares del virrey de la India tuvieron que diseñar un sistema defensivo basado en una cadena de fuertes que vigilaban y dominaban el territorio al tiempo que servían de refugio para las naos portuguesas, centros comerciales y puntos desde los que ejercer influencia política y obtener información. En esa cadena se incluyó el fuerte Jesús en Mombasa (que todavía hoy conserva en su entrada las armas de Felipe II), que reemplazó a Malindi en 1593 como principal centro portugués de la zona. El fuerte de Mombasa tenía cuatro bastiones, con murallas de 13 metros de altura construidas con

bloques de coral sobre un promontorio que dominaba el
puerto y que se hallaba entre el barrio «moro» y el de los
«muzungulos», las dos comunidades de la ciudad. La
fortaleza había sido diseñada por un arquitecto italiano,
Giovanni Battista Cairato, arquitecto del virrey de la India que había confeccionado un modelo tipo de los fuertes que habría que diseminar en las costas africanas del
Índico consistentes en fortalezas de cuatro esquinas con
bastiones, murallas en terraplén a la italiana y un patio
central con dependencias para albergar a una guarnición. El atlas de Manuel Godinho de Heredia, realizado
en 1610, daba cuenta del enorme esfuerzo hecho por los
portugueses en apenas veinte años para acondicionar la
defensa y seguridad del tráfico de la India, justo cuando
los holandeses se apoderaban del cabo de Buena Esperanza y el *Imperio da pimenta* entraba en crisis.

Al mismo tiempo, Brasil desplazó a Asia como eje del
Imperio portugués; era el vértice del legendario triángulo
comercial formado por el tráfico de esclavos trasladados
desde Angola hasta las plantaciones y las explotaciones
mineras de Brasil y del comercio de los productos brasi-
leños vendidos en Lisboa para ser redistribuidos en Europa. Las incursiones holandesas en Angola y la costa
brasileña abrieron un nuevo frente hacia el que la corona hubo de emplear ingentes recursos para preservar
un área vital para el Imperio portugués.

Podríamos seguir enumerando lugares, circunstancias, episodios... La Carrera de Indias, el camino español de Flandes, el triángulo Lisboa-Brasil-Angola, la
circunnavegación africana, el Índico y la red asiática del
Impero da pimenta, el antemural italiano, la contención
del norte de África... demasiados espacios y áreas vitales
de interés, rutas comerciales y redes de comunicación

que cubrían el globo terrestre. Sobre esas extensísimas redes, corsarios o piratas holandeses, ingleses, franceses, suecos, berberiscos, turcos, chinos y javaneses, bandoleros catalanes, chichimecas, tagalos, napolitanos o aragoneses obligaban a mantener puntos avanzados, fortalezas, guarniciones, presidios, convoyes y escuadras.

Algunos podían vislumbrar en el horizonte tiempos de penuria causados por la voracidad del gasto de la máquina imperial. Spinola creyó que podría salvar su negocio y la Real Hacienda sacando a la corona de la guerra de los Países Bajos, pero, a pesar de la Pax Hispanica, la deuda siguió creciendo. En 1621 se advertía con desazón que el pacifismo apenas había influido en la reducción de unos gastos que, por otra parte, eran inevitables. Era una trampa infernal, que obligaba a empeñarse más para mantener los compromisos de seguridad y defensa, caminando con paso firme a la que podría ser la bancarrota definitiva. Después de sortear una larga cadena de suspensiones de pagos, superadas con más o menos esfuerzo, y atrapados en el círculo vicioso en el que estaban prisioneros, no debe extrañar que en la segunda mitad del siglo XVII los gobiernos de los últimos Austrias confiasen más en la divina providencia que en la capacidad del hombre para transformar la realidad.

Economía católica

Dada la naturaleza de la Monarquía Hispánica, pensar en una economía nacional es casi tan absurdo como pensar en la existencia de una sociedad española. No sólo no existía, sino que ni siquiera se pensaba en su existencia. Ante los acontecimientos económicos, hubo dos clases de respuesta, la de los moralistas y la de los arbitristas. Los segundos, autores de arbitrios por encargo o *motu proprio,* locos y cuerdos, se afanaron en la búsqueda de remedios para los males de la Monarquía. Los moralistas, por su parte, se preocupaban por la relación entre los tratos económicos y la virtud. Con este término podemos calificar a los famosos «economistas primitivos» españoles de la escuela de Salamanca quienes no eran sino un puñado de teólogos que, por diversos motivos, escribían para guiar a los confesores ante la ardua consideración de la usura respecto a los tratos mercantiles. No eran economistas, ni podían serlo en un mundo en el que no existía el pensamiento económico como tal, en que comercio y banca se percibían más cercanos al robo que al trabajo honesto.

Los tratados de Villalón, Saravia de la Calle y Luis de Alcalá, presentados como precedentes de un pensamiento económico español, no tuvieron otro objeto que el de transmitir la moral mercantil de la Iglesia en romance. En Martín de Azpilcueta, el doctor Navarro, suele advertirse el primer balbuceo de un pensamiento económico *jusnaturalista* español que afloraría en su *Comentario resolutorio de cambios* (Salamanca, 1556). Escrito al repasar el *Manual de confesores,* Azpilcueta advirtió que la doctrina de la Iglesia era oscura y confusa en materia mercantil debido a que los autores del manual desconocían muchos aspectos de la realidad económica y de las transformaciones que se habían operado en ella. Su opúsculo fue publicado precisamente como apéndice a dicho manual, actualizando la doctrina eclesiástica. Pero su actualización no fue precisamente empírica, sus fuentes eran teológicas y sus deducciones provenían de lecturas de esa materia y no de la experiencia del trato mercantil. Inspirado en Juan de Soto y Juan de Medina principalmente, que abordaron en sendos tratados teológicos escritos en latín la cuestión de la justicia en los cambios y la equidad de las transacciones, expuso en qué consistía la gratitud, la restitución del don entregado o prestado y que solía utilizarse para justificar el interés, diferenciando las restituciones o devoluciones lícitas de las ilícitas. Azpilcueta, al convertirse en divulgador de una compleja doctrina, destilada de una no menos compleja casuística, y romancearla, no se convertía en economista sino en transmisor de un análisis y una doctrina de la justicia, de la equidad, de la explicación del pecado de la usura.

Otro autor muy celebrado fue el dominico fray Tomás de Mercado, que tuvo un notable éxito con su libro *Tratos y contratos de mercaderes y tratantes* (Salamanca, 1569). Dos reimpresiones en Sevilla (1571, 1587) y una traducción al italiano (Brescia, 1591) atestiguan un éxito que no sabemos si fue debido a sus cualidades como economista o como moralista. Mal que a muchos les pese, parece más lógico inclinarse por la segunda explicación. Dado lo obtuso e intrincado de la materia económica, disponer de un sencillo manual que distinguiese la licitud de diversas prácticas de cambio, préstamo e inversión, matizando debidamente cada supuesto, no era cosa fácil de encontrar, y parece que los confesores, mercaderes, hombres de negocios y banqueros-cambistas que residían en ciudades de intenso tráfico comercial, como Sevilla, agradecían un manual sencillo y asequible de aquellas características. A Mercado le preocupaba deslindar el papel del comercio en el bien común, distinguir el justo precio, la licitud de los cambios, los

préstamos y los límites de la obligación de restituir.
Dispuesto, como estaba, a que su obra fuera comprensible (y por ello la redactó en romance y no en latín, para
el público, no para los doctos), utilizó ejemplos de la
vida cotidiana, mostrando ser un agudo analista de los
cambios económicos de su momento, de una manera
sencilla y fácilmente comprensible:

> en Indias vale el dinero lo mismo que acá, un real treinta y
> cuatro maravedís [...] y lo mismo vale en España, mas aun-
> que el valor y precio es el mismo, la estima es muy diferente
> en entrambas partes, que en mucho menos se estima en Indias
> que en España [...] dentro aún de España, siendo los ducados
> y maravedises de un mismo valor, vemos que en mucho más
> se tienen mil ducados en Castilla que en el Andalucía [...] La
> cual estima y apreciación se causa lo primero de tener gran
> abundancia o penuria de estos metales. [...] Hace también
> mucho al caso haber mucho que comprar y vender.

En breves trazos resumía las causas de la inflación,
aunque a él no le preocupaba tanto la corrección de su
análisis para conocimiento de los inversores como establecer una regulación moral de los flujos económicos, la
«justicia de los cambios» basada en la «diversa estimación». Sus propuestas no trataban de corregir el curso
de la economía, sino defender la diversidad de cambios
debido a la diversidad de «estimación», distinguiendo
ésta de la pura especulación. Fijó los límites de lo lícito, la
práctica legítima por la que no se incurría en pecado,
teniendo en cuenta una variable flexible; del mismo
modo que el valor facial de las monedas, aun siendo
igual en todas partes, no en todas tenía el mismo valor,
otro tanto ocurría con las transacciones financieras: el
crédito girado a una u otra plaza no era siempre igual,

aun siendo la misma cantidad nominal, por lo que era lícito un premio o ganancia compensatoria.

Como señalara Clavero, lo que preocupaba a estos «economistas primitivos» no era la economía y la comprensión de los fenómenos económicos, sino la teología y, en un orden general, la justicia. El precio justo era el resultado de una compensación por un bien que se entregaba en una sociedad en la que se contemplaban todas las actividades complementarias las unas con las otras; el pago de una mercancía, de un servicio, de un producto era la justa compensación por un trabajo, un esfuerzo realizado. Adquirir ganancia sin esfuerzo, sin que medie trabajo, era ilegítimo y se incurría en el pecado de la usura. El préstamo con interés, la especulación cambiaria o la manipulación de los precios para obtener ganancias desorbitadas eran actividades censuradas por la Iglesia y perseguidas por la moral. Sin embargo, existían matices, terrenos fronterizos en los que ciertas prácticas podían ser lícitas si representaban algo positivo para el bien común. En la banca, la actividad de los hombres de negocios se mantenía siempre sobre un terreno resbaladizo: no era concebible la obligación en la contraprestación de un don; era lícito el agradecimiento, la compensación por costes, perjuicios y riesgos asumidos, siempre y cuando fueran una indemnización libremente asumida. Asimismo era moralmente inaceptable obligar a devolver una donación con intereses dado que su objeto debía ser la ayuda o el socorro sin perseguir beneficios o ganancias superiores al valor de la cosa dada.

Se repudiaba la idea desnuda de beneficio o ganancia económica sin más (como ocurría en las actividades cambiarias y bancarias), y es que en una sociedad de ór-

denes la complementariedad de los servicios que cada
órgano aportaba al conjunto se insertaba siempre en un
ámbito de correspondencias; una transacción puramente económica suponía una separación entre las personas
y las cosas, no creaba vínculos de obligación y solidaridad; comprar y vender a secas no resultaba saludable,
dar y recibir como gratitud y contraprestación sí lo era,
como recordara Don Quijote a los galeotes liberados
«mal de su grado»: «De gente bien nacida es agradecer
los beneficios que reciben, y uno de los pecados que
más a Dios ofende es la ingratitud» (Q1, 22).

La banca constituyó el núcleo del problema; el simple
préstamo con interés era ilícito, como también la remuneración de los depósitos. Ahora bien, el padre Vitoria
contempló la licitud del negocio si respondía a la caridad, a una buena obra, siendo los intereses una compensación por el riesgo asumido al adelantar una cantidad o
depositarla. Un cambio de custodia del dinero debía y
podía ser remunerada mientras constituyera un servicio.
El crédito tenía una consideración caritativa y siempre
que fuera así podía admitir un beneficio. Es evidente
que nada de esto ocurría en la realidad de las transacciones, pero queda claro que la obra de los teólogos dio
cobertura de respetabilidad a un mundo de negocios
que precisaba una normalización, y marcó unos límites
morales a una actividad que se comprendía de obvia
utilidad social. En 1571 una extravagante de Pío V puso
orden en esta materia, condenó el cambio seco o ficticio pero autorizó el cambio real como legítimo, es decir, se condenaba una operación puramente especulativa realizada mediante el cruce y retorno de letras pero
no la que se efectuaba materialmente en dinero contante. Mucho más laxa que la Iglesia española, la Iglesia

italiana asumía con mucha más naturalidad la existencia y la necesidad de los negocios económicos, y no es casual que el cosmopolitismo universalista de los jesuitas acompañe esta literatura conciliatoria que se publica a partir de la década de 1570 y que legitimaba la exigencia de una compensación cuando se daba prestado, dado que se adecuaba la moral a la norma del derecho común que obligaba a devolver las cantidades adelantadas y compensar el esfuerzo del prestamista con el pago de los intereses negociados en la deuda.

Al acentuar la licitud de todo pacto o concierto realizado de buena fe, entre dos particulares y en aras de un mutuo beneficio es cuando Tomás de Mercado rompía con la habitual condena sumaria a «tratos y contratos»; por amistad y benevolencia todo trato comercial y financiero era en principio lícito. En cualquier caso, la nueva percepción de la economía, la admisión de un punto de vista moral más relajado con respecto al préstamo, los beneficios, el interés, etcétera, es decir, una actitud más indulgente y abierta, más capitalista en definitiva, dio paso a una generación de literatura económica «fin de siglo» despegada de la moral y vinculada a la política, el arbitrismo. A nuestro juicio, el apogeo del arbitrismo en los años comprendidos entre 1590 y 1621 está unido al nacimiento de la ciencia política y a una nueva forma de especulación relativa a la mejora de la comunidad. Es decir, esta literatura no es fruto de la decadencia, sino de una transformación cultural de amplio calado que tiene lugar en España y en Europa.

El arbitrismo no era más que publicística a la que por su generalización los intelectuales del Siglo de Oro dieron un tono peyorativo. Recuerda Gutiérrez Nieto que son centenares los arbitrios que se custodian inéditos en nuestros archivos y que esta copiosísima literatura inundó las oficinas de secretarios, virreyes, capitanes generales, consejos, etcétera. Suele señalarse una vinculación entre decadencia y la desenfrenada producción de remedios universales redactados en el cambio de siglo. Esta fecundia memorialística parece recoger el descontento de muchos súbditos de Su Católica Majestad ante la penuria existente y los signos de crisis o decadencia que observan. Pero más que la alarma social, parece determinante la costumbre de la corona de hacer partícipes de los beneficios a los autores que ingeniaban medios para obtener nuevos recursos fiscales, mayores ingresos y ahorro considerable en el gasto. Parece que este beneficio material, conocido y apreciado, estimuló extraordinariamente la producción de arbitrios. Por tal motivo, el grueso de los arbitrios se concentra en la materia fiscal, en la mejora de la gestión de los gastos e ingresos de la corona; lógicamente la materia en la que obtener una compensación del soberano era más fácil de obtener, pues los beneficios –de haberlos- se contabilizaban de inmediato. A veces la corona no era tan generosa y se mostraba remisa a reconocer los méritos de un autor en su decisión de reformar la fiscalidad; así le ocurrió a Luis Ortiz, autor de un famoso memorial empleado para la reforma fiscal y que se pasó su vida reclamando en las antesalas de palacio una participación en los beneficios producidos por sus propuestas.

Las autoridades no eran sordas ni ciegas ante la realidad económica, y había una fluidez de comunicación bastante alta. Un buen número de arbitrios se desestimaban, pero otro tanto, nada desdeñable, se sometía a atento estudio. En algunos casos el autor mismo entregaba su arbitrio aprovechando una audiencia pública del rey. En 1583, el financiero Peter van Oudegherste propuso personalmente a Felipe II la creación de un banco que articulase todo el espacio bancario de la Monarquía en un solo sistema, con sede central y sucursales en todas las capitales, ciudades y villas importantes de los reinos. El proyecto, que incluía una detallada planificación y estudio de Peter van Rotis, fue analizado en los consejos de Estado y Hacienda con pareceres favorables. Sin embargo, esta especie de banca nacional topó con los intereses de los asentistas, el capitalismo genovés, quienes movieron sus influencias para parar un remedio que les perjudicaba. Hubo otros proyectos que tuvieron una mejor fortuna, aceptándose y gratificándose propuestas de Alonso de la Peña o de Antonio Portillo y Vivero que sirvieron para elaborar las leyes que en 1602 regularon la venta de oficios en villas y lugares de los maestrazgos. Si atendemos al tiempo dedicado al examen de tanto proyecto, advertimos que la corona siempre estuvo abierta y dispuesta a escuchar a sus súbditos, de modo que la Monarquía parece siempre inmersa en un concurso permanente de ideas para buscar nuevos e insospechados yacimientos fiscales. Pero la corona no sólo era un receptor pasivo de arbitrios, sino que también fomentaba la discusión y estimulaba la búsqueda de remedios en los asuntos que le interesaban. A finales del reinado de Felipe III el Consejo Real de Castilla abrió un interesante debate para levantar la maltrecha economía castellana. La «Consulta hecha por el Consejo Real a Su Majestad sobre el remedio universal de los daños del reino y reparo de ellos» efectuada el 1 de febrero de 1619 proponía el fomento de la agricultura, la rebaja de impuestos para incentivar las manufacturas del reino, los aranceles a productos extranjeros, el fomento del ahorro y la necesidad de incrementar la población. Sancho de Moncada contribuyó ese mismo año a la reflexión con su *Restauración política de España,* sumándose al concurso de ideas y al debate público suscitado por obras tan interesantes como *Conservación de Monarquías* de Fernández de Navarrete (publicada en 1621). Lógicamente, la reflexión suscitada, más que el bienestar de los castellanos, lo que busca son recursos e ingresos de los que la Monarquía anda corta y de los que parece que ya no es posible obtener mucho más.

La mayoría de estos arbitrios reposan o reposaron inéditos para el gran público perdidos entre las montañas de papel de la administración. Sus autores esperaban ser recompensados por las ideas aportadas a la corona. Algunos, desesperados por el silencio administrativo o simplemente para hacerse oír, llevaron sus propuestas a la imprenta o las hicieron correr en copias manuscritas para publicitar sus remedios. Son estos documentos más o menos públicos los que han merecido más atención de los estudiosos, no tanto por su influencia en la toma de decisiones como en la creación de opinión.

Durante la celebración de las Cortes de Castilla de 1588, los diputados del reino manifestaron su inquietud por la profusión de esta literatura que, amparada por el estímulo de la corona, planteaba el cuestionamiento sistemático del orden existente en aras de la razón. Los diputados, temiendo los daños que las novedades reportaban a la república, pidieron al rey que hiciese salir de la Corte a todos los autores de «arbitrios, medios y novedades» tocantes a reformas fiscales, económicas, políticas y sociales. Las Cortes temían la popularización de unas ideas y opiniones que desmontaban tradiciones, leyes, fueros y privilegios no en aras del bien común sino de una utilidad pública vinculada al exclusivo interés de la Corte.

En realidad, en la preocupación manifestada por los representantes del reino afloraba el hecho de que el arbitrismo no era más que un subgénero de la literatura de razón de Estado entonces en boga. Una literatura que, ya fuera tomando como referencia a Tácito o encubiertamente a Maquiavelo, subrayaba la necesidad del gobernante de actuar conforme a la utilidad, al beneficio, e imponía una disciplina de análisis de la acción política y sus consecuencias que sacrificaba lo «honesto» en aras del pragmatismo. Según Sancho de Moncada, la tradición, la costumbre y las leyes debían subordinarse a la consideración de que «el gobierno o razón de estado es medio para fundar, conservar o aumentar un reino», una traducción casi literal de la definición dada por Giovanni Botero respecto a la obligación del gobernante de «emplear los medios justos y necesarios para aumentar y conservar el Estado» (*Raggione di Stato*, 1580). El discurso de la utilidad pública, en lo relativo a la fiscalidad, tal y como temían las Cortes de Castilla, abundaba en la idea de que había excepciones que justificaban el incumplimiento de leyes y tradiciones si constituían obstáculos para el bien común.

La razón de Estado implica disciplina, prudencia, cálculo y conocimiento de la ocasión. Los reformadores económicos, los arbitristas y los políticos reivindicaban la figura del *homo oeconomicus*, desaprobando el ocio y confiando en el trabajo y en el mercado. O como señalaba Mateo Alemán, en el trabajo estaba «la verdadera razón de Estado». Una nueva forma de pensar, razonar e intervenir sobre la realidad que se fundamentaba en lo útil servía tanto para la justificación mercantil como para una nueva comprensión de la política.

Recientemente un crítico estadounidense, David Quint, ha detectado dos tiempos en *El Quijote* aportando una sugerente reflexión sobre la irrupción del dinero y la actividad financiera en la segunda parte de la obra. A su juicio, la segunda parte del *Quijote* sería fiel reflejo del cambio social operado entre 1605 y 1615, cuando la sociedad española había aceptado el dinero, la riqueza, como «agente de formación social». La preocupación por el dinero, por el acceso a la riqueza y por la seguridad económica (el sueldo de Sancho, la remuneración de destrozos, las retribuciones asignadas en las mandas testamentarias) remite a la idea de conservación, a la búsqueda de los medios materiales que permitan vivir con dignidad y decoro dentro de los parámetros de una virtud moderna, la que busca el beneficio y con él la seguridad. La idea es sugerente porque debemos recordar que en la segunda parte el primer rasgo equívoco de la recuperación de la cordura de Don Quijote lo constituye una tertulia política con el cura y el barbero:

y en el discurso de su plática vinieron a tratar en esto que llaman razón de estado y modos de gobierno, enmendando este abuso y condenando aquél, reformando una costumbre y desterrando otra, haciéndose cada uno de los tres un nuevo legislador, un Licurgo moderno o un Solón flamante; y de tal manera renovaron la república, que no pareció sino que la habían puesto en una fragua, y sacado otra de la que pusieron; y habló don Quijote con tanta discreción en todas las materias que se tocaron, que los dos esaminadores creyeron indubitadamente que estaba del todo bueno y en su entero juicio (Q2, 1).

El doctor Pérez de Herrera, el padre Mariana, el licenciado Valle de la Cerda o Martínez de Cellorigo hablaban insistentemente de corregir, desterrar o reformar costumbres, como Don Quijote, y esta forma de reflexionar conduce directamente a la razón. Cervantes consignaba un hecho corriente, la circulación social del reformismo; tomaba nota de un cierto optimismo expresado por sus contemporáneos relativo a la capacidad del hombre para transformar la sociedad y la posibilidad cierta de hacerlo. En otra novela contemporánea, *Guzmán de Alfarache,* de Mateo Alemán, el empleo del término «medio» remite a la disciplina de análisis del comportamiento vinculada a la razón de Estado; el último capítulo de la novela, de título aparentemente anodino: «Prosigue Guzmán lo que le sucedió en las galeras y el medio que tuvo para salir de ellas», cobra significado al vincularlo con el grabado con que Perret ilustró la portada de la edición príncipe de la obra, un retrato del autor con un volumen en la mano en cuyo lomo está escrito *Cor. Ta.* (Cornelio Tácito). La novela aborda el conocimiento de los medios y abunda en la popularización de la razón de Estado en los aspectos prácticos de la vida cotidiana.

La obra de Tácito no llamó mucho la atención de los eruditos del Renacimiento, pero a finales del siglo XVI refería Saavedra Fajardo: «un flamenco le dio a conocer a las naciones; que también ha valedores la virtud» *(República literaria,* 1612). La lectura del humanista belga Justo Lipsio confirió al historiador latino el mérito de haber sentado los fundamentos de la ciencia política. Era algo más que un maquiavelismo sin Maquiavelo. Justo Lipsio, sus seguidores y corresponsales, Arias Montano, Antonio Pérez o Alamos de Barrientos, entre otros, forjaron una corriente de pensamiento, el tacitismo, que proponía un nuevo modelo de virtud basado en la prudencia, una nueva virtud que no nacía de una percepción complaciente de la realidad, sino de la necesidad de superar la incertidumbre. La «razón de Estado» constituía un complejo de máximas y preceptos para garantizar el éxito. La preocupación obsesiva por conservar, por reducir el gobierno a hallar y emplear medios para alcanzar ese fin ilustra un sentimiento abrumador de amenaza y peligro de subversión de un sistema que era mucho menos estable de lo que quería aparentar. Está claro que la rígida representación corporativa de la sociedad y la intransigencia religiosa estaban lejos de garantizar a la comunidad un sentimiento de seguridad y estabilidad incuestionables. Desde 1580 parecía que el único objeto del «arte» de la política consistía en conocer cómo preservar el dominio, el poder. Sólo la lectura del índice de las obras más celebradas de la literatura política producida entre 1580 y 1630 nos da idea de las variables que manejaban: máximas y consejos para procurar la lealtad, obediencia y sumisión de los individuos al gobernante, al que se le informaba de cómo conservar y aumentar su autoridad, de si era mejor el amor o la fuerza, el respeto a la tradición, la moral o las costumbres, razonando sobre la licitud o ilicitud de determinadas decisiones o acciones pero con la mira puesta en no perder la posesión del gobierno, sin que existiera una auténtica reflexión sobre lo político. Lodovico Settala escribía en Milán en 1627:

La razón de Estado procura primordialmente el bien de los jefes de la república [...] no puede ser más que o una sección de la política o una de sus ramas subordinadas.

Pero, salvo raras excepciones, la parte había dominado al todo, la literatura política dominante había reducido la ciencia política al arte de conservar y apropiarse el poder, dejando a un lado la *Res publica* como sujeto principal de análisis, marginando la reflexión en torno al interés público y la relación entre gobierno y sociedad.

Al colocarse la razón de Estado en el lugar privilegiado de la reflexión política, se subrayaba también la idea de que cualquier autoridad era contingente, y cualquier accidente o suceso podía derribarla o transformarla. Saavedra Fajardo, en el emblema 72 de sus empresas políticas, apuntó: «en la alteración consiste la vida de las cosas»; con ello expresaba la convivencia con una realidad cotidiana que requería un esfuerzo constante de adaptación. El orden estaba siempre en peligro, y eso formaba parte de la vida cotidiana. Por consiguiente, la literatura de razón de Estado presentaba el conflicto como un accidente ineludible que podía desembocar en el caos y la destrucción de la autoridad si el gobernante no respondía a las exigencias que marcaban las circunstancias. La incomunicación entre gobernantes y gobernados era la causa más frecuente de quiebra y fracaso, porque la comunidad política descansaba sobre un equilibrio de tensiones caracterizado por una negociación constante ubicada en pequeñas parcelas, en un fluir permanente de transacciones micropolíticas (premios y mercedes a personajes influyentes, perdones particulares, atenciones, gestos de complacencia, honores, privilegios, sentencias…).

Era en este punto donde políticos y magistrados entraban en colisión, en un aspecto nada marginal y de fuerte calado ético como era la decisión de si debía prevalecer la razón de Estado o la ley. Ciertamente, para los juristas-eclesiásticos se incurría en tiranía al contravenir la ley, que a fin de cuentas era expresión de la Ley de Dios, pero, como señalara Hurtado de Mendoza *(Guerra de Granada)*, era más sensato evaluar los medios con que se cuenta y la ocasión propicia para aplicar las leyes que ejecutarlas sin atender a otra cosa que la de hacer prevalecer su imperio. En Granada, en el año 1568, habría sido más conveniente y ajustado a la razón, a la utilidad, hacer la vista gorda ante la insincera conversión de los moriscos granadinos que obligarles a ser y vivir como católicos por la fuerza. Contemporizar para evitar una guerra, aceptar males menores para no bregar con otros peores era lo que tenía que haberse evaluado antes de tomar las decisiones que colocaron a los moriscos «en desesperación», provocando la cruenta y costosa guerra de Granada, en la que todos, vencedores y vencidos, salieron perdiendo. Las reflexiones de Arias Montano y Justo Lipsio relativas a la revuelta de los Países Bajos tenían un tono semejante.

La prudencia, asimismo, debía poner en guardia al gobernante que pretendiese cambios taxativos y demasiado enérgicos. Todo aquello que quebraba la naturaleza conocida de las cosas, señalaba Hurtado de Mendoza, necesariamente había de provocar el caos en la comunidad. Coincidía con unas curiosas reflexiones médico-políticas de Jorge Henriques *(Retrato del perfecto médico,* Salamanca, 1595) que advertía contra toda alteración que desordenase los humores del cuerpo; toda novedad o cambio en la naturaleza de cada estado podía provocar la enfermedad o muerte de la comunidad, e igualmente, los remedios –para ser eficaces– debían siempre incidir en la restauración del equilibrio armónico de los órganos. Normalmente en las revueltas el poder no era fundamentalmente impugnado, sólo la actuación de quienes lo ostentaban. El término «revolución», localizado en los albores del siglo XVII como metáfora política, es sabido que hacía referencia al movimiento de los planetas cuando concluyen su órbita e inician una nueva. Revolución comprendía retorno al punto de origen, restauración del orden y no reforma radical, y se empleó en la descripción de las revoluciones de Cataluña, Portugal, Sicilia y Nápoles en la década de 1640.

Todo conflicto era político, no social. El caso más representativo lo tenemos en la llamada crisis de 1590 y las «alteraciones» acaecidas en esa década en Ávila (1591), Madrid (1591), Barcelona (1591), Zaragoza (1591), Pamplona (1592), Quito (1592), Beja (1593), Lisboa (1596) o Calabria (1599). Ningún disturbio fue igual a otro, ni en intensidad ni en motivos, desarrollo o participantes. Ninguna categoría o grupo social puede destacarse relevante en los sucesos, pero en todos ellos la violencia ejerce una función simbólica que revela un carácter de diálogo ritual con las autoridades en el que se enfatiza la solicitud de satisfacción de unas demandas que el gobierno no sabe atender pero sí la autoridad superior del rey. En las alteraciones de Zaragoza de 1591, seguramente los sucesos más graves porque fueron los únicos que pudieron trascender hacia un derrotero de quiebra del espacio político, la visión del rey separado del mal gobierno prevaleció hasta el final; los «rebeldes» no fueron tales puesto que quisieron en todo momento acceder y servir a un rey mal aconsejado y dominado por ministros que habían quebrado la natural comunicación entre rey y súbditos.

Ni siquiera el hambre o la carestía fueron causa automática de motines o revueltas; se tiene noticia de mu-

chas hambrunas, y la carestía era un estado casi latente
a esa sociedad; un motín o un estallido de violencia no
pueden explicarse más que a través de un análisis contextual; cada brote de descontento surgía de una cadena
de pequeños errores estratégicos que, sumados, habían
precipitado el conflicto. Estos errores consistían en
atentados a la «economía moral de la multitud» y por
tanto a la forma en que las autoridades gestionaban la
situación de escasez.

En definitiva, la virtud debía vencer a la fortuna. Escribía Mateo Alemán que los egipcios, a quienes los españoles del Siglo de Oro consideraban el pueblo más
supersticioso de la tierra, «adoraban a la fortuna, creyendo que la hubiera»; con ello simplemente estaban
abandonados a la naturaleza. La ciencia permitía que el
comercio venciese a la escasez, y la política al desorden.
La razón hallaba los medios para adquirir la seguridad:
«En cualquier acaecimiento más vale saber que haber;
porque si la Fortuna se rebelare, nunca la ciencia de-
sampara al hombre».

5. El mundo hostil

Por los pecados de la Cristiandad

Digo, en fin, que yo me hallé en aquella felicísima jornada [la batalla de Lepanto, el 7 de octubre de 1571], ya hecho capitán de infantería, a cuyo honroso cargo me subió mi buena suerte, más que mis merecimientos. Y aquel día, que fue para la cristiandad tan dichoso, porque en él se desengañó el mundo y todas las naciones del error en que estaban, creyendo que los turcos eran invencibles por la mar: en aquel día, digo, donde quedó el orgullo y soberbia otomana quebrantada [...] el [corsario argelino] Uchalí se salvó con toda su escuadra, vine yo a quedar cautivo en su poder, y solo fui el triste entre tantos alegres y el cautivo entre tantos libres; porque fueron quince mil cristianos los que aquel día alcanzaron la deseada libertad, que todos venían al remo en la turquesca armada. [...] Halléme el segundo año, que fue el de setenta y dos, en Navarino, bogando en la capitana de los tres fanales. Vi y noté la ocasión que allí se perdió de no coger en el puerto toda el armada turquesca, porque todos los leventes y jenízaros que en ella venían tuvieron por cierto que les habían de embestir dentro del mesmo puerto, y tenían a punto su ropa y pasamaques, que son sus zapatos, para huirse luego por tierra, sin esperar ser combatidos: tanto era el miedo que habían cobrado

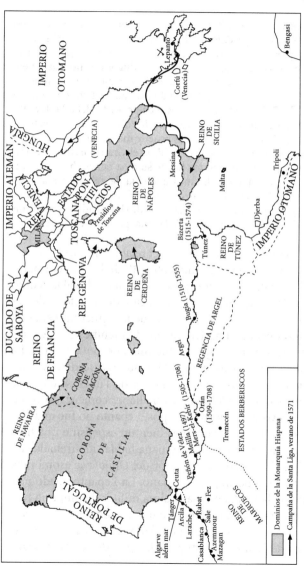

MAPA 3. Italia y el Mediterráneo occidental en torno a 1571.

a nuestra armada. Pero el cielo lo ordenó de otra manera, no por culpa ni descuido del general que a los nuestros regía, sino por los pecados de la cristiandad, y porque quiere y permite Dios que tengamos siempre verdugos que nos castiguen. [...]. El año siguiente, que fue el de setenta y tres, se supo en ella cómo el señor don Juan había ganado a Túnez, y quitado aquel reino a los turcos y puesto en posesión dél a Muley Hamet, cortando las esperanzas que de volver a reinar en él tenía Muley Hamida, el moro más cruel y más valiente que tuvo el mundo. Sintió mucho esta pérdida el Gran Turco, y, usando de la sagacidad que todos los de su casa tienen, hizo paz con venecianos, que mucho más que él la deseaban; y el año siguiente de setenta y cuatro acometió a la Goleta y al fuerte que junto a Túnez había dejado medio levantado el señor don Juan. [...]. Perdióse, en fin, la Goleta; perdióse el fuerte.

De manera muy rápida, en «el relato del cautivo» intercalado entre los capítulos 39 y 40 de la primera parte del *Quijote,* Cervantes puso en boca del hidalgo leonés Ruy Pérez de Viedma su valoración de la victoria de Lepanto y los sucesos adversos que la siguieron. Lepanto, como quedaba implícitamente de manifiesto en el «relato del cautivo», apenas fue una anécdota en la lucha contra turcos y argelinos. Más que retroceder, avanzaron hasta expulsar a los españoles de Túnez, saldándose con un desastre lo que parecía haber comenzado como un nuevo signo de los tiempos. Lepanto no fue una victoria desaprovechada, más bien un espejismo que hizo creer que la expansión otomana había sido frenada con éxito. Con fatalismo, el autor del *Quijote* se asombraba por la falta de empuje cristiano. En Lepanto quedó manifiesta la verdadera naturaleza militar del Imperio turco y la falta de un plan o de una acción decisiva contra el islam sólo podía comprenderla como fruto de un oscuro designio, un castigo a «los pecados de la cristiandad, y porque quiere y permite Dios que tengamos siempre verdugos que nos castiguen». Lo asombroso fue que a Lepanto le siguieron una cadena de desastres y derrotas, un retroceso inexplicable. A partir de 1574, con la caída definitiva de Túnez, el Magreb quedó bajo la influencia otomana, culminando un proceso expansivo iniciado con la conquista de Egipto y la Tripolitania en 1529.

A comienzos del siglo, en torno a 1520, los turcos estaban más preocupados por el reto que para su hegemonía representaban las monarquías saadí de Marruecos y hafsí de Túnez que su confrontación con la cristiandad. Estos principados musulmanes constituyeron el único obstáculo a su pretensión universal de dirigir al conjunto de los creyentes islámicos (que, por cierto, enraizaba en la tradición imperial romana y su concepción del *totius orbius*). La hostilidad de los principados norteafricanos fue mucho más decisiva para frenar el avance otomano en el Mediterráneo occidental que la sola fuerza de las armas cristianas, a las que se unieron muy frecuentemente. La alianza con los reyes de Francia y la cooperación de la regencia de Argel permitieron a los turcos minar estas resistencias, pero, como puede apreciar cualquier observador medianamente informado, las alianzas entre cristianos y musulmanes, ya fueran hafsíes, saadíes, con españoles y portugueses por un lado, u otomanos, argelinos y franceses por otro, dicen muy poco de la existencia de un dramático choque de civilizaciones en el Mediterráneo. Presuponer que la política mediterránea de los principados cristianos giraba exclusivamente en torno al ideal de Cruzada es tanto como mantener que los musulmanes subordinaban todo en aras de la *yihad*. Esta presunción, por lo demás, era ya considerada a mediados del siglo XVI como opinión vulgar mantenida por personas poco informadas y desconocedoras de la realidad, no sólo del islam sino de la propia cristiandad, como irónicamente observara en 1558 el autor de *Viaje de Turquía*:

No hay a quien no mueva risa ver algunos casamenteros que dan en sus escripturas remedios y consejos, conformes a las cabezas donde salen, cómo se pueda ganar toda aquella tierra del turco, diciendo que se juntasen el Papa y todos los príncipes cristianos, y a las dignidades de la Iglesia y a todos los señores quitasen una parte de sus haciendas, y cada reino contribuyese con tanta gente pagada, y paresciéndoles decir algo encarescen el papel, no mirando que el gato y el ratón, y el perro y el lobo no se pueden iuncir para arar con ellos.

Por otra parte, la experiencia de lo sucedido entre 1571 y 1574 parecía dar por concluida la tradicional política norteafricana de la corona española, basada en la contención, no en la conquista, preocupada exclusivamente por mantener el control del Mediterráneo occidental, por garantizar la seguridad del espacio comprendido entre Malta y el estrecho de Gibraltar. Esta política venía de lejos; a comienzos del siglo XVI el Magreb era un territorio muy inestable. En la franja costera, desplegada al norte del Atlas, se situaban los «reinos» wattasí de Fez, abdalwadí de Tremecén y hafsí de Túnez. Más que entidades consolidadas, estos «reinos» eran agregados de carácter feudal cuya estabilidad política era muy débil. Los hafsíes tunecinos apenas ejercían una autoridad efectiva más allá de Túnez y Constantina, estando el territorio dominado por tribus, comunidades religiosas o ciudades «Estado» tributarias de aqué-

llos y que reconocían su autoridad en distinto grado; en
Marruecos la situación no era muy diferente: los wattasíes
no consiguieron unificar el reino y fueron despojados del
poder por los Banu Sa'd (un clan del sur, que irrumpió en
Fez en 1549 y se hizo con el trono en 1555). Por último,
Tremecén era sin duda el territorio más inestable, en las
sierras y montañas que atravesaban el territorio estaban
asentadas numerosas tribus, causa de constantes disturbios protagonizados por sus incursiones a la costa que
desarticularon el reino y facilitaron que o bien quedase
sometido a la influencia de sus vecinos, o bien que sus
puertos y costas se convirtieran en enclaves de piratas y
corsarios independientes.

La necesidad de garantizar la seguridad del tráfico
comercial y de las costas hizo forzosa la intervención de
la corona de Castilla en esta área, estableciendo presidios, es decir, enclaves fortificados de policía y vigilancia.
En 1497, con la toma de Melilla, los castellanos inaugu-
raron un proceso de establecimiento de enclaves a lo
largo de la costa cuyo objeto era el control del espacio ma-
rítimo del Mediterráneo occidental: Mazalquivir (1505),
Peñón de los Vélez (1508), Orán (1509), Bugía (1510),
Peñón de Argel (1510) y Trípoli (1510). Como consecuencia, en 1510 Túnez rindió vasallaje a la corona española, y al año siguiente también lo hicieron Dellys,
Mostaganem, Cherchell y el reino de Tremecén.

A partir de 1529 la estructura de policía corrió serio
peligro con el desarrollo de la potencia argelina que, aso-
ciada al Imperio otomano, pronto tuvo bajo su control
una enorme área de la región: Hone, Cherchell, Mostaganem, Tremecén y, por último, Túnez, tomada por
Barbarroja en 1534. Ello obligó a los españoles a redoblar los esfuerzos en el área magrebí, de modo que en la

década de 1530 se sucedieron continuas empresas militares, victoriosas como las de Cherchell (1530), Hone (1535) y Túnez (1535), o desastrosas como la de Tremecén en 1535. Pero, a pesar de la amenaza turco-argelina, no se pensó en la conquista del territorio, sino en garantizar el sistema de vigilancia, perseverando en el mantenimiento de presidios a la par que, a través de ellos, se ejercía un control indirecto dando apoyo a príncipes musulmanes amigos. Túnez fue restituida a la dinastía hafsí por Carlos V en el verano de 1535, con lo que se mantenía un principio de «protectorado» que dejaba patente la inmutabilidad del *statu quo*.

Las relaciones entre los presidios y los indígenas no fueron siempre hostiles; alianzas e intercambios eran moneda corriente, y para los poderes locales no era infrecuente invocar la ayuda de los cristianos para defenderse de otros príncipes musulmanes. El sultán de Marruecos, Muhammad al-Sayj (asesinado por agentes otomanos en 1557), consideraba que la mayor amenaza para su soberanía venía del Oriente, no del norte, y tanto para él como para sus sucesores lo más preocupante era la expansión turca, contra la que, en ocasiones, se llegó a decretar la *yihad* o «Guerra santa».

En 1541 fracasó una expedición dirigida por Carlos V a Argel, que se quería decisiva para acabar con la influencia turca. Las consecuencias fueron tremendas en el Magreb, donde se produjo un acusado repliegue de las posiciones hispanas y de sus aliados. En 1551 Trípoli fue conquistada por Dragut a los caballeros de San Juan, Bugía fue tomada en 1555 por el gobernador de Argel Salah Rais y, al año siguiente, en 1556, Orán fue asediada por los argelinos sin que lograran tomarla. Pese a los denodados esfuerzos hispanos por hacer frente al avance otomano, como la expedición a Mostaganem mandada por el conde de Alcaudete en 1558 o el bombardeo de Trípoli en 1559, la recuperación de la iniciativa se vio truncada en 1560, produciéndose una sonada derrota de las armas de Felipe II en Djerba. No obstante, las galeras de Don García de Toledo, con la toma del Peñón de Vélez en 1564 y el socorro de Malta al año siguiente, decidieron la «empresa de África» en favor de los españoles por algún tiempo. En 1565 se logró preservar in extremis el control del eje estratégico Túnez-Sicilia, manteniéndose todavía cerrada a los turcos la puerta del Mediterráneo occidental.

El éxito en la «empresa de África» no consistía en conquistar o dominar el territorio, sino simplemente en estar presentes. Pero nada era definitivo en esta región. El equilibrio era frágil e inestable y la sublevación de los moriscos de Granada, al divertir las fuerzas españolas, permitió a los argelinos tomar Túnez en el verano de 1570 y, aun cuando se trataba de un asunto de la máxima prioridad defensiva, no se dispuso de recursos para recuperarlo hasta tres años después. No obstante, repuesto Muley Hamida en el trono tunecino, apenas se pudo impedir que, en 1574, su reino fuera definitivamente ocupado por los turcos, convirtiéndose en provincia otomana.

Es legión el número de autores que indican que Túnez se perdió porque a Felipe II ya no le interesaba (o le interesaba menos) el Mediterráneo, que hubo de desviar sus recursos a la guerra de Flandes y que tenía puestos sus ojos en el Atlántico, lo que le llevó a firmar las treguas hispanoturcas de 1578, renovadas en 1581, 1584 y 1587, con el fin de tener las manos libres en esa área. Lo cierto, y así se constata documentalmente, es que parte de los recursos empleados en Túnez en 1573 o en la fallida expedición a Argel iniciada al año siguiente hubieron de emplearse en otro lugar, pero no extramediterráneo; en 1575 las galeras de Juan Andrea Doria y parte de la escuadra de Sicilia intervinieron en la guerra civil de Génova, un conflicto poco conocido pero que mantuvo distraídas a las fuerzas españolas, pues las prioridades estratégicas estaban en Italia.

No parece que la falta de recursos fuera la causa del desinterés por una acción más decidida contra el islam, sino el pragmatismo. El caso de Túnez lo demuestra: podía conquistarse un reino, pero mantenerlo requería un enorme esfuerzo de dinero y hombres totalmente improductivo. Era más sensato mantener enclaves fortificados que hostigasen continuamente al enemigo; el corsarismo y las razias eran una guerra barata y de poco esfuerzo mucho más interesante que la movilización de grandes flotas y ejércitos con los que, si bien era fácil obtener una victoria militar, como sabía Cervantes, lo verdaderamente difícil era mantener la ocupación.

Asimismo, la coyuntura estaba cambiando de tal modo que la pérdida de Túnez pudo asumirse, y no entraba en las prioridades de la corona reconquistar la plaza. Las conversaciones iniciadas para firmar una tregua, alcanzada en 1578, indicaban que el sultán tenía más interés por Persia, Arabia y el mar Rojo que por el Magreb. Con el tiempo, la incorporación de Portugal en 1580 compensó con creces los retrocesos posteriores a Lepanto porque con la posesión del «Algarve alem mar» (el Marruecos portugués) se dispuso de una excepcional plataforma de intervención en el área magrebí, a través de las plazas fuertes de Ceuta, Arcila, Tánger y Mazagón, con las que se cerró el control del paso del estrecho de Gibraltar. Por otra parte, los jerifes marroquíes no quisieron mantener una posición hostil a Felipe II; eran muy celosos de su independencia y trataron de mantenerse equidistantes respecto a las potencias otomana e hispánica. En 1580 el sultán de Marruecos recibió simultáneamente a embajadores del turco y del monarca hispano y en 1589 las relaciones estaban ya «normalizadas», hasta el punto de que Felipe II aprobó una propuesta por la que se entregaría Arcila a los marroquíes a cambio de que el jerife Al-Mansur cesara en su apoyo a los rebeldes portugueses partidarios del prior de Crato.

Esto no quiere decir que a partir de 1580 imperara la paz. La hostilidad se mantuvo, pero relegada al ámbito «privado». El período de las grandes flotas otomanas y cristianas dio paso a una guerra de baja intensidad que afectó a toda el área mediterránea y al Atlántico. En todas las potencias ribereñas se cronificó la presencia de piratas y corsarios, se desarrolló la industria del secuestro de poblaciones costeras por los beneficios del rescate de cautivos y del comercio de esclavos, la piratería eclipsó y se confundió con el comercio... El Mediterráneo occidental se convirtió en un espacio de frontera, sin leyes, sometido a la violencia, plagado de aventureros que obtenían fáciles fortunas. La piratería y los ataques a las poblaciones costeras obligaron a mantener y organizar un sistema de protección en el área del estrecho; en 1593 se creó una flota portuguesa encargada de patrullar el espacio comprendido entre la costa atlántica marroquí, las Azores y la costa del Algarve, y cuatro años después se creó en la parte española la «Escuadra de la Guarda del Estrecho de Gibraltar».

Igualmente, en el lado otomano tampoco se hicieron muchas ilusiones con el alcance de las treguas. En Estambul no faltaron voces que pidieron la reanudación de la campaña norteafricana toda vez que las regencias de Argel, Túnez y Trípoli no disponían de seguridad en sus costas ni en sus territorios, soportando el azote del corso cristiano y las razias emprendidas desde los presidios. En 1585 el gobernador de Argel, Hasan Pacha, puso en serios aprietos al presidio de Orán y levantó contra los españoles a las tribus del área de Tremecén para poner fin a los pillajes que desde allí se cometían.

Las paces hispanoturcas fueron frágiles e inconsistentes, compatibles con actos de hostilidad que en muchas ocasiones eran difícilmente discernibles como paz; lo único que parecía verificarse era que ambas partes habían renunciado a la conquista, a adquirir más territorios. En el lado español, pese a que en muchas ocasiones se discutió sobre la conveniencia de evacuar los presidios, siempre acabó prevaleciendo una política continuista, de modo que estas plazas mantuvieron el ambiente de guerra perpetua en la región, siendo la base desde la que se lanzaban operaciones limitadas de acoso, castigo y devastaciones. Eran observatorios, puestos avanzados de contacto con el mundo musulmán desde donde se articulaba la intervención en la región a través de la alianza con príncipes musulmanes, ya fuera con los saadíes de Marruecos como con otros príncipes o señores berberiscos. Pero esta presencia que ni avanzaba ni retrocedía era muy costosa y paralizaba otras acciones; su conservación se anteponía a acciones más audaces y más agresivas, como constataba Cervantes, que saludó la pérdida de Túnez y La Goleta en 1574 como una llamada de atención para cambiar la política norteafricana:

a muchos les pareció, y así me pareció a mí, que fue particular
gracia y merced que el cielo hizo a España en permitir que se
asolase aquella oficina y capa de maldades, y aquella gomia o
esponja y polilla de la infinidad de dineros que allí sin provecho se gastaban, sin servir de otra cosa que de conservar la
memoria de haberla ganado la felicísima del invictísimo Carlos Quinto (Q1, 40).

En el Magreb no existía una verdadera paz ni una
verdadera guerra, y los presidios, como fue el de La Goleta hasta su pérdida, sólo eran «gomia o esponja y polilla de la infinidad de dineros que allí sin provecho se
gastaban». Para él la única política posible era la que
condujese a la destrucción de aquellos «infames» principados norteafricanos.

Pero... ¿qué relación guardaba la batalla de Lepanto
con todo eso? La victoria naval tuvo lugar en un pequeño puerto vecino al Peloponeso, lejos del Magreb. Grecia, el Adriático y las islas del Egeo nunca figuraron en
las prioridades militares y estratégicas de la corona española en el Mediterráneo. Sólo los virreyes españoles
de Sicilia y Nápoles tuvieron una cierta conciencia sobre
la importancia del área levantina, pero pensaban que
bastaba con una política de hostigamiento constante al
tráfico y los puertos otomanos para mantener a raya el
peligro. Por tal motivo, los reinos de Nápoles y Sicilia
constituyeron la plataforma desde la que solían enviarse
expediciones «a Levante», de carácter limitado, depre-
dador, para obtener riquezas, esclavos y otros frutos del
corso, sin afán de conquista. Pero estas razias no tenían
nada que ver con la idea de dirigir la acción contra el corazón del Imperio turco y darle un golpe definitivo.

Tanto los virreyes como las autoridades militares españolas eran conscientes de sus limitaciones: sabían

que no podían ir más allá de mantener puestos fortificados, hostigar al comercio y las comunicaciones y estorbar todo lo posible a los turcos. Lepanto se salía de
los esquemas habituales, un hecho aislado e insólito en
la trayectoria de la política mediterránea hispana, cuyo
lugar y razón debe buscarse fuera de los presupuestos
del choque de civilizaciones, de la reanudación de la
confrontación entre la cristiandad y el islam. Para comprender Lepanto, hallaremos las claves en el interior de
Europa, en el confesionalismo y su impacto en una nueva comprensión de las relaciones exteriores.

Materias de Estado

A comienzos de la Edad Moderna, los europeos comprendían con el término «cristiandad» el único espacio
de civilización existente; todo lo que estaba fuera de ella
era como si no existiera desde un punto de vista cultural y jurídico, era un espacio vacío donde imperaba la
barbarie y no existía el derecho. Heredera de la tradición latina, Europa se sentía continuadora del legado
del Imperio romano cristiano de Constantino, de modo
que toda guerra contra bárbaros o infieles era justa y legítima, puesto que siempre constituía la integración de
nuevas tierras y poblaciones a la vida civilizada. Al leer
algunos pasajes de *Los baños de Argel* u otras obras y
testimonios cervantinos relativos al mundo musulmán,
no deja de advertirse esta minusvaloración del mundo
no cristiano y el orgullo de la superioridad occidental,
aun en circunstancias tan adversas como la esclavitud.
Mucho más brutal es la visión que nos ofrece el capitán
Contreras en el relato de sus actividades corsarias en las

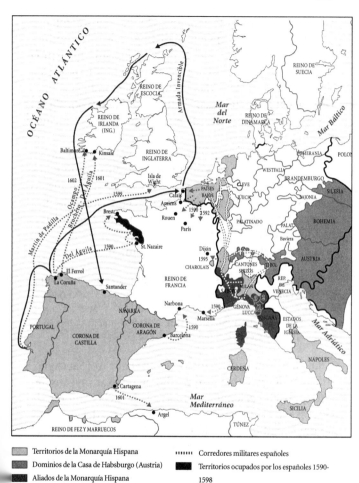

FUENTE: Manuel Rivero Rodríguez: *Diplomacia y relaciones exteriores en la edad moderna*, Alianza Editorial, Madrid, 2000, p. 227.

MAPA 4. Hegemonía hispana en Europa.

costas del Egeo, Berbería, Libia, el Líbano o Anatolia; la captura de esclavos apenas se distingue de otros botines como sedas, caballos, etc. No hay compasión ni lástima por seres que casi se observan como subhumanos. Una visión que no dista de la actitud hacia el indígena americano, contemplado casi siempre –y en el mejor de los casos– como un menor de edad casi perpetuo, incluso después de bautizado.

La guerra entre cristianos, sin embargo, sucedía en un espacio común de entendimiento, entre individuos que se reconocían como iguales y compartían más o menos las mismas nociones de derecho y justicia. Era guerra «política» o guerra civil, dentro del mundo civilizado, lo cual se ajustaba a convenciones de derecho, como ya en el siglo XIV explicaba Eiximenis:

Ací nota que les batalles e guerres o són justes per just manament del príncep o por justa causa, ço es, per defensió o prossecució de dret [así advierte que las batallas y guerras o son justas por justo mandato del príncipe o por justa causa, como es la defensa y ejecución del derecho].

La guerra entre cristianos era «justa», según San Agustín, cuando no había otro medio de reparar un acto ilegítimo, restableciendo a la fuerza la justicia. Antonio de Guevara lo ejemplificó en su famoso relato del campesino del Danubio, incluido en su *Relox de Príncipes,* en el cual un campesino reprochaba a los conquistadores romanos de Dalmacia haber emprendido una guerra injusta, dada solo por la codicia, sin que mediase una agresión previa de los dálmatas, ni hubiera que restituir el orden tras una supuesta ruptura del lazo de obediencia de los vasallos a su legítimo señor, ni hubiera que dar cumplimiento a ningún derecho de sucesión y cesión de señorío. Se comprende así que, como sinónimo de guerra, se emplee «litigio», porque era una forma de juicio y de ejecución del derecho.

La guerra entre cristianos, por tanto, era un acto de justicia y se generaba dentro de convenciones ritualizadas de pleito. La declaración de guerra, con sus alegaciones justificativas, formaba parte de un complejo formulario que mantenía la confrontación dentro del marco jurídico que se acataba como norma común. Un contemporáneo de Guevara, Fortunio García de Ercilla, señaló en su *Tratado de la guerra y el duelo* que los pleitos entre soberanos que no reconocen otra autoridad superior a la suya que la de Dios sólo podían resolverse por la guerra, sólo el juicio de Dios podía dirimirlos. De modo que –argumentaba–, para evitar la inútil efusión de sangre de inocentes bastaba reemplazar este recurso por un simple duelo entre los propios soberanos o sus representantes. La idea del duelo como alternativa a la guerra entre cristianos fue valorada y defendida por los humanistas, dado que así se resolvían contenciosos entre príncipes en una escala limitada y relativamente incruenta. Por otra parte, el gobernante, en tanto que garante del cumplimiento del derecho, debía proteger a la comunidad y hacer cumplir la ley con su persona y sus recursos. Guerra, batalla y duelo eran obligaciones que debía asumir cuando era necesario restablecer el derecho. Algo de esto se recoge con extraordinaria ironía en el episodio del *Quijote* en el que Sancho es obligado a defender la ínsula Barataria:

Ármese vuesa merced, que aquí le traemos armas ofensivas y defensivas, y salga a esa plaza, y sea nuestro guía y nuestro capitán, pues de derecho le toca el serlo, siendo nuestro gobernador (Q2, 53).

En los siglos XVI y XVII, guerra y diplomacia eran actividades que se encuadraban dentro de las llamadas materias de Estado, aquellas directamente relacionadas con
el dominio del soberano, con todo aquello que concernía a la conservación y aumento de su patrimonio. Las
materias de Estado se enunciaban en instrucciones,
consultas y notas diplomáticas como una política patrimonial pura, en la que la actividad diplomática y militar se dirigía a la defensa de las propiedades de la casa
real y a definir estrategias matrimoniales para garantizar la supervivencia futura de la dinastía. En 1565, el
embajador veneciano en Madrid, Giovanni Soranzo, reducía la política exterior a un breve axioma: «los príncipes ni se aman ni se odian entre ellos, no buscan otra
cosa que el beneficio presente y particular». Lo decía al
analizar el lugar que ocupaba la intransigencia religiosa
en el diseño de la política exterior de Felipe II y su conclusión era que, de momento, ninguno. Todavía en aquellas
fechas la ruptura entre católicos y protestantes no se había hecho sentir en las relaciones exteriores, pues todos
los soberanos se sentían miembros de una misma comunidad ideal, la cristiandad. La diferencia de confesión no
era argumento para romper hostilidades; la alianza de Felipe II con Isabel I de Inglaterra, siendo uno católico y la
otra protestante, lejos de producir extrañeza, era vista
con naturalidad, pues desde la lógica de la «conservación» actuaban de forma legítima en defensa de sus intereses patrimoniales frente a la amenaza que para ambos suponía la alianza francoescocesa. La toma de El
Havre por los ingleses y la intervención de tropas de
Isabel I en las guerras civiles de Francia en 1562 se trataron en Madrid con indulgencia, como acciones dirigidas a mantener a raya a un enemigo tradicional.

La solidaridad entre príncipes tenía mucha más fuerza que la pertenencia a una misma fe. En 1567, al producirse los primeros disturbios que llevaron a la rebelión de los Países Bajos, Isabel I ignoró toda petición de ayuda de los rebeldes holandeses, no sólo para preservar la «entente cordiale» con Felipe II sino porque le repugnaba el alzamiento de unos súbditos contra su señor legítimo, considerando su causa injusta y deplorable. Razones semejantes a las que esgrimió Felipe II para omitir su ayuda a los católicos irlandeses durante la rebelión de Shane O'Neill en 1566. Igualmente, la inhibición hispana respecto a las guerras de religión en Francia se justificaba por el absurdo de acudir en ayuda de un príncipe enemigo, de modo que la Corte española no se conmovió por la suerte del catolicismo francés cuya defensa imploraba el Papa.

Sin embargo, los soberanos no pudieron permanecer indiferentes a la marea del odio confesional que, con su intransigencia, ellos mismos habían fomentado y que acabaría afectando a sus relaciones más allá de lo dinástico. Felipe II se encontró con una creciente presión de sus súbditos para confesionalizar su política exterior. Como denunciara el duque de Alba, esta campaña de opinión no era espontánea, partía de Roma y tenía como más firme valedora a la Compañía de Jesús. Concluido el Concilio de Trento en 1563, los pontífices Pío IV y su sucesor Pío V demandaron al Rey Prudente la creación de una liga militar de príncipes católicos decididos a extirpar la herejía y hacer frente a los infieles. Concluida la Reforma, la Iglesia se puso manos a la obra para restaurar la cristiandad en su integridad material y espiritual. Tales proyectos se veían en Madrid con suspicacia, como un intento de subordinar la Monarquía Hispana al dictado de Roma.

Mientras arreciaba la presión confesional, la corona fue mucho más escrupulosa en la justificación de sus acciones exteriores conforme a derecho. Invocaba exclusivamente la guerra justa, el derecho de cada soberano para defender o mantener la integridad de su patrimonio. En 1565 el exterminio de los protestantes franceses establecidos en Florida se presentó como defensa de la integridad del territorio, como prevención contra los establecimientos piratas, y se pasó de puntillas sobre el hecho de que se trataba de herejes y que por esa razón no hubo clemencia con ellos. Igualmente, en la guerra de los Países Bajos se rebajó el tono de la cuestión religiosa enfatizándose la cuestión jurídica, la rebeldía, la traición y la deslealtad, con el fin de no suscitar solidaridades confesionales. El temor a la ruptura del consenso establecido sobre la legitimidad del principio dinástico, al cuestionamiento de los principios legales sobre los que se sustentaba la soberanía, impedía utilizar la fe como causa para declarar la guerra. Pero esto encerraba también una contradicción que no podía ignorarse por mucho tiempo, y era el hecho de haber empleado la defensa de la ortodoxia católica como instrumento de poder. Las atrevidas doctrinas de los jesuitas, insinuando la legitimidad del tiranicidio, la contestación a todo soberano impío que actuase contra la ley de Dios, fueron caldeando un debate que no era del agrado del soberano.

A la postre, tuvo que conciliarse el principio confesional con el dinástico. Pero esto no ocurrió de la noche a la mañana: todavía en 1569 la estrategia general de la corona española apenas había sufrido modificaciones respecto a las directrices heredadas de Carlos V. Francia seguía contemplándose como el principal obstáculo para la hegemonía hispánica, mientras que Inglaterra constituía un aliado incómodo, por motivos confesionales, en el que aún se confiaba para que rectificase de rumbo. Aquel año, la llegada a Castilla del nuncio papal Luis de Torres con una propuesta política de gran alcance, una liga o confederación de príncipes católicos, fue acogida con bastante frialdad por la Corte madrileña. Con enojo, el cardenal Espinosa explicó al legado la inoportunidad del planteamiento: no se podía pensar en aventuras en plena crisis política tras la muerte del príncipe heredero y con problemas tan serios como la rebelión de los moriscos o la pacificación de los Países Bajos. No sirvió de mucho la campaña de opinión de los jesuitas ni las gestiones del partido ebolista abogando por el cambio a favor de una política exterior universal y católica. La respuesta fue que, por el momento, no.

Con desaliento, el legado extraordinario informó a Pío V del poco entusiasmo que había encontrado para convertir a la Monarquía en vanguardia armada del catolicismo militante. Su desánimo era parecido al del cardenal de Guisa cuando pudo apreciar el desinterés español por la suerte de los católicos franceses y la íntima satisfacción de los españoles ante la guerra civil francesa. No obstante, al pontífice nada le cogía por sorpresa; sabía que Felipe II daría largas al asunto dejando que se pudriera con el tiempo. Como soberano católico, no podía negarse de manera tajante, pero como simple soberano debía privilegiar y dar curso a otras prioridades. Así pues, para que el rey de España pusiera el asunto en el primer lugar de su agenda había que tomar medidas expeditivas. El pontífice contestó que comprendía los motivos por los que el rey no podía comprometerse en la empresa, razón por la cual las concesiones pontificias para financiar la Cruzada ya no tenían razón

de ser, y los impuestos y rentas eclesiásticas concedidas
para costear la guerra con el islam serían inmediatamente retiradas.

Ante semejante amenaza, Felipe II no tuvo más remedio que transigir; sólo con el envío de embajadores y
manifestando el propósito de participar en la empresa
consiguió cambiar la decisión de la Curia. El tiempo
apremiaba, pues los turcos habían comenzado la conquista de Chipre, una isla de una importancia estratégica fundamental para cualquier intento de recuperación
de Tierra Santa. Esta circunstancia obligó a formar
apresuradamente una escuadra que se dirigió al teatro
de operaciones del Egeo sin que hubiese fraguado ningún acuerdo. Pero la diplomacia pontificia llevaba la
iniciativa, y los españoles, a regañadientes, se veían forzados a seguirla encontrando por el camino alguna que
otra sorpresa. Al poco de iniciarse los contactos entre
Madrid, Roma y Venecia, se publicó la bula *Regnans in
Excelsis* que excomulgaba a Isabel I de Inglaterra y liberaba a sus súbditos del deber de obediencia alentándo-
les a rebelarse contra la tiranía. Era difícil no pensar en
que esta decisión tenía como cobertura política la gran
alianza que se estaba gestando entre Madrid y Roma,
haciendo creíble la existencia de un oscuro contubernio
católico para dominar Europa y el mundo.

Felipe II se esforzó para que no lo pareciese. Antes de
cerrarse el tratado de la liga, logró que figurase claramente una cláusula que declaraba que su único fin era
luchar contra el islam. Pero eso no era precisamente un
gesto tranquilizador. El embajador francés escribió en
un despacho en cifra que no podía asegurar que existieran cláusulas secretas declarando otros objetivos; al fin
y al cabo, *excusatio non petita*... La relativa pacificación

de Francia, el ascenso de los protestantes en la Corte y la tolerancia religiosa podían ser causa suficiente para activar una intervención que asegurase el reino para la fe católica y otorgase a Felipe II la hegemonía mundial.

La campaña naval de 1571 evidenció que el objetivo de la Santa Liga era la Cruzada, la lucha contra el Imperio turco, y si bien no pudo impedir la conquista otomana de Chipre, se saldó con una rotunda victoria el 7 de octubre en el golfo de Lepanto. Pero aquella victoria fue algo extraordinario y anómalo. Para sus contemporáneos fue un acontecimiento impresionante; por vez primera los cristianos tomaban la iniciativa en el mar y derrotaban a una potente armada turca. Cervantes se enorgulleció de haber participado en aquel hecho glorioso, en el que resultó herido: «la más alta ocasión que vieron los siglos pasados, los presentes, ni esperan ver los venideros» (Q2, preliminares). No pasó mucho tiempo para que aquella «felicísima jornada» (Q1, 39) comenzase a apreciarse como una victoria sin objeto, una ocasión perdida o desaprovechada, como ya referimos más arriba.

Lepanto no marcó un punto de inflexión en la expansión otomana, no sirvió para impedir la conquista de Chipre concluida en 1572 o la de Túnez en 1574. Los turcos frenaron su ofensiva al tener que distraer sus esfuerzos hacia Oriente en la guerra con Persia. A pesar de ello, la victoria tuvo un inmenso valor para los cristianos, y aún hoy hay muchos que identifican la batalla con el principio del fin del poderío de la Sublime Puerta. Sin duda alguna contribuyó a esa percepción la copiosísima producción de materiales conmemorativos del evento. Las pinturas de Vasari en Roma, las de Luca Cambiaso en El Escorial, los cuadros alegóricos de Ti-

ziano, las pinturas del Veronés y de Andrea Vicentino
en el Palacio Ducal de Venecia, las pinturas conmemorativas del palacio del marqués de Santa Cruz, de la villa Barbarigo en Vicenza, del palacio Colonna en Roma,
de los maestres de Malta en La Valetta... La celebración de
la fiesta del Santo Rosario en acción de gracias, los grabados realizados por diversos artífices que reproducían
escenas de la batalla, las relaciones impresas, descrip-
ciones del botín, canciones, hojas volantes y todo tipo
de relatos, objetos e imágenes circularon por Europa
para dar noticia y guardar memoria. La exaltación de la
victoria se produjo en el mismo momento en que sucedió, no tuvo carácter retrospectivo, no fue una mirada
hacia el pasado y por tanto difícilmente podía pensarse
que aquello fue el principio de un final (que sí observamos algo más de cien años después en Polonia, en la serie
de pinturas conmemorativas de las victoriosas campañas de Sobieski contra los turcos en 1679 que se remiten
a Lepanto para presentar el triunfo polaco como culminación de lo que allí se inició; también hará esa misma
referencia la Casa de Habsburgo en el siglo XVIII, en sus
campañas contra los turcos en los Balcanes, como se
aprecia en las pinturas realizadas por Enderle en la iglesia de St. Ulrich en Allgau).

   La exaltación de Lepanto fue una operación de propaganda, y celebró la catolicidad triunfante. En Roma
se exaltó la guía espiritual del Papado para preservar la
casa común que era la cristiandad; en Venecia, la necesidad de reactivar las ligas de Italia que en el pasado sirvieron para proteger a la península y hacer que sus soberanos fueran respetados; para la Monarquía Hispana,
en fin, representó la declaración más rotunda de que sin
las armas y la potencia española, Italia, Europa y la Cris-

tiandad en su conjunto estaban inermes e indefensas ante la barbarie. Había muchas lecturas políticas, pero todas giraban en una interpretación de consumo interno, unidad de los cristianos, restablecimiento de la Iglesia Universal. Como ya dijo el duque de Alba cuando recibió la buena nueva en los Países Bajos, no podría sacarse otro provecho de la batalla; sólo tenía valor propagandístico porque la victoria no tenía ninguna utilidad material, ni militar, ni estratégica. No se había obtenido ninguna ventaja, avanzado posición alguna, tomado ciudades, fortalezas o reinos, sólo se había hundido un número nada despreciable de galeras enemigas. Esa nada la explica también Cervantes cuando confiere a la victoria sólo un valor didáctico que, por si fuera poco, fue desaprovechado. A su juicio demostró que los musulmanes carecían de la fuerza que aparentaban tener y podrían ser fácilmente derrotados.

Alrededor de Lepanto, otros acontecimientos nos indican que tras esa gran manifestación de fuerza de las potencias católicas se gestaba un impresionante vuelco en la cristiandad. La conspiración católica del duque de Norfolk y el complot de Ridolfi, desarticulados en Inglaterra en 1571, o la matanza de la noche de San Bartolomé en 1572 en Francia invitaban a pensar en un gran baño de sangre protestante o en la recuperación de la iniciativa católica para acabar con el mundo nacido de la Reforma iniciada por Lutero. El «miedo» fue el protagonista de la deriva hacia la confrontación confesional. En cada país, se generalizaba la creencia en la subversión de la paz y seguridad por la mano de disidentes religiosos alentados desde el extranjero. El miedo y la desconfianza eran la reacción natural a la retórica del odio que iba imponiéndose y que hacía cada vez más difícil la co-

municación entre católicos y protestantes, conscientes
de que ya no compartían el espacio común de la cristiandad, como tampoco normas y principios comunes.

Sin duda, la acción diplomática de la Santa Sede
comprometió a la política exterior española en el giro
confesional. Pese a que se hizo lo que se pudo para
ocultar la bula *Regnans in excelsis*, y se prohibió su difusión en los territorios de la Monarquía, advertimos a
finales de 1571 un distanciamiento imposible de disi-
mular. En Londres, el partido protestante ayudaba sin
recato a los rebeldes neerlandeses. En Madrid, la protección dispensada a los católicos ingleses e irlandeses
era notoria. En ambas cortes nadie puso freno a estos
actos hostiles. La acción confesional se abría camino
tangencialmente, como empresa indirecta, disimulada.
El temor a la ruptura del orden dinástico y su sustitución por el caos hicieron que la «confesionalidad» como
elemento no convencional de las relaciones exteriores se
asumiese ocultamente. La ambigüedad de los fines de la
política exterior de las monarquías, que fluctuaban entre
la conservación (el interés de Estado) y la confesión (el
interés de la religión), llevó a lo que sir Walter Raleigh
denominó «política a medias» en la cual no existía un
compromiso a fondo, sólo ambigüedad y gestos, como
la expulsión de los exiliados holandeses de Inglaterra en
1572, que hacía pensar en un último esfuerzo por hacer
prevalecer los viejos principios dinásticos, que seguía
siendo ley el respeto al principio *cuius regio eius religio*
('la religión según la del rey').

No tardó en tomarse conciencia de que, al practicarse
la «política a medias», el consenso respecto a la guerra
justa podía darse por liquidado. Relativizar las normas
implica siempre destruirlas. La ausencia de reglas uni-

versalmente aceptadas generalizó la desconfianza, porque no era fácil calibrar las intenciones de los príncipes ni seguir con un mínimo de fiabilidad el desarrollo de sus relaciones exteriores y el respeto a los tratados y compromisos que firmaban. Aquello que jurídicamente estaba sólidamente constituido podía disolverse alegando problemas de conciencia y viceversa. Así ni los tratados de alianza o confederación ni las solidaridades confesionales tenían consistencia suficiente para ser tomadas en serio.

En la Corte española, el análisis de estos cambios llevó a una reflexión profunda. Aceptar la confesión como criterio orientador de las relaciones exteriores era, simple y llanamente, abandonarse en manos de Roma. La Santa Liga era un obstáculo que limitaba la soberanía real, por lo que era necesario transformarla en un instrumento útil al soberano. En una carta escrita tras conocerse la victoria de Lepanto, el duque de Alba informaba a Don Juan de Zúñiga, embajador en Roma, de que había llegado el momento de «desengañar» al Papa. Lepanto había sido una brillante victoria que había servido para demostrar la potencia militar de la Monarquía, sin la cual Italia no podía defenderse ni el Papado ejercer ninguna política autónoma; era pues preciso que Roma y Venecia se «acomodaran» a la realidad de los hechos.

En el verano de 1572 se dio orden a Don Juan de Austria para forzar a la liga a dirigir sus campañas militares al norte de África, con el propósito de ir subordinando la coalición al mando y las necesidades estratégicas hispanas. Detrás, en los despachos del Rey Prudente se iba perfilando el proyecto que redefiniría la coalición como una «Liga de Defensa de Italia» que subsumiría a todas las potencias italianas (incluyendo el Papa) al mando español. El papa Gregorio XIII aparentemente aceptó dicha política para, en la primera ocasión que se le ofreció, darle otra vez la vuelta manipulando la liga al servicio de Roma. En 1573 se coronó con éxito la conquista de Túnez. La sorpresa del Rey Prudente y sus consejeros fue mayúscula cuando Don Juan de Austria se negó a entregar el reino a Muley Hamid y el Papa escribió a Madrid para que el hermanastro del rey fuera coronado rey de Túnez. Roma aprovechaba cualquier oportunidad para subordinar la fuerza española a sus intereses, como si fuera una fuerza propia bajo su mando. Túnez marcó la ruptura. La Corte española comprendió que era mejor mantener el *statu quo ante,* olvidarse de las ligas y definir la política exterior en el marco del propio interés, es decir, volver al dinasticismo para salir del callejón sin salida en que se había entrado.

A partir de 1578, después de la muerte del rey de Portugal, Don Sebastián, el dinasticismo se recuperó como idea directriz de la política exterior, sin matices ni paliativos. Ante la sucesión de Portugal, Felipe II hizo valer sus derechos recordando al Papa que, en lo que respectaba a asuntos temporales, la Curia no tenía ninguna autoridad para intervenir y que nadie, salvo él mismo, estaba capacitado para dictar lo que en ese terreno podía o no podía hacer. La tregua con los turcos en 1578, la purga del partido «romanista» en 1579, la anexión de Portugal en 1580 eran manifestaciones de un nuevo rumbo político, marcado por un nuevo lenguaje y propósito, la razón de Estado, aquello que Giovanni Botero en 1589 había definido como el arte de «usar y conocer los medios aptos para fundar, conservar y ampliar un dominio sobre los pueblos».

Hegemonía global

Cervantes fue muy crítico con el giro de los ochenta. Coincidía con el padre Ribadeneyra y una gran parte de la opinión castellana en que lo importante era proteger a los súbditos frente al peligro más inmediato que sufrían, el islam. Deploraba que la prioridad la tuviesen los intereses dinásticos como se puso de manifiesto en la conquista de Portugal. Entonces, Felipe II afrontó la oposición de todos los soberanos europeos, incluido el Papa, haciendo prevalecer su derecho patrimonial sin pararse a considerar que su inmenso poder hegemónico producía miedo incluso a los príncipes católicos. Nadie, ni siquiera la Curia romana, deseaba un poder unilateral, hegemónico e incontestable capaz de someter a todos los soberanos europeos a su dictado. En muy poco tiempo, la Corte española pudo constatar con amargura que existía un consenso muy amplio para reducir su poder, que Roma no daba facilidades, que los príncipes italianos seguían de mala gana el dictado español y que las cortes de Francia e Inglaterra parecían unidas para actuar de forma concertada, prestando ayuda a los rebeldes de los Países Bajos, enviando socorro al prior de Crato para estorbar la posesión de Portugal, concediendo patentes de corso y permitiendo que sus súbditos atacasen y saqueasen las colonias hispano-portuguesas.

Francia destacaba entre todas las potencias hostiles. La reina madre, Catalina de Médicis, había pretendido el trono portugués, y los franceses habían participado activamente en la campaña de Portugal a favor del prior de Crato y ayudaban con poco disimulo a los rebeldes neerlandeses. Por el tratado de Plessis-lès-Tours (1580) los estados holandeses convirtieron a Enrique, duque

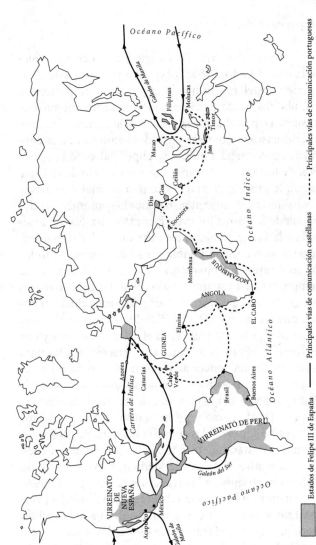

MAPA 5. La Monarquía global.

de Anjou, hermano del rey de Francia, en una especie de
monarca constitucional. Para afianzar su poder, firmó
la alianza con Inglaterra e inició conversaciones con
Isabel I para contraer matrimonio y sellar su alianza
con una unión que le afianzaría incontestablemente
como soberano de los Países Bajos. Eran actos de una
hostilidad manifiesta, conculcaban la soberanía de Felipe II y le arrebataban parte de su patrimonio, lo cual,
dados los vientos que soplaban en la Corte española, no
se dejaría pasar así como así.

   En 1583 concluyó la guerra de Portugal. En la batalla
de las Azores fue hundida una escuadra francesa y no
hacían falta más pruebas para declarar las hostilidades
acogiéndose al derecho a la justa defensa. Había un ambiente de euforia belicista, la maquinaria militar hispana parecía imparable y los éxitos de Farnesio en Flandes
contribuyeron a crear un ambiente general de confianza
y optimismo en la victoria total sobre los enemigos. Asimismo, se exaltaron los ánimos antifranceses al descu-
brirse al embajador francés en Lisboa, Saint Gouard,
complicado en intrigas para dar un golpe antiespañol
en Portugal. El ambiente estaba tan caldeado que Isabel I
envió a sir Henry Killigrew en misión secreta a Madrid,
proponiendo su cooperación a cambio de que Felipe II
rompiera toda relación con la reina de Escocia y los católicos ingleses, pero su propuesta chocó con un sector
de la Corte española, encabezado por el marqués de
Santa Cruz, que la consideraba a ella como el principal
enemigo de la Monarquía.

   A principios de 1584, según los informes del embajador francés, Longlée, la guerra estaba prácticamente
decidida. Justo entonces falleció el duque de Anjou y los
planes españoles quedaron en suspenso. La muerte del

hermano del rey, soltero y sin hijos, abrió la incertidumbre respecto a la futura sucesión al trono de Francia. La perspectiva del estallido de una nueva guerra civil sucesoria si fallecía Enrique III hizo que los planes
de agresión se reconsideraran. Felipe II encargó a diversos juristas que analizasen sus derechos al trono francés
y se formalizó un replanteamiento de la política exterior para buscar apoyos para un nuevo movimiento expansivo. El cardenal Granvela, consciente de la hostilidad que dicho plan podía generar, planteó la creación
de un ambiente más cordial hacia la Monarquía de España, que debía pasar por un acercamiento más estrecho a Roma. Ante el Consejo de Estado el cardenal propuso la creación de una «Liga de defensa de Italia»,
formada por Felipe II, el Papa y los potentados italianos
(los duques de Saboya, Toscana y Parma y la República
de Génova), cuyo fin sería preservar el catolicismo y
evitar que Francia cayese en la órbita protestante. No
hay que decir que Gregorio XIII, viendo que el mundo
católico podía quedar sometido a los intereses del monarca español, rechazó vehementemente la sola idea de constituir semejante coalición, temiendo que perdida la independencia del reino de Francia desapareciese la única
garantía de equilibrio de poderes en el ámbito católico.
Dicho plan podía constituir el final de la libertad e independencia de Roma.

A la vista del fracaso del proyecto, se apostó por una
acción menos comprometida, intensificando la política
de desestabilización del reino vecino, apoyando a los
católicos que no estaban dispuestos a admitir como futuro soberano a Enrique de Navarra, de confesión calvinista. La firma de un tratado con la Liga Católica
francesa en Joinville (31 de diciembre de 1584) tuvo

como objetivo impedir que en el futuro pudiera sentarse un protestante en el trono de San Luis, por razones estratégicas (Francia se hallaba en el centro de la red de comunicaciones europeas de la Monarquía Hispana), confesionales (habría sido un golpe durísimo para el catolicismo) y prácticas (un soberano católico en Francia tendría en lo sucesivo una deuda de gratitud especial con los reyes de España). A la postre, si todo salía bien, el rey de Francia dejaría de ser un competidor para ser un aliado que permitiría al rey de España confirmarse como rey de los católicos y protector de la Iglesia.

Enrique III de Francia, acosado por la Liga Católica, se vio obligado a decretar como «ley fundamental» del reino que el soberano debía profesar la confesión católica. Pero no era suficiente garantía para el futuro; se le exigió más y hubo de promulgar el Edicto de Nemours (18 de julio de 1585), que declaraba como su sucesor a Carlos, cardenal de Borbón, mientras que Enrique de Navarra era despojado de sus derechos y declarado proscrito, fuera de la ley, junto con el príncipe Enrique de Condé, líder del partido protestante. Neutralizada Francia y con una innegable capacidad de intervención en sus asuntos internos, Felipe II adquiría un dominio hegemónico indiscutible sobre Europa, y sólo una potencia interfería en la paz y seguridad de sus dominios: Inglaterra.

En 1584, ante los rumores de guerra que circulaban, el embajador veneciano Zane vaticinó que tarde o temprano tendría lugar el choque armado entre la Monarquía de España y el reino de Inglaterra. Éste tendría lugar en el momento en que se estableciese una unión o alianza francoespañola, puesto que significaría que Isabel I había quedado aislada, siendo el único soberano independiente y hostil al rey de España. En ese momento no habría lugar a negociaciones porque Felipe II exigiría una sumisión incondicional.

No tardó en cumplirse el vaticinio. Al año siguiente se produjeron graves acontecimientos: la expulsión del embajador español en Londres, Don Bernardino de Mendoza (implicado en un complot contra la reina), el embargo de buques y mercancías inglesas en los puertos españoles, la expedición de Drake a las Indias Occidentales en los años 1585 y 1586 saqueando puertos españoles y portugueses en los cuatro continentes, la intervención de una fuerza expedicionaria inglesa comandada por el duque de Leicester en los Países Bajos y la proclamación de Isabel I como protectora de los Países Bajos por los Estados Generales marcan el proceso de ruptura que desembocó en hostilidades abiertas.

Una intervención indirecta, como la que con éxito se practicó en Francia, resultaba aquí tremendamente difícil al haber sido desarticulada la oposición católica, mientras que las actividades desestabilizadoras en Irlanda daban poco fruto. Esta vez, la decisión fue un ataque directo y sin contemplaciones. Se armó una gran flota que, como demostrara el profesor Geoffrey Parker, fue equipada para una acción de conquista; el material de sitio embarcado encontrado en los pecios del mar de Irlanda estaba destinado a destruir murallas, asaltar fortalezas y sitiar ciudades. La Armada Invencible, que así llamó la posteridad a esta flota, se organizó para algo más que disuadir a los ingleses. El conocimiento público de la preparación de un operativo militar a gran escala era inevitable y anulaba el factor sorpresa, pero el secreto del porqué y para qué se organizaba semejante contingente naval permitió emplearla como arma disuasoria con la que terminar de someter al renuente Enrique III de Francia. El embajador francés, el veneciano y el florentino llegaron a creer que el verdadero objetivo de la Armada era dar apoyo militar a la Liga Católica; el Papa, informado de tratos secretos de Enrique III con los hugonotes, informó al embajador francés que de persistir en dichas negociaciones debía considerar que la Armada tenía a Francia en el punto de mira.

En cualquier caso, ya pusiese rumbo a las Islas Británicas o a las costas de Normandía y Bretaña, la empresa se dirigía hacia la modificación global del escenario de la política septentrional, que afectaba tanto a Francia como a Inglaterra, con el objetivo último de resolver la situación de los Países Bajos a favor de Felipe II. Si se conquistaba Inglaterra, Francia quedaría totalmente subsumida por el poderío español y las posibilidades de supervivencia de la República de los Países Bajos serían poco menos que nulas. Ésa es la razón por la que las consecuencias del desastre de la Invencible fueron casi más importantes para Francia que para Inglaterra. Al conocer la catástrofe de la Armada, el embajador francés, el señor de Longlée, escribió:

Enfin touttes choses ont esté contraires ceste foys aux Espaignolz. [...] Dieu donnera une aultre fois meilleur succez à ceulx qui ne l'ont pas eu trop bon et nous mettera à repos en France quand il luy plaira, comme je l'en supplie. [«En fin, esta vez todas las cosas han sido contrarias a los españoles (...) Dios dará mejor ocasión a los que no la han tenido, y dará reposo a Francia, cuando le parezca, como yo le he rogado».]

El embajador advertía cómo el revés dejaba a los españoles muy debilitados, tanto que tardarían en recuperar su fuerza y constituir una amenaza para su reino. Enrique III podía recuperar su libertad de acción y desembarazarse de la tutela de la Liga Católica. Y así fue. En 1589, durante la convocatoria de los Estados Generales en Blois, hizo asesinar al duque de Guisa, líder de la liga, designó sucesor a Enrique de Navarra y acto seguido buscó el apoyo de los protestantes y la alianza con Isabel I de Inglaterra para plantar cara a la hegemonía española.

No obstante, no todo fueron reveses para Felipe II. El cambio marcado por el monarca francés favoreció extraordinariamente su posición en Italia y el mundo católico. Ahora, la Santa Sede se veía obligada a admitir que existía una coincidencia básica entre los intereses de la Monarquía Hispana y los del catolicismo, de modo que la fortaleza de la primera garantizaba la supervivencia y expansión del segundo. El papa Sixto V tuvo que admitirlo ante la fuerza de los hechos y autorizó al soberano español a emprender la conquista de Francia. Pero los acontecimientos se sucedían a toda velocidad. Rompiendo toda previsión, el asesinato de Enrique III volvió a replantear la intervención. Nuevamente se mostraba más útil apoyar con fuerza al partido católico y su pretendiente, el cardenal Carlos de Borbón.

Enrique IV de Borbón, el sucesor repuesto a última hora por el difunto rey, era rechazado por los católicos franceses por hallarse excomulgado y por incumplir la ley que establecía la obligación de profesar la religión católica. Más de media Francia negaba la obediencia a su nuevo rey. París resistió por las armas todos los intentos de establecimiento de la nueva Corte en sus muros, y lo más sorprendente es que este rechazo ni siquiera se vio alterado con el fallecimiento del cardenal de Borbón acaecido en mayo de 1590. La muerte del pretendiente católico tuvo impacto en la naturaleza de la intervención española, que pasaba al primer plano de la arena francesa con una apuesta de alto riesgo, proponiendo la candidatura de la infanta Isabel Clara Eugenia, hija de Felipe II e Isabel de Valois, al trono francés. La candidatura de la infanta española tenía un problema: la ley sucesoria que vetaba la trasmisión del trono de Francia a las mujeres, pero Enrique IV también las incumplía por ser calvinista. De modo que ambos candidatos partían de posiciones ilegítimas que dificultaban el reconocimiento de su derecho al trono. No obstante, el rey de Navarra podía adaptarse abjurando de la fe reformada mientras que a la infanta española no le era posible cambiar su condición femenina, y eso le concedió ventaja al varón.

El análisis de las posiciones ilegítimas de ambas partes llevó a los consejeros del rey de Navarra a proponerle la conversión al catolicismo. La mayoría de los católicos lo aceptaría si procedía no tanto con sinceridad como con credibilidad, de la mano de Roma y bajo la bendición del Papa (tal vez entonces pensara en aquella famosa frase que se le atribuye: «París bien vale una misa»). Mientras se iniciaban los primeros contactos diplomáticos con la Curia, el tiempo corría en contra de los intereses españoles, por lo que Felipe II desplegó una intensa ofensiva en todos los frentes al unísono. En septiembre de 1590 había ejércitos españoles ocupando porciones de Languedoc y Bretaña; Farnesio, desde los Países Bajos, avanzaba sobre París y la «liberaba» del asedio de los hugonotes; la Liga Católica estaba al borde del triunfo; Bretaña y las principales ciudades del reino sellaron incluso tratados de amistad con Felipe II, y mientras los protestantes sufrían una derrota tras otra ante el empuje de las tropas católicas, se perfilaba la posible coronación de una infanta española.

Pero, a pesar de las brillantes campañas militares de los ejércitos de Felipe II, el éxito en Francia estaba íntimamente ligado a lo que sucediese en las negociaciones emprendidas en Roma; era notorio que un cambio de actitud de la Santa Sede podía ser más decisivo que la suerte de los campos de batalla, y la muerte de un aliado incondicional como Sixto V y el fracaso de la diplomacia española para colocar a un hombre de confianza en el trono de San Pedro arruinaron todas las ventajas obtenidas sobre el terreno.

En el cónclave celebrado el 30 de enero de 1592 salió elegido Papa el cardenal Ippolito Aldobrandini, que tomó el nombre de Clemente VIII, un hombre pragmático, preocupado por la libertad de la Iglesia y dispuesto a escuchar a Enrique IV. La embajada española en Roma, pese a sus denodados esfuerzos por impedirlo, no pudo hacer nada ante la oportunidad que se le ofrecía al nuevo Papa de pacificar Francia, obtener la lealtad y el apoyo inquebrantable de un soberano que le debía el trono y restablecer el equilibrio tradicional entre Francia y España, cuyo antagonismo bajo la obediencia católica preservaba la libertad de la Iglesia. En un marco de mutuos beneficios, y pese a la laxitud de la conversión de Enrique IV, Roma frenaba una vez más las aspiraciones hegemónicas de Felipe II dando el espaldarazo definitivo al rey de Navarra. En los Estados Generales de 1593 sólo una escasa minoría de diputados puso objeciones a su coronación.

Los reveses políticos no arredraron a la Corte de Felipe II. Entonces, más que nunca, las ofensivas españolas adquirieron dimensiones globales. La toma de Calais en 1596, el desarrollo de las revueltas irlandesas de 1595, la victoria contra la escuadra de Hawkins y Drake en Panamá manifestaban fuerza y no debilidad. Esta agresiva recuperación, condujo a la firma del Tratado de Greenwich por el cual Francia, Inglaterra y Holanda unieron sus fuerzas en 1596 contra el común enemigo hispano. Pero no desanimó el empuje y la iniciativa militar de su enemigo. En 1597 la toma de Amiens y la organización de una segunda empresa de Inglaterra fueron causa de asombro.

Como muy bien sabían los diplomáticos españoles, la alianza del rey cristianísimo con las potencias protestantes provocó la suspicacia de la mayoría de los católicos franceses, que no estaban dispuestos a cooperar de buen grado contra la causa católica en Europa y el mundo, verificando la sospecha de la insincera conversión del rey. Felipe II volvía a tener en sus manos la política francesa por el simple hecho de constituir un referente para los católicos franceses que lo contemplaban como protección y salvaguarda, no como enemigo. La amenaza de reedición de la guerra civil, el agotamiento económico y la censura de Clemente VIII a la alianza con los protestantes decidieron a Enrique IV a aceptar la mediación romana para firmar una paz definitiva. Felipe II, por su parte, aceptó también dicha mediación para concentrar sus fuerzas contra Inglaterra, antepuerta para resolver los problemas de los Países Bajos. Fruto de ello fue la Paz de Vervins (mayo de 1598), que constituyó un éxito rotundo de la diplomacia papal, pues, aunque la defensa del catolicismo presidió la iniciativa, no fue indiferente la «razón de Estado» y los intereses seculares de la Curia. El resultado de la negociación aseguró Italia como espacio político en el que los pontífices disponían de un poder preeminente y extenso. Muestra de ello es que después tuvieron lugar los con-

flictos jurisdiccionales con las repúblicas de Lucca y Venecia para obligarlas a aceptar la autoridad de la Inquisición romana en sus dominios, la creación de alianzas
militares exclusivamente italianas lideradas por la Curia
o la integración del ducado de Ferrara a los Estados
Pontificios (1598) ignorando su condición de feudo imperial vacante.

En cualquier caso, el retroceso registrado en Italia
compensó las ventajas obtenidas en el norte; los Países
Bajos quedaban aislados y sólo era cuestión de tiempo
el que Inglaterra se aviniese a un acuerdo. Para facilitar
una salida al conflicto, se incluyó en el articulado de
Vervins la cesión de los Países Bajos al archiduque Alberto de Habsburgo y su mujer, la infanta Isabel Clara
Eugenia. Era obvio que la independencia de los estados
gobernados por los archiduques era muy limitada, pero
el distanciamiento español, el despego con que se actuaba, favorecía el enfriamiento del conflicto en el norte.

Esta reorientación «pacifista» no era fruto de la debilidad, sino de la capacidad de reconducir la situación
desde una posición de fuerza, combinando una presión
militar intensiva, con nuevas armadas contra las Islas
Británicas, con un despliegue diplomático sin precedentes. Ingleses y neerlandeses debían valorar qué era
mejor para sus intereses, si continuar el conflicto o ave-
nirse a una buena paz. Desde 1585, los embargos decre-
tados esporádicamente contra navíos y productos británicos y neerlandeses fueron mucho más costosos para
sus respectivas economías que los beneficios que les pudieran reportar el corso y el contrabando. Asimismo, la
actividad de los corsarios españoles de Calais y Dun-
querke tenía efectos nada desdeñables sobre el tráfico
comercial del mar del Norte, encareciendo los fletes por

la subida espectacular de las primas de los seguros. Así
que, cuando falleció Isabel I, su sucesor, Jacobo I, se
apresuró a firmar las paces el 18 de agosto de 1604. Era
una nueva vuelta de tuerca en el aislamiento de las Provincias Unidas. Mientras tanto, el embargo decretado
en 1598 contra los holandeses daba sus frutos: desde
Amsterdam se contemplaba con preocupación cómo
los ingleses entraban en los mercados españoles mientras que ellos quedaban fuera. La diplomacia española
entró en juego una vez creadas las condiciones para alcanzar una buena paz, sólo posible negociando desde
una posición de fuerza, una posición desde la que sus
rivales abandonarían las hostilidades adquiriendo compromisos con la Monarquía Hispana. No era debilidad
y derrota lo que había como telón de fondo del «pacifismo», sólo interés.

Pax Hispanica *e «imperialismo popular»*

El cambio estratégico y diplomático de la Corte española arrancaba de atrás. Por lo menos desde finales de la
década de 1580, cuando la Monarquía adquirió una dimensión global y se tomó conciencia de que las cosas
habían dejado de ser abarcables. Las magnitudes colosa-
les de los dominios de la corona desbarataban toda previsión y hacían muy difícil planificar la política exterior.
Surgían conflictos en los lugares más insospechados y,
lentamente, se fue advirtiendo en algunos grupos de
opinión la necesidad de adaptar los postulados estratégicos a la dimensión real de la Monarquía. Europa no
era el escenario principal; éste lo ocupaban las líneas de
comunicación internas que cohesionaban la Monarquía

Hispánica como un conjunto mundial. La confesión o el patrimonio daban paso a la seguridad como prioridad de la acción exterior en términos diplomáticos y militares. La toma de conciencia de esta nueva realidad fue lenta, y no nos consta la existencia de una gran estrategia; como tampoco de una actitud limitada a dar respuesta a los problemas según fueran surgiendo. Más que improvisar, la política exterior se basaba en el tanteo, en el juego de prueba y error. El gran despliegue ofensivo de 1588 a 1598 había servido como demostración de fuerza, como plataforma desde la que adquirir compromisos con los enemigos, haciendo valer fuerza y reputación. Pero la política de conservación colocó como objeto de toda estrategia la utilidad, no el cumplimiento del derecho patrimonial o el triunfo final de la fe católica (que se deseaba y contemplaba para un futuro lejano).

Ya en 1592 atisbamos los primeros síntomas de cambio a través de un curioso proyecto de cesión de los Países Bajos al duque Carlo Emanuele de Saboya. Al duque se le propuso sustituir a Alejandro Farnesio como gobernador y capitán general; una vez en el cargo, comandaría una nueva empresa de Ingaterra y se haría cargo del gobierno de dicho reino. Si culminaba con éxito la campaña, obtendría la corona inglesa y el conjunto de los antiguos estados de la Casa de Borgoña a cambio de ceder a Felipe II sus estados de Saboya y el Piamonte, que se agregarían al ducado de Milán. A nadie le sorprendió que el duque de Saboya no mostrara ningún interés por la oferta, pero que tal proyecto se pergeñara y se le propusiese indica que la política septentrional estaba siendo reexaminada en la Corte española. Cinco años después, en 1597, se iniciaron conversaciones con el archiduque Alberto de Austria para que contrajese matrimonio con la infanta Isabel Clara Eugenia. Ella aportaría como dote los Países Bajos, cuya soberanía y derechos serían cedidos a perpetuidad. El acuerdo figuró entre los artículos de la Paz de Vervins en mayo de 1598, estableciéndose la transferencia de los Países Bajos con los condados de Borgoña y el Charolais a los archiduques Alberto e Isabel de Habsburgo.

La historiografía tradicional interpretó el Tratado de Vervins como una manifestación de fracaso. Se decía que, tras haber consumido ingentes cantidades de recursos, la Monarquía hubo de abandonar y admitir su derrota en el norte de Europa. Sin embargo, desde otro punto de vista, el matrimonio de los archiduques y la forma de liberarse de la carga de Flandes anuncian un giro basado en consideraciones de orden práctico. En la década de 1590 se admitía que la ofensiva general sólo podía tener como resultado un compromiso, no una victoria total. Las armadas a Inglaterra se planteaban, a diferencia de la de 1588, con objetivos periféricos: Irlanda, Escocia, Gales o la isla de Whigt, cuyo objeto era ejercer una presión intolerable sobre la Corte británica para obligarla a negociar; lo mismo que se pretendía de la casa real de Francia. Un gran compromiso en el norte de Europa que liberase la solución del conflicto de los Países Bajos de la dimensión internacional que había adquirido para devolverlo a un ámbito doméstico. Aun así, nadie creía que el aislamiento facilitase el éxito de una operación militar. En el Consejo de Estado hubo un amplio debate en torno a las posibles soluciones y se pidió consejo al filósofo holandés Justo Lipsio, que recomendó una cesión de soberanía dentro del derecho dinástico, una cesión que devolvería las cosas a su principio, abriendo camino a una renovación del pacto entre súbditos y soberano, puesto que lo que mantenía la cohesión de las Provincias Unidas era la unión contra el enemigo común; desaparecido éste, era previsible que las provincias se reintegrasen a su contexto primigenio.

Nada nuevo decía el filósofo, pero su dictamen coincidía con una opinión que iba cobrando fuerza. La guerra, tal como se había desarrollado hasta entonces, era un callejón sin salida y era preciso explorar otra vía distinta, pacífica y suave. En 1592, la oferta hecha al duque de Saboya, marido de la infanta Catalina Micaela, indica que las líneas maestras de la nueva directriz ya iban por el camino de la cesión de Flandes a un príncipe extranjero, un soberano que por una parte no fuese obstáculo para la reunificación de las provincias rebeldes con las provincias leales y que por otra tuviese lazos de sangre con la Casa de Habsburgo para mantener la continuidad dinástica y la legitimidad del soberano (una opción que los mismos Estados Generales habían tanteado con ofertas a otros hijos del emperador Fernando). La idea era ingeniosa; la *Pax Hispanica* no renunciaba a un propósito hegemónico a largo plazo, cambiaba los medios: *Bella gerant alii, tu Felix Austria nube* ('deja que otros guerreen; tú, Austria feliz, concierta bodas'). Así, la reintegración patrimonial de los Países Bajos vendría de la mano de los lazos de familia. Con el tiempo, por medios legítimos, no sólo se podría restaurar la unión del patrimonio de Carlos V, sino alcanzar los objetivos de la *Monarchia Universalis* por medio de la unión de las dos ramas principales de la Casa de Habsburgo y las líneas colaterales que fueran surgiendo de las bodas y alianzas matrimoniales que se fueran concertando.

¿Era esto un regreso al dinasticismo más rancio, a aquel que posibilitó la unión de los cetros de Castilla,

Aragón, Borgoña y Alemania en las manos de Carlos V?
No exactamente. En 1598, un informe del embajador veneciano, Agostino Nani, daba cuenta de que la política
exterior de la Monarquía Hispana se construía *a ragion
di Stato*. Se hacía eco de cómo en Madrid, en el entorno
de Felipe II y de su heredero Felipe III, la ciencia política
había introducido un cambio importante en la comprensión del mundo. Más que Botero, el «redescubri-
miento» de la obra de Tácito permitió fijar conceptos
como utilidad, interés y ocasión en el diseño de las relaciones exteriores. Se ha discutido largamente sobre si el
tacitismo fue una forma de maquiavelismo encubierto,
pero es inevitable asociarlo a este nuevo modo de inter-
pretar los *arcana imperii* a fines del siglo XVI.

El enorme peso intelectual y político del tacitismo en
la Corte hispana hace que las observaciones sobre la *ragion di Stato* ejercida por la Monarquía sean algo más
que retórica de los diplomáticos residentes en Madrid,
pues no sólo observamos una extensa producción de
tratados sobre Tácito, sino también el enorme interés
que la interpretación de su obra despertó en altos digna-
tarios como Juan de Idiáquez, el marqués de Velada, el
duque de Gandía, el ya anciano Felipe II, Felipe III y
otros miembros de la familia real, corresponsales, amigos y protectores del humanista flamenco Justo Lipsio,
su más eminente estudioso. La teorización de la «razón
de Estado», su popularización y el profundo desarrollo de
la literatura que sobre esta materia se produjo en la Corte durante los años últimos del siglo XVI y los primeros
del XVII acompañaron al nuevo curso que tomaron las
relaciones exteriores en aquellas fechas. «Razón de Estado» se interpretó como un sinónimo de prudencia política (de ahí tal vez el mote conferido a Felipe II) que ra-

dicaba en saber esperar para obtener el mejor resultado, hallar la ocasión, no precipitarse. La razón de Estado no añadía nada sustancialmente nuevo a la idea de Estado, era un recetario para conservar y aumentar el «Estado» del príncipe, su patrimonio. Pero a esta concepción convencional de la «conservación» se agregaba un complemento, la reputación, la opinión que se tiene del príncipe, una garantía para preservar su integridad: «Parte grande de la conservación de los Estados, que cada estado tenga respeto al compañero». Álamos de Barrientos advertía que la reputación así comprendida tenía una amplia lectura: el respeto, la preservación de la integridad y la seguridad:

Las resoluciones con deshonra y afrenta no son seguras para los príncipes, por lo que con esto pierden de reputación, en que principalmente está fundada la conservación del Imperio.

Esta percepción racionalista de la política enlazaba con pocas contradicciones con la percepción popular de la guerra y la función del soberano en aspectos clave como el de la utilidad, la seguridad y la reputación. Un soberano debía ser poderoso, temido y respetado para salvaguardar la seguridad de sus súbditos. Éste debía ser el objetivo primordial de su política, y esta preocupación se manifestó como la diferencia fundamental de Felipe III respecto a su padre. El reproche popular a la falta de interés del Rey Prudente por la seguridad es conocido como tema recurrente de sátiras y canciones del final de su reinado, y Cervantes se hizo eco de este sentimiento en diversas circunstancias. Así, durante su largo cautiverio en Argel (entre 1575 y 1580), pudo imaginar qué le diría a Felipe II si, una vez liberado, le recibiese en audiencia (jornada I de *El trato de Argel):*

> O si la suerte o si el favor me ayuda
> a verme ante Filipo arrodillado,
> mi lengua balbuciente y casi muda
> pienso mover en la real presencia,
> de adulación y desmentir desnuda,
> diciendo: «Alto señor, cuya potencia
> sujetas trae las bárbaras naciones
> al desabrido yugo de obediencia:
> A quien los negros indios en sus dones
> reconocen honesto vasallaje,
> trayendo el oro acá de sus rincones;
> despierte en tu real pecho coraje
> la desvergüenza con que una vil oca
> aspira de continuo a hacerte ultraje.
> Su gente es mucha, mas su fuerza es poca,
> desnuda, mal armada, que no tiene
> en su defensa fuerte muro o roca.
> Cada uno mira si tu Armada viene,
> para dar a los pies el cargo y cura
> de conservar la vida que sostiene.
> De la esquiva prisión amarga y dura,
> adonde mueren quince mil cristianos
> tienes la llave de su cerradura...

Esta amarga reflexión la expone el cautivo Saavedra después de conocer que el soberano está juntando un ejército en Badajoz para invadir Portugal. La noticia deja a los cautivos sin esperanza y la amargura que se expresa en estas líneas es notable (teniendo en cuenta la época y el momento en que se escriben):

> Poderoso señor, te están rogando
> vuelvas los ojos de misericordia
> a los suyos que están siempre llorando.

En resumen, se reprocha la desviación de la política exterior hacia objetivos alejados del interés y las preocupaciones de los súbditos:

> Haz, ¡oh buen rey!, que sea por ti acabado
> lo que con tanta audacia y valor tanto
> fue por tu amado padre comenzado.

La política dinástica, e incluso la ofensiva confesional, no eran bien comprendidas por el pueblo, sobre todo cuando se abandonaba el papel primordial de la realeza, que era proteger y defender a los suyos, como un padre para con sus hijos. Como contraste, la política pacifista de Felipe III se hacía eco de una demanda popular bien conocida. La firma de paces con franceses (1598), ingleses (1604) y holandeses (1609) se correspondía con una ofensiva antiislámica que se activó de manera decidida a partir de 1609, contemporáneamente a la expulsión de los moriscos. Tal esfuerzo fue sin duda aplaudido por una población muy pendiente de un problema que aparecía recurrentemente en el teatro y la literatura de evasión. Cervantes, siempre que pudo, recordó la terrible situación de los cautivos con el fin de mover la opinión de sus conciudadanos hacia la exigencia de la erradicación de los baños argelinos y los centros de cautiverio norteafricanos (Q1, 39-40).

Así, el norte de África ocupó el primer plano de las preocupaciones sobre la seguridad de la Monarquía, como se deduce de la puesta en marcha de vastos operativos militares en la región: expedición de Juan Andrea Doria a Argel (septiembre de 1601), del marqués de Villafranca al norte de Marruecos (1605), de Luis Fajardo a La Goleta (1609), ocupación e incorporación de

Larache al conjunto de presidios de la corona (1610), expedición del marqués de Santa Cruz a La Goleta (1612)
y ocupación de La Mamora (1614), una escalada cuya
culminación pudo ser la «jornada real» a Argel, prevista
para 1617 y que nunca llegó a efectuarse.

La relativa paz existente en la Europa septentrional,
que reservaba a la Monarquía Hispana el papel de rec-
tora del equilibrio europeo, permitió dedicar recursos
al área norteafricana, preferentemente a la zona del estrecho de Gibraltar y la costa marroquí, acariciándose
la idea de proceder a una amplia conquista territorial.
Los centros corsarios de Túnez y Trípoli se hallaban en
franca decadencia, mientras que Argel, Rabat y Sale se
hallaban en pleno apogeo. El espectacular crecimiento
del comercio americano y de Oriente trasladó el corsarismo hacia la fachada atlántica del Magreb y es indicio
de la relativa decadencia del comercio en el Mediterráneo central. Así, la empresa de África cobró nueva actualidad, siendo celebradas las sucesivas expediciones
lanzadas contra Argel, Sale, Rabat, La Mamora y Larache. La ocupación de los dos últimos puertos satisfizo
parcialmente las necesidades de seguridad en el área, al
tiempo que se satisfacía la prioridad que la opinión española concedía a esta zona. La toma de La Mamora fue
ampliamente festejada en España. Tirso de Molina saludó la victoria como fecunda señal del cambio emprendido por Felipe III:

> Y el Rey que gobierna y rige
> las dos esferas o mundos,
> bárbaros cuellos humille.

(Marta la piadosa, 1615)

La paz, si bien era un estado deseable, lo era sólo como situación interna de la comunidad, pero, *extra-re-publicam,* recurrir a la guerra para afianzar los valores de la civilización constituía un deber ineludible del soberano. Tirso, en su descripción de la victoria de Don Luis Fajardo sobre *pichelingües* (ingleses), holandeses y berberiscos en la memorable jornada de La Mamora, situaba en un mismo plano a musulmanes y protestantes. Los enemigos de la civilización se describían confrontados con sus defensores, los católicos-españoles, «que el non plus ultra extendieron desde Cádiz hasta Chile». En el ámbito de la opinión pública, aquel en el que dramaturgos y comediantes eran tanto creadores como receptores de opinión, se perfilaba de manera clara la impregnación del confesionalismo tridentino en la conciencia colectiva; sólo se comprendía como cristiandad a la católica y ésta constituía la única patria. Al otro lado del océano, en medio del Caribe, el arzobispo Agustín Dávila y Padilla amonestaba en noviembre de 1601 a sus feligreses de La Española por comerciar con contrabandistas británicos y holandeses, recordándoles que podían ser reos de excomunión, pues en tal castigo incurrían aquellos que abastecían con «todo género de mercadurías a tierras de ynfieles». Al margen de las disputas teológicas, la conciencia popular amalgamaba como conjunto a protestantes y musulmanes; la diferencia no estribaba en ortodoxia y heterodoxia, verdad y error, sino en pertenecer o no a una misma civilización, a una patria común, diferenciando sólo dos realidades: «nosotros» y «los otros». De esta manera, el concepto de «guerra justa» se había ampliado decididamente al amparo de la confesión, de la propia identidad y seguridad. Así lo refiere Cervantes:

Las repúblicas bien concertadas por cuatro cosas han de tomar las armas y desenvainar las espadas y poner a riesgo sus
personas, vidas y haciendas. La primera por defender la fe católica; la segunda, por defender su vida, que es de ley natural
y divina; la tercera, en defensa de su honra, de su familia y hacienda; la cuarta en servicio de su rey en la guerra justa; si le
quisiéramos añadir la quinta (que se puede contar por segunda), es en defensa de su patria (Q2, 27).

El compromiso confesional obligaba a amparar y
ayudar a los católicos perseguidos por herejes e infieles,
a defender al catolicismo en su conjunto, mientras que
los derechos jurídicos del soberano quedaban en último
lugar («la cuarta en servicio de su rey en la guerra justa»). Esta toma de conciencia marcó el desarrollo de la
segunda generación de los tacitistas españoles que pro-
fundiza en el camino emprendido desde el giro de 1598.
Una mayor exigencia moral significaba reinterpretar a
Tácito y la razón de Estado en el sentido de una verdadera razón católica de Estado, lo cual entra en la lógica
del desencanto respecto al reformismo de Lerma y los
malos resultados de su gobierno, que había hecho de la
utilidad norma. En 1611 Fernando Alvia de Castro publicó en Lisboa *Verdadera razón de Estado,* en la que,
siguiendo la doctrina de los politólogos jesuitas (particularmente Rivadeneyra), planteó la revisión de la estrategia política subordinando la utilidad a la religión. Entre
otras cosas, porque la religión como fin era en sí misma
útil toda vez que legitimaba la autoridad del soberano y
amparaba como justa cualquier acción preventiva o ex-
pansiva en el exterior. Ese mismo año, en Bruselas, fray
Gracián de la Madre de Dios publicaba *Diez lamenta-
ciones del miserable estado de los ateístas de nuestros
tiempos,* furibundo libelo antimaquiavélico que cues-

tionaba la ciencia política como disciplina y recordaba que toda definición del gobierno y su utilidad debía subordinarse a lo dispuesto por Dios. En la publicística de la década de 1610 apreciamos cómo iba tomando cuerpo como corriente de opinión preponderante una especie de imperialismo o patriotismo católico que contemplaba a la Monarquía Hispana como reducto y vanguardia de la Iglesia militante.

Esta publicística confesional se desarrolló en sintonía con los cambios acaecidos en la Corte. La disputa entre el cardenal Bellarmino y Jacobo I de Inglaterra en torno al poder de los reyes y sus límites puede ilustrar el trasfondo al que nos referimos; el absolutismo sólo era posible si el rey era al mismo tiempo cabeza de la Iglesia, y tal cosa era imposible en una comunidad católica. El dominico Juan de la Puente (*La conveniencia de las dos monarquías católicas*) destacaba la utilidad de la Monarquía para el triunfo de la fe; si la Iglesia gobernaba el mundo espiritualmente, Felipe III podía legítimamente aspirar a gobernarlo en lo político, y en esto coincidía con Tommasso Campanella, quien en su *Monarchia di Spagna* (1610) hacía planteamientos parecidos.

La razón católica de Estado tuvo detractores entre quienes seguían de cerca el curso de la política italiana y no compartían la idea de que los intereses de Roma y Madrid fueran los mismos. El más agudo de estos críticos fue Francisco de Quevedo, quien, comentando la *Carta de Fernando el Católico al duque de Ribagorza,* ponía en tela de juicio la política claudicante con Roma, verdadero obstáculo para reconocer el propio interés y hacerlo prevalecer. A su juicio, Fernando el Católico resplandecía como defensor resoluto de la Monarquía, y al leer su apología no se nos olvida que el Rey Católico pudo ser uno de los modelos en los que se fijó Maquiavelo para redactar *El Príncipe*.

No obstante, el asesinato de Enrique IV de Francia en 1610 ayudó bastante al éxito de la corriente universalista. La Monarquía Hispana nuevamente ejercía el liderazgo del mundo católico en solitario; desapareció un firme apoyo de las Provincias Unidas de los Países Bajos y quedaba neutralizado un factor desestabilizador de la política italiana. El soberano francés había sido contemplado siempre en España como la principal amenaza contra la integridad y la seguridad de la Monarquía en Europa y por dicho motivo se pensó que tras el cuchillo homicida del perturbado Ravaillac se hallaba la larga mano de los servicios secretos españoles, ya complicados y descubiertos en otras intentonas golpistas contra el soberano, como la conspiración de Biron. A partir de ese año, y sobre todo en el período comprendido entre 1614 y 1618, se dio paso libre a la configuración de un poderoso conglomerado católico cuyos vértices se hallaban en Madrid, Praga y Roma.

Mientras se consolidaba dicho eje, Alcalá Zamora ha constatado el incremento de un lenguaje cada vez más beligerante tanto en la publicística como entre los miembros de la élite gobernante. Algunas críticas o llamadas de atención respecto a los peligros de esta deriva las hallamos en 1619 en las advertencias recogidas en dos tratados publicados aquel año: *Restauración política de España* de Sancho de Moncada y *Política española* de Juan de Salazar, que ponían el acento sobre la debilidad estructural de la economía y la sociedad castellana, demasiado frágiles para asumir la carga de los compromisos políticos de la Monarquía. Si en dicho año aflora-

ron críticas, fue debido a la caída del duque de Lerma y
la esperanza de una rectificación de la acción exterior
que mirase más al interés de Castilla y los reinos españoles. Pero no fue así. Hubo una línea de continuidad
básica en los años sucesivos, incluso tras la muerte de
Felipe III en 1621. En París, Londres, Praga o Cracovia
el partido católico se confundió y denominó partido español, Felipe III era contemplado como rey y protector
de los católicos y sus embajadas fueron centros de promoción y protección de los católicos ingleses, checos o
alemanes, al tiempo que trascendían los complots, golpes de Estado y conspiraciones que se urdían en las sedes diplomáticas españolas.

Ciertamente, la doctrina «pacifista» nunca existió,
sólo fue el resultado de un análisis de los medios de que
se disponía y de un aprovechamiento eficaz de los recursos, no usando sólo la fuerza, sino también la disua-
sión, el compromiso o el pacto. Comprendiéndose que
guerra y diplomacia eran instrumentos empleados para
un mismo fin, la conservación y aumento de los estados
de la Monarquía, nadie percibió las paces como signo de
debilidad sino de fuerza. Al mismo tiempo, recuperada
la calma, pudo apreciarse que la confesión resultaba un
complemento útil y nada desdeñable para la política española, legitimaba la aspiración a alcanzar la hegemonía y la acumulación de poder. También ayudaba, como
fue notorio en las guerras civiles de Francia, para disponer en cada lugar de una quinta columna afecta y leal
que debilitaba a los enemigos de manera sensible. En
Inglaterra el *Popish Plot* (el 'complot papista') instigado
desde España se convirtió en paranoia u obsesión nacional. La agresividad cambiaba de medios y la aspiración a
la Monarquía Universal era más real que nunca.

El camino de la guerra

En los años finales del siglo XVI, el jesuita Antonio Possevino diseñó un ambicioso proyecto político-religioso de evangelización que fue el origen del sistema misionero romano del siglo XVII. Los jesuitas que se infiltraban en los países protestantes o que se establecían en Rusia, Persia, China o Japón se mimetizaban con el medio en el que se instalaban procurando atraer a las élites locales al catolicismo, vía más adecuada que la evangelización de los pobres para alcanzar el triunfo de la Iglesia. No se trataba de convertir a pueblos vencidos y sometidos, sino de llevar pacíficamente a sociedades enteras al catolicismo. Mateo Ricci recomendó a los misioneros jesuitas que vistieran como bonzos en Japón para que sus predicaciones fueran atendidas, mientras que en China, donde los bonzos estaban socialmente desprestigiados, debían adoptar vestiduras de letrados. Los jesuitas estaban atentos a los símbolos, las señales de prestigio y reputación, al respeto y la distinción social como vías más seguras para ganar adeptos, pues quienes gozan de prestigio son aquellos hacia los que se dirige la gente para asociarse con ellos. Los misioneros de la Compañía de Jesús fueron hombres de una preparación extraordinaria, expertos en comunicación, edición, antropología, oratoria, lingüística y otras artes útiles para apoderarse de las conciencias; su actividad era una mezcla de predicación y acción subversiva, la mayor parte de las veces actuando en la clandestinidad con el propósito de alterar el orden existente cuando éste era hostil al catolicismo.

Esta labor, al servicio de la Iglesia católica, era importante en tierra de herejes, infieles y paganos, pero también lo era en los territorios católicos, como generadora de opinión y de exigencia de un mayor compromiso en la defensa y triunfo de la fe. En Bohemia el líder del partido español, el canciller Lobkovic, tenía entre sus libros de cabecera, anotado y gastado por las sucesivas lecturas, un ejemplar del *Tratado de la religión y virtudes que debe tener el príncipe cristiano* (Amberes, 1597), y no sólo era un buen lector, sino que favoreció la implantación de la Compañía en Bohemia y Moravia hasta el punto de que los calvinistas checos vieron aquí la principal amenaza que gravitaba sobre su confesión, pues la nobleza católica comenzó a cuestionar el clima de relativa tolerancia que imperaba en el país. Los jesuitas monopolizaban la educación de las élites: la nobleza checa y la Corte imperial disponía de tutores, confesores y capellanes de la Compañía de modo que en Bohemia, Moravia y Silesia, al igual que en la mayoría de los países católicos, la educación jesuítica introdujo en los grupos dirigentes un compromiso militante con la fe. El Colegio de Nobles de Madrid fue uno de sus centros más notables, y qué duda cabe que los intelectuales y pensadores de la Compañía ejercieron una muy poderosa influencia en la conciencia política de los dirigentes de la Monarquía Hispana contribuyendo a crear un estado de opinión beligerante en la causa del triunfo del catolicismo. En cierto modo, esa cultura común compartida identificaba como iguales o compatriotas a nobles checos y españoles, cuya identidad se configuraba *Ad Maiorem Dei Gloriam* ('a mayor gloria de Dios').

La guerra de sucesión de Monferrato (1613-1615) y la Paz de Asti mostraron cómo en Italia la corona española se plegaba a las prioridades marcadas por Roma. Al mismo tiempo, las misiones diplomáticas a Persia y Ru-

sia para llevar a cabo una gran ofensiva contra el Imperio otomano recordaban a los viejos tiempos de la Santa Liga y la forja de una entente entre las cortes papal y
española. La diplomacia romana favoreció el entendimiento entre las dos ramas de la Casa de Habsburgo,
despejando suspicacias debido al derecho de Felipe III a
la corona imperial. En 1617 el embajador español, Don
Íñigo Vélez de Guevara y Tassis, marqués de Oñate, firmó un tratado secreto de ayuda y asistencia entre las
dos casas que, en lo sucesivo, actuarían como una sola.
En 1618 el emperador Fernando II de Estiria, aconsejado por su confesor jesuita, hizo una lectura restrictiva
de la Carta de Majestad, la ley por la que se regulaba la
tolerancia religiosa en el reino de Bohemia, respetando
a los protestantes pero prohibiéndoles hacer proselitismo y edificar nuevas iglesias. Estas medidas desataron
el conflicto religioso. El 23 de mayo un grupo de notables arrojaron por la ventana del castillo de Praga a dos
consejeros imperiales dando lugar a la insurrección general del reino.

Pocos podían imaginar que la «Defenestración de Praga» iba a dar lugar al primer conflicto global, a una guerra mundial cuyos frentes estuvieron en el Palatinado,
Dinamarca, Brasil, Indonesia, Angola, las aguas del Índico, del Báltico o del Caribe. El 30 de mayo Oñate redactó
el *Memorándum sobre los asuntos de Bohemia,* en el que
defendía una intervención militar para acabar con los
problemas del reino. Pero su informe apuntaba más allá
del Imperio alemán: sugería que el duque de Osuna, virrey de Nápoles, comandase una expedición de ayuda
que necesariamente debía pasar por Venecia.

Según algunos historiadores, la política española en
los años finales de Felipe III estuvo dominada por fuer-

tes personalidades independientes, individuos de la alta
aristocracia castellana cuyo principal objetivo político
era el poderío, sin matices. A tal grupo pertenecería
Oñate junto al embajador en Venecia, el marqués de
Bedmar, el gobernador de Milán, el marqués de Villafranca, y el virrey de Nápoles, el duque de Osuna. Pero
estos políticos disponían de un fuerte ascendiente en la
Corte imperial y en Roma, y el apoyo recibido por esas
cortes indica que no estaban solos. La guerra particular
de Osuna contra Venecia contó con la complacencia de
la Santa Sede y la cooperación del Imperio alemán. El
puerto de Trieste y sus célebres corsarios, los *uskokes,*
fueron esenciales en el hostigamiento al comercio veneciano desarrollado por las galeras del virrey de Nápoles.
Sin duda, el famoso complot de 1618 por el cual se quiso descabezar el gobierno de la República correspondía
al cierre de la concertación de las tres grandes cortes católicas, que tenían en Italia una plataforma segura de
comunicación y transferencia de recursos sólo estorba-
da por la presencia veneciana.

La culminación de este proceso de simbiosis o convergencia católica vendría con la concesión del capelo
cardenalicio al duque de Lerma, pues en virtud de dicha dignidad el duque era al mismo tiempo valido de
Felipe III y miembro del Consejo del Papa, ministro del
rey y príncipe de la Iglesia, un dato que conviene no pasar por alto para comprender la unidad católica que estaba tomando cuerpo (aunque meses después tendría
lugar la «revolución de las llaves» y la desaparición del
valido de la escena política).

Muchos autores piensan que la caída de Lerma en octubre de 1618 facilitó el éxito de los postulados imperia-
listas, pero la información al respecto es contradictoria,

y debe advertirse que la decisión de intervenir es anterior a su separación de la Corte. La decisión entraba en la lógica de la política que él mismo había construido, y sus diferencias con la mayoría del Consejo de Estado tenían que ver con la oportunidad del momento. Su opinión coincidía con la del confesor Aliaga, su rival en la privanza, que también era partidario de esperar, de modo que en la discusión no parece que las cuestiones partidistas precipitasen las decisiones en uno u otro sentido. Tampoco puede reconocerse un partido de la guerra y otro de la paz, halcones y palomas. Los principales mentores de la tregua de Amberes, Ambrogio Spinola y el archiduque Alberto, fueron quienes con más entusiasmo se pronunciaron a favor de la intervención militar en ayuda del emperador. Lerma, como advirtió Quevedo, fue apartado por sus hechuras, siendo desbancado dentro de un grupo dirigente ideológicamente cohesionado, fue apartado por disputas internas por el poder. Se retiró alegando la incompatibilidad de su condición de cardenal y consejero del rey, una forma elegante de marcharse dejando el campo libre al rey, que quería ser valido de sí mismo, al duque de Uceda, su propio hijo, que quería la privanza, y al confesor Aliaga, que quería ser dueño de la conciencia regia.

La guerra de Bohemia, rápida y brillante, ofreció el espectáculo de la debilidad y falta de cohesión de los protestantes. El duque del Palatinado, elegido soberano por los rebeldes bohemios, fue «rey de un invierno», perdió sus estados y hubo de exiliarse. Ahora el panorama internacional había cambiado tanto que parecía evidente que una buena guerra traería una buena paz, y esto cobraba actualidad porque estaba cercana la fecha en que habría de expirar la tregua con los holandeses. La

falta de hijos en el matrimonio de los archiduques devolvía a la corona española la responsabilidad directa
de los Países Bajos, y existía unanimidad para reanudar
las hostilidades. Las Provincias Unidas estaban aisladas
en Europa y la tregua sólo había servido para facilitar
su crecimiento a costa de las colonias hispanoportugue-
sas. Los establecimientos holandeses en América y el
Índico constituían una grave amenaza para la estabilidad
y seguridad del comercio colonial y para la integridad de
las posesiones de ultramar. En este sentido, renovar la
tregua habría significado contemporizar con el contrabando y dar casi carta de naturaleza a unas provincias
rebeldes y heréticas, lo cual era un contrasentido. Parece fuera de toda duda que se decidió reanudar la guerra
en el invierno de 1619 y se esperó tranquilamente a que
concluyera la tregua en 1621.

Si contemplamos como un todo el período comprendido entre la victoria de la Montaña Blanca en Bohemia
(1620) y la rendición de Breda en Holanda (1625), con-
templaremos también un despliegue militar, un esfuerzo bélico aún más espectacular que el de 1590, en el
cual la sucesión de victorias insufló al optimismo hispano una sensación irreal de prepotencia y poder. Encontramos numerosos testimonios de militares y hombres de Estado complacidos y satisfechos por el éxito de
la política de poder, una política en la que la seguridad
se basaba en la guerra preventiva, en la que se apostaba
por golpear primero para mantener la integridad de la
Monarquía; el dominio supremo, la hegemonía en solitario constituía el único antídoto eficaz contra la acción
de los numerosos enemigos que iban surgiendo. En este
contexto hubo un fenómeno nuevo, la intervención armada sin causa que la justificase, como fue la ocupación

de la Valtelina en 1620, por simple interés estratégico. Esas acciones provocaron dudas y problemas de conciencia a algunos ministros y consejeros escrupulosos, pero se impuso el pragmatismo y la razón católica de Estado, condescendiente con los actos destinados a alcanzar un fin superior. Sólo el ejercicio incontestable del poder ofrecía alguna certeza en materia de seguridad.

Al calor de las victorias de la Casa de Habsburgo se producía la recatolización de Bohemia, Hungría y buena parte de Alemania. Detrás de los ejércitos hispano-imperiales, la Compañía de Jesús iba reformando a las poblaciones. La victoria de las armas católicas precisó de una institución que gestionara la restauración y engrandecimiento del catolicismo, la Congregación de Propaganda Fide, que, creada por el papa Gregorio XV, comenzó a funcionar en 1621. Al año siguiente, la biblioteca palatina de Heidelberg –requisada al «rey de un invierno»– era donada al pontífice en un acto marcadamente simbólico: el depósito del saber protestante y su memoria ingresaban en el seno de Roma, al mismo tiempo que eran proclamados santos Ignacio de Loyola, Teresa de Ávila y Pedro de Alcántara, apóstoles y mentores materiales e intelectuales del nuevo catolicismo triunfante.

El despliegue de poder, legitimado por el catolicismo, que justificaba acciones preventivas y actuaciones de gran envergadura en escenarios cada vez más alejados, tenía un problema fundamental, advertido por algunos memorialistas, la multiplicación de enemigos a los que era preciso contener y golpear: Francia, las Provincias Unidas, Venecia, Inglaterra, Dinamarca, Suecia, los estados protestantes de Alemania, el Imperio otomano, Saboya, los principados norteafricanos... En el año 1600 el padre Mariana había alertado ya sobre ese peligro:

Nos amenazan graves daños y desventuras, principalmente por el grande odio que nos tienen las demás naciones; cierto compañero sin duda de la grandeza y de los grandes imperios, pero ocasionado en parte de la aspereza de las condiciones de los nuestros, de la severidad y arrogancia de algunos de los que mandan,

que recobraba actualidad dieciocho años después en palabras de Vicente Espinel *(Marcos de Obregón,* 1618): «por la misma razón que pensamos ser señores del mundo, somos aborrecidos de todos». Querer «ser señores del mundo» no era una idea extraña; al fin y al cabo se aceptaba como un compromiso inherente al mismo hecho de pertenecer a una Monarquía de dimensión planetaria, enfrentada a la globalización de sus intereses estratégicos y cuyos habitantes estaban acostumbrados a contar sus enemigos en los cuatro puntos cardinales de la tierra.

Las críticas a la política de poder vinieron de esa confrontación universal, no por tener a todo el mundo como enemigo sino por la falta de capacidad para determinar prioridades y elegir los escenarios de confrontación. Es significativo que en 1618 se abandonase definitivamente el proyecto de la gran armada contra Argel para concentrar el esfuerzo militar en Bohemia, lo cual deploraron quienes contemplaban el resurgimiento del corso berberisco con precaución y temor. Pero tampoco constituyó un hecho insólito; trasladar recursos de un sitio a otro, sobre la marcha y para atender lo más urgente era ya un *modus operandi* habitual en «tiempos de paz», como vemos, por ejemplo, en el testimonio del capitán Contreras relativo a la suerte del tercio de Filipinas. En el otoño de 1615 se aprestó en Sanlúcar una armada que debía ir a Filipinas. En noviembre hubo contraorden, incorporándose este cuerpo a la Armada del Estrecho para evitar que una escuadra holandesa entrara en el Mediterráneo, aunque finalmente combatió contra galeras argelinas y turcas en el cabo Espartel:

Esto fue por enero de 1616, y por marzo o abril vino orden que se deshiciese aquella armada, como se hizo, y en particular la que había de ir a Filipinas, donde era harto menester. Mandóse que los seis galeones se agregasen a la Armada Real y que la infantería, que era la mejor del mundo, pasase a Lombardía a cargo de Don Carlos de Ibarra, que la llevó.

Así se atendía la defensa de fronteras extensas, inseguras y sometidas a una especie de asalto universal, cuya defensa se complicaba no sólo por tener que atender diferentes partes del planeta, sino por acudir a cada nueva contingencia echando mano de recursos necesarios en otra parte. La flota de Filipinas seguía siendo necesaria para atender la revuelta de la comunidad china de Manila y las graves tensiones con Japón, pero, a la postre, hubo de aceptarse que los problemas filipinos se resolviesen por sí solos.

Cuando Felipe IV y su valido, el conde-duque de Olivares, tomaron las riendas del poder en 1621, advirtieron que disponían de un estrecho margen de maniobra; la defensa y seguridad del imperio dependían del mantenimiento del prestigio militar y la reputación internacional de poder; no era posible inhibirse ante provocaciones o agresiones de diversa índole, no era posible dar muestras de debilidad o flaqueza. Las obligaciones imperiales constituían una especie de trampa mortal de la que era imposible zafarse. Cada vez se era más consciente de que abandonar el gasto militar era imposible, al tiempo que se sabía con certeza que devoraba y consumía recursos que eran cada vez más escasos y que a medio y largo plazo harían imposible atender las necesidades más perentorias. El compromiso católico había convertido a la Monarquía Hispana en una potencia cautiva sometida a una constante presión para aumentar las misiones ofensivas, realizar nuevas intervenciones preventivas y afirmar los propios intereses en seguridad. El dominio supremo era inalcanzable y el esfuerzo para alcanzarlo estaba muy por encima de los recursos disponibles. Entre 1598 y 1621 el gasto militar se había incrementado ostensiblemente: si al principio del reinado de Felipe III rondaba cerca de un millón de ducados, pasó a unos tres millones al concluir, y después se disparó. No quiere decirse que esos recursos se destinasen a fuerzas movilizadas en «combate activo», pues en dicha situación sólo se hallaba una selecta minoría; la mayoría se empleaba en guarniciones, fortalezas, patrullas, puestos avanzados, vigilancia de comunicaciones terrestres y marítimas... en conservar.

En 1630 circuló por la Corte un libelo anónimo que luego se supo que era obra de Francisco de Quevedo y Villegas. Dicho opúsculo se titulaba *El chitón de las tarabillas* y formaba parte de la campaña de propaganda con que el equipo de gobierno del conde-duque de Olivares arropaba y justificaba su política de reformas, cuyos resultados estaban siendo cuestionados. El fracaso del proyecto estrenado en 1621 estaba en boca de todos. Libelos, sátiras y hojas volantes destacaban los reveses de la guerra de Flandes, la pérdida de la flota de la plata en la bahía de Matanzas, los progresos de los holandeses en Brasil y en el Índico, el descontento ante la penuria, los reveses en Italia, la fortuna adversa del catolicismo en Alemania... En la crítica a la política gubernamental ocupaba un lugar no pequeño una reevaluación del lugar de la Monarquía en el mundo y cuáles habían de ser sus prioridades en la política exterior. Se recordaba con añoranza la gestión del duque de Lerma, su política pacifista y útil, que seleccionaba los objetivos bajo la prioridad marcada por la seguridad. Como respuesta, *El chitón*, echaba por tierra esa memoria atacando uno de los pilares que habían prestigiado a Felipe III y sus validos: la ofensiva antiislámica dentro y fuera de España. Quevedo, con acritud, denunció que la expulsión de los moriscos no sirvió para refrenar el islam, sino para alimentarlo. Los centros de Rabat y Sale repoblados por moriscos, hábiles artesanos, buenos marineros, asolaron todo el área del estrecho del lado atlántico y del Mediterráneo obligando a redoblar el gasto y el esfuerzo militar en la zona, al tiempo que las paces con franceses, ingleses y holandeses sólo sirvieron para enriquecer y rearmar a los enemigos. Quienes se lamentaban de una guerra que devoraba los recursos y la Hacienda debían recordar que era mejor que aquella paz «entremetida y desapoderada» que no supuso menos gasto, ni redujo las obligaciones militares, ni alivió a los súbditos ni les dio seguridad. «Mejor será que nos acabemos por conservarnos que conservarnos para que nos acaben», sentenciaba, planteando un dilema impecable: o bien se gastaba todo el potencial económico en seguridad y defensa, o bien, ahorrando el gasto, el desmoronamiento vendría por inseguridad e indefensión. Ciertamente Quevedo había retratado muy bien la trampa en que había quedado atrapada la corona española.

Epílogo: El tiempo de Don Quijote... y Sancho

Miguel de Cervantes falleció en Madrid el 23 de abril de 1616. William Shakespeare murió en Londres el 23 de abril de 1616. Aunque coincida la fecha de defunción de los dos escritores, resulta que no fallecieron el mismo día. En Inglaterra se seguía el cómputo juliano, y en España, el gregoriano, lo que quiere decir que había una diferencia de diez días entre ambos sucesos, pero esos días de diferencia encierran una pequeña metáfora de los cambios que sucedieron en el tiempo de Don Quijote (aunque sería más correcto decir que en el de Alonso Quijano, que contaba poco más o menos 50 años de edad cuando decidió correr mundo como caballero andante). Algo más de medio siglo, desde 1560 hasta 1610, en el que se fraguó la división de Europa bajo el signo de la intolerancia.

El mundo en el que vivieron y murieron Cervantes y Shakespeare fue crecientemente dogmático e intolerante: la discusión y el debate desaparecieron de la vida académica e intelectual, la tolerancia escéptica de los humanistas se esfumó lentamente, la diversidad de opi-

niones o la ambigüedad quedaron sofocadas por el dogma. La presión teológica sobre el pensamiento jurídico,
científico, político o sobre cualquier otra manifestación
cultural, artística o literaria, elitista o popular derivó en
el proceso uniformador de conductas y mentalidades
que caracterizó la modernidad. Stephen Toulmin describió dicho proceso como el resultado de cuatro grandes cambios que tuvieron lugar en torno a 1600: el paso
de la oralidad a la escritura, del interés por lo particular
a lo universal, de lo temporal a lo atemporal, de lo local a
lo general. Esta comprensión de la realidad exigía disciplina, autocontrol y capacidad para regir la conducta
sobre la razón y no sobre la emoción. Asimismo, la com-
binación de esos elementos dio lugar a una nueva mentalidad científica y a nuevos retos para el intelecto, pues los
problemas que trataban de resolver filósofos, científicos
o jurisperitos se enunciaban y resolvían de manera independiente a cualquier referencia contextual, según leyes objetivas.

Toulmin considera dicho proceso resultado de la intolerancia, una «contrarrevolución defensiva» de un
mundo dogmático que entierra la opinión, la crítica y el
debate a favor de la búsqueda de la verdad, de lo irrefu-
table e incontrovertible. Los años inmediatamente anteriores al nacimiento de los dos autores fueron tiempos
de confusión e incertidumbre, de construcción de un
mundo nuevo cuyos referentes los constituían el Renacimiento y la Reforma, la vuelta a los orígenes de Europa, a la pureza del cristianismo primitivo, la sabiduría
de los padres de la Iglesia y los pensadores antiguos,
rechazando unos tiempos corruptos y desviados del
precepto evangélico y de la verdad. El posibilismo, el escepticismo, la proliferación de interpretaciones diferen-

tes y encontradas de las Sagradas Escrituras, el cuestionamiento sistemático de la vida política y civil, la exaltación de la antigüedad como contrapunto del desorden
presente constituyeron el caldo de cultivo en el que se
fraguó la intolerancia, es decir, un ambiente en el que
tomó cuerpo el ansia por la seguridad, la certeza, la
exactitud y la previsión.

Un mundo plural, polícromo y compuesto de realidades entrecruzadas y yuxtapuestas, inabarcable e impre-
visible, recordaba al caos de Babel. La Reforma propuesta por los predicadores y teólogos de la primera
mitad del siglo XVI perseguía, sobre todo, la restauración de la uniformidad y la autoridad tal como se enun-
ciara en el primer concilio de la cristiandad, el de Nicea
(325), cuyos decretos fueron el acta de creación de una
cristiandad unida y vivificada por un mismo espíritu.
En Nicea se sancionó la cooperación entre el trono y el
altar, entre el poder secular y el poder espiritual, y, durante las discusiones sobre la celebración de la Pascua,
se advirtió la importancia de la celebración simultánea
y uniforme de celebraciones y fiestas eclesiásticas para
garantizar una identidad común; por eso se tuvo especial cuidado en fijar el calendario ritual como complemento inherente a la disciplina.

Cuando nacieron Shakespeare y Cervantes el calendario ritual de Nicea era un precepto inaplicable. En
primer lugar porque era impreciso. Con el paso de los
siglos la Pascua no coincidía con el equinoccio de primavera y, como ocurría con otras fiestas, los cómputos
para fijarla eran inexactos. En realidad no había un
tiempo único, coexistían diversas medidas y concepciones del tiempo, convivían en un mismo espacio y lugar
diversos calendarios y medidas. La mayoría de la pobla-

ción, en España e Inglaterra, seguía un calendario articulado por los ciclos de la supervivencia; la naturaleza medía el tiempo, y el campesinado –más del 80% de la población– veía nacer el año en primavera y morir en invierno, siguiendo un ciclo asociado al de la vida y la muerte, desde la floración hasta la caída de la hoja. Junto al calendario natural existían los de gremios, comunidades, cofradías, iglesias, concejos o reinos... Estos calendarios artificiales siempre resultaban imperfectos e inexactos. En un mismo lugar, como decíamos, el año oficial podía tener comienzo en momentos diferentes, el 25 de diciembre, el 1 de enero, el 1 de marzo, el 25 de marzo, el 1 de septiembre... En Roma, sin ir más lejos, las bulas se fechaban tomando como comienzo del año el 25 de marzo (estilo de la Encarnación), y las cartas pontificias lo tomaban a partir del 25 de diciembre (estilo de la Natividad), en Calabria la población seguía el cómputo bizantino, comenzando el año el 1 de septiembre, mientras que los notarios seguían el estilo de la Encarnación; en Sicilia se utilizaban «promiscuamente» los estilos de la Natividad y de la Encarnación en los documentos públicos...

En 1547, el reformador protestante Phillip Melanchton, discípulo de Lutero, recordaba que discutiendo en cierta ocasión con un doctor sobre el estudio de las matemáticas se dio cuenta de la importancia del control sobre la medida del tiempo. El contertulio de Melanchton despreciaba la obsesión por medir y clasificar que observaba en su entorno, y ponderaba la espontaneidad del conocimiento de los campesinos, que sabían perfectamente en qué hora del día estaban, en qué estación y qué correspondía hacer en cada momento, sembrar, cosechar, aparear el ganado... sin necesitar instrumentos ni conocimientos matemáticos ni autoridades para regular su vida cotidiana. A partir de esa observación, el reformador advirtió la utilidad de manipular el vínculo tiempo-naturaleza para dar nueva forma a la sociedad. Para la *re formatio* el calendario se revelaba un instrumento muy útil, porque la medida del tiempo disciplinaba el orden de la vida del individuo y de la comunidad, el trabajo, el ocio, la fiesta... El calendario, como apreció Melanchton, reemplazaba ese vetusto conocimiento oral, espontáneo, que ajustaba la vida a ciclos productivos y reproductivos por uno científico, universal, basado en leyes objetivas, administrado por las autoridades (que lo son no por disponer de más fuerza sino de un mayor conocimiento).

Tradicionalmente, el tiempo se vinculaba al azar, *kairos,* el término griego popularizado por los humanistas que también designaba la oportunidad, la ocasión. Porque el paso del tiempo era revelador de la verdad y del conocimiento de las cosas. Quien dominara el tiempo vencía a la fortuna, desigual y caprichosa, pero, sobre todo, se hallaría en el lado de la verdad. Quien reglaba el tiempo reglaba el mundo. Eso lo sabía la jerarquía eclesiástica mucho tiempo antes de que Melanchton reparara en ello. En el Concilio Lateranense (1512-1517) se concluyó que la reforma de la Iglesia no sería completa mientras no se acometiese la reforma del calendario. Pero no se dio un impulso definitivo a esta materia hasta el Concilio de Trento (1547-1563), cuando nuevamente se situó el calendario entre las prioridades de la reforma y quedó como una de las tareas que inmediatamente debería realizar la Santa Sede junto con la reforma y unificación de los ritos, la misa, las devociones, oraciones, catecismos, etcétera.

En 1575, siguiendo las recomendaciones del Concilio, el papa Pío V decidió poner en marcha una comisión de teólogos y científicos que debían elaborar un nuevo calendario. En 1577 fue nombrado al frente de ella el cardenal Guglielmo Sirleto, prefecto de la Biblioteca Vaticana, que había trabajado ya en las comisiones de la misa y el martirologio. La comisión de curiales y sabios estuvo compuesta por gente tan diversa como el astrónomo calabrés Antonio Giglio, el erudito dominico boloñés Ignacio Danti, el jesuita alemán Christof Clavius («Clavio» amigo de Galileo), el matemático español Pedro Chacón y el auditor de la Rota, natural de Francia, Serafín Olivier.

El calendario romano se hizo público por bula papal fechada el 1 de marzo de 1582 y se hizo efectivo en el mes de octubre. Fue una de las obras más acabadas de la Contrarreforma y una pieza muy importante para definir el nuevo estilo de la cristiandad católica, indispensable para fijar los ciclos litúrgicos, los registros parroquiales, la memoria de la iglesia, etc. Por supuesto tuvo un componente simbólico en el cual quiso aunarse la tradición con la exactitud; así, las semanas, los meses y los años siguieron teniendo la misma medida que marcaba la costumbre y la Biblia, doce meses, semanas de siete días, y el calendario tenía mecanismos correctores para evitar cambios en la secuencia de las estaciones. Se estableció que fueran bisiestos todos los años múltiplo de cuatro, mientras que de los años seculares (acabados en dos ceros) sólo serían bisiestos aquellos cuyas centenas fueran múltiplo de cuatro. Estas excepciones permitían reducir y evitar una acumulación de error respecto al año solar, de un día cada 128 años en el sistema juliano a un día cada 3.323 años.

La comisión siguió criterios que vinculaban simbólicamente el orden natural con el catolicismo romano. El
credo del Concilio de Nicea constituía la oración fundamental de la profesión de fe de todo católico, y no es
sólo coincidencia que se restablecieran las estaciones
según el ciclo solar existente en el año de dicho concilio
(325), en el que se habían establecido las principales reglas del cómputo eclesiástico y del calendario canónico
(así como de los ciclos litúrgicos de la cristiandad latina). En los 1.257 años transcurridos desde entonces, se
acumuló un retraso de diez días por lo que se decretó
que el 4 de octubre de 1582 pasara a ser 15 de octubre
(lo cual se aplicó inmediatamente a toda Italia, España,
Portugal y sus dependencias; en Francia el 9 de diciembre de 1582 pasó a ser día 20).

La comisión trabajó en un ambiente totalmente adver-
so a la doctrina copernicana, y la mayoría de los científicos, matemáticos y filósofos de su tiempo la rechazaban
de manera tajante. Kaspar Peucer, Julio César Scalígero,
Jean Bodin, Tycho Brahe, Giovanni Antonio Magini, Francesco Maurolico, Francesco Barozzi, Christopher Clavius
y un largo etcétera de astrónomos y matemáticos de la
segunda mitad del siglo XVI y principios del XVII denosta-
ban la «falsa opinión de Aristarco y Copérnico». Los matemáticos de la congregación del calendario no mantenían opiniones muy diferentes, pero experimentaron con
el método para afinar la exactitud de sus cálculos y salvar
posibles contradicciones. Esto hizo suponer a Galileo
que el éxito de la Curia consistió en utilizar las teorías de
Copérnico para elaborar el calendario gregoriano, pero
no fue exactamente así; se empleó una fuente indirecta,
el *Nuevo método para restaurar el calendario,* del matemático Luigi Giglio, que falleció antes de que se formase

la comisión pontificia, siendo su hermano Antonio Giglio el que desarrolló su método. Éste soslayó la teoría copernicana por las dificultades prácticas y técnicas para medir el año siguiendo la revolución de la tierra alrededor del sol. Hizo uso de algo más sencillo y práctico, las tablas alfonsinas, cuya medida de la longitud del año tomada de la observación de las estrellas era verificable e incuestionable sin necesidad de entrar en especulaciones heliocéntricas o de cualquier otra naturaleza. Con los medios disponibles, era más preciso un artefacto diseñado en el siglo XIII que la teoría de Copérnico; además, no eran incompatibles.

Cuando el papa Gregorio XIII publicó la bula del 1 de marzo de 1582, dio toda clase de detalles y explicaciones sobre los criterios seguidos para elaborarlo. Se había interpretado el misterio del tiempo utilizando el lenguaje con el que estaba escrito el libro de la naturaleza, las matemáticas. El calendario romano constituía el único cómputo posible del tiempo. El éxito fue innegable; no había mas remedio que plegarse a la verdad revelada por Roma y eso, al principio, limitó el nuevo calendario al mundo católico. Fue un logro de la astronomía técnica pero sobre todo un éxito organizativo de la nueva Iglesia católica nacida de Trento. Roma irradiaba orden al mundo y la imprenta vaticana no tenía inconveniente en difundir los cálculos efectuados para invitar a creyentes y no creyentes a adoptar su cómputo. La divulgación del mismo por Christof Clavius *(Romani calendario a Gregorio XIII P.M. restituti explicatio,* Roma, 1603) añadía a la pedagogía un timbre de orgullo y de hallarse en el camino recto. Un astrónomo inglés manifestó que prefería vivir en desacuerdo con el sol a estar de acuerdo con el Papa y lo mismo pensaron sus gobernantes. Por prejuicios ideológicos se impuso como norma para los reinos de Inglaterra e Irlanda el calendario juliano y el estilo de la Anunciación (el año comenzaba el 25 de marzo). Siglo y medio más tarde hubieron de cambiar de actitud. En 1752 no hubo más remedio que aceptar el calendario gregoriano, lo cual provocó motines y tumultos en Londres y las principales ciudades inglesas porque se corrió la especie de que el gobierno robaba 11 días de vida a sus súbditos: el 1 de septiembre de dicho año pasó a 14, y el año 1753 comenzó el 1 de enero.

Cervantes contaba 35 años cuando cambió la medida del tiempo en España. Coincidía con Shakespeare en que nacieron en un mundo cuyos ciclos temporales se regían de manera plural para acabar muriendo en dos mundos radicados en tiempos diferentes y uniformes. Desde España, bajo un tiempo reglado por un calendario cuya autoridad no ofrecía dudas, el mundo protestante era un inframundo desordenado, caótico e indisciplinado. El dominio sobre el tiempo fue compañero de la uniformización de costumbres, ritos y cultura. La aplicación del nuevo calendario formó parte de un proceso en el que la fascinación por la uniformidad, la identidad común, la ausencia de diferencias y la erradicación de la diversidad dieron fin al tiempo de las reformas, de los cambios, de la incertidumbre, del azar, de la fortuna… y unos gobernantes asustados por la mutación de los tiempos veían en la ciencia matemática, física o astronómica el modelo de certidumbre que habría de presidir la ciencia política, la ciencia jurídica o la ciencia moral para hacer de ellas instrumentos útiles con los que garantizar el orden, la estabilidad, la quietud y la seguridad de la sociedad.

El ritmo natural de la vida se encorsetó en otro artificial. Donde no existía la precisión, ésta se impuso gracias al dominio del tiempo. Los registros parroquiales pudieron ofrecer con exactitud el número y edad de las poblaciones, informaciones necesarias para facilitar levas, alistamientos o cargas fiscales. La edad natural, la deducida por la complexión y la apariencia, da paso a una edad legal que permite fijar con certidumbre y de manera fehaciente la minoría y la mayoría de edad, requisito indispensable para fijar la aptitud en el servicio o la asunción de tareas y responsabilidades.

La obsesión por medir con exactitud estuvo muy vinculada a la tarea de disciplinar. Un mundo sin límites conocidos daba paso a un mundo limitado. En este cambio es donde se encuentra una nueva concepción de la naturaleza y de la ciencia.

La intolerancia fue un obstáculo para expresar la opinión religiosa, no para la ciencia. Los índices de libros prohibidos apenas relacionaban libros científicos. Eran tan escasos los títulos y los autores que resulta difícil concebir esa censura como un obstáculo para el pensamiento científico, y sí lo fue para las obras de ficción, filosofía, historia y humanidades en general. El duque de Lemos lo tuvo presente en su programa de mecenazgo cultural al frente del virreinato de Nápoles. Al incluir en su *Accademia degli Oziosi* el estudio de la ciencia matemática, seguía el precepto de Galileo de que el libro de la naturaleza estaba escrito en lenguaje matemático. La intolerancia contribuyó a desarraigar los aspectos espirituales y metafísicos de la astrología o la alquimia desnudándolas de todo contenido trascendente para convertirlas en astronomía, física y química. De modo que la revolución galileana consistió en valorar la astronomía no como una ciencia metafísico-teológica, sino matemática. Es decir, se fundamentaba sobre principios eternos e incorruptibles, despreciando el interés por ocuparse de las esencias o de desentrañar el carácter divino de los astros. La ciencia matemática sólo se preocupaba de comprender los fenómenos, sin ir más allá de lo que se puede observar y medir. La astronomía, la física y las ciencias naturales se despojaban de toda pretensión trascendente o metafísica para seguir una senda puramente material, el descubrimiento del enunciado de las leyes que rigen la naturaleza; la ciencia se limitaba a consignar esas leyes, verdades absolutas que se verifican siempre independientemente del lugar, época del año o religión del país. Para los teólogos o los metafísicos aquello era un estudio superficial que ponía en orden las apariencias, inocuo e incapaz de dañar el verdadero conocimiento, el conocimiento de Dios. La teología estaba por encima de todos los saberes, y sobraban más explicaciones.

La intolerancia acotó la opinión religiosa como discurso teológico. El miedo a incurrir en proposiciones heréticas hizo que la discusión o la simple exposición de cosas relativas a la espiritualidad se replegase al campo exclusivo de los especialistas de las facultades de teología. No era materia opinable, y se evitaba a todo trance que lo fuera. La Inquisición impidió la difusión del catecismo romano por transmitir la doctrina en lengua vulgar, en castellano y no en latín; asimismo, el padre Bleda justificaba haber escrito su obra *Defensio fidei in causa neophytorum* (Valencia, 1610) en latín porque «ay ley en Castilla que prohibe escribir contra herejes en lengua vulgar». Fue la intolerancia la que abrió la puerta de la secularización del pensamiento, y la opinión se refugió en categorías mundanas. Si Cervantes hubiera escrito en torno a 1500, sus personajes departirían sobre la gracia o la caridad, pero en 1615 a lo más que llegan es a disertar sobre el buen gobierno. Don Quijote, que opina de todo, no opina sobre la Iglesia, cumple sus devociones (como rezar en voz baja velando las armas), acata y respeta los dogmas..., acepta o calla ante la presencia de los curas, omnipresentes en la sociedad rural castellana como referentes de la moral y las buenas costumbres. Es tan escurridizo que la simple frase «con la Iglesia hemos dado» (Q2, 9) ha hecho correr ríos de tinta sobre su sentido. Quizá no tuviera la intencionalidad que se le atribuye, pero en el contexto del confesionalismo que vivía la sociedad tenía un significado nada inocente, que explica su rápida aceptación popular, que circuló como proverbio transformado en un «con la Iglesia hemos topado, amigo Sancho». Evitar la Iglesia, dar un rodeo.

El papel opresivo y dominante de la Iglesia en la vida civil no siempre se presenta con la misma cautela; el pasaje en el que los duques invitan a Don Quijote a su mesa introduce en la descripción de su capellán algo más que la caracterización de un personaje:

La duquesa y el duque salieron a la puerta de la sala a recibirle, y con ellos un grave eclesiástico, destos que gobiernan las casas de los príncipes; destos que, como no nacen príncipes, no aciertan a enseñar cómo lo han de ser los que lo son; destos que quieren que la grandeza de los grandes se mida con la estrecheza de sus ánimos; destos que, queriendo mostrar a los que ellos gobiernan a ser limitados, les hacen ser miserables; destos tales, digo que debía de ser el grave religioso que con los duques salió a recibir a don Quijote (Q2, 31).

Puede tratarse de una crítica velada a la política de su momento, al papel del confesor Aliaga en la Corte de Felipe III porque confunde a los confesores de los grandes con los de los príncipes, pero es muy claro en la crítica a un tipo que los lectores podían reconocer sin dificultad. Un tipo nuevo de eclesiástico que fiscaliza y disciplina no sólo al pueblo, sino a las élites dirigentes subordinando los intereses del gobierno a la «estrecheza de sus ánimos». La intransigencia ha llevado a la necesidad de vivir tutelados para saber seguir el camino correcto; la destrucción de la opinión y del propio criterio irrita a Cervantes, al que no deja de parecerle excesivo ver cómo quienes debían gobernar eran gobernados. Pero los tiempos de la intolerancia eran tiempos duros, y se precisaba ese tutelaje para escapar a la sospecha. Escribía Santa Teresa en las *Moradas:* «en lo que he vivido he visto tantas mudanzas que no sé vivir».

En ese mundo que se construía con certidumbres y verdades absolutas vivió Cervantes. *El Quijote* marca una escisión radical, resumida –en palabras de Ruiz-Domènec– en su capacidad por hacer visible el cambio:

la postura de Cervantes ante el espíritu de la caballería adquiere la dimensión de un juicio sobre el desgarramiento de su época y sobre la inútil añoranza de otros tiempos.

El país en el que le tocó vivir estaba concluyendo un ciclo expansivo, la conquista ya había cesado y los castellanos que viajaban a América ya no buscaban aventuras sino empleo. Cincuenta años antes, los conquistadores llevaban en su equipaje libros de caballerías con los que distraerse y pasar el rato; también Santa Teresa disfrutaba con esas lecturas y su popularidad hizo que se prohibiera su uso para enseñar a leer o pasar el rato en los viajes de exploración y conquista. Pero nada podían las prohibiciones y las censuras: los conquistadores buscaban El Dorado, la fuente de la eterna juventud... La novela de caballerías acompañó las fantasías de los hombres en un mundo en transformación, en el que todo era posible. Esas novelas incitaban a conocer y experimentar una realidad inaprensible, un espacio geográfico imaginario que ni siquiera los más eruditos podían mostrar como una realidad acabada y precisa. Islas, reinos, bosques, continentes, mares desconocidos que confundían la realidad con la ficción. América está cuajada de topónimos procedentes de las novelas de caballería: Jauja, Amazonas, California, Florida...

En 1530 algunos españoles se internaban en las tierras vírgenes de Norteamérica creyendo hallar una tierra descrita por Garci Martínez de Montalvo en *Las sergas de Esplandián,* California; Ponce de León atravesaba con sus soldados todas las penalidades imaginables en pos de la fuente de la eterna juventud; Orellana creyó encontrarse en el reino de las Amazonas según deducía del *Amadís de Gaula* y del episodio de Calafia, reina de las Amazonas; *Lisuarte de Grecia, Amadís...* son los modelos de aquellos españoles que convirtieron en un heroico delirio la conquista de América. Cortés se rodeó de doce lugartenientes inspirado en los «doce pares» de la caballería y les hizo pronunciar un juramento semejante al de los caballeros andantes en el momento de ser armados. Bernal Díaz del Castillo, el cronista de la conquista de México, expresó su admiración por la capital azteca, Tenochtitlán, diciendo que cuando los conquistadores la vieron comentaron entre ellos que todo aquello parecía salido del relato de las aventuras de Amadís de Gaula.

En ese proceso mental que describe el cronista, la ficción de los libros de caballería es la que sirve para comprender la realidad que se está viviendo. La historia o las crónicas no sirven porque no sirve la experiencia cuando se entra en una dimensión desconocida, en un mundo nuevo y misterioso. Ese aspecto fantástico hizo que la ficción se adueñara de la realidad, que los españoles interpretasen las informaciones que apenas entendían de los indígenas como confirmación de sus deseos y suposiciones. California, el jardín del Edén, la fuente de la eterna juventud, El Dorado, las siete ciudades de Cibola, el reino de las Amazonas… allí se vivió en una especie de realismo mágico cotidiano.

En España, las historias de los conquistadores apenas podían diferenciarse de los relatos de caballerías. Los campesinos, muleros y comerciantes que se reúnen al atardecer en una venta manchega un día cualquiera del verano de 1614, formando corro alrededor de uno que sabe leer y que les lee unos libros que le presta el ventero, son incapaces de distinguir realidad y ficción; la representación mental del espacio y los lugares carecían de definición cartográfica, e Italia o Grecia resultaban para ellos tan imaginarios como el reino de las Amazonas o el país de Jauja.

Michel Cavillac señaló que el *Quijote* se publicó en un tiempo de declive de las novelas de caballerías. El tiempo del *Quijote* era ya otro, y fue una obra que encajó con exactitud en la nueva mentalidad que tomaba forma. La épica de los libros de caballerías era unidireccional: el triunfo, el honor, la fama, la riqueza y la gloria. Un intrépido caballero podía transformar la realidad y alcanzar el éxito con su esfuerzo superando las pruebas que van cruzándose por su camino. La historia de Don Quijote parece seguir el discurso monológico pero acaba convirtiéndose en una polifonía con muchas voces que incorpora los discursos de la cultura y la sociedad en general. La visión de la realidad del caballero andante contrasta con su realidad contemplada por el entorno; el heroísmo que cree vivir es una pura pantomima que provoca el asombro y la risa de los lectores y de quienes se cruzan por su camino. Es la distinción entre realidad y apariencia, entre lo real y lo ficticio, la distinción entre lo que se vive y se practica... Pero, sobre todo, la realidad se imponía sin dejar lugar a la aventura, la realidad era la que era y sólo cabía aceptarla. Esa aceptación impregna todo el discurso de la novela, y es loco quien pretende otra cosa.

La difusión extraordinaria del *Quijote* revela la conexión del discurso cultural y social de Cervantes con su tiempo. América es un buen ejemplo, porque, pese a estar prohibida la importación de libros de caballerías y obras de ficción, la novela sorteó sin dificultad ese obstáculo en el momento mismo de su publicación. En la flota que partió de Sevilla en junio 1605 viajó un pedido de 262 ejemplares del *Quijote* para un librero de México. Eran ejemplares para distribución y venta, pero no eran los primeros que se llevaron al Nuevo Mundo. En marzo el convoy de Portobelo llevaba 89 volúmenes dirigidos a diversos remitentes de Perú, Panamá y Tierra Firme. Cuando la flota de junio llegó a Veracruz, el corregidor, al hacer su revisión rutinaria de los barcos recién llegados al puerto, anotó que había encontrado varios ejemplares de la novela en los camarotes de los pasajeros, y se supone que un buen número de ellos irían en las valijas de los oficiales reales que no eran registradas ni sometidas al pago de derechos de aduana. Así, con estos datos, puede afirmarse que no menos de 350 ejemplares de la novela cruzaron el Atlántico en el año mismo de la publicación. Nos encontramos pues ante un *best seller*, una obra de una difusión poco común cuya fama muy pronto trascendió las fronteras de la Monarquía Hispana.

Como la Monarquía Hispana era una potencia global, que causaba tanto desprecio como admiración, su vida cultural y social era seguida con particular interés en el resto de Europa. Los españoles se consideraban autosuficientes, y sólo se sentían un poco paletos al compararse con Italia, en una actitud parecida a la relación que hoy tienen Estados Unidos y Europa. La autosuficiencia hacía que no reparasen y no tuviesen demasiada curiosidad por el resto de las naciones europeas, y si bien la literatura, la ciencia y el arte italianos eran bien conocidos, poco o nada se sabía de lo que pasaba al norte de los Alpes. Cervantes nunca supo nada de la obra de Shakespeare, como la mayoría de sus contemporáneos que no fueran ingleses, pero Shakespeare sí conoció la obra de Cervantes y la utilizó para componer una de sus últimas obras dramáticas, *Cardenio* (utilizando un episodio del *Quijote).* Las obras de Cervantes se tradujeron y difundieron por Inglaterra, Francia, Italia y Alemania en vida del autor, lo cual no puede decirse del dramaturgo inglés. No fue un caso único: la literatura española despertaba un interés semejante al que hoy despierta la estadounidense. La novela española despertó un gran interés y tuvo una influencia notable en el desarrollo del género en Europa. A finales del siglo XVI las traducciones de autores españoles en Francia rondaban los 625 títulos: 352 eran novelas de caballerías, 94 de teología, 169 de ensayo y filosofía moral y 30 de crónicas del descubrimiento y colonización de América.

Así pues, es el tiempo en que la literatura española es modelo, porque la potencia de España está en su cenit y nadie intuye la decadencia. Es una época de seguridad y confianza. Superada la incertidumbre de la crisis religiosa, pasada la aventura de la conquista de América, sin conflictos civiles, sin guerras de religión, bajo una cierta bonanza y abundancia económica, España, como decía Cervantes, estaba «tersa y limpia», y el optimismo que irradia su novela refleja la bonanza de los tiempos. Es el tiempo de Sancho, el de la intrahistoria de Castilla que refería Unamuno, de la rutina de la inmensa mayoría de la población que no hace la historia, que trabaja los campos, que vive indiferente al paso del tiempo, sólo preocupada por mantenerse y reproducirse, por atender a sus familias y propiedades. El azar y la incertidumbre no preocupaban al escudero, ni parece que preocupen a sus vecinos; la vida no encierra peligros y es más bien previsible; la relación con su familia y su sentido de la economía indican un prototipo poco preocupado por su supervivencia cotidiana y mucho por mejorar.

La fantasía de los Belianís, Galaor, Amadís, etcétera, daba paso a una realidad prosaica. Don Quijote y su triste figura, un loco que campea por La Mancha, muestra que no existen los reinos fabulosos sino la realidad pura y dura. No hay reinos que conquistar sino, en todo caso, administrar. En el tiempo de Cervantes no hay guerras caballerescas, como las guerras de Italia, ni hazañas de caballeros andantes, como la conquista de América. La desaparición del tiempo de la incertidumbre fue también la del tiempo de la aventura, de la confusión entre realidad y fantasía. La certeza vino de la mano de la intolerancia, la seguridad del rigor, la estabilidad de la disciplina. Era el resultado de la voluntad por vivir el propio tiempo, sin nostalgias, recreaciones o mitos, tal como propuso el general de los jesuitas, Laínez, en su famoso voto del 15 de junio de 1563 ante los padres del Concilio de Trento:

Algunos pretenden que la Iglesia retorne al tiempo de los Apóstoles o que quede como la iglesia primitiva: Éstos no saben distinguir los tiempos y qué conviene a éste y qué convenía a aquéllos.

Notas

Introducción

1. *Allegaciones sobre la precedencia en assiento del embaxador de España al de Francia* (autor anónimo, circa 1565) Biblioteca de El Escorial (BE). iv b.13, 1-2.
2. Diego Valdés, *Tractado de la precedencia de los reyes y reyno de España en los lugares y assientos de la yglesia católica y concilios de ella,* manuscrito, año 1581, BE., ii b.23.
3. *Scrittura sopra l'autorità ecclesiastica data al Re Filippo da Mgr. Acquaviva* 2 de marzo 1568, Biblioteca Corsiniana Códice 504, fol.42.

1. Rey y Reino

1. ACA., Consejo de Aragón, Lg. 1350, 30/2.

3. La Monarquía de las naciones

1. *Reflexiones sobre el gobierno de Sicilia,* ms. anónimo siglo XVII, RAH 9/3947 (1).
2. Relación de la entrada del cardenal de Borja en Nápoles, BNM. Ms. 11344, 4vº-5rº.
3. Ibídem, 3vº-4rº.
4. Ibídem, 3 vº.
5. ACA. Consejo de Aragón, Lg. 14, s.f.

Bibliografía

Introducción: España contemplada en 1605

BELTRÁN DE HEREDIA, Vicente, «Un grupo de visionarios y pseudoprofetas durante los últimos años de Felipe II y repercusión de ello en la memoria de Santa Teresa», *Revista Española de Teología,* n.º 7 (1947), pp. 373-397 y 483-534.

BENEYTO, Juan, *España en la gestación histórica de Europa,* Instituto de Estudios Políticos, Madrid, 1975.

CARZOLIO, María Inés, «En los orígenes de la ciudadanía en Castilla. La identidad política del vecino durante los siglos XVI y XVII», *Hispania* LXII, n.º 211 (2002), pp. 637-691.

CARO BAROJA, Julio, *Las falsificaciones de la Historia (en relación con la de España),* Seix Barral, Barcelona, 1992.

GARCÍA ARENAL, Mercedes, «El entorno de los plomos: Historiografía y linaje», *Al-Qantara,* vol. XXIV, fasc. 2, Madrid, 2003, pp. 295-326.

HAGERTY, M. J., *Los libros plúmbeos del Sacromonte,* Editora Nacional, Madrid, 1980.

HARTAU, Johannes, «Don Quixote in Broadsheets of the Seventeenth and Early Eighteenth Centuries», *Journal of the Warburg and Courtauld Institutes,* vol. XLVIII (Londres, 1985), pp. 234-238.

MENÉNDEZ PIDAL, Ramón, *Los españoles en la Historia*, ed. de
Diego Catalán, Espasa Calpe, Madrid, 1982.

TATE, Robert B., *Ensayos sobre la historiografía peninsular del
siglo XV*, Madrid, 1970.

VIVAR, Francisco, *La Numancia de Cervantes y la memoria de
un mito*, Biblioteca Nueva, Madrid, 2004.

WULFF, Fernando, *Las esencias patrias. Historiografía e Historia Antigua en la construcción de la identidad española (siglos XVI-XX)*, Crítica, Barcelona, 2003.

ZAMBRANO, María; Edison SIMONS y Juan BLÁZQUEZ, *Sueños y
procesos de Lucrecia de León*, Tecnos, Madrid, 1987.

1. Rey y reino

El cuerpo de la república

AYALA, Francisco, *Realidad y ensueño*, Gredos, Madrid, 1963.

CARO BAROJA, Julio, *Las formas complejas de la vida religiosa
(Religión, sociedad y carácter en la España de los siglos XVI
y XVII)*, Sarpe, Madrid, 1985.

CASTRO, Américo, *Teresa la Santa y otros ensayos*, Alianza
Editorial, Madrid, 1982.

DÍEZ BORQUE, José María, *Los espectáculos del teatro y de la
fiesta en el Siglo de Oro*, Laberinto, Madrid, 2002.

FERNÁNDEZ SUÁREZ, Gerardo, y Fernando MARTÍNEZ GIL (coords.),
La Fiesta del Corpus Christi, UCLM, Cuenca, 2002.

FLOR, Fernando R. de la, *Barroco: Representación e ideología
en el mundo hispánico*, Cátedra, Madrid, 2002.

FLORISTÁN IMIZCOZ, Alfredo, «Las *alteraciones* de Pamplona
de 1592», *Studia Historica. Historia Moderna,* vol. 22 (Salamanca, 2000), pp. 17-52.

GINZBURG, Carlo, «Représentation: le mot, l'idée, la chose»,
Annales 6 (1991), pp. 1219-1234.

KAGAN, Richard L., *Universidad y sociedad en la España Moderna,* Taurus, Madrid, 1981.

Lisón Tolosana, Carmelo, *La imagen del rey. Monarquía, realeza y poder ritual en la Casa de los Austrias,* Espasa Calpe, Madrid, 1991.

Rico, Francisco, *Pequeño mundo del hombre,* Alianza Editorial, Madrid.

Riquer, Martín de, *Aproximación al Quijote,* Salvat-Alianza Editorial, Estella, 1970.

Buen gobierno

Caro Baroja, Julio, *El señor inquisidor y otras vidas por oficio,* Alianza Editorial, Madrid, 1981.

Carrasco Martínez, Adolfo, *Control y responsabilidad en la administración señorial. Los juicios de residencia en las tierras del Infantado (1650-1788),* Universidad de Valladolid, Valladolid, 1991.

Ezquerra Revilla, Ignacio, *El Consejo Real de Castilla bajo Felipe II. Grupos de poder y luchas faccionales,* SECCFC, Madrid, 2000.

Hespanha, Antonio Manuel, *Vísperas de Leviatán. Instituciones y poder político (Portugal siglo XVII),* Taurus, Madrid, 1988.

Lefevbre, J., «Le tribunal de la Visite (1594-1602)», *Archives, Bibliothèques et Musées de Belgique,* 9 (1932), pp. 65-85.

Garriga, Carlos, «Control y disciplina de los oficiales públicos en Castilla: La 'Visita' del ordenamiento de Toledo (1480)», *Anuario de Historia del Derecho Español,* tomo LX, Madrid, 1991, pp. 215-390.

Mariluz Urquijo, J. M., *Ensayo sobre los juicios de residencia indianos,* CSIC, Sevilla, 1952.

Martínez Millán, José, *Instituciones y élites de poder en la Monarquía Hispana durante el siglo XVI,* Universidad Autónoma de Madrid, Madrid, 1992.

—, «Un curioso manuscrito: El libro de gobierno del cardenal Diego de Espinosa (1512?-1572)», *Hispania,* vol. LIII/183 (1993), pp. 299-344.

— *et al., Felipe II: La configuración de la Monarquía Hispánica,* Junta de Castilla y León, Salamanca, 1998.

PEYTAVIN, Mireille, «Visites Générales du Royaume de Naples. XVIème et XVIIème siècles: practiques judiciaires», J. M. Scholz, *Fallstudien zur spanischen und portugiesischen Justiz 15. bis 20. Jahrhundert,* Frankfurt am Main, 1994, pp. 321-345.

—, «Le calendrier de l'administrateur. Périodisation de la domination espagnole en Italie suivant les Visites Générales», *Mélanges de L'École Française de Rome,* tome 106, 1994-1, pp. 263-332.

La administración de la gracia

ÁLVAREZ-OSSORIO ALVARIÑO, Antonio, «El cortesano discreto: Itinerario de una ciencia áulica (siglos XVI-XVII)», *Historia Social,* n.º 28 (1997), pp. 73-94.

ATIENZA HERNÁNDEZ, Ignacio, «Páter familias, señor y patrón: oeconomica, clientelismo y patronazgo en el Antiguo Régimen», en R. Pastor (comp.), *Relaciones de poder, de producción y parentesco en la edad Media y Moderna,* CSIC, Madrid, 1990, pp. 435-458.

HESPANHA, Antonio Manuel, *La gracia del Derecho. Economía de la cultura en la Edad Moderna,* Centro de Estudios Constitucionales, Madrid, 1993.

MÁRQUEZ VILLANUEVA, Francisco, *Fuentes literarias cervantinas,* Gredos, Madrid, 1973.

MARTÍNEZ MILLÁN, José, «Las luchas por la administración de la gracia en el reinado de Felipe II. La reforma de la Cámara de Castilla, 1580-1593», *Annali di Storia Moderna e Contemporanea,* n.º 4 (Milán, 1998), pp. 31-72.

SÁNCHEZ, Magdalena S., *The Empress, the Queen and the Nun. Women and power at the Court of Philip III of Spain,* The Johns Hopkins University Press, Baltimore-Londres, 1998.

VALENSISE, Marina, «La gerarchia della grazia: sul debito teologico della cultura politica moderna», *Rivista Storica Italiana,* anno CV, fasc. 1, 1993, pp. 287-305.

La Corte de papel

ANDRÉS, Gregorio de, *El maestro Baltasar de Céspedes, humanista salmantino y su discurso de las letras humanas,* Editorial Escurialense, El Escorial, 1965.

BAZZANO, Nicoletta, «'A Vostra Eccellenza di buon cuore mi offero et raccomando'. Il linguaggio della politica attraverso il carteggio di Marco Antonio Colonna (1556-1577)», M. A. Visceglia (dir.), *La nobiltà romana in Età Moderna,* Carocci, Roma, 2001, pp. 133-164.

BOUZA, Fernando, «Guardar papeles –y quemarlos– en tiempos de Felipe II. La documentación de Juan de Zúñiga», *Reales Sitios* (Madrid) XXXIII-129 (1996), pp. 2-15 y 2ª parte en ibídem. XXXIV-131 (1997), pp. 19-33.

CABRERA DE CÓRDOBA, Luis, *Historia de Felipe II, rey de España,* ed. J. Martínez Millán–C. De Carlos Morales, Junta de Castilla y León, Salamanca, 1998.

GIMENO BLAY, Francisco M., «'Missivas, mensageras, familiares…'. Instrumentos de comunicación y de gobierno en la España del quinientos», en Antonio Castillo (comp.), *Escribir y leer en el siglo de Cervantes,* Gedisa, Barcelona, 1999, pp. 193-209.

PÉREZ BUSTAMANTE, Ciriaco, *El cronista Antonio de Herrera y la Historia de Alejandro Farnesio,* Academia de la Historia, Madrid, 1933.

QUONDAM, Amadeo, *Le «carte messagiere». Retorica e modelli epistolare: per un indice dei libri di lettere del Cinquecento,* Bulzoni, Roma, 1981.

RODRÍGUEZ DE DIEGO, José Luis, *Instrucción para el gobierno del Archivo de Simancas (año 1588),* Ministerio de Educación y Cultura, Madrid, 1998.

ROMERO DE CASTILLA, Francisco, *Apuntes históricos sobre el Archivo de Simancas*, Aribau y Cía., Madrid, 1873.

TRAPIELLO, Andrés, *Las vidas de Miguel de Cervantes*, Ediciones Folio, Barcelona, 2004.

VIÑAO FRAGO, Antonio, «Alfabetización y primeras letras (siglos XVI y XVII)», en Antonio Castillo (comp.), *Escribir y leer en el siglo de Cervantes*, Gedisa, Barcelona, 1999, pp. 39-84.

2. Intolerancia

El país sin Renacimiento o la anticipación de la Reforma

AZCONA, Tarsicio de, *Isabel la Católica*, Madrid, Sarpe, 1986, 2 vols.

BATAILLON, Marcel, *Erasmo y España*, FCE, México, 1966.

BELTRÁN DE HEREDIA, Vicente, «Las corrientes de espiritualidad dominicana», *Ciencia Tomista*, 58 (1939), pp. 339-350.

CASTRO, Américo, *Aspectos del vivir Hispánico*, Alianza Editorial, Madrid, 1970.

GARCÍA VILLOSLADA, Ricardo (ed.), *Historia de la Iglesia en España. III-1º: La Iglesia en la España de los siglos XV y XVI*, BAC, Madrid, 1980.

MARTÍNEZ MILLÁN, José, «Del humanismo carolino al proceso de confesionalización filipino», VV. AA., *Dos monarcas y una historia en común: España y Flandes bajo los reinados de Carlos V y Felipe II*, SECC-Instituto Cervantes, Madrid-Bruselas, 2001, pp. 103-142.

SALA BALUST, L., «La espiritualidad española en la primera mitad del siglo XVI». *Cuadernos de Historia* (1968) pp. 169-187.

Limpieza de sangre

ASENSIO, Eugenio, «En torno a Américo Castro. Polémica con Albert A. Sicroff», *Hispanic Review,* vol. 40, n.º 4 (Pensilvania, Autumn 1972), pp. 365-385.

BRAVO LOZANO, Jesús, *Minorías sociorreligiosas en la Europa Moderna,* Síntesis, Madrid, 1999.

CASTRO, Américo, *Celestina como contienda literaria. Castas y casticismos,* Revista de Occidente, Madrid, 1965.

—, *Cervantes y los casticismos españoles,* Alianza Editorial, Madrid, 1974.

DOMÍNGUEZ ORTIZ, Antonio, *Los judeoconversos en España y América,* Istmo, Madrid, 1988.

LIEBMAN, Seymour B., «The Jews of colonial México», *The Hispanic American Historical Review,* vol. 43, n.º 1 (Duke, feb. 1963), pp. 95-108.

NETANYAHU, Benzion, *Los marranos españoles según las fuentes hebreas de la época (siglos XIV-XVI),* Junta de Castilla y León, Salamanca, 1994.

PULIDO SERRANO, Juan Ignacio, *Los conversos en España y Portugal,* Arco, Madrid, 2003.

SICROFF, Albert A., *Los estatutos de limpieza de sangre. Controversias entre los siglos XV y XVII,* Taurus, Madrid, 1985.

El gobierno de las conciencias y el dominio de los territorios

BELENGUER CEBRIÁ, Ernest, «La problemática del cambio político en la España de Felipe II. Puntualizaciones sobre su cronología», *Hispania,* 40 (1980), 529-576.

CASADO QUINTANILLA, Blas, *Claudio Vigil de Quiñones, conde de Luna. Embajador de Felipe II en el Imperio y en el Concilio de Trento,* UCM, Madrid, 1984, 2 vols.

GARCÍA CUÉLLAR, Fidel, «Política de Felipe II en torno a la convocación de la tercera etapa del Concilio de Trento»,

Miscelánea conmemorativa del Concilio de Trento (1563-1963), Razón y Fe, Madrid-Barcelona, 1965, pp. 26 y ss.

HINOJOSA, Ricardo, *Felipe II y el cónclave de 1559*, Madrid, 1889.

MARTÍNEZ MILLÁN, José, «En busca de la ortodoxia: El Inquisidor General Diego de Espinosa», en J. Martínez Millán (dir.), *La Corte de Felipe II*, Alianza Editorial, Madrid, 1994, pp. 189-228.

RODRÍGUEZ, Pedro, *El catecismo romano ante Felipe II y la Inquisición española*, Rialp, Madrid, 1998.

Guerras de religión

BARRIOS AGUILERA, M., *Granada morisca, la convivencia negada*, Comares, Granada, 2002.

BONORA, Elena, *La Controriforma*, Laterza, Roma-Bari, 2001.

HARRINGTON, J. F., y H. W. SMITH, «Confessionalization, Community and State Building in Germany, 1555-1870», *The Journal of Modern History*, n.º 69, 1997, pp. 77-101.

ISAAC, Marie-Thérèse, «Genèse de la confrontation entre Philippe II et Guillaume D'Orange», en VV. AA., *Dos monarcas y una historia en común: España y Flandes bajo los reinados de Carlos V y Felipe II*, SECC-Instituto Cervantes, Madrid-Bruselas, 2001, pp. 75-87.

JANSSENS, Gustaaf, *Don Fernando Álvarez de Toledo, tercer duque de Alba, y los Países Bajos*, Ministerio de la Comunidad Flamenca, Bruselas, 1993.

PRODI, Paolo, *Il Sacramento del potere*, Il Mulino, Bologna, 1992.

PARKER, Geoffrey, *España y los Países Bajos, 1559-1659*, Rialp, Madrid, 1986.

PROSPERI, Adriano, *Tribunali della coscienza. Inquisitori, confessori, missionari*, Einaudi, Turín, 1996.

Uniformidad, unidad y universalismo

BROWN, Judith C., «Courtiers and Christians: The First Japanese Emissaries to Europe», *Renaissance Quarterly*, vol. 47, n.º 4 (Winter 1994), pp. 872-906.

HEADLEY, John M., «Spain's Asian Presence, 1565-1590: Structures and Aspirations», *The Hispanic American Historical Review*, vol. 75, n.º 4 (Duke, nov. 1995), pp. 623-646.

MARTÍNEZ MILLÁN, José, «La crisis del partido castellano y la transformación de la Monarquía Hispana en el reinado de Felipe II a Felipe III», *Cuadernos de Historia Moderna* (en prensa, 2004).

OUTRAM EVENETT, H., *The spirit of Counterreformation*, Cambridge University Press, Cambridge, 1968.

YATES, Frances, «La Historia del Concilio de Trento de fra Paolo Sarpi», *Ensayos Reunidos*, FCE, México, 1991, vol. II, pp. 327-382.

La restauración de España

BENÍTEZ SÁNCHEZ-BLANCO, Rafael, *Heroicas decisiones. La Monarquía Católica y los moriscos valencianos*, Institució Alfons el Magnánim, Valencia, 2001.

DOMÍNGUEZ ORTIZ, Antonio, y Bernard, VINCENT, *Historia de los moriscos. Vida y tragedia de una minoría*, Alianza Editorial, Madrid, 1997.

DE EPALZA, Mikel, *Los moriscos antes y después de la expulsión*, Mapfre, Madrid, 1992.

GARCÍA-ARENAL, Mercedes, *La diáspora de los andalusíes*, CIDOB-Icaria, Barcelona, 2003.

PINELO, León, *Anales de Madrid, reinado de Felipe III (1598-1621)*, ed. Ricardo Martorell, Estanislao Maestre, Madrid, 1933.

REGLÀ, Joan, *Estudios sobre los moriscos*, Ariel, Barcelona, 1974.

RAMÍREZ ARAÚJO, Alejandro, «El morisco Ricote y la libertad de conciencia», *Hispanic Review,* vol. 24, n.º 4 (Univ. de Pensilvania, oc. 1956), pp. 278-289.

3. La Monarquía de las naciones

El microcosmos de los virreyes

ELLIOTT, John H., «A Europe of Composite Monarchies», *Past & Present,* n.º 137 (Oxford, nov. 1992), pp. 48-71.

GIL PUJOL, Xavier, «Visión europea de la Monarquía española como Monarquía compuesta, siglos XVI y XVII», en C. Russell y J. Andrés-Gallego, *Las Monarquías del Antiguo Régimen ¿monarquías compuestas?,* Universidad Complutense, Madrid, 1996, pp. 65-95.

HERNANDO SÁNCHEZ, Carlos, «'Estar en nuestro lugar representando nuestra propia persona'. El gobierno virreinal en Italia y la Corona de Aragón bajo Felipe II», en E. Berenguer Cebriá (coord.), *Felipe II y el Mediterráneo,* Soc. Estatal para la Conmemoración de los centenarios de Felipe II y Carlos V, Madrid, 1999, vol. III, tomo I, pp. 215-238.

MEJÍAS ÁLVAREZ, María Jesús, *Fiesta y muerte regia. Las estampas de túmulos reales del AGI,* Escuela de Estudios Hispano-Americanos-CSIC, Sevilla, 2002.

MUSI, Aurelio, *L'Italia dei Vicerè. Integrazione e resistenza nel sistema imperiale spagnolo,* Avagliano, Cava de' Tirreni, 2000.

ZAPICO, Hilda Raquel, «El poder monárquico y la imagen de la Monarquía en el Buenos Aires de fines del siglo XVI», *XIII Coloquio de Historia canario-americana / VIII Congreso internacional de Historia de América 1998,* Las Palmas de Gran Canaria, 2000, pp. 1107-1122.

Consejos y territorios

ARRIETA ALBERDI, Jon, *El Consejo Supremo de la Corona de Aragón (1494-1707),* Institución Fernando el Católico, Zaragoza, 1994.

HERNANDO SÁNCHEZ, Carlos, *Las Indias en la Monarquía Católica. Imágenes e ideas políticas,* Universidad de Valladolid, Valladolid, 1996.

MOLAS RIBALTA, Pere, *Consejos y audiencias durante el reinado de Felipe II,* Universidad de Valladolid, Valladolid, 1984.

RABASCO VALDÉS, José Manuel, «Una etapa del Consejo de Flandes y de Borgoña: Del ministerio colateral a las ordenanzas de 1588», *Anuario de Historia Moderna y Contemporánea de la Universidad de Granada,* 1988, pp. 59-81.

RIVERO RODRÍGUEZ, Manuel, *Felipe II y el gobierno de Italia,* Soc. Estatal para la Conmemoración de los centenarios de Felipe II y Carlos V, Madrid, 1998.

SCHAFFER, Ernesto, *El Consejo Real y Supremo de las Indias,* Junta de Castilla y León-Marcial Pons, Madrid, 2004, 2 vols.

El núcleo: Castilla y Aragón

ARGENSOLA, Bartolomé L. de, *Alteraciones populares de Zaragoza. Año 1591,* ed. Gregorio Colás Latorre, Institución Fernando el Católico, Zaragoza, 1995.

BELENGUER, Ernest, *La Corona de Aragon en la época de Felipe II,* Universidad de Valladolid, Valladolid, 1986.

CANET APARISI, Teresa, *La Audiencia valenciana en la época foral moderna,* Edicions Alfons El Magnànim, Valencia, 1986.

EZQUERRA REVILLA, Ignacio, *El Consejo Real de Castilla bajo Felipe II. Grupos de poder y luchas faccionales,* Soc. Estatal para la Conmemoración de los centenarios de Felipe II y Carlos V, Madrid, 1999.

FORTEA PÉREZ, José Ignacio, *Monarquía y Cortes en la Corona de Castilla. Las ciudades ante la política fiscal de Felipe II,* Junta de Castilla y León, Salamanca, 1990.

GASCÓN PÉREZ, Jesús, «Defensa de los fueros y fidelidad a la Monarquía en la rebelión aragonesa de 1591», *Monarquía, Imperio y pueblos en la España Moderna. Actas de la IV reunión científica de la Asociación española de Historia Moderna. Alicante 27-30 de mayo de 1996,* AEHM-CAM, Alicante, 1997, vol. I, pp. 459-475.

KAGAN, Richard L., *Pleitos y pleiteantes en Castilla,* Junta de Castilla y León, Salamanca, 1991.

MARAVALL, José A., *Poder, honor y élites en el siglo XVII,* Siglo XXI, Madrid, 1979.

MOLAS I RIBALTA, Pere, *Catalunya i la casa d'Àustria,* Curial, Barcelona, 1996.

REGLÀ, Joan, *Felipe II y Cataluña,* edición y estudio Ernest Belenguer, Soc. Estatal para la Conmemoración de los centenarios de Felipe II y Carlos V, Madrid, 2000.

Italia, dominada y dominante

ÁLVAREZ-OSSORIO ALVARIÑO, Antonio, *Milán y el legado de Felipe II,* Soc. Estatal para la Conmemoración de los centenarios de Felipe II y Carlos V, Madrid, 2001.

ERA, A., «L'autonomia del Regum Sardiniae nell'epoca aragonese spagnola», *Archivio Storico Sardo,* XXV (1957), pp. 211-239.

GALASSO, Giuseppe, *Napoli capitale,* Electa, Nápoles, 1998.

GREEN, Otis H., «The Literary Court of the Conde de Lemos at Naples, 1610-1616», *Hispanic Review,* vol. I, n.º 4 (oc. 1933), pp. 290-308.

MORÁN, Miguel, y Javier PORTÚS, *El arte de mirar. La pintura y su público en la España de Velázquez,* Istmo, Madrid, 1997.

PÉREZ SÁNCHEZ, Alfonso E., «La pintura napolitana del Seicento y España», *Pintura napolitana de Caravaggio a Giordano*, Museo del Prado, Madrid, 1985, pp. 45-61.

SCIUTTI RUSSI, Vittorio, *Astrea in Sicilia: Il ministero togato nella società siciliana dei secoli XVI e XVII*, Jovene, Nápoles, 1983.

SIGNOROTTO, Gianvittorio, *Milano spagnola*, Sansoni, Milán, 1996.

SPAGNOLETTI, Angelantonio, *Prìncipi italiani e Spagna nell'età barocca*, Mondadori, Milán, 1996.

VISCEGLIA, María Antonietta, *Identità sociali. La nobiltà napoletana nella prima età moderna*, Unicopli, Milán, 1998.

Ultramar: la administración de la conquista

ALONSO, Dámaso, *Dos españoles del Siglo de Oro*, Gredos, Madrid, 1960.

ALTUVE-FEBRES LORES, Fernán, *Los reinos del Perú. Apuntes sobre la Monarquía peruana*, Estudio Altuve-Febres y Dupuy, Lima, 1996.

BÜSCHGES, Christian, «Las leyes del honor: Honor y estratificación social en el distrito de la Audiencia de Quito», *Revista de Indias*, vol. LVII/209 (1997), pp. 55-84.

CHOCANO MENA, Magdalena, *La América colonial (1492-1763)*, Síntesis, Madrid, 2000.

LATASA VASSALLO, Pilar, «La Corte virreinal novohispana: El virrey y su casa, imágenes distantes del rey y su Corte (siglo XVII)», *Actas del XII Congreso Internacional de la Asociación de Historiadores Latinoamericanistas Europeos*, Universidade do Porto, Oporto, 1999, vol. II, pp. 115-130.

LORANDI, Ana María, *Ni ley, ni rey, ni hombre virtuoso. Guerra y sociedad en el virreinato del Perú. Siglos XVI y XVII*, Universidad de Buenos Aires-Gedisa, Barcelona, 2002.

MURO ROMERO, Fernando, *Las presidencias-gobernaciones en Indias*, Escuela de Estudios Hispano-Americanos-CSIC, Sevilla, 1975.

POWELL, Ph. W., «The chichimecas: Scourge of the Silver Frontier in sixteenth century Mexico», *The Hispanic American Historical Review,* tomo XXV, n.º 3, pp. 315-338.

SANZ CAMAÑES, Porfirio, *Las ciudades en la América Hispana, siglos XV al XVIII,* Sílex, Madrid, 2004.

Portugal, unido y separado

BOUZA, Fernando, *Portugal no tempo dos Filipes,* Cosmos, Lisboa, 2000.

CARDIM, Pedro, *Cortes e cultura política no Portugal do Antigo Regime,* Cosmos, Lisboa, 1998.

GONZÁLEZ CRUZ, David, «Arias Montano y la fundamentación de los derechos de Felipe II al trono de Portugal», en Luis Gómez Canseco (ed.), *Anatomía del humanismo. Benito Arias Montano 1598-1998,* Universidad de Huelva, Huelva, 1998, pp. 301-318.

HESPANHA, Antonio Manuel, *Vísperas de Leviatán. Instituciones y poder político, Portugal en el siglo XVII,* Taurus, Madrid, 1988.

REY HAZAS, Antonio, «Cervantes frente a Felipe II: pastores y cautivos contra la anexión de Portugal», *Príncipe de Viana,* Anejo 18-2000, año LXI, pp. 239-260.

VALLADARES, Rafael, *Portugal y la Monarquía Hispánica (1580-1668),* Arco, Madrid, 2000.

La herida abierta de Flandes

CARTER, Charles H., «Belgian Autonomy under the Archdukes, 1598-1621», *The Journal of Modern History,* vol. 36, Issue 3 (Chicago, September 1964), pp. 245-259.

ECHEVARRÍA BACIGALUPE, Miguel Ángel, *Flandes y la Monarquía Hispánica (1500-1713),* Sílex, Madrid, 2003.

ESTEBAN ESTRÍNGANA, Alicia, «El consenso como fundamento de la cohesión monárquica. La operatividad política del bi-

nomio protección-defensa en los Países Bajos del siglo XVII»,
F. J. Guillamón y J. J. Ruiz Ibáñez (eds.), *Lo conflictivo y lo
consensual en Castilla. Sociedad y poder político (1521-
1715)*, Universidad de Murcia, Murcia, 2001, pp. 325-376.

4. La fortuna

En un lugar de La Mancha

CAÑIGRAL, Luis de, *Aspectos y figuras del humanismo en Ciudad Real*, Biblioteca de Autores y Temas Manchegos, Ciudad Real, 1989.

CORCHADO SORIANO, Manuel, «La Mancha en el siglo XVI»,
Hispania, vol. XXXIII, 1973, pp. 141-158.

LÓPEZ-SALAZAR, Jerónimo, *Estructuras agrarias y sociedad rural en La Mancha, siglos XVI-XVII*, Biblioteca de Autores y
Temas Manchegos, Ciudad Real, 1988.

RUIZ RODRÍGUEZ, José Ignacio, *Organización política y económica de la Orden de Santiago en el siglo XVII (Los hombres,
la economía y las instituciones)*, Biblioteca de Autores y
Temas Manchegos, Ciudad Real, 1993.

SALAZAR RINCÓN, Javier, *El mundo social del Quijote*, Gredos,
Madrid, 1986.

Los dos linajes del mundo

CASEY, James, *La familia*, Espasa Calpe, Madrid, 1989.

MÉLIDA, José Ramón, *Discursos de medallas y antigüedades
que compuso el muy ilustre sr. D. Martín de Gurrea y Aragón, duque de Villahermosa, conde de Ribagorza, sacados
ahora a la luz por la Exma. Sra. Doña María del Carmen
Aragón Azlor, actual duquesa del mismo título, con una noticia de la vida y escritos del autor*, Viuda e hijos de M. Tello,
Madrid, 1903.

OURVANTZOFF, Miguel, *Germanía: Un aspecto de la sociedad española en los siglos XVI y XVII,* Fundación Universitaria Española, Madrid, 1976.

PÉREZ DE HERRERA, Cristóbal, *Amparo de pobres* [1598], edición de Michel Cavillac, Espasa Calpe, Madrid, 1975.

PIKE, Ruth, «Crime and Criminals in Sixteenth-Century Seville», *Sixteenth Century Journal,* vol. VI, n.º 1 (abril 1975), pp. 3-18.

RICO, Francisco, *La novela picaresca y el punto de vista,* Seix Barral, Barcelona, 2000.

THOMPSON, I. A. A., «A Map of Crime in Sixteenth-Century Spain», *The Economic History Review,* New Series, vol. 21, n.º 2 (agosto 1968), pp. 244-267.

TOMÁS Y VALIENTE, Francisco, *El derecho penal de la Monarquía absoluta (siglos XVI, XVII y XVIII),* Tecnos, Madrid, 1969.

Los genoveses

CALABRIA, Antonio, «Finanzieri genovesi nel regno di Napoli nel Cinquecento», *Rivista Storica Italiana,* 101, fasc. 3 (1989), pp. 578-613.

DÍEZ DEL CORRAL, Luis, *Velazquez, la Monarquía e Italia,* Espasa Calpe, Madrid, 1979.

LAPEYRE, Henry, y Felipe RUIZ MARTÍN, *Simón Ruiz en Medina del Campo,* Cámara oficial de comercio e industria de Valladolid, Valladolid, 1990.

MONTACUTELLI, Marina, «Un teatro per 'dar direttione a cose infinite e grandi': Ipotesi di ricerca sui genovesi a Roma», en G. Signorotto, y M. A. Visceglia, *La Corte di Roma tra Cinque e Seicento «Teatro» della politica europea,* Bulzoni, Roma, 1998, pp. 367-391.

PACINI, Arturo, «I mercanti-banchieri genovesi tra la Repubblica di San Giorgio e il sistema imperiale ispano-asburgico», en F. Cantù y M. A. Visceglia, *L'Italia di Carlo V:*

Guerra, religione e politica nel primo Cinquecento, Viella, Roma, 2003, pp. 581-595.

—, «El *padre* y la *república perfecta:* Génova y la monarquía española en 1575», en Jesús Bravo (ed.), *Espacios de poder: Corte, ciudades y villas (siglos XVI-XVIII),* UAM-CAM, Madrid-Alicante, 2002, vol. I, pp. 119-132.

PIKE, Ruth, «The Image of the Genoese in Golden Age of Literature», *Hispania,* vol. 46, n.º 4 (dic. 1963), pp. 705-714.

RUIZ MARTÍN, Felipe, *Pequeño capitalismo, gran capitalismo. Simón Ruiz y sus negocios en Florencia,* Crítica, Barcelona, 1990.

Precios, consumo e inflación

DOMÍNGUEZ ORTIZ, Antonio, *Política fiscal y cambio social en la España del siglo XVII,* Instituto de Estudios Fiscales, Madrid, 1984.

— (dir.), *La crisis del siglo XVII. La población, la economía, la sociedad. = Historia de España Ramón Menéndez Pidal vol. XXIII,* Espasa Calpe, Madrid, 1989.

DE CARLOS MORALES, Carlos J., *El Consejo de Hacienda de Castilla (1523-1602),* Junta de Castilla y León, Ávila, 1996.

GARCÍA GUERRA, Elena María, *Las alteraciones monetarias en Europa durante la Edad Moderna,* Arco, Madrid, 2000.

GELABERT, Juan Eloy, *La bolsa del Rey: Rey, reino y fisco en Castilla (1598-1648),* Crítica, Barcelona, 1997.

HERNÁNDEZ, Bernardo, *Fiscalidad de reinos y deuda pública en la Monarquía Hispánica del siglo XVI,* Universidad de Córdoba, Córdoba, 2002.

PHILLIPS, Carla Rahn, «Time and Duration: A Model for the Economy of Early Modern Spain», *The American Historical Review,* vol. 92, n.º 3 (jun. 1987), pp. 531-562.

THOMSON, I. A. A., *Guerra y Decadencia. Gobierno y administración en la España de los Austrias (1560-1620),* Crítica, Barcelona, 1981.

VILAR, Pierre, *Oro y moneda en la Historia*, Ariel, Barcelona, 1981.

Economía católica

CAVILLAC, Michel, «La conversion de Guzman de Alfarache: de la justification marchande à la stratégie de la Raison d'État», *Bulletin Hispanique*, LXXXV (1983), pp. 21-44.

CLAVERO, Bartolomé, *Antidora. Antropología católica de la Economía Moderna*, Giuffrè, Milán, 1991.

FUENTES QUINTANA, Enrique (dir.), *Economía y economistas españoles. Vol. II: De los orígenes al mercantilismo*, Galaxia Gutenberg-Círculo de Lectores, Barcelona, 1999.

GODELIER, Maurice, «Acerca de las cosas que se dan, de las cosas que se venden y de las que no hay que vender ni dar sino que hay que guardar. Una reevaluación crítica del ensayo sobre el don de Marcel Mauss», *Hispania*, LX/1, n.º 204 (Madrid, 2000), pp. 11-26.

GUTIÉRREZ NIETO, Juan Ignacio, «El pensamiento económico, político y social de los arbitristas», R. Menéndez Pidal, *El siglo del Quijote (1580-1680)*, Espasa Calpe, Madrid, 1996, vol. I, pp. 331-465.

LARRAZ, José, *La época del mercantilismo en Castilla (1500-1700)*, [1943] AEHM, Madrid, 2000.

LEVI, Giovanni, «Reciprocidad mediterránea», *Hispania*, LX/1, n.º 204 (Madrid, 2000), pp. 103-126.

QUINT, David, *Cervantes' Novel of Modern Times: A New Reading of Don Quixote*, Princeton University Press, Princeton, 2003.

VILAR, Jean, *La figura satírica del arbitrista en el Siglo de Oro*, Madrid, 1973.

5. El mundo hostil

Por los pecados de la cristiandad

BRAUDEL, Fernand, «Los españoles y África del Norte de 1492 a 1577», *En torno al Mediterráneo,* Paidós, Barcelona, 1997 (reimp. publicada en 1928), pp. 42-60.

GARCÍA ARENAL, Mercedes, y Miguel Ángel BUNES, *Los españoles y el Norte de África,* Mapfre, Madrid, 1992.

C. HESS, Andrew, *The Forgotten Frontier: A History of the Sixteenth-Century Ibero-African Frontier,* The University of Chicago Press, Chicago, 1978.

MEZZINE, Mohamed, «Les relations entre les places occupées et les localités de la region de Fès aux XVIeme et XVIIeme siècles a partir de documents locaux inédits: Les *nawazil*», en M. García Arenal y M. J. Viguera, *Relaciones de la península ibérica con el Magreb, siglos XIII-XVI,* CSIC, Madrid, 1988, pp. 540-560.

SHAW, Stanford, *Empire of the Gazis: The Rise and Decline of the Ottoman Empire, 1280-1808,* Cambridge University Press, Cambridge, 1976.

SOLA, Emilio, *Un Mediterráneo de piratas: corsarios, renegados y cautivos,* Tecnos, Madrid, 1988.

TOKANTLIOGLU, Lüftü, *Introducción a la Historia del Imperio Otomano,* Kutsan Matbaacilik, Ankara-Miami-Madrid, 1999.

Materias de Estado

ANGIOLINI, Franco, «Diplomazia e politica dell'Italia non spagnola nell'età di Filippo II. Osservazioni preliminari», *Rivista Storica Italiana,* vol. XCII (1980), pp. 432-469.

BRAUDEL, Fernand, *El Mediterráneo y el mundo mediterráneo en la época de Felipe II,* FCE, México, 1976, 2 vols.

FERNÁNDEZ CONTI, Santiago, *Los consejos de Estado y Guerra de la Monarquía Hispana en tiempos de Felipe II (1548-1598)*, Junta de Castilla y León, Salamanca, 1998.

KARTUNNEN, Liisi, *Gregoire XIII comme politicien et souverain*, Société de Littérature Finnoise, Helsinki, 1911.

RIVERO RODRÍGUEZ, Manuel, *Diplomacia y relaciones exteriores en la Edad Moderna. De la Cristiandad al sistema europeo (1453-1794)*, Alianza Editorial, Madrid, 2000.

—, «La Liga Santa y la Paz de Italia (1569-1576)», VV. AA., *Política, Religión e Inquisición en la España Moderna. Homenaje a Joaquín Pérez Villanueva*, Universidad Autónoma de Madrid, Madrid, 1996, pp. 587-620.

RODRÍGUEZ SALGADO, María José, *Felipe II, el «paladín de la Cristiandad» y la paz con el Turco*, Universidad de Valladolid, Valladolid, 2004.

TAMBORRA, Angelo, *Gli Stati italiani, l'Europa e il problema turco dopo Lepanto*, Olschki, Florencia, 1961.

Hegemonía global

CARNICER GARCÍA, C. J., y J. MARCOS RIVAS, *Sebastián de Arbizu, espía de Felipe II. La diplomacia secreta española y la intervención en Francia*, Nerea, Madrid, 1998.

GÓMEZ CENTURIÓN, Carlos, *La Invencible y la empresa de Inglaterra*, Nerea, Madrid, 1988.

HOLT, Mack P., *The Duke of Anjou and the Politique Struggle during the Wars of Religion*, Cambridge University Press, Cambridge, 1986.

LAMAR JENSEN, J. de, *Diplomacy and Dogmatism. Bernardino de Mendoza and the French Catholic League*, Harvard Univ. Press, Cambridge (Mass.), 1964.

PARKER, Geoffrey, *La Gran Estrategia de Felipe II*, Alianza Editorial, Madrid, 1998.

RUIZ IBÁÑEZ, José Javier, *Esperanzas y fracasos de la política de Felipe II en Francia (1595-1598): La historia entre la fe y las armas jornaleras*, Fundación Séneca, Murcia, 2004.

TENACE, Edward, «The Armadas of 1596 and 1597 and the Spanish Struggle for European Hegemony», *The English Historical Review,* vol. CXVIII, n.º 478 (sep. 2003), pp. 855-882.

Pax Hispanica *e «imperialismo popular»*

ALLEN, Paul C., *Felipe III y la Pax Hispanica (1598-1621),* Alianza Editorial, Madrid, 2001.

ANTÓN MARTÍNEZ, Beatriz, *El tacitismo en el siglo XVII en España. El proceso de receptio,* Universidad de Valladolid, Valladolid, 1991.

BRIGHTWELL, P., «The Spanish Sistem and the Twelve Years Truce», *English Historical Review,* n.º 89 (1974), pp. 270-292.

GARCÍA GARCÍA, Bernardo, *La Pax Hispanica: Política exterior del duque de Lerma,* Univ. Lovaina, Lovaina, 1996.

PEÑA, Javier (coord.), *Poder y modernidad. Concepciones de la política en la España Moderna,* Universidad de Valladolid, Valladolid, 2000.

RAMÍREZ, Alejandro, *Epistolario de Justo Lipsio y los españoles,* Castalia, Valencia, 1966.

VIROLI, Maurizio, *From Politics to Reason of State: The acquisition and transformation of the language of politics, 1250-1600,* Cambridge University Press, Cambridge, 1992.

El camino de la guerra

ALCALÁ-ZAMORA, José, *España, Flandes y el mar del Norte (1618-1639),* Planeta, Barcelona, 1975.

CHUDOBA, Bohdan, *España y el Imperio,* Sarpe, Madrid, 1986.

MARRADES, Pedro, *El camino del Imperio. Notas para el estudio de la cuestión de la Valtelina,* Espasa Calpe, Madrid, 1943.

QUEVEDO, Francisco, *El chitón de las tarabillas* [1630], ed.
    Manuel Urí Martín, Castalia, Madrid, 1998.

STRADLING, R. A., *Europa y el declive de la estructura imperial
    española (1580-1720)*, Cátedra, Madrid, 1981.

VISCEGLIA, María Antonieta, «Fazione e lotta politica nel Sa-
    cro Collegio nella prima metà del Seicento», en G. Signo-
    rotto, y M. A. Visceglia (coords.), *La Corte di Roma fra
    Cinque e Seicento «Teatro» della politica europea*, Bulzoni,
    Roma, 1998, pp. 37-91.

Epílogo: El tiempo de Don Quijote... y Sancho

BATES, Jonathan, *El genio de Shakespeare*, Espasa Calpe, Ma-
    drid, 2000.

CAPELLI, A., *Cronología, cronografía y calendario perpetuo*,
    Ulrico Hoepli, Milán, 1983.

CHEVALIER, Maxime, *Lectura y lectores en el Siglo de Oro espa-
    ñol*, Turner, Madrid, 1986.

GONZÁLEZ CAÑAL, Rafael, «Don Quijote de la Macha en tierras
    americanas», en Pedro Miguel Ibáñez (coord.), *Memoria
    del Nuevo Mundo. Castilla-La Mancha y América en el
    Quinto Centenario*, Universidad de Castilla-La Mancha,
    Cuenca, 1992, pp. 205-213.

GRAFTON, Anthony, «From *De die natali* To *De emendatione
    temporum*: The origins and setting of Scaliger's Chrono-
    logy», *Journal of the Warburg and Courtauld Institutes*,
    vol. 48 (Londres, 1985), pp. 100-120.

LEONARD, Irving A., «Conquerors and Amazons in Mexico»,
    The Hispanic American Historical Review, vol. 24, n.º 4
    (noviembre 1944), pp. 561-579.

PANOFSKY, Erwin, «El padre tiempo», *Estudios sobre iconolo-
    gía*, Alianza Editorial, Madrid, 1972, pp. 93-137.

POOLE, Robert, «'Give us our eleven days!': Calendar Reform
    in Eighteenth-Century England», *Past & Present*, n.º 149
    (nov. 1995), pp. 95-139.

ROSEN, Edward, «Galileo's Misstatements About Copernicus», *Isis,* vol. 49, n.º 3 (septiembre 1958), pp. 319-330.

RUIZ-DOMÈNEC, José Enrique, *La novella y el espíritu de la caballería,* Grijalbo-Mondadori, Barcelona, 1993.

SEVILLA ARROYO, Florencio, y Antonio REY HAZAS, Introducción y estudio preliminar a Miguel de Cervantes, *Don Quijote de la Mancha,* Alianza Editorial, Madrid, 1996.

TOULMIN, Stephen, *Cosmópolis. El trasfondo de la modernidad,* Península, Barcelona, 2001.

Índice de mapas

Índice